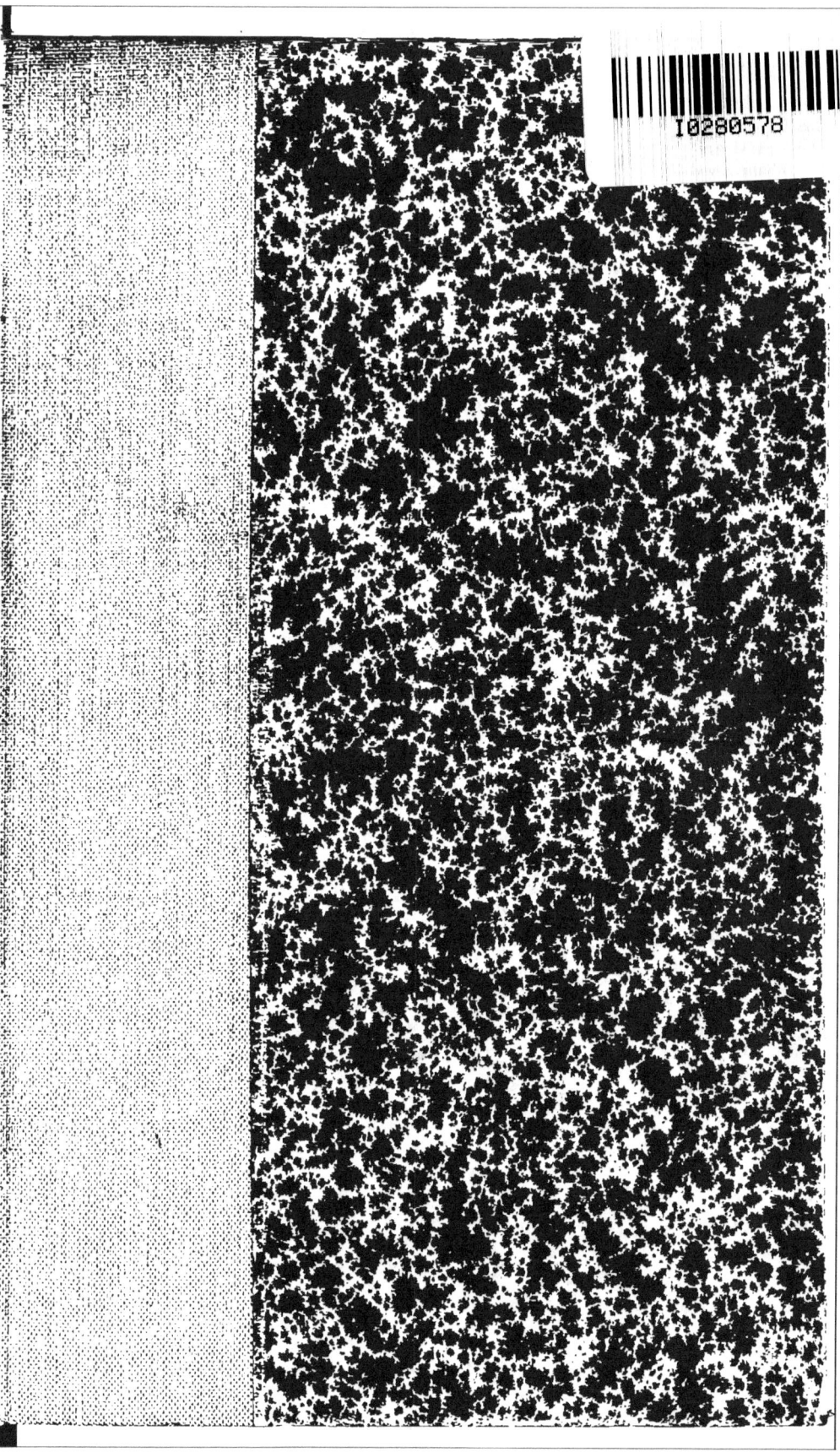

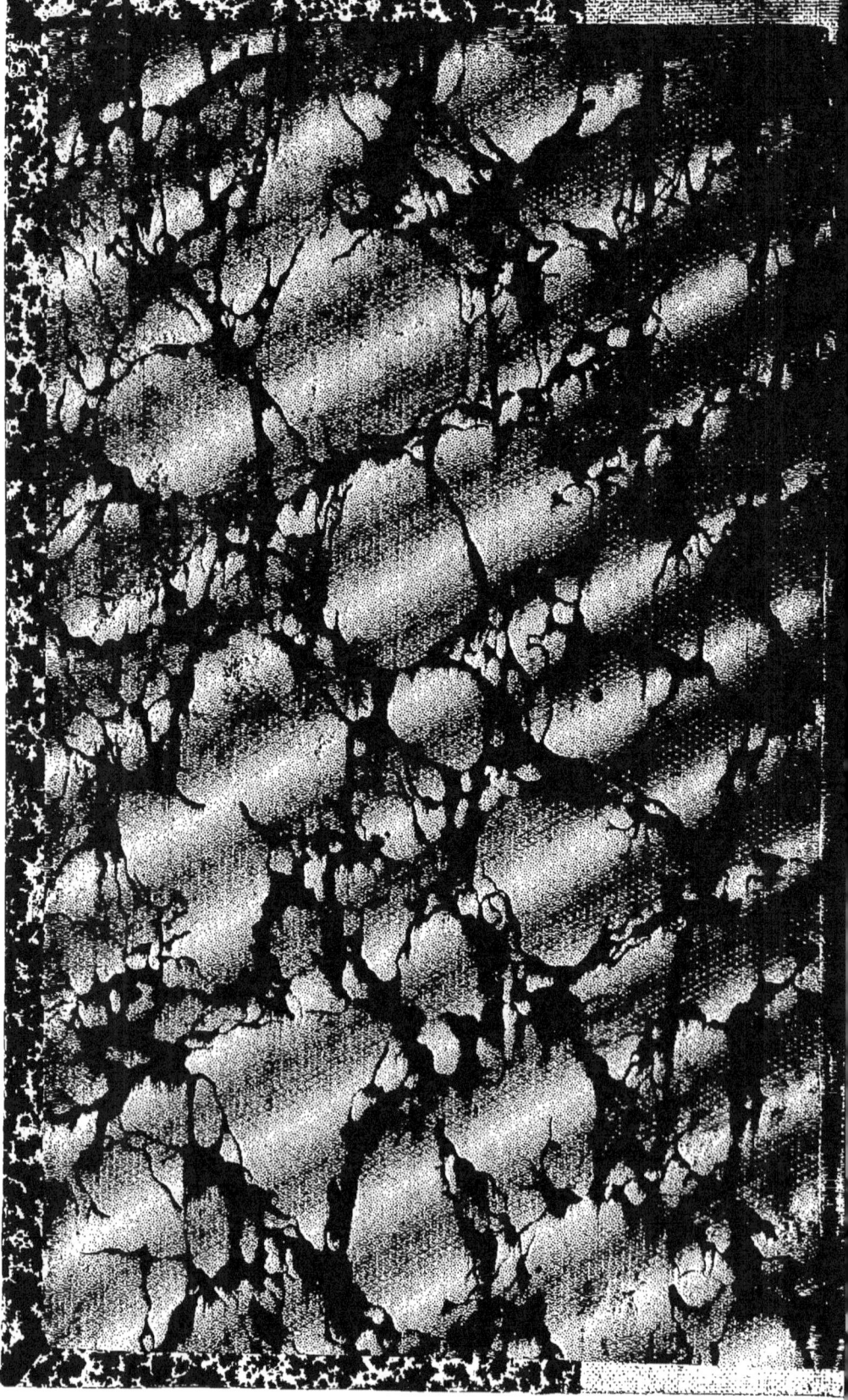

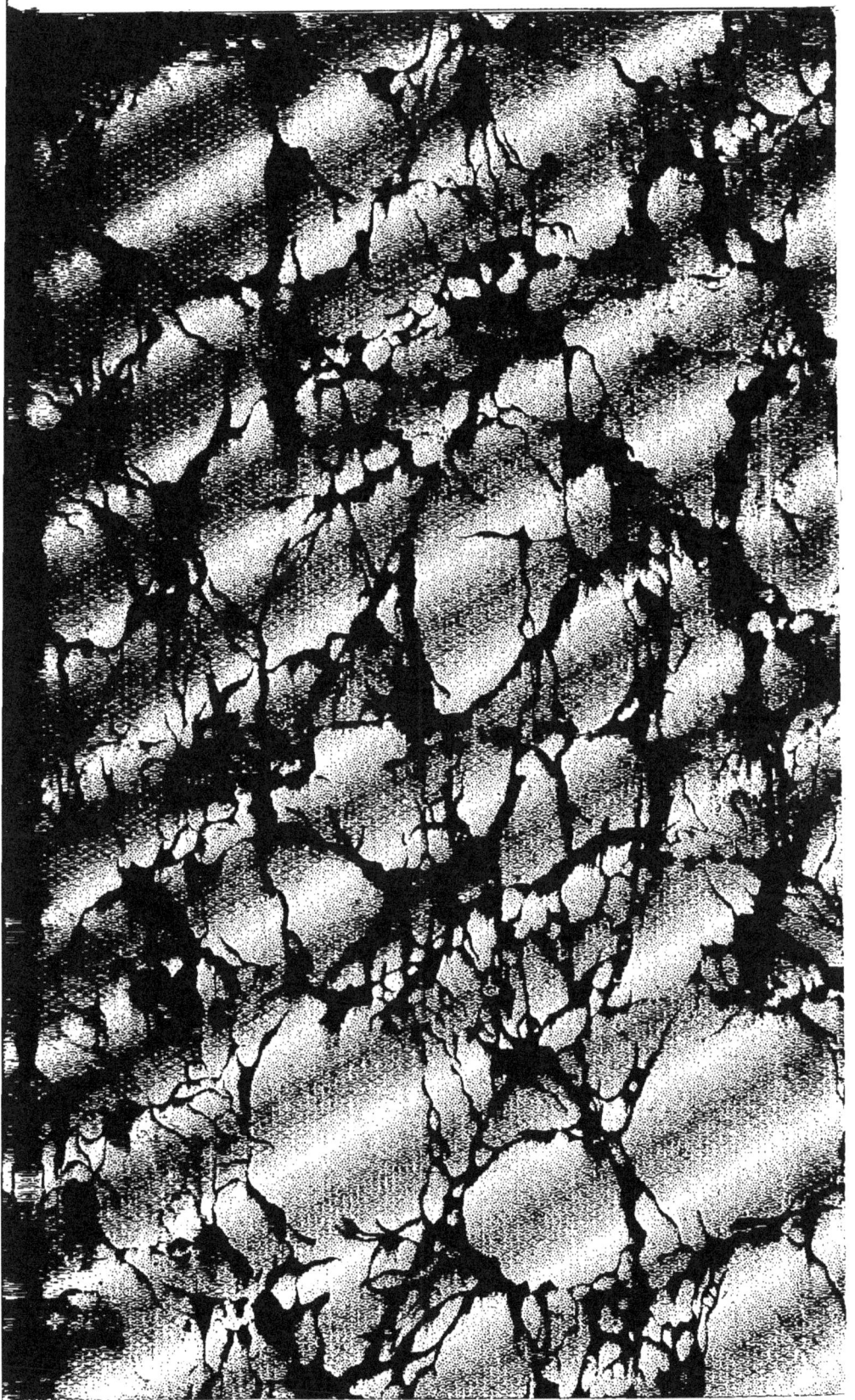

L. MALVOISIN
RELIEUR
Breteuville-les-Sonasse (3-1-0)

VIE

DE

M. L'ABBÉ PLUMIER

AUMÔNIER

DES ORPHELINES DE LA PROV

A MARSEILLE.

PAR L'ABBÉ PAYAN D'AUGERY

CHANOINE HONORAIRE.

PARIS
CHEZ LOUIS HERVÉ, LIBRAIRE
rue de Grenelle-St-Germain, 66.

MARSEILLE

| O. LAFERRIÈRE | Vve CHAUFFARD |
| rue Tapis-Vert, 59 | rue des Feuillants, 20 |

1865

VIE
DE
M. L'ABBÉ PLUMIER.

Se vend au profit de l'OEuvre des Orphelines de la Providence.

AVIGNON, TYP. DE FR. SEGUIN AÎNÉ.

VIE

DE

M. L'ABBÉ PLUMIER

AUMÔNIER

DES ORPHELINES DE LA PROVIDENCE

A MARSEILLE.

PAR L'ABBÉ PAYAN D'AUGERY

CHANOINE HONORAIRE.

PARIS

CHEZ LOUIS HERVÉ, LIBRAIRE
rue de Grenelle-St-Germain, 66.

MARSEILLE

| O. LAFERRIÈRE | VVE CHAUFFARD |
| rue Tapis-Vert, 59 | rue des Feuillants, 20 |

1865

APPROBATION

DE

MONSEIGNEUR L'ÉVÊQUE DE MARSEILLE.

Nous, PATRICE-FRANÇOIS-MARIE O'CRUICE, par la Miséricorde de Dieu, et la grâce du St-Siége Apostolique, Évêque de Marseille, honoré du sacré Pallium, Assistant au Trône Pontifical ; sur le rapport favorable qui Nous a été adressé par l'examinateur commis par Nous, à propos de l'ouvrage intitulé : *Vie de M. l'abbé Plumier*, par *M. l'abbé Payan d'Augery*, donnons bien volontiers Notre approbation à la publication de cet ouvrage destiné à faire connaître la vie édifiante d'un prêtre vénérable, dont le diocèse entier a pleuré la perte.

Donné à Marseille, en Notre Palais Épiscopal, sous le seing de Notre Vicaire-Général, le sceau de Nos armes, et le contre-seing du Secrétaire de Notre Évêché, le 14 juillet 1865.

PONTIER,
Arch. Vic.-Gén.

Par Mandement de Mgr l'Évêque :

J. J. BLANC,
Chan. hon., Pro-Secrét.

PRÉFACE.

La vie, que nous offrons à la bienveillante attention de nos Confrères du clergé et à la piété des Communautés religieuses et des âmes intérieures, a été écrite d'une manière si inopinée que nous croyons devoir exposer de suite par quelles circonstances nous avons été conduit à la rédiger.

Depuis longtemps, honoré malgré notre jeune âge, de l'amitié de M. l'abbé Plumier, nous nous étions édifié souvent du spectacle de ses vertus; mais il les cachait avec un tel soin, que tout en voyant en lui une âme dont l'aimable sainteté nous remplissait de respect, nous n'avions jamais pensé que sa vie fût destinée à être livrée au public, et à occuper d'autres personnes que celles qui en avaient été les heureux témoins, et pour lesquelles sa mort devait créer de durables regrets. Mais, comme il arrive souvent pour les existences les plus humbles, Dieu, qui se plaît à exalter dès ici-bas les cœurs qui ont aimé davantage l'oubli et l'abjection, permit, dès que le décès de M. Plumier fût connu dans notre ville, que ses qualités fussent publiées hautement par ceux qui venaient une dernière fois, baiser la main de leur bienfaiteur. Chacun, auprès de cette froide dépouille à laquelle le trépas n'avait pu enlever son habituel sourire, racontait sa légende,

rappelait une pieuse anecdote, et, le lendemain, en l'accompagnant à sa dernière demeure, les membres du clergé se communiquaient les uns aux autres ce que la modestie de M. Plumier avait pu dissimuler de son vivant, mais que la reconnaissance proclamait déjà depuis sa mort... « Il serait fâcheux, disaient quel-
« ques-uns, que ces petits traits ne fussent pas recueil-
« lis, et que le souvenir en fût perdu pour un grand
« nombre »... « Il y aurait dans cette vie, reprenaient
« quelques autres, les éléments d'une biographie fort
« intéressante. »

Or, quand au cimetière, nous eûmes, avec l'admirable langage de l'Église, donné le dernier adieu à celui dont la mémoire nous était si chère, en présence de la tombe entr'ouverte qui attendait le cercueil, quelques Dames conseillères de l'*Œuvre des Orphelines de la Providence*, s'approchèrent de nous. « Ne permettez
« pas, nous dirent-elles en pleurant, que M. Plumier
« nous soit complètement enlevé : du ciel, sans doute,
« il sera le protecteur de notre maison ; mais nous per-
« dons et sa doctrine et ses exemples, qui ont été si uti-
« les à notre Établissement. Ne pourrait-on pas, pour la
« consolation de nos enfants le faire revivre dans une
« notice, que l'on confierait aux journaux?... » Cette publicité, par une feuille quotidienne, nous parut peu dans l'esprit de celui que nous pleurions, et nous repoussâmes cette idée ; mais nous n'avions pas la même raison pour refuser une courte esquisse destinée à l'amitié, et qui fût le gage de la reconnaissance de tous. Nous quittâmes le champ du repos, avec le désir de

grouper en quelques lignes ce que nous pourrions réunir sur cette pieuse existence. Notre promesse fut comme une consolation pour ceux et celles qui entouraient le sépulcre prêt à se fermer.

Dès ce jour nous nous sommes mis consciencieusement à l'œuvre, cherchant à connaître certains détails, à en élucider quelques autres, à dissiper des contradictions apparentes, à vérifier des récits dont nous voulions connaître l'authenticité. Précisément, parce que M. Plumier s'était caché davantage, nos recherches ont dû être plus minutieuses : nous avons recouru à plus de quatre-vingt sources différentes, ne reculant ni devant de petits voyages, ni devant des correspondances nombreuses, ni devant des visites multipliées. Nous ne le regrettons pas, car l'accueil que nous avons reçu partout a été la première récompense de notre entreprise, et nous aimons à citer entre autres, avec une respectueuse reconnaissance, le précieux encouragement dont Mgr l'évêque de Fréjus et Toulon daignait accompagner les renseignements qu'il a bien voulu nous transmettre : « J'ai pu apprécier, nous
« disait le vénérable prélat, le grand esprit de foi,
« le zèle sacerdotal et la charité du bon M. Plumier...
« je bénis votre travail, assuré par avance qu'il sera
« fructueux pour les âmes auxquelles vous révélerez
« cette vie cachée. » En second lieu, ces investigations scrupuleuses nous mettent en mesure d'offrir les matériaux qui ont servi à notre ouvrage comme l'expression la plus exacte de la vérité. Chacun pourra diversement apprécier l'intérêt de notre publication,

mais nul ne pourra en contredire, croyons-nous, la parfaite exactitude.

Quant aux dimensions qu'a prises notre notice, nous y sommes complétement étranger, et en deux mots en voici toute l'explication.

A mesure que notre projet de recueillir quelques traits sur M. Plumier, a été divulgué par ceux auxquels nous nous étions adressé, des détails touchants nous sont parvenus des divers pays qu'il avait habités. Des notes intéressantes nous ont été fort obligeamment fournies, et quelques personnes se sont même rendues à Marseille tout exprès, pour nous instruire plus complétement. Par là, nous avons été providentiellement mis sur la trace de plus de 40 lettres, qui renferment excellemment l'esprit de ce vertueux prêtre, et dont nous n'avons pas tardé à recevoir les originaux soigneusement conservés dans un sachet de soie. Cette correspondance peignait mieux M. Plumier que nous n'aurions pu le faire nous-même : elle éclaircissait certains points de sa vie, elle devait faire le principal attrait de notre notice : en supprimer quelque chose semblait contrarier l'inspiration du St-Esprit, et d'autre part, publier quarante lettres, c'était déjà dépasser les bornes d'une simple biographie. Comme nous hésitions encore, la Providence sembla triompher de notre perplexité en nous envoyant fort inopinément et d'une manière tout inattendue, des renseignements aussi nouveaux qu'édifiants.

Nous avons éprouvé à les grouper un tel bonheur, nous les avons acquis si merveilleusement, que nous avons cru y voir une preuve que Dieu voulait lui-même agrandir notre ouvrage et glorifier son serviteur, en récompense de sa parfaite humilité.

Deux pensées nous ont soutenu dans la rédaction de ce livre, souvent interrompu par les exigences du ministère, et dans lequel nous conjurons de ne chercher ni l'élégance du style, ni la noblesse des idées, que nous n'aurions su y mettre, mais uniquement le prêtre recommandable qui pendant près de 40 ans a édifié le diocèse de Marseille.

A une époque où plus que jamais on semble impatient d'attirer sur soi les regards, et de vivre d'une vie extérieure et publique, Dieu peut avoir de secrets desseins à montrer comment son esprit ne repose dans toute sa pureté que dans des cœurs vraiment humbles, et à prouver que le levier le plus puissant pour doubler son influence sur les âmes, est bien moins dans l'élévation du rang et les calculs humains, que dans le mépris de soi et l'entier abandon entre les mains divines. Ne pas laisser perdre complètement la mémoire d'un prêtre aux mœurs antiques, alliant toute l'amabilité du vieux clergé de France à la doctrine plus large de nos modernes théologiens, nous a paru une œuvre utile ; c'est pourquoi nous l'avons poursuivie, autant pour répondre aux désirs de ceux qui ont connu M. Plumier, que pour faire quelque bien à ceux par lesquels il était ignoré.

Ajoutons que les vies simples, et sans intervention de voies extraordinaires et d'actes merveilleux, nous ont toujours semblé, si admirables que soient les autres, plus encourageantes pour stimuler la piété de ceux qui les lisent, et pour leur donner le désir d'imiter les personnes dont l'existence leur est ainsi racontée. La vertu paraît plus accessible, quand elle ne revêt ni l'austérité des contemplatifs ou des pénitents, ni la puissance des thaumaturges : plus le chemin en est commun, plus on se sent envie de le suivre. Puisse-t-il en être ainsi de la vie de M. Plumier : elle prouve que, sans autre soutien que la foi et l'humilité, la piété et la charité peuvent s'élever quelquefois jusqu'à un degré héroïque, et produire la sainteté.

Combien nous serions heureux, si en lisant ces pages, pour lesquelles nous réclamons, en ce qui nous concerne, toute l'indulgence du lecteur, quelque âme s'appliquait à elle-même et répétait avec M. Plumier, cette parole qui fut sa constante devise : « Pour devenir « saint, il suffit de le vouloir! Donc, et du plus intime « de mon cœur, dès ce jour, je veux le devenir!!... »

VIE

DE

M. L'ABBÉ PLUMIER.

CHAPITRE PREMIER.

Famille et enfance de M. Plumier. — Étourderies de Cyprien. — Sa conversion. — Sa charité envers les pauvres. — Sa première communion. — Débuts de sa vocation. — Ses premières études.

Le soin avec lequel la Providence se plaît à conserver contre les intempéries de l'air et contre les bouleversements des saisons, la semence qui doit servir à réparer dans des jours meilleurs les désastres de nos campagnes, n'est qu'une figure bien imparfaite de la paternelle sollicitude avec laquelle Dieu sauve, à travers les tempêtes sociales et les orages politiques, la semence de son Église immortelle et surtout le bon grain de son impérissable sacerdoce. Tout œil exercé qui, en 1790, considérait l'état religieux de la France, devait trembler pour l'avenir de la foi dans ce pays déjà si ébranlé dans ses convictions séculaires; et au retour de la grande fête de la Fédération, où un droit nouveau venait d'être acclamé par une multitude en délire, tout esprit attentif devait dire : Puisque l'autel du sacrifice divin ne suffit pas au peuple, et qu'il demande à ses prêtres de célébrer sur *l'autel de la Patrie*, au nom de la Patrie, il portera bientôt la main sur le Sacerdoce, et ne pouvant arracher à sa conscience des complaisances coupables, il s'efforcera de l'anéantir par l'échafaud. Peu après, sous le prétexte d'un serment à la constitution civile du clergé, la persécution commençait, en effet, et en peu de mois elle devenait si terrible qu'en voyant parmi les prêtres, les uns partir pour un exil volontaire, les autres périr dans les massacres de *Septembre*, ou sur les pontons, le plus grand nombre gravir l'échafaud, on pouvait se demander si le Sacerdoce refleurirait jamais en France.

Or, tandis qu'armé du fouet des vengeances célestes, Dieu enlevait à nos contrées criminelles leurs apôtres et leurs prêtres, avec une divine prévoyance, il déposait dans des familles chrétiennes le germe précieux des vocations à l'état ecclésiastique, et son cœur toujours disposé à pardonner, préparait ainsi silencieusement le remède aux maux affreux que sa justice était obligée de permettre. C'est ainsi, pour ne parler que du Midi, que le Seigneur, au milieu de la corruption générale, se préparait le jeune Allemand à Marseille, le pieux François-Régis Barthés près de Toulouse, l'angélique Joseph Barrelle à la Ciotat, et à St-Chamas, le vertueux Cyprien Plumier, dont nous entreprenons d'esquisser la vie.

Peu de familles pouvaient à cette époque conserver

et développer intacte la semence de la foi, avec plus de perfection que la famille Plumier. Le père, honnête tonnelier de St-Chamas, jouissait avec sa femme et ses trois enfants d'un bien-être gagné par un travail intelligent ; mais cette aisance n'était rien à ses yeux, en comparaison de la piété qu'il avait puisée lui-même auprès de ses parents, et à laquelle il se plaisait à initier les siens, plus encore par ses exemples que par ses conseils. Son frère, digne ecclésiastique qui devait bientôt avoir le mérite d'être persécuté pour ses convictions religieuses, sanctifiait par sa parole et par ses prières cette pieuse famille. Ce n'était pas le seul ange protecteur que la Providence avait préposé à la garde de cet intérieur exemplaire : M. Moutet, frère de Mme Plumier, était aussi dans les rangs du clergé, et sa bienfaisance comme son zèle des âmes, lui avait concilié l'estime de tous ; plus tard, ces vertus devinrent au contraire, pour lui, un motif de crainte et d'émigration. Sa sœur, Rose Félicité Moutet, en s'alliant au sieur Plumier, avait porté dans le mariage une dot plus précieuse que l'avoir paternel : une piété large, éclairée, mais surtout une inépuisable charité. Son âme naturellement bonne ne pouvait supporter la vue de la misère, sans chercher à la soulager ; timide quand il s'agissait de ses propres besoins, cette vertueuse femme ne craignait plus aucune fatigue, ni aucune démarche quand il fallait assister les malheureux. Durant les hivers rigoureux, bien des fois on la vit, abandonnant la chaleur du foyer, et se ravissant aux étreintes de ses jeunes enfants, aller porter aux pauvres les économies du ménage et les meilleurs morceaux de son repas. Mais quand ses ressources personnelles étaient taries, avec ces inépuisables industries qu'inspire la charité, elle allait frapper de porte en porte et solliciter la part des indigents. Les lieux de divertissements étaient ceux qu'elle visitait de préférence à cet effet, et il n'était pas rare qu'elle interrompît la folle joie des danseurs en leur exposant la détresse d'une famille qu'elle venait de trouver dans le besoin : les cœurs ne pouvaient demeurer insensibles, et la bienveillante quêteuse emportait toujours quelques aumônes à ses pauvres bien-aimés. Il est presqu'inouï à St-Chamas, que jamais dans une seule de ses requêtes elle ait été rejetée, tant on savait qu'elle était intelligente dispensatrice des sommes confiées, et du plus loin qu'on la voyait venir, sans lui donner la peine de solliciter, on ouvrait la bourse en disant : « Donnons à la *sainte femme*, cela nous portera bonheur. »

Sans doute pour récompenser sa tendresse pour les malheureux, Dieu lui envoya un quatrième enfant le 21 mars 1792, fête de Saint Benoit, et au moment où le sol de la France commençait à trembler sous les secousses de la Révolution. Peu après, le nouveau-né reçut sur les fonts sacrés du Baptême les noms de Cyprien Léger.

Le désordre qui se déchaînait sur notre pays, et dont la Provence eut aussi sa large part, ne nuisit en rien à la première éducation religieuse de Cyprien. Il est vrai, dès que sa raison commença à discerner les choses, il ne trouva plus à ses côtés, pour lui apprendre les premiers éléments de la religion, ses oncles partis pour l'émigration; mais chaque membre de sa famille pouvait suppléer à l'absence de ces hommes vertueux, et auprès de son père et de sa mère l'enfant fit l'apprentissage de la vie chrétienne. Du reste, la Providence plaça auprès de lui, afin de développer dans son cœur une piété plus précoce, un véritable ange gardien dans la personne de sa tante maternelle, admirable fille dont la mémoire est en vénération à St-Chamas. Celle-ci, pénétrée dès son bas âge de l'amour le plus ardent pour la Sainte Vierge, avait consacré depuis au service de cette glorieuse mère sa vie tout entière, et s'efforçait de répandre son amour. Cette pure existence, en des temps moins orageux, se serait peut-être écoulée dans un cloître; mais Dieu permit qu'elle se passât auprès de Cyprien, afin sans doute que l'âme de l'enfant, sous l'influence de cette pieuse parente, dont le souvenir est encore proposé aujourd'hui comme modèle aux servantes de Marie, s'ouvrît plus complétement à la dévotion envers la Sainte Vierge.

La Révolution avait fait fermer les églises et exiler les prêtres; mais Cyprien apprit dans le silence tranquille du foyer domestique à aimer un Dieu que l'on persécutait et à s'habituer, comme ses oncles, à le servir même au péril de la vie. Chaque soir ramenait la prière pour la France et pour les proscrits, et tandis que l'horizon de la politique paraissait toujours plus incertain et plus menaçant, la confiance revenait au cœur de la famille Plumier, car elle s'appuyait sur

Dieu qui voit tout changer autour de lui, et qui demeure toujours immuable. Toutefois la possibilité d'être aussi saisi par la persécution, faisait ajouter chaque jour quelque chose aux soins qu'on donnait à l'instruction des jeunes enfants, insouciants alors comme le comportait leur âge, mais qui bientôt pouvaient être appelés au martyre. Dans un temps de bouleversements, une science et une vertu communes ne sauraient plus suffire: des parents prévoyants doivent faire de leurs enfants des héros.

Ce fut donc, avec la prévision de périls pour la vie, au milieu des craintes que faisait naître l'arrivée toujours annoncée des *Marseillais*, constamment sous le coup de visites domiciliaires qui avaient pour but de trouver des traces de correspondances avec les émigrés, que Cyprien passa les premières années de son enfance, tremblant toujours, à cette époque où la vertu était un crime, que celle de ses parents ne compromît leur existence, et ne le rendît prématurément orphelin. Dieu avait d'autres desseins sur cette sainte famille qu'il augmentait presque chaque année d'un membre nouveau, ce qui porta bientôt à neuf le nombre des enfants Plumier.

Auprès de ses frères et de ses sœurs, Cyprien révéla promptement un caractère excessivement vif et fort espiègle: le jeu devenait bien vite un sujet de disputes ou de fâcheries, et quand ses compagnons d'amusement n'étaient point les objets de ses agaceries, il était rare que le jeune lutin n'exerçât sa vivacité sur les meubles ou sur les vitres de la maison. Les réprimandes paternelles suivaient de près de semblables exploits, les larmes de Cyprien témoignaient bientôt de son repentir, il jurait de ne plus recommencer, et néanmoins, il arrivait assez fréquemment qu'avant le soir quelques débris jonchant le sol attestaient une nouvelle étourderie. Cet emportement et cette lutinerie étaient tellement passés à l'état d'habitude, que ses parents en conçurent quelque inquiétude.

Dans les familles véritablement chrétiennes, le père et la mère se plaignent peu au dehors des petites misères du ménage, ces doléances trop souvent engendrent le mécontentement, et augmentent le mal ; mais ils versent leur cœur tout entier aux pieds de Dieu, et la prière devient, pour eux, le soulagement de leur sollicitude. N'est-ce pas à bon droit? Le Dieu auquel ils confient leurs préoccupations, n'est-il pas père aussi, la Vierge qu'ils invoquent ne fut-elle pas mère à son tour? C'est donc à la prière que Madame Plumier et sa vertueuse sœur recoururent pour obtenir le changement de Cyprien : admirable puissance de la prière maternelle, à laquelle nous devons sans doute le digne prêtre que nous voulons étudier! Toutefois, Dieu semblait n'exaucer que lentement ces incessantes supplications, et le jeune étourdi, plus prompt peut-être à se repentir, n'en était pas moins souvent encore en défaut. Évidemment c'était à la Vierge Marie que le Seigneur réservait la gloire de convertir cet enfant qui devait lui être plus tard si dévoué. Ce fut à la porte de ce cœur, refuge de toutes les misères, que Mme Plumier s'adressa. Elle entreprit le voyage

alors beaucoup plus difficile de St-Chamas à Marseille ; elle gravit avec sa sœur la sainte colline de N.-D.-de-la-Garde, et vint devant l'autel de Marie répandre ses larmes. « Au milieu des ruines qu'a amoncelées la Ré-
« volution, à la veille peut-être de nouvelles épreuves,
« un enfant irréfléchi et turbulent pourra-t-il devenir
« un solide chrétien ? D'ailleurs, avec l'âge, va venir
« bientôt le temps de la première communion, et Cy-
« prien comprendra-t-il l'importance de cet acte solen-
« nel ? Sa légéreté habituelle ne sera-t-elle pas un obsta-
« cle à son recueillement ?... » Ainsi pensait la pieuse mère ; mais pleurer avec Marie n'est-ce pas être déjà consolée et exaucée ? De retour à St-Chamas, elle moissonne dans la joie ce qu'elle a semé dans les larmes, Cyprien est converti : il réprime chaque jour davantage sa nature ardente, et finit par s'en rendre le maitre. Sans doute, le changement n'est pas instantané, il eût été presque sans mérite ; mais il est sincère et surtout durable: l'enfant luttera longtemps encore, et il arrivera si bien à dompter son caractère violent qu'aujourd'hui il faut avoir une pleine confiance en ceux qui nous ont raconté ces choses, pour croire qu'elles s'appliquent au prêtre doux et calme qui vient de nous quitter.

Du reste, pour lui comme pour bien d'autres, le proverbe qui dit : *Mauvaise tête, bon cœur*, était d'une vérité journalière. Comment eût-il pu en être autrement ? Cyprien, formé par une mère charitable, avait comme sucé avec le lait cette admirable charité que nous rencontrerons à chaque pas de sa vie.

A peine parvenu à l'âge de s'instruire, il porte le matin à l'école son repas de midi et son frugal goûter, afin de n'avoir pas à revenir le chercher sous le toit maternel. Tous les matins, Madame Plumier, garnit avec soin le petit panier qu'elle suspend ensuite au bras de son fils, en donnant une dernière caresse au jeune écolier; mais, chose étonnante, depuis que l'enfant fréquente l'externat, sa santé s'altère, ses joues s'amaigrissent, comme s'il n'avait point assez de nourriture : plusieurs fois interrogé, il proteste qu'il mange suffisamment, qu'il se porte à merveille, et qu'il est fort heureux. Soupçonnant alors un mystère, la mère questionne l'instituteur, et quelle n'est pas son admiration quand elle apprend de celui-ci que, malgré de nombreuses remontrances, Cyprien s'obstine à distribuer le meilleur de ses repas aux écoliers les plus pauvres, se réservant uniquement le pain pour lui-même, et que maintes fois, en présence d'un malheureux, il s'est même refusé, pour le lui remettre, le seul morceau de pain qu'il s'était gardé? Quelle révélation! N'était-ce pas la meilleure récompense pour Madame Plumier, de voir son fils, en si bas âge, profiter si bien des leçons de charité, dont elle l'avait rendu si souvent le témoin? Défense fut faite à Cyprien de donner à d'autres le contenu de son panier. Sa tendresse pour les pauvres en souffrit pendant quelque temps; bientôt devenant ingénieuse, elle sut y suppléer.

C'était pendant les grands jours de l'été, profitant de l'offre gracieuse d'un de ses parents, sa mère, le charge d'aller cueillir dans le jardin de son oncle de belles pêches, et d'en remplir la corbeille qu'elle lui remet : joyeux de sa mission, il court au jardin, choisit les fruits les plus mûrs, le panier est vite insuffisant, et l'enfant le reprenant sur sa tête, regagne la maison; mais, à un angle du chemin, une malheureuse femme, étendue de lassitude et n'en pouvant plus de chaleur et de fatigue, lui demande la charité; deux petits enfants tendent la main et disent qu'ils ont bien faim : une première fois Cyprien essaye de répondre qu'il n'a rien; mais sa corbeille pesant sur lui comme un remords, il la baisse et la vide à moitié dans les haillons de ces indigents : les enfants tressaillent de bonheur, la mendiante bénit son jeune bienfaiteur, pour lui, il s'échappe à tant de reconnaissance, et remet à sa mère ce qui reste de sa cueillette. — Pourquoi, dit celle-ci, n'as-tu pas rempli la corbeille, puisque ton oncle le permettait? — Mais, oui, je l'ai bien remplie? — Qu'as-tu donc fait du reste? — L'enfant garde le silence, on le presse de questions; un mensonge expliquerait tout; mais il n'a jamais su en dire, il préfère se taire. Mme Plumier devine, avec l'intuition que lui donne sa propre charité. Tu l'as partagée? — Oui, dit l'enfant, j'ai rencontré des pauvres... — Mais ces pêches n'étaient pas à toi... — Eh! maman, puisque vous ne voulez pas que je donne du mien, faut-il bien que je prenne du vôtre? Ah! si vous aviez vu comme ces enfants étaient heureux, et quel bien cela faisait à leur mère !...

Un autre jour, comme il revient de prendre chez le

boulanger la provision de pain, son attention est attirée par les gémissements d'un aveugle qui se plaint de n'avoir rien à manger. Cyprien a promptement ouvert le sac qu'il porte, et glisse un pain tout chaud dans la veste du pauvre ; mais au retour la ménagère, au poids seulement reconnait un larcin : — Le boulanger a-t-il bien pesé? — Oui, ma mère? — Mais, il n'y a certainement pas le poids? — Il y était pourtant tout à l'heure. — Bien, dit la mère qui comprenait, à l'embarras du commissionnaire le petit délit, je vais peser à la balance, et si le boulanger est en défaut, j'irai lui faire des reproches. — Non, n'y allez pas, bonne mère, reprit l'enfant en rougissant, c'est moi qui ai changé le poids, en donnant un pain à un aveugle. Aussi, ajouta-t-il, c'est bien cruel, de passer devant les pauvres avec un plein sac, et de ne leur rien accorder!...

Les malheureux ne furent pas seuls à éprouver toute la tendresse de son cœur. Sa mère l'avait formé à la charité; mais c'était en lui en inspirant, comme but et comme mobile, l'amour de Dieu : voir Dieu dans le pauvre, c'est le sublime de l'aumône, et c'est ce qui la porte à ne reculer devant aucun sacrifice. Or, Cyprien avait été élevé dans ce respect et ce dévouement filial pour notre Père du ciel. Toujours présent à la prière commune, il avait appris par l'exemple de sa famille et durant les jours les plus orageux, que c'est vers le Seigneur qu'il faut sans cesse orienter son cœur. Son âme droite et aimante n'avait pas eu de peine à suivre cette voie dans laquelle la Providence lui réservait un guide plus éclairé que sa vertueuse mère. Cet homme que la tempête révolutionnaire avait chassé loin du sol natal et de la paroisse dont il était le père, cet homme qui revint à St-Chamas, avec toutes ses vertus antiques, consacrées par la confession de la foi et les privations de l'exil, était le digne abbé Gardiol, compagnon de souffrances des abbés Moutet et Plumier. Cet ancien du sacerdoce éprouva, à son retour au milieu de son peuple, une sollicitude toute particulière pour le neveu de ses confrères, et il voulut se charger lui-même de pourvoir à son instruction : la chose lui devint d'autant plus aisée qu'il avait dans sa propre famille un excellent neveu qui réclamait ses soins; dès lors il ne devait pas lui en coûter davantage de se prodiguer pour deux. Agé de huit ans environ, Cyprien quitta les bancs de l'École pour fréquenter assidûment la cure et devenir le compagnon de son jeune condisciple.

On devine sans peine, comment son cœur facilement impressionnable, en assistant aux offices d'un culte longtemps proscrit, dut s'ouvrir à l'amour des choses saintes. Son respectable professeur entretenait ces bonnes dispositions, et enseignait à l'enfant les premiers éléments du catéchisme. Sous l'influence des vérités religieuses le caractère de Cyprien achevait de se transformer, il remportait journellement des victoires sur lui, dans la pensée de plaire au Dieu qu'on lui apprenait à mieux connaître, et qu'enfant de chœur privilégié, il servait dans les saintes cérémonies. C'est ainsi qu'à la première éducation de la vie de famille, éducation qui l'emporte sur toutes les autres, succédait pour la compléter, celle donnée presqu'à côté du tabernacle par un ministre de Jésus-Christ: c'était le prélude et comme l'enfance de la future vie sacerdotale de Cyprien.

Sa piété ne tarda pas à se développer encore dès que fut prononcé le mot heureux de la première communion. A cette perspective de recevoir son Dieu, Cyprien approfondit la grandeur qui lui était réservée, et les efforts qu'une telle gloire exigeait de lui. Une douceur constante remplaça dès lors l'ardeur de son naturel, une affectueuse piété le conduisit par une initiative toute personnelle auprès de l'autel, et, plusieurs fois le jour, il écoutait avec avidité tout ce qu'on lui disait sur l'amour de son Dieu, et le soir revenant dans sa famille, il édifiait chacun par le bon sens de ses réflexions, par son recueillement dans la prière, et surtout par sa bonne entente avec ses frères et ses sœurs. Enfin, le grand jour arriva: quand il a été impatiemment désiré, quand surtout on a cherché à s'en rendre moins indigne, quand de pieux parents ont prié avec ferveur pour le jeune communiant, il se passe bien souvent dans le cœur de l'enfant quelque chose d'insolite, et le Dieu qu'il reçoit, le traitant déjà comme l'un de ses familiers, lui révèle au premier instant de sa visite, et par une mystérieuse inspiration, les secrets de l'avenir. Ainsi devait-il en être pour Cyprien, et comme le disait une pieuse habitante de St-Chamas, sa première communion fut comme le baptême de son sacerdoce.

En effet, n'ayant aucune attention pour les regards

d'un peuple nombreux qui assistait avec joie au renouvellement de la pompe qui accompagne ce jour sans pareil dans la vie, ne remarquant point l'admiration qu'inspirait à tous son angélique modestie, Cyprien s'agenouilla avec amour devant la table sainte, et reçut le pain eucharistique en compagnie de ses parents. Quand il posséda Dieu dans son cœur, que dit-il à l'hôte de son âme? Nous l'ignorons; mais les anciens du pays ont conservé le souvenir de cette action de grâces durant laquelle la vocation de l'enfant fut déposée mystérieusement par la main de Dieu. En effet, dès ce jour, il n'eut plus qu'une parole, qu'une pensée, ne formula plus qu'un désir: il aspira à l'honneur de servir le Dieu dont il était devenu le temple, il voulut être prêtre!

Au contact de la Sainte Eucharistie, le vertueux communiant s'était senti saisi d'une telle horreur pour l'offense de Dieu, que, si exemplaire que fût le toit paternel, il demanda de le quitter, pour ne plus y entendre les blasphèmes et les paroles grossières que se permettaient, dans leurs travaux, les ouvriers tonneliers de son père. Chacun de ces mots attristait l'âme pure et dévouée de l'enfant; son visage prenait un tel aspect de douleur, que sa bonne tante pour mettre un terme à ce supplice et respecter la délicatesse de cette conscience, lui offrit de demeurer chez elle. Ce n'était pourtant point là que le Seigneur appelait son jeune serviteur, et celui-ci avec une respectueuse importunité répétait sans cesse à son père, qu'il avait hâte d'étudier pour devenir prêtre. A toute autre époque, un tel projet éclos dans une famille qui comptait deux ecclésiastiques et qui était sincèrement chrétienne eût été accueillie avec empressement ; mais à ce moment, l'avenir paraissait si incertain, les intérêts religieux si compromis, qu'une vocation ordinaire ne suffisait plus : il fallait, pour qu'on y souscrivît, des preuves authentiques de l'appel de Dieu ; d'ailleurs les Séminaires n'avaient point eu encore le temps de sortir des ruines que l'impiété avait amoncelées. Cyprien dut attendre ; mais la Providence allait préparer un moyen d'exaucer ses désirs.

CHAPITRE DEUXIÈME.

M. Plumier entre au Petit-Séminaire de Ste-Croix, à Salon, puis au Grand Séminaire d'Aix. — Vertus qu'il y pratique. — Son attachement à l'Église. — Fermeté qu'il montre pendant la vacance du siége archiépiscopal d'Aix. — Sa promotion aux ordres mineurs, au sous-diaconat, au diaconat.

Il en est des bouleversements religieux, comme de ceux que produisent les orages dans la nature : ce n'est que peu à peu que l'horizon s'éclaircit, et les institutions balayées par la tourmente ne refleurissent que lentement. Le sol semble craindre de nouveaux désastres s'il laissait germer trop vite ce que la foudre a frappé, et il ne montre qu'insensiblement et comme par essai les merveilles par lesquelles il veut faire oublier la trace des mauvais jours. C'est ce qui se passait en France au lendemain de la Révolution. Quand l'échafaud eut emporté ceux qui avaient inauguré son règne de sang, les prêtres, cachés dans les granges et les fermes commencèrent à reparaître; plus tard, avec le Concordat, le courage revint aux émigrés, et l'exil rendit ses nobles victimes. En même temps, l'Épiscopat, rendu à l'exercice du pouvoir hiérarchique, avait soin de pourvoir aux besoins des peuples, en leur envoyant des pasteurs, et en combattant l'œuvre des *mercenaires assermentés*, qui avaient ravagé le bercail du Père de famille. C'est à cette heure de renouvellement du sol religieux en Provence, que le vertueux abbé Nay, qui revenait d'Italie, reprit le ministère des âmes au Rove, son antique Paroisse, dans laquelle les malheurs et les massacres de la terreur n'avaient pu faire perdre son souvenir. Il fut nommé ensuite aux *Saintes-Maries*, ce village presque perdu le long du Rhône, où vécurent autrefois les trois femmes célébrées par l'Évangile, et dont le culte, mieux encore que les noms, est demeuré impérissable au milieu de la Camargue. Mais la santé de cet excellent prêtre, déjà si fort éprouvée par les commotions politiques, plus fortement ébranlée encore par les faux soupçons qui venaient de l'arracher à une Paroisse dont il était le père, cette santé reçut une nouvelle secousse par l'atmosphère fiévreuse qui règne sur les bords du Rhône : M. Nay tomba malade; heureuse maladie! Le grain, pour se multiplier, doit pourrir en terre, la charité, pour devenir féconde comme celle de Jésus-Christ, doit avoir son Calvaire, et les mépris de tous : ainsi Dieu le voulait-il, pour faire sortir des douleurs et de la disgrâce du serviteur fidèle une institution nécessaire à l'Église, et dont nul, depuis le cataclysme social, n'avait pu prendre l'initiative : nous voulons parler d'un Petit-Séminaire.

Rappelé des *Saintes-Maries* à demi-mourant, M. Nay vint habiter la petite ville de Salon. Sur un sommet assez voisin de ce pays, s'élève un antique monastère dit de Ste-Croix, et dont les révolutionnaires ont respecté les murs : c'est là que l'homme de Dieu, avec la permission de ses supérieurs, jette les fondements de cette pépinière sacerdotale. Dans ce ministère de dévouement pour l'enfance, la santé de l'homme de Dieu se rétablit, sa vertu dont l'évidence confond tous les faux bruits, et qui a grandi dans la disgrâce, groupe à ses côtés de nombreux jeunes gens avides de remplacer les anciens du sacerdoce : l'esprit de piété s'établit promptement dans cette maison confiée en de si bonnes mains, l'amour de l'étude y passionne ces jeunes intelligences dont les travaux ne tardent pas à fixer les regards des habitants de toute la basse Provence. Ceux de St-Chamas étaient trop voisins de Salon, pour n'être pas les premiers à en être instruits ; mais parmi tous, celui que cette nouvelle devait le plus réjouir, c'était Cyprien Plumier. Auprès du vénérable curé de sa Paroisse il avait appris les premiers éléments de la langue latine ; mais il avait besoin d'aller poursuivre ailleurs des études que la sollicitude pastorale ne permettait pas à M. Gardiol de rendre plus sérieuses. L'enfant, toujours désireux d'entrer dans l'état ecclésiastique, avait souvent vu ses désirs ajournés par cette réponse de son père : « Où veux-tu que nous t'envoyions ? il n'y a pas de « Séminaire ! » — Aujourd'hui, une semblable réponse ne pouvait plus lui être faite : il y avait un Séminaire à quelques lieues seulement. Dès lors, Cyprien multiplie ses instances, conjure ses parents de le laisser suivre l'appel de la grâce, et aidé sans doute de l'influence de M. Gardiol, il applanit tous les obstacles, et vient frapper à la porte de Ste-Croix, où il est paternellement accueilli. Comme les voies de la Providence sont souvent mystérieuses ! Ce prêtre, victime de la calomnie, et qui à Salon ouvrait si affectueusement les bras à ce jeune enfant, devait être chargé de le préparer aux amertumes des langues méchantes, aux dures vicissitudes d'une disgrâce qui partirait vingt ans plus tard du pied même de Ste-Croix : c'était à lui que le ciel confiait le soin de l'aguerrir aux vertus solides qui montrent dans la calomnie une béatitude, et qui font, dans tous les événements de la vie, conserver le calme le plus parfait, parce qu'avec les yeux de la foi, on y reconnaît le doigt de Dieu.

M. Nay eut-il, dès ce moment comme une intuition des desseins d'En-Haut sur son jeune élève? Nous ne saurions le dire : toujours est-il qu'il lui témoigna dès cette heure une tendresse spéciale, qui devait se changer plus tard en une fraternelle et respectueuse amitié, quand l'élève deviendrait le confrère et le fils spirituel de son ancien supérieur. C'est sous un tel maître, et pendant près de trois ans, que Cyprien s'affermit dans l'étude du latin ; mais bien davantage encore dans la science de l'amour de Dieu. De temps en temps, en venant visiter sa famille, il portait à St-Chamas un parfum de cette dévotion aimable à laquelle on le formait si bien. Durant les vacances surtout, il se trouvait avec ses frères et ses sœurs, et les édifiait par son amour de la prière et par son éloignement du monde.

Y avait-il quelque fête dans la ville, et les jeunes gens du pays se préparaient-ils à en faire l'occasion de réjouissances bruyantes? le paisible et modeste séminariste en témoignait longtemps par avance, dans ses discours, une profonde tristesse; le jour venu, il opposait aux amusements profanes une communion plus fervente, et passait une partie de la journée à faire quelque petit pèlerinage. « Combien, ne fus-je pas consolé, « nous disait avec émotion un vénérable chanoine de la « cathédrale d'Aix, en repassant dans sa mémoire tou- « jours jeune comme sa vertu, ce souvenir déjà reculé, « combien ne fus-je pas consolé, étant allé à St-Chamas, « pour la fête de Notre-Dame de Septembre, de m'en- « tendre proposer par un tout jeune homme de monter « au Sanctuaire de la Très-Sainte Vierge, pour la dé- « dommager des danses qu'on devait se permettre. Je « fus bien autrement touché de voir, avec quelle angé- « lique piété, ce séminariste de Ste-Croix, me servit la « messe, et avec quel amour il me parla de Dieu! » Ce séminariste, on l'a reconnu, c'était Cyprien, digne disciple de M. Nay, qui flétrissait de son indignation la plus vive les amusements du monde.

Cet excellent supérieur ne devait pas lui être conservé pour longtemps : le séminaire était fondé, un autre pouvait continuer l'œuvre si bien commencée. Pélissanne avait besoin d'un pasteur, et l'autorité ecclésiastique avait un désir très-ardent de prouver à M. Nay, que rien n'avait pu amoindrir la confiance qu'on lui accordait : il fut nommé curé de Pélissanne. Ce changement fut infiniment pénible pour toute la colonie de Ste-Croix, où il était si aimé, il le fut plus encore pour Cyprien, dont il était le guide et le père. La pensée de ne plus vivre sous ce toit béni avec celui qu'il y vénérait, fut-elle la cause du nouveau parti que ses parents adoptèrent pour terminer son éducation? Nous ne le pensons pas, nous préférons croire que Dieu, qui avait voulu former cette âme auprès d'un prêtre visité par la calomnie, voulut l'affermir davantage auprès de la congrégation renaissante des prêtres du *Bon-Pasteur* pour lui enseigner deux autres vertus non moins nécessaires à la vie sacerdotale, et qui ont toujours été les caractères distinctifs de ces gloires de notre clergé marseillais : l'amour du sacré Cœur de Jésus et le zèle pour la conversion des pécheurs.

A cette époque, en effet, le vénéré M. Dandrade rassemblait les membres dispersés de la congrégation du *Bon-Pasteur*. Cette pieuse association avait rendu de grands services à la religion avant 1793 ; pendant la tourmente révolutionnaire, elle avait eu l'honneur d'avoir ses martyrs ; bientôt la pureté de son esprit allait préserver tous ses enfants sans exception de toute faiblesse coupable vis-à-vis du chef qui gouvernait alors la France. En même temps, M. l'abbé Ripert, de sainte mémoire, reconstituait l'ancien Petit-Séminaire du Sacré-Cœur d'abord à Mazargues, pour le transférer bientôt à Marseille dans la rue Grignan, en face de la rue Lulli, autant dans l'intérêt des familles, que pour en rendre l'accès plus facile aux écoliers. Nous aurions eu une véritable joie à saisir cette occasion, pour montrer avec plus de détails ce nouvel Esdras cherchant à recueillir les pierres spirituelles du sacerdoce marseillais, si nous n'avions su que ce travail, plus spécialement consacré à la mémoire des prêtres du Bon-Pasteur, doit être prochainement publié, par un écrivain, digne par sa science comme par sa piété, de faire revivre d'aussi saints personnages !

Ce fut à ces hommes, fort habiles pour l'éducation de la jeunesse, que Cyprien Plumier fut confié vers la fin de l'année 1806, à l'âge de quatorze ans environ. Que de fois ceux qui ont eu le bonheur de vivre dans son intimité, ne lui ont-ils pas entendu raconter, avec les moindres incidents, les circonstances de sa vie au Petit-Séminaire ? La frugalité des repas, la simplicité tout évangélique de Messieurs les Directeurs, la franche joie qui présidait aux récréations, tels étaient les souvenirs qu'il aimait à évoquer; il consentait alors, contre son habitude, à parler un peu de lui, pour proclamer bien haut les mérites et les vertus de ses charitables instituteurs. Auprès de tels maîtres, le jeune séminariste avait mieux à apprendre que la langue latine, il avait à développer une dévotion toute candide, et qui, pour lui, datait de l'enfance. Précisément les Pères du Bon-Pasteur avaient le secret d'exalter à propos et de diriger les âmes portées à la vertu, en leur fournissant la contemplation du Cœur divin de Jésus, de ce Cœur qui a tant aimé les hommes ! Quiconque vénère cet abîme de l'amour et de la grâce, est nécessairement subjugué par un double désir: celui d'aimer, et celui de se dévouer : la piété répond au premier besoin, le zèle satisfait au second. C'était ce sublime ministère dont Cyprien faisait l'apprentissage au Petit-Séminaire du Sacré-Cœur, et quand plus tard, sous sa plume, nous rencontrerons ces lignes : « Priez toutes « souvent les divins Cœurs de Jésus et de Marie ; deman-

« dez-leur ce que vous devez faire. Je vous mets toutes
« dans le Cœur de Jésus, et cela afin que vous deveniez
« des Saintes. Vivez et mourez toutes dans le Cœur de
« Jésus... » —Quand, dans ses instructions, nous l'entendrons recommander la dévotion au Sacré-Cœur, quand nous le verrons, par de petits imprimés, répandre cette pratique, nous n'aurons pas de peine à reconnaître à toutes ces marques le disciple et l'élève des Prêtres du Bon-Pasteur.

La piété est amie de la retraite, et par là nous comprenons comment dans l'ancien Petit-Séminaire pouvaient se poursuivre, pendant huit jours, chaque année, des exercices religieux, durant lesquels le silence le plus rigoureux était fidèlement observé, et nul parmi les élèves ne songeait à se plaindre de la suppression des récréations, auxquelles étaient substituées des lectures empruntées à la Vie des Saints. De quoi des cœurs de jeunes gens ne sont-ils pas capables, quand on sait les stimuler par les pensées de la Foi? C'est d'eux surtout qu'il faut répéter cette parole de Saint Augustin : *Ubi amatur, non laboratur ; aut si laboratur, labor amatur.* Avec de semblables dispositions les séminaristes du Bon-Pasteur avançaient dans la véritable sagesse, et le temps que Cyprien passa au milieu d'eux lui fut très-profitable.

S'il était redevable à ses dignes professeurs de leçons salutaires, il donnait à ses condisciples de nombreux sujets d'édification, tant par son recueillement dans le lieu saint que par son application au travail. Aussi, à peine arrivé à l'âge de 15 ans, fut-il appelé par ses supérieurs à faire le premier pas dans la vocation à laquelle il aspirait depuis si longtemps, et on lui annonça qu'il recevrait la tonsure. Cette touchante cérémonie eut lieu à Aix le 23 mai 1807, dans l'église métropolitaine de St-Sauveur, et ce fut entre les mains de Mgr Champion de Cicé que Cyprien Plumier renonça à l'habit du siècle pour revêtir les saintes livrées de Jésus-Christ. Pour lui, il y eut plus là qu'une cérémonie ; ce dépouillement des habits profanes lui rappela dès ce jour, qu'à mesure qu'il avancerait en âge, il devrait se revêtir toujours davantage de l'esprit de Jésus-Christ : *Induimini Christum*.

Avec le nouveau pas qu'il fit deux ans plus tard dans sa sainte carrière, l'occasion allait lui en être fournie admirablement, car la Congrégation de St-Sulpice à laquelle était confié le Grand-Séminaire d'Aix, devait achever dans le cœur du pieux séminariste, ce que les Prêtres du Bon-Pasteur y avaient si sagement commencé. Le jeune abbé Plumier, dont l'enfance ecclésiastique avait été surveillée par son oncle maternel, recommandable vicaire de St-Théodore à Marseille (Paroisse alors appelée les Récollets), quitta cette ville, pour se rendre à Aix, où se trouvait le seul Grand-Séminaire que les lois du temps eussent permis de rouvrir pour les trois diocèses de Fréjus, de Marseille et d'Aix. Ce paisible établissement qui comptait alors plus de cent séminaristes, appartenant aux départements des Basses-Alpes, du Var et des Bouches-du-Rhône, était le modèle de la plus parfaite discipline, sous la direction d'un supérieur dont la mémoire est encore précieusement conservée comme type de la maturité du jugement, d'une fermeté inébranlable, et d'une foi ardente : cet homme était M. Dalga. Ce vétéran du Sanctuaire, ce digne fils de M. Olier, convaincu que les ruines de la France se relèveraient plus sûrement et plus vite avec un clergé exemplaire, mettait à former les séminaristes aux vertus ecclésiastiques, plus de soins que n'en employait à la même époque, le grand conquérant, qui gouvernait la France, à former ses armées. Du reste, il était merveilleusement secondé dans son œuvre, au double point de vue du talent et de la vertu : M. Tipheigne professait avec une clarté remarquable le cours de dogme, M. Boni, dont l'angélique douceur charme encore les récits de nos curés, enseignait la morale, et M. de Tortonne, avec non moins de succès, s'occupait d'histoire ecclésiastique et de liturgie. Sous de tels maîtres, les séminaristes faisaient de rapides progrès, une génération d'apôtres se préparait dans cet humble cénacle, se familiarisant aux deux vertus spécialement chères aux enfants de St-Sulpice : l'amour de l'étude, de la Sainte-Écriture en particulier, et l'estime de la vie cachée.

L'enfer fut jaloux de tant de sainteté, et par un de ces vertiges, trop fréquents dans l'histoire des rois, il essaya de renverser cette demeure, en persuadant au Souverain que les frères de l'abbé Émery ne pouvaient être que des ennemis de l'Empire, puisqu'ils étaient les amis du Souverain-Pontife persécuté. Alors, chose à jamais glorieuse pour St-Sulpice, on vit ce guerrier fameux, qui avait fait trembler tant de peuples, trembler devant quelques vieillards et quelques prêtres, et armer contr'eux sa main redoutable, comme s'il eût commencé une guerre nouvelle. Habitués à l'exil, dont ils n'avaient pas eu le temps d'oublier les avantages, on en vit un certain nombre partir contents de tous les points de la France pour des rives étrangères, sûrs par avance que leurs prières préserveraient leur patrie, dont on les accusait d'être les agitateurs. Plusieurs ne devaient pas revoir cette terre chérie: quelques-uns, embarqués pour l'Amérique et bientôt engloutis dans un naufrage, montèrent au ciel comme pour mieux protéger contre les dangers du schisme les séminaristes qu'ils avaient dû quitter; de ce nombre, fut M. l'abbé Tipheigne. Après le départ des Sulpiciens, la direction du Séminaire d'Aix passa donc en d'autres mains. Dieu avait des desseins de miséricorde sur le petit troupeau qu'ils abandonnaient, et préposait à sa garde des hommes d'un grand mérite. M. Morel, qui devint plus tard curé de St-Théodore, à Marseille, fut chargé d'enseigner la philosophie, et il le fit avec autant de solidité que de distinction; M. Boui, chez lequel un excellent cœur et une vertu aimable suppléaient à des connaissances approfondies, fut chargé de la morale; M. Perrin occupa la chaire de dogme, et fit apprécier dès lors les rares dispositions qui, bien des années après, le rendirent le conseil et le Vicaire-Général de Mgr de Fréjus.

Il ne fallait pas moins de qualités chez les nouveaux directeurs pour adoucir dans le cœur des séminaristes les regrets qu'y avaient laissés MM. de St-Sulpice, regrets que Cyprien Plumier partagea comme les autres, quoiqu'il eût connu pendant moins longtemps que ses condisciples les Sulpiciens expulsés ; mais déjà auprès de ces admirables ecclésiastiques, il avait pris le goût du renoncement et de la vie cachée, et il ne cessait d'en donner de touchantes preuves à ceux qui l'entouraient.

« Cyprien Plumier, nous disait un de ses anciens
« confrères, mettait à être oublié, et à vivre ignoré, ses
« soins les plus constants ; empressé à rendre service à
« chacun, il disparaissait toutes les fois que la charité ne
« lui faisait pas une loi de se montrer ; jamais on ne l'en-
« tendait parler de lui-même, et quiconque ne l'eût jugé
« que sur les apparences, se serait mépris entièrement
« sur son compte. Quelques-uns même, un peu surpris
« du laisser-aller de sa toilette et du peu de cas qu'il faisait
« de lui-même, se permirent à son sujet des gestes de
« raillerie et le tournèrent en ridicule, surtout à cause
« de la position recueillie dont il ne se départait jamais.
« L'un des professeurs, M. l'abbé Castellan, s'étant aperçu
« de cette hilarité peu charitable, reprit vivement les
« rieurs : « Vous seriez bienheureux, leur dit-il, si vous
« ressembliez à M. Plumier : c'est un véritable saint, il
« ne perd jamais la présence de Dieu ! »

Cet éloge était du reste mérité ; non-seulement Cyprien menait une vie toute de modestie et de mortification ; mais encore, ainsi que l'assure son voisin de chambre, comme si les heures du jour ne suffisaient pas à ses entretiens avec Dieu, il se levait la nuit et priait fort longuement agenouillé sur le sol de sa cellule.

Les plaisanteries dont il était quelquefois l'objet, s'expliquaient du reste naturellement, et n'altéraient pas les rapports de ses compagnons. La Providence, qui voulait de bonne heure le former aux vertus solides, lui avait envoyé une double cause d'humilité, qui le maintenait toujours dans la défiance de lui-même; son intelligence, paraissait ne pas avoir suivi avec les années le développement que son corps avait pris; ses conceptions étaient lentes, l'étude était pour lui un labeur véritable, et il était devancé par un grand nombre dans la science de la théologie : « En retour, écrit « un de ses amis, bien capable d'en juger, Cyprien avait « un jugement droit et pratique qui valait mieux qu'un « esprit prompt et peu judicieux; s'il saisissait moins « vite, il approfondissait davantage la vérité proposée « et se l'assimilait lentement. » D'autre part, sa prononciation se ressentait d'un défaut de langue, par suite duquel, il éprouvait la plus grande peine à articuler certains mots, il paraissait être réellement bègue. Ses supérieurs, attribuant ce vice d'élocution à l'absence de tout exercice de la parole, ou à une excessive timidité, jugeaient devoir de temps en temps, pour l'en corriger, confier à l'abbé Plumier, le soin de la lecture en commun. Rien n'était édifiant comme la naïve soumission avec laquelle l'humble ecclésiastique prenait le livre, et entreprenait ce travail au milieu des sourires involontaires qu'excitait, dans une assemblée de cent personnes, son langage bizarre. Jamais, il ne songea à solliciter la dispense de cet exercice, qu'il estimait bien autrement salutaire pour son humilité que pour sa diction; la lecture était perdue pour la communauté ; mais elle était remplacée par l'exemple d'une remarquable obéissance, et d'une joyeuse déférence pour la volonté des directeurs.

Ce vice d'organisation ne tarda pas à créer à Cyprien une épreuve plus sérieuse que celle de quelques sourires toujours bienveillants. Le sacerdoce qui réclame de ceux qui en sont revêtus l'exemption des taches intérieures de l'âme, exige aussi, pour ne point prêter au ridicule des méchants, l'absence de toute imperfection extérieure ; aussi, Messieurs les professeurs du Grand-Séminaire, désespérant de vaincre celle que nous venons de signaler, firent entendre au pieux séminariste, que Dieu ne l'appelait pas à l'état ecclésiastique, puisqu'il l'avait affligé de ce défaut. Quiconque a connu le zèle des âmes qui animait l'abbé Plumier, quiconque se rappelle par quelles instances il avait obtenu de suivre une vocation, dont la première pensée datait de son enfance, comprendra quel trouble cette communication jeta dans son cœur ; une nature moins croyante que la sienne aurait hésité, lui, était de ceux qui ont goûté la parole évangélique : « Si, ayant de la foi gros comme un « grain de sénevé, vous commandez à une montagne de « changer de place, elle vous obéira, car je donne « ma grâce aux cœurs humbles. » L'abbé Plumier pensa que puisque Dieu l'avait pris à sa famille pour l'attacher au sanctuaire, la main qui ébranle les montagnes, aurait moins de peine à délier un peu l'obstacle qui enchaînait sa langue ; il implora le Seigneur par la Vierge, secours des chrétiens, douce consolatrice des affligés, et peu à peu, son langage devint moins étrange. Dieu ne donnait pas à cet événement l'évidence ni la promptitude d'un prodige, sans doute pour ne pas troubler l'humilité de son serviteur, et, d'un autre côté, il lui conservait quelque chose de cette ancienne infirmité, afin que ce vestige pût être, pour lui, la preuve pendant toute sa vie, de l'intervention divine, comme le fut pour Jacob, la paralysie qu'il garda après sa lutte avec le Très-Haut.

Du reste, faut-il s'étonner que Dieu se laissât fléchir par les prières de Cyprien, quand on se souvient quelles étaient la modestie et la piété du séminariste ? Il est des âmes auxquelles le ciel ne sait rien refuser, parce qu'elles donnent tout au Seigneur : celle de l'abbé Plumier était de ce nombre. Écoutons ce qu'en ont écrit deux ecclésiastiques fort haut placés aujourd'hui : « J'ai connu, dit l'un d'eux, M. Plumier au Grand-
« Séminaire, on l'y distinguait par son éminente piété :
« il y partageait l'admiration de tous les élèves, avec le
« saint abbé Barrelle, que la Compagnie de Jésus vient
« de perdre récemment, et cette piété si douce, si hum-
« ble, il l'a portée pendant toute sa vie et dans toutes
« les positions dans lesquelles il s'est trouvé. » — « Il fut
« mon compagnon d'études, écrit un vénérable reli-
« gieux, bien qu'il eût quelques années de moins que
« moi pour l'âge. Je dois dire qu'il était déjà un modèle
« de vertu, un séminariste régulier et fervent ; je m'étais
« dès lors lié avec lui, à cause de ses bonnes qualités, et
« je lui ai toujours conservé une véritable estime ». Ces vertus reconnues de tous et la modification qui s'opérait

dans le langage de Cyprien, triomphèrent des hésitations de ses supérieurs. Le 14 mars 1812, il fut admis à s'approcher de plus près de l'autel, objet de ses espérances, et il reçut dans l'église de St-Martin à Marseille, les ordres mineurs des mains de Mgr l'Évêque de Metz.

Le nom de ce prélat rappelle des circonstances qui ont trop mis en relief le dévouement de l'abbé Plumier au St-Siége, pour que nous ne croyions pas utile d'indiquer sommairement par quels événements Mgr Jauffret, fut transféré de l'Évêché de Metz à l'Archevêché d'Aix.

Par la mort de Mgr Champion de Cicé, le siége d'Aix se trouvait vacant, fait d'autant plus regrettable, que depuis quelque temps le Souverain Pontife, n'ayant plus d'autre moyen de défendre son indépendance que l'on étouffait sans cesse davantage, refusait l'institution canonique aux Évêques nommés par le Gouvernement Français. D'autre part, l'Empereur continuait à choisir des Évêques, et voulait malgré les oppositions du Pape, les mettre à la tête des Églises veuves de leurs pontifes. Or, la foi catholique enseignant que celui-là seul auquel il a été dit : Paissez mes agneaux, paissez mes brebis, peut préposer des pasteurs à chaque partie de son troupeau, et que les peuples ne doivent recevoir que de lui leurs pontifes et leurs prêtres, il en résultait que les élus du Gouvernement, n'avaient pas plus de droits pour régir eux-mêmes la famille de Dieu, que pour lui envoyer des pasteurs. Les Églises privées de leurs Évêques devaient donc, conformément au droit commun canonique, être exclusivement gouvernées par les vicaires capitulaires, choisis par le Chapitre, et qui dans les cas de vacances, sont investis de pouvoirs universels. La doctrine de l'Église est, en effet, formelle à cet égard, elle enseigne: (1) 1° Qu'en vertu du *Droit commun*, l'*Élu* à l'Épiscopat, ne peut à aucun titre, ni licitement, ni validement s'ingérer dans l'administration du diocèse qu'on lui destine, avant d'avoir obtenu de Rome des lettres confirmatives de son élection; 2° Que la décrétale *Injunctæ*, frappe de nullité et condamne non-seulement la gestion des Évêques *Élus*, mais encore celle des Évêques *Nommés*, tant qu'ils n'ont pas reçu leurs lettres de promotion; 3° Elle proscrit comme fausse l'opinion de ceux qui croient qu'en vertu de la Décrétale, les Évêques nommés par le Souverain peuvent en certains cas, administrer leur diocèse avant d'avoir en mains leurs bulles de provision; 4° Elle déclare qu'on prétend à tort qu'il existe en France, une coutume légitimement établie

---

(1) 1° Electi ad Sedes Episcopales, de *Jure communi*, neque licite, neque valide possunt in earum administrationem quovis modo aut titulo sese ingerere, ante obtentas et ostensas confirmationis litteras.

2° Decretalis *Injunctæ* non tantum *Electos* sed etiam *Nominatos* comprehendit eorumque administrationem quamlibet, ante obtentas et ostensas confirmationis aut promotionis litteras, illicitam atque irritam reddit.

3° Jus commune, quatenus *Electos* ab administratione arcet, *Nominatos* etiam attingit.

4° Erronea est opinio quæ tenet vi Decretalis posse *Nominatos* a rege in certis circumstantiis Diœcesim administrare ante obtentas provisionis litteras.

par la prescription, et autorisant les Évêques choisis par le pouvoir civil à régir leurs diocèses soit avec leur titre d'Évêque, soit sous celui de délégué du chapitre, ou sous quelque autre appellation que ce soit. Bien plus, elle considère l'Évêque légitimement installé, comme tellement uni à son diocèse, qu'il ne peut être investi des pouvoirs de vicaire capitulaire dans une autre Église, sans que le Souverain Pontife l'ait délié lui-même de ses premiers engagements, faute de quoi sa promotion comme vicaire capitulaire, sera complètement invalide.

Le chapitre d'Aix n'ignorait pas cette discipline ecclésiastique, et, au lendemain du décès de Mgr de Cicé, il nommait vicaires capitulaires deux de ses membres, également recommandables MM. Bellot et Guigou ; par cet acte, il perdait tout droit de confier désormais la gestion du diocèse à d'autres mains. Mais rien ne contribue plus que la force, à affaiblir la mémoire de ce qu'on sait le mieux, rien ne paralyse davantage la liberté d'action et le bon vouloir, que la peur. Celui qui gouvernait alors la France, avait à sa disposition l'une et l'autre, il s'en servit, et quand cet

---

5° Falsum est exstare in Galliâ consuetudinem legitime præscriptam, vi cujus *Nominati* a sæculari principe Diœcesim administrare possint aut tanquam Vicarii a capitulo deputati, aut sub alio quovis titulo.

6° Episcopus unius Diœcesis, antequam a vinculo quo huic Diœcesi devincitur, Pontificia auctoritate fuerit absolutus, nequit deputari in Vicarium capitularem alterius Diœcesis, et talis deputatio, si attentetur, invalida est. (Tractatus Juris Canonici. Auctore D. Bouix.)

homme qui avait imposé à la Hollande, à l'Italie, des Souverains, et les leur avait fait accepter, vint imposer au Chapitre d'Aix un Archevêque comme vicaire capitulaire. Ces vétérans du clergé, craignant peut-être d'attirer par un refus de nouveaux malheurs sur l'Église, confièrent à l'Évêque de Metz des pouvoirs qu'ils n'étaient plus à même de transmettre. Si le talent et la piété avaient pu suppléer à l'institution, Monseigneur Jauffret eût été digne de s'asseoir sur le siége où l'appelait l'Empereur; mais privé de cette mission essentielle, il n'était en réalité, et ne fut pour la plupart de ses diocésains, qu'un honnête étranger.

Toutefois l'ignorance du peuple sur ces questions canoniques, la difficulté de l'en instruire, l'honorabilité des ecclésiastiques qui venaient d'accomplir cet acte de complaisance, les qualités personnelles de l'Évêque élu, créèrent un double courant d'opinions parmi les habitants, et même parmi le clergé! Les uns croyaient pouvoir se soumettre aux ordonnances du nouvel Archevêque, d'autres au contraire, ne reconnaissant de vraie juridiction que dans les mains des premiers élus du Chapitre, voulaient n'avoir aucune sorte de rapports avec le Pontife intrus, et refusaient obéissance aux prêtres envoyés par lui.

On comprend sans peine quels troubles cette situation anormale jetait dans les diocèses, et dans quelles perplexités elle devait plonger les séminaristes, qui n'acceptaient pas toujours sur ce point les sentiments trop timides de certains de leurs professeurs. L'abbé Cyprien Plumier avec la droiture de raison qui le caractérisa toujours, dévoué au Pape par tradition de famille et par je ne sais quel secret entraînement du cœur, se prononça de suite et avec énergie contre l'intrusion du Prélat. En vain, l'un des directeurs s'efforçait-il de justifier par les circonstances la légitimité de ses pouvoirs, le jeune séminariste, par des objections fortes et précises, par des citations nombreuses, par une argumentation serrée, mettait le professeur dans le plus grand embarras pour maintenir sa doctrine, et souvent l'obligeait, aux applaudissements des élèves, à rétracter ou à modifier ses opinions. Ces luttes dans lesquelles, il n'avait garde d'oublier et le respect dû au caractère épiscopal de celui qui était en cause, et la déférence qu'il convient de conserver envers un directeur, devaient être bien intéressantes, pour qu'après cinquante ans nous en ayons retrouvé un si fidèle souvenir dans la mémoire de ceux qui en furent les témoins !

Cet attachement inviolable à la discipline de l'Église l'accompagnait du reste partout. Était-il en récréation ou à la promenade, il n'avait d'autre entretien que les infortunes du Pape, et la situation que créait à divers diocèses la crise présente. Rencontrait-il quelque contradicteur, on le voyait, toujours charitable, sortir presque de cette calme douceur que nous lui avons connue, et défendre avec une sainte énergie les vrais enseignements catholiques. « Oui, nous écrit
« un de ses confrères, il était fortement attaché aux
« principes de la foi et à la doctrine de l'Église, prin-
« cipes et doctrine dont personne n'aurait pu le faire

« démordre, si une occasion s'était présentée. »
Ces sentiments l'ont toujours dirigé dans sa conduite, tant en fait de croyances, que dans son respect pour l'autorité ecclésiastique.

Animé de pareilles idées, que sa correspondance avec M. Nay devait sans doute affermir, l'abbé Plumier ne voulut point recevoir de Mgr de Metz le caractère sacré du Sous-Diaconat, qui établit une autre dépendance de l'ordinand vis-a-vis l'Évêque que n'en supposent les ordres mineurs : se laisser imposer les mains par lui, c'était reconnaître, vis-à-vis les séminaristes, la légitimité de sa mission. Il exposa ses répugnances à M. Guigou, vicaire capitulaire : celui-ci, fort attaché au Pape, et qui dans cette tourmente montra un rare esprit de sagesse et de conciliation qu'il fit remarquer plus tard sur le siége épiscopal d'Angoulême en 1824, l'autorisa à aller recevoir à Digne, des mains du vénérable Mgr Miollis, le Sous-Diaconat. Ce fut le 4 juin 1814 que Cyprien s'engagea définitivement au service de Dieu, ayant eu de son père une constitution de patrimoine. Ce modeste revenu, que les circonstances précaires obligeaient à lui garantir, tant l'avenir était incertain, fut le seul avoir qu'il consentit à accepter : il abandonna par une cession volontaire au reste de sa famille, tout ce à quoi il aurait pu plus tard légitimement prétendre. Au premier pas de sa carrière, il réalisait ainsi, ce qui devint sa plus chère devise : Un prêtre en mourant ne doit pas laisser plus de cinq francs après lui ! Il faisait de bonne heure l'apprentissage de ce dépouillement dont nous avons trouvé un trait singulier, précisément à l'époque qui nous occupe.

Il reçoit au retour d'une promenade, durant laquelle il a donné aux pauvres jusqu'à son dernier centime, une lettre dont la suscription portait *très-pressée*, et pour laquelle le facteur réclame 12 sols : « Gardez-là, lui répond naïvement le séminariste, je n'ai pas de quoi vous la payer. » Cette lettre pourtant lui annonçait que son oncle paternel, l'abbé Plumier, venait de mourir vicaire de St-Théodore à Marseille et lui laissait par testament la propriété de sa bibliothèque. Dieu qui prend soin de ceux qui s'oublient pour les malheureux, permit que ce précieux héritage n'échappât point au séminariste. Un homme de bien ayant connu cette petite histoire, veilla à ce que Cyprien pût entrer en jouissance de ce legs précieux, qui devint pour le reste de sa vie, un de ses plus doux passe-temps.

En effet, si l'abbé Plumier avait le travail difficile, il était pourtant fort ami de l'étude, et ne craignait pas la fatigue quand il s'agissait de s'y adonner. Du reste, ses efforts étaient couronnés de succès : à 20 ans, presqu'au lendemain de sa promotion aux ordres mineurs, il subissait les épreuves du Baccalauréat ès-lettres, et dès ce jour il s'adonnait avec un zèle nouveau aux recherches théologiques, qui ont toujours été sa plus chère occupation. La piété, l'humilité, le dépouillement volontaire, l'attachement inébranlable au Souverain Pontife, l'amour de l'étude, telles furent les principales vertus par lesquelles il se distingua parmi ses condisciples. Ces qualités n'étaient point circonscrites aux murs du Séminaire : pendant les vacances précédentes, il avait apporté à St-Chamas, un doux parfum de prière et de modestie : son recueillement avait été remarqué par tous les habitants. Ce fut au retour de ce temps de repos, que Cyprien eut la consolation de retrouver à la tête du Séminaire les hommes vénérables qui avaient présidé à son enfance ecclésiastique : M. Dalga était revenu avec ses dignes confrères : par eux, l'abbé Plumier avait été appelé à recevoir le Sous-Diaconat, et par leurs soins aussi, il fut choisi pour être promu 15 jours plus tard à l'ordre du Diaconat. C'était une attention maternelle de la Providence de rendre à ce fervent séminariste les maitres qui l'avaient accueilli tendrement quelques années auparavant : ils vinrent fortifier en lui l'estime de la vie cachée, en lui parlant de l'inconstance des faveurs humaines dont M. Émery avait fait une si triste expérience : ils augmentèrent son amour du détachement par leurs récits sur les infortunes de l'exil : enfin, ils affermirent son attachement pour l'Église en lui disant combien il est doux de souffrir persécution pour elle. Mais une attention non moins providentielle, fut le jour fixé pour la réception du Diaconat : Le 17 juin 1814, fête du Sacré-Cœur de Jésus, Mgr Miollis, se rendant aux désirs de M. Guigou, vicaire-capitulaire vint administrer, dans l'église de la Magdeleine à Aix, le sacrement de l'Ordre. Un indult du Souverain Pontife, alors résidant à Ancône, avait accordé les dispenses nécessaires à cet effet. Le docile enfant des prêtres du Bon-Pasteur, fut donc revêtu de la force d'En-Haut le jour du Sacré-Cœur. Il y eut dans cette coïncidence, un rapprochement qui n'échappa point à sa tendre piété, et qui en était déjà comme une récompense. Avec la descente du St-Esprit devaient se terminer pour l'abbé Plumier, comme autrefois pour les apôtres, la vie contemplative et le silence de la retraite : il lui fallait aller répandre cet amour de Jésus-Christ qui venait de se développer dans son âme, et son repos devait se trouver dans le travail. Tandis que le séminariste partait pour les vacances, croyant revenir bientôt au milieu de ses anciens confrères, Dieu préparait insensiblement un champ au zèle et au dévouement du jeune diacre.

CHAPITRE TROISIÈME.

Au lendemain de son ordination au diaconat M. Plumier est nommé vicaire à Salon. — Qualités qu'il rencontre chez M. Turles, curé de cette paroisse. — Celui-ci lui confie la direction de la Maîtrise et les catéchismes. — Succès que M. Plumier obtient dans ces divers ministères. — M. Mie lui est adjoint comme vicaire.

Presque au milieu des steppes arides de la Crau, à travers ce lit de cailloux incultes qui semblent attester le passage du Rhône en d'autres temps, et auxquels les anciens avaient donné une origine mythologique, apparait au loin et comme une fraiche oasis, une étendue de terrain que la culture a disputée à l'aridité qui l'entoure : la végétation y est si belle et contraste d'une manière si frappante avec les plaines dénudées des alentours, qu'on dirait que le Rhône a laissé en ce lieu tous les sédiments dont il a dépouillé le voisinage, ou, mieux encore, que Dieu a béni en ce point le travail de l'homme pour encourager les efforts de l'agriculture. Au centre de ces jardins, se trouve une riante et populeuse agglomération formée par ceux qui les cultivent. C'est la petite ville de Salon, dans laquelle l'abbé Plumier devait passer les plus belles années de sa vie, comme aussi porter ses plus lourdes croix.

L'éloignement des grandes villes n'avait pas suffi

pour préserver Salon des bouleversements nés de la Révolution : le sang n'y avait point coulé, mais le vandalisme républicain en avait fermé les églises, et banni les prêtres : ce vent de proscription en avait chassé bien loin le vénérable curé, M. l'abbé Filhol, qui avait dû émigrer en Italie. Le schisme constitutionnel en avait profité pour confier ce peuple, privé de son pasteur, à un curé intrus que les événements de 1803, et la paix qu'ils firent espérer à l'Église, trouvèrent encore à un poste qui n'était point le sien. M. Filhol étant revenu au milieu de son troupeau, avec la juridiction légitime que l'exil ne pouvait ravir, une division profonde troubla les habitants, qui se scindèrent en deux partis, celui de l'intrus, et celui du pasteur véritable. La restauration du culte et de la foi était donc, dès son début entravée par cet inévitable conflit : l'administration diocésaine à la tête de laquelle était Mgr de Cicé le comprit, et par une mesure infiniment sage et qui tourna au bonheur de Salon, tandis que le curé intrus, détestant son serment, était rendu à la communion de la vraie foi et envoyé vers un autre point du diocèse, M. Filhol était nommé avec son agrément à l'importante cure de St-Trophime d'Arles ; par ce double déplacement, les partis étaient désarmés. Il restait une mission de paix et de conciliation à remplir, pour les unir dans une même charité ; il fallait de ces deux peuples n'en faire qu'un seul : la Providence choisit pour réaliser ce dessein le saint et savant M. Turles. Il appartenait à l'ancien diocèse de Fréjus, que le Concordat venait de joindre à celui d'Aix, et dans lequel il avait occupé une position distinguée. Sa nomination à Salon avait été proposée à sa vertu comme un acte de dévouement, car cette situation était une véritable déchéance : le ciel devait se charger de compenser par des consolations surnaturelles les avantages matériels qu'il perdait en s'y rendant. Mais en revanche, sa venue était pour le peuple Salonais une marque évidente de la sollicitude et de la tendresse de la Providence : pour mieux s'en rendre compte, il faut savoir quel homme était ce M. Turles. Ses contemporains vont nous l'apprendre.

M. Turles était un ecclésiastique éminent, capable d'apprécier les autres et de les diriger, non moins que de les employer dans l'intérêt de ses ouailles. Homme trop peu connu, il avait une foi profonde et pratique, des mœurs austères, une science théologique sérieuse, des habitudes vraiment sacerdotales, et un remarquable talent d'écrivain qu'il cachait sous la plus constante humilité. Pasteur au jugement sûr, au caractère ferme, à l'érudition vaste, il joignait à beaucoup d'esprit un zèle ardent et une piété aussi douce qu'éclairée. Ne trouvant dès son arrivée à Salon que des ruines morales causées ou par l'indifférence des uns, ou par les passions schismatiques des autres, dès sa prise de possession, il appelle de saints missionnaires à évangéliser son peuple : une mission féconde en fruits de grâce se termine en 1804, et MM. Roman et Grangier sont nommés ses vicaires pour continuer le bien auquel les prédications venaient de donner une sérieuse impulsion.

A peine cet homme de Dieu a-t-il ainsi réveillé la foi au cœur de son troupeau, qu'il se sent pris de compassion pour les enfants; car il en rencontre partout sur ses pas, qui grandissent au milieu de la plus profonde ignorance religieuse : l'enseignement lui apparaît comme le seul moyen de réparer ce malheur, il communique à son peuple ses projets à cet égard, il demande qu'on l'aide par des prières, et accepte personnellement toutes les charges pécuniaires de la fondation d'une école: à cet effet, il prépare avec une attention touchante une maison achetée de ses deniers, il y installe les meubles indispensables, puis il se décide à y appeler les Religieuses de la *Présentation-Notre-Dame*. Ce fut un édifiant spectacle, dont on ne parle à Salon qu'avec émotion, de voir ce respectable vieillard partir à dos d'âne pour se rendre à Bourg-St-Andéol, où se trouvait l'asile qui, après la tourmente, avait rassemblé les Sœurs échappées au massacre. En voyageant avec cette humble monture, il conservait à son œuvre l'argent qu'aurait nécessité un moyen de locomotion plus commode. Peu de jours s'étaient écoulés et après des difficultés de plus d'une sorte, le petit âne revint avec son heureux cavalier : M. Turles, comme un triomphateur, ramenait dans une charrette les preuves de sa victoire : les Sœurs St-Ange, et Jouyne qui furent, à la joie du peuple, installées auprès de la filature de soie. Cet enthousiasme, autour d'un si modeste équipage, était le cri de l'instinct populaire, voyant revenir à lui la moralisation de l'enfance par l'enseignement religieux.

Sous les efforts combinés du clergé et des nouvelles institutrices, Salon commençait à renaître, lorsque surgirent les difficultés que nous avons mentionnées plus haut, au sujet de la vacance du siége archiépiscopal d'Aix. M. Turles avait l'âme trop droite et le caractère trop ferme pour considérer avec calme la situation anormale de Mgr l'Évêque de Metz : pendant quelque temps toutefois, il garda le silence ; mais quand en 1812, M. Jauffret publia le Mandement du Carême par lequel, il se donnait aux diocésains d'Aix, de Fréjus et de Marseille, comme leur véritable pasteur, M. Turles, ne put contenir les accents de la vérité catholique : il crut de son devoir de prémunir son troupeau contre le schisme dont il voyait avec sa vaste intelligence, apparaître tous les désastres ; il prit pour lui cette parole de nos saints livres : *Væ mutis canibus !* malheur aux chiens muets ! Aussi, non-seulement il refusa de lire le Mandement de celui auquel il ne reconnaissait aucune juridiction ; mais encore il composa, sous forme de catéchisme, quelques réponses que l'on copiait à la main, fixant la doctrine de l'Église à cet égard, et disant aux fidèles de se défier des loups entrés perfidement dans le bercail. Ces pages d'une remarquable précision, et que nous regrettons de ne pouvoir publier à cause du plan de ce travail, suffirent pour attirer les colères du pouvoir séculier sur ce prêtre courageux. Il fut déclaré déchu de son titre, ce qui était loin d'être canonique et régulier, et un ecclésiastique dont l'esprit de conciliation est encore loué à Salon, fut envoyé pour lui succéder. Trop bon prêtre pour ne pas comprendre la fausseté de sa position, M. l'abbé Pin, laissait vivre M. Turles au milieu d'un peuple, au sein duquel ce vénérable curé n'avait pas de peine à se cacher, quand besoin était, et auquel il continuait à administrer les sacrements.

Sur ces entrefaites, par un changement de la politique impériale, le saint captif de Fontainebleau, Pie VII, regagna l'Italie : l'accueil qu'il reçut des diocésains d'Aix et de Marseille, consola vivement ce malheureux Pontife. L'état de ces Églises lui était parfaitement connu par les lettres que M. Turles lui avait fait parvenir, d'autres disent, par les conversations que M. Turles avait eues avec le St-Père : car plusieurs assurent que cet intrépide curé avait fait à pied le voyage de Fontainebleau, et qu'il était parvenu à tromper la vigilance des gardiens, à l'aide d'un travestissement qui le faisait prendre pour un mendiant. Quoiqu'il en soit de ce fait, toujours est-il que M. Turles, ayant vu le Souverain-Pontife à son passage à Aix, reçut de lui la confirmation de la doctrine qu'il avait publiée à Salon sur l'intrusion de l'Évêque de Metz. Aussitôt le généreux défenseur de la vérité, répand de nouvelles feuilles qui devaient avoir une toute autre autorité, à cause de la bouche qui les avait inspirées: il n'en fallait pas davantage pour le signaler aux vengeances du pouvoir. Une escouade de gendarmes est lancée contre lui ; mais l'habileté de M. Pin lui permet de s'évader, et quittant une terre où sa tête est mise à prix, il vient retrouver à Rome le pontife infortuné, avec lequel il

3.

souffre persécution pour la justice, et par lequel il est tendrement reçu.

Les événements de 1815 décidèrent Mgr Jauffret à regagner son ancien diocèse ; ils rendirent à Salon son glorieux Pasteur : il y revint en silence pour ne point confusionner ceux qui l'avaient attaqué ; mais tandis qu'il célébrait la sainte messe en secret, la nouvelle de son retour s'étant rapidement répandue, l'Église se trouva remplie d'une foule ivre de joie, et qui fondit en pleurs, quand le confesseur de la foi, se retourna pour donner la bénédiction qui termine le saint sacrifice. Le curé provisoire se hâta, le jour même, de laisser un troupeau auquel il n'avait jamais voulu s'imposer comme un mercenaire ; et par un sentiment de délicatesse qui s'explique assez, ses deux vicaires le suivirent dans sa retraite, et furent appelés par l'Archevêché à remplir d'autres emplois. Mais ces départs précipités laissaient M. Turles complétement seul à la tête d'une Paroisse considérable, et dans laquelle, la crise dont elle se ressentait encore, avait compromis la plupart des œuvres qu'il avait reconstituées avant son exil. Il lui fallait donc des coopérateurs pour seconder son zèle, et paître avec lui ses ouailles : il vint en solliciter à l'Archevêché. Mais il lui fut répondu qu'on n'avait personne à lui envoyer pour satisfaire à ses désirs et aux besoins de sa Paroisse.

Un autre que M. Turles se serait découragé ; mais lui, habitué aux événements fâcheux, comptait sur Dieu : M. Nay, qui connut son embarras, l'engagea vivement à demander comme vicaire le jeune diacre Plumier.

Personne n'appréciait mieux que cet excellent curé de Pélissanne, les vertus et le zèle en particulier que Cyprien cachait sous des dehors simples et presque grossiers : non seulement M. Nay avait été son premier maître, mais durant le temps des vacances, il avait chaque année dirigé la conscience du pieux séminariste, et il avait pu, d'année en année, juger des progrès sensibles qu'il faisait dans la vie intérieure. D'autre part, Cyprien n'était pas un inconnu pour M. Turles. En allant chaque semaine à Pélissanne, il faisait une halte à l'Église de Salon, y adorait le St-Sacrement, présentait ensuite ses devoirs au presbytère : dans ses visites, la bonté, non moins que la modestie et la sagesse des réponses de l'abbé Plumier avaient toujours frappé M. le Curé. Il est des âmes pour lesquelles les années se trouvent en retard sur la maturité du jugement et de la vertu : telle était celle de Cyprien. M. Turles pensa qu'une semblable nature était ce qu'il lui fallait pour évangéliser son peuple, et sur de nouvelles instances de sa part, le 10 octobre 1815, il obtint de se l'attacher en qualité de vicaire.

Ce fut ainsi que Dieu permit à Cyprien de consacrer plutôt que d'autres à la sanctification des âmes une vie dont il devait faire un si bon emploi, et de laquelle il ne devait pas laisser perdre un seul instant. Pour que l'auxiliaire qui était accordé à M. le Curé de Salon, fût plus à même de lui rendre service, l'abbé Plumier, à cause des besoins du temps, et aussi de sa rare piété, reçut non-seulement des pouvoirs ordinaires pour prêcher et pour baptiser ; mais même pour distribuer ou porter la Sainte Eucharistie aux malades. Ce que nous avons dit de sa foi, permet d'apprécier avec quel respect il accepta un privilége aussi consolant.

Dès ce jour, avec toute l'ardeur de la jeunesse, et plus encore avec un zèle dévorant, il accepte le triple ministère que M. Turles lui confie : la prédication des dimanches, l'enseignement du catéchisme et la direction d'une petite école attenante à l'église, en guise de maîtrise.

Mais avant d'entrer dans le détail de ces diverses œuvres, il n'est pas sans intérêt d'examiner combien il fut fidèle au renoncement que Messieurs de St-Sulpice lui avaient prêché. Rien n'en donnera une meilleure idée que la manière dont il s'installa au presbytère, et dont il y disposa sa chambre. Cette pièce, grande tout au plus comme une cellule de séminariste, avait un ameublement d'une simplicité presque incroyable. Deux bancs de bois blanc, recouverts d'une paillasse, sans matelas, formaient ce qu'il appelait son lit ; une couverture commune dérobait aux regards curieux la composition de cette modeste couchette. A deux pas de distance, se tenait à demi-debout une table de bois vulgaire, que la vétusté s'était chargée de peindre de cette couleur antique qui ne porte de nom dans aucune langue : un auteur classique de théologie, le *Saint Bréviaire*, le *Nouveau Testament* et l'*Imitation de Jésus-Christ*, gisaient par-dessus et tenaient lieu de bibliothèque : un petit crucifix planait sur ce désordre de livres et de cahiers ; évidemment ce crucifix était, au sens de Cyprien, l'ouvrage le plus précieux à consulter, aussi occupait-il la place d'honneur. Deux chaises empruntées à l'église, dont elles portaient la marque, complétaient l'ameublement. Vis-à-vis le lit, une étroite cheminée construite avec des briques, laissait voir les objets destinés à alimenter le feu : l'angle de la cheminée formait bûcher, et ajoutait à la simplicité de cette demeure. On le voit, le luxe en était banni, la pauvreté en avait fait tout l'arrangement, et Cyprien ne paraissait pas comprendre les sourires que la vue de tant de dénûment volontaire lui attirait de la part de ses visiteurs. Nous disons bien : dénûment volontaire, car la famille Plumier avait une honnête aisance, et aurait pu pourvoir aux premiers frais d'établissement du jeune ecclésiastique : d'ailleurs, ne l'eût-elle pas fait, M. Turles, avec sa charité aimable, se serait empressé d'y suppléer ; mais l'abbé Plumier, déjà épris d'amour pour la pauvreté, de laquelle il devait écrire plus tard, que quand on en parlerait, il faudrait par respect l'appeler *la Sainte*, était heureux de pratiquer lui-même ce renoncement qu'il ne tarda pas à prêcher et dans sa doctrine et surtout par ses exemples. Du reste, quel besoin le vicaire-diacre avait-il d'un plus grand bien-être dans une chambre qu'il occupait le moins possible? L'Église était son oratoire de prédilection, les champs qu'il parcourait lui servaient de salle d'étude, la sacristie était le lieu le plus ordinaire dans lequel il aimait à écrire, et il passait dans la classe fréquentée par les enfants de la maîtrise la plus grande partie de son temps.

En effet, M. Turles, convaincu que l'éclat dans les cérémonies du culte dépend ordinairement du bon ordre et du recueillement qu'on sait inoculer à ceux qui remplissent l'office d'enfants de chœur, avait de suite rassemblé autour du presbytère les fils des familles les plus chrétiennes de Salon; il espérait du reste, non sans fondement, que si la beauté de la liturgie à laquelle contribueraient ces jeunes lévites, pouvait inspirer de salutaires pensées aux paroissiens indifférents, Dieu saurait bien choisir dans ce petit troupeau privilégié des natures candides et capables de remplacer un jour les prêtres décimés ou rendus infirmes par la révolution. Aussi la création de cette maîtrise avait-elle été une de ses premières entreprises, dès son retour; mais les occupations incessantes du ministère, la visite des malades, le séjour au saint tribunal l'obligeaient constamment de la négliger. L'adjonction de l'abbé Plumier lui parut, à cet égard, une grâce insigne: il confia donc à son vicaire ces petits écoliers, le chargeant de les instruire dans les lettres profanes, dans le respect pour le lieu saint et surtout dans la pensée de la présence de Dieu. Cyprien avait été trop heureux de se consacrer au service du Seigneur, pour ne pas se dévouer avec bonheur à cette œuvre intéressante. Le voyez-vous, groupant ses élèves autour de l'autel, leur apprenant à fléchir le genou avec gravité, leur inspirant l'esprit de silence et de modestie? il est lui-même si pénétré dans l'Église, il s'anéantit si pro-

fondément chaque fois qu'il passe devant le saint tabernacle, il leur donne avec une voix si respectueuse les indications nécessaires, que les enfants s'habituent à vivre avec piété dans le lieu saint. La population remarque avec joie ce changement: la légèreté de l'âge a disparu chez ceux qui s'approchent journellement du sanctuaire, elle a été remplacée par une révérence qui édifie : chacun s'accorde à reconnaître que Cyprien est l'auteur de ce progrès, et sa tenue pendant les offices justifie pleinement ce jugement de tous. De l'Église les écoliers viennent en classe ; Cyprien les y accompagne : il leur fait comprendre que l'application au travail est bénie de Dieu ; il leur répète que c'est uniquement pour l'œil du Seigneur qu'il faut redoubler d'efforts. Il fait plus, il leur fait aimer l'étude, en la leur rendant attrayante, et en ayant presque l'air de travailler avec eux. L'émulation la plus noble s'établit bien vite parmi ses écoliers, au milieu desquels nous aimons à trouver les noms de M. Pasquier, devenu vicaire-général, de M. Imbert, curé plein de mérites, de M. Ruelle, dont le diocèse de Marseille a apprécié la foi vive et le zèle actif, et de Mgr Sibour, évêque de Tripoli, récemment enlevé à l'Église. La vocation de ces gloires du sanctuaire est la meilleure preuve des soins que leur prodigua l'abbé Plumier ; mais laissons parler un de ses anciens élèves: « Il ne connaissait
« comme auteurs classiques que le Nouveau-Testament
« et l'Imitation de Jésus-Christ. Son éloignement pour
« les livres profanes avait une autre cause que le dé-
« goût que lui inspiraient les erreurs mythologiques

« dont ils sont remplis : ces ouvrages ne parlent pas
« de Dieu, et M. Plumier mettait son bonheur à s'en
« entretenir sans cesse. Ces deux ouvrages de prédilec-
« tion lui servaient au contraire à merveille pour suivre
« l'élan de son cœur. Nous commencions une traduc-
« tion, croyant faire une version latine ; mais après
« nous avoir clairement expliqué le sens littéral de
« chaque mot, notre professeur s'empressait de nous
« faire observer tantôt la belle action que l'Évangéliste
« racontait sur Notre-Seigneur Jésus-Christ, et les
« motifs que nous devions y trouver pour chérir un
« aussi aimable maître ; tantôt la sublimité des senti-
« ments exprimés par l'auteur de l'Imitation, et la joie
« que nous éprouverions à les partager. Plusieurs fois,
« il s'exaltait tellement dans ce travail qui laissait voir
« son âme, que nous étions tout surpris, à la fin d'un
« sermon si éloquent, de nous retrouver, non point à
« l'Église, mais devant nos cahiers : c'est ainsi que
« chaque classe, non-seulement ouvrait davantage nos
« intelligences, mais surtout réchauffait nos cœurs, et
« nous en sortions plus pieux que si nous étions allés
« aux Vêpres. »

Les soins à donner aux enfants de chœur n'étaient point la seule occupation de l'abbé Plumier : le catéchisme préparatoire à la première communion lui fut pareillement confié. On se figurera aisément la joie du vertueux diacre en acceptant ce ministère. Préparer à Jésus-Christ des temples vivants, combattre par de bons conseils l'étourderie de l'enfance, faire comprendre à de jeunes cœurs l'importance de s'unir à

leur Dieu ! mais c'est la fonction la plus solennelle, et beaucoup disent la plus difficile du vicaire, dans une paroisse. Cyprien, qui ne pouvait oublier, que cette époque de la vie avait été l'heure de sa conversion, et que Dieu pourrait être encore prodigue de ses dons pour son petit entourage; Cyprien, qui se souvenait mieux encore combien les conseils de sa tante lui avaient été utiles pour vaincre sa nature ardente, s'adonna à cet enseignement du catéchisme, avec toute l'activité d'un zèle que rien n'avait encore découragé, et avec toute la constance que lui inspirait la grandeur de cette œuvre. « Quelqu'un de nous récitait-il mal sa
« leçon, dit un de ses anciens catéchisés, M. Plumier,
« au lieu de le punir, lui montrait par une parole
« triste et sérieuse, qu'il s'était puni lui-même, en
« négligeant de s'instruire de la religion ; qu'il s'était
« privé des grâces que Dieu réserve à ceux qui étudient
« avec amour le catéchisme: cette manière de parler
« produisait toujours une impression profonde, et il
« était rare que l'on retombât dans une semblable pa-
« resse. La gravité de son maintien nous rappelait le
« recueillement qu'il fallait porter à cette étude des
« vérités de la foi: il nous les expliquait avec des com-
« paraisons faciles à saisir, y ajoutait souvent de pe-
« tits traits qui reposaient notre attention, et gravaient
« dans nos esprits la leçon que nous venions de rece-
« voir. Mais l'explication du catéchisme n'était que la
« première partie de notre réunion. M. Plumier, tou-
« jours revêtu du surplis dans cet exercice, nous adres-
« sait ensuite une petite instruction, ou sur les fêtes du

« temps, ou sur la nécessité de nous corriger de nos dé-
« fauts, pour nous préparer à la première communion.
« Il commençait ces allocutions avec simplicité, et bien-
« tôt l'amour de Dieu l'emportant, sa parole se préci-
« tait, ses gestes s'animaient, son visage s'illuminait,
« et quoique son défaut de langue ne permît pas tou-
« jours à ses lèvres de suivre la vivacité et la prompti-
« tude de son cœur, malgré des bégaiements que son
« élan rendait plus fréquents et plus sensibles, nul
« parmi nous ne songeait même à sourire : malgré
« l'étourderie de notre âge, nous étions tellement
« saisis par ce qu'il nous disait, que la manière dont il
« s'exprimait nous préoccupait bien peu ; nous sortions
« de la chapelle en silence, sous l'impression de la
« grâce, et quand nous parlions entre nous, nous nous
« disions : Comme M. Plumier prêche bien ! C'est un
« Saint, tant il dit de belles choses ! »

Le peuple, à de plus rares intervalles, il est vrai, avait aussi sa part de cette éloquence qui partait du cœur : de temps en temps, en venant écouter le prône, les parents pouvaient se convaincre par eux-mêmes que leurs enfants avaient dit vrai, en louant sa véhémence apostolique, et surtout son air pénétré. Son style était correct, ses pensées ordinaires toujours précises et exactes ; mais le mérite presqu'exclusif de ses discours résultait de la conviction profonde avec laquelle il les adressait au peuple qui venait toujours plus nombreux pour l'entendre.

L'influence que ce ministère de la parole, et plus encore sa grande piété, lui avait promptement conquise sur la population de Salon, explique aisément comment dès qu'un nouveau-né apparaissait dans une famille, on tenait à honneur qu'il reçût le saint baptême des mains du jeune diacre : celui-ci devenait par là un véritable auxiliaire pour son digne Curé que nous verrons bientôt reprendre pour lui-même l'administration de ce sacrement afin de laisser à son vicaire le loisir de poursuivre d'autres œuvres auxquelles l'entraînait son zèle. C'est que M. Turles, était un Curé modèle, toujours heureux pourvu que le bien se fît parmi les âmes qui lui étaient confiées, empressé de déchoir en quelque sorte de son rang, et de devenir le serviteur de ses vicaires, quand il les voyait poursuivant une entreprise qui semblait inspirée par Dieu, et de laquelle le bien pouvait résulter. L'amour-propre n'existait plus dans cette âme morte à elle-même, et ne vivant que pour Dieu, et l'on comprend dès lors ces luttes de générosité dont on parle encore avec admiration à Salon, dans lesquelles le Curé cherchait toujours à s'effacer pour laisser paraître son vicaire, et celui-ci, formé de bonne heure à l'humilité la plus sincère, s'efforçait sans cesse de se cacher et de montrer incessamment la main et les bonnes intentions de M. le Curé. Nobles combats qui grandissaient aux yeux des paroissiens ces deux athlètes de la charité.

Un troisième ecclésiastique vint à cette époque apporter, en qualité de vicaire, sa part à cette charité fraternelle, et à ce dévouement pour les âmes : c'était l'abbé Mie, nom aujourd'hui populaire dans toute la Provence, et qui rappelle non seulement l'apôtre bien-aimé du peuple Salonais, mais encore le grand convertisseur qui mit plus tard son ardeur et sa parole de feu sous la bannière immaculée des oblats de Marie. Si la vertu de prudence était le trait distinctif de M. Turles, l'infatigable activité du zèle caractérisait son nouveau confrère. A cet amour des âmes, le serviteur de Dieu joignait, à un degré peu commun, l'estime de la vie cachée et l'amour des croix. Cette similitude de goûts, ce besoin de sacrifice, cette soif des épreuves devaient naturellement lui faire trouver en Cyprien Plumier un véritable frère, un confident, un ami : aussi dès ce jour, commença entre ces deux prêtres une sainte union, que la diversité des positions ne parvint point à affaiblir, et qui parut même survivre à la mort du saint missionnaire; car 26 ans plus tard, M. Plumier, regrettant sa perte, glanait pour lui des prières. « Vous aurez, écrivait-il à une assemblée de « pieuses filles, vous aurez la bonté de prier et de faire « prier pour M. Mie, qui est mort, mais comme meu-« rent les justes: il avait rendu de grands services à « votre Paroisse. »

Au contact d'une amitié aussi pure, Cyprien se sentait saisi d'un vif désir d'imiter les austérités et le dépouillement de son confrère: M. Nay, d'autre part, qui dirigeait sa conscience, n'avait garde de dissiper d'aussi heureuses dispositions; mais au contraire il en bénissait le Seigneur, d'autant plus qu'il n'y était pas étranger. Qu'aurait-il enseigné autre chose, en effet, à son cher fils spirituel, en fait de bien être, lui qui couchait sur des sarments, recouverts par une étoffe impuissante à dissimuler ce lit de douleurs ? Que lui aurait-il appris surtout en fait d'amour des richesses? M. Nay avait pour elles le plus complet détachement. On racontait même à cet égard une anecdote qui prouve jusqu'à quel point il le pratiquait: Un de ses proches parents, venu à Pélissanne, à l'occasion d'un mariage et dans l'espérance d'obtenir de son oncle le Curé un cadeau en argent, n'en reçut, ainsi que sa jeune épouse, qu'un chapelet vulgaire, avec la recommandation de le réciter pieusement: « *tout le reste de mes biens*, avait ajouté le pasteur désintéressé, *appartient à mes pauvres...* » Le voisinage de ces saints personnages faisait croître la vertu de Cyprien d'une manière visible, comme l'on voit se fortifier sans cesse l'arbuste odorant planté le long des eaux.

CHAPITRE QUATRIÈME.

M. Plumier est ordonné prêtre. — Ses premières prédications. — Conversions éclatantes qu'il opère. — Soins qu'il prend des malades. — On lui confie les prisonniers. — Il en accompagne trois sur l'échafaud. — Piété de M. Plumier. — Sa pauvreté. — Son amour pour les indigents. — Sa profonde humilité.

L'activité avec laquelle M. Plumier s'était livré au ministère paroissial ne pouvait cependant suppléer qu'à demi aux services qu'il aurait rendus, s'il eût été promu au sacerdoce, et son Curé hâtait de ses vœux cette ordination. Quant à Cyprien, il désirait bien davantage l'heure fortunée qui lui permettrait de se dévouer sans mesure au bien des âmes : lorsqu'il avait ébranlé ou touché les cœurs par la prédication, il regrettait de ne pouvoir compléter l'œuvre de la grâce, en leur donnant l'absolution; d'autre part, il était aussi fervent que possible dans la récitation de l'office divin ; mais il sentait que sa force pour convertir, et le bonheur de sa vie ne se trouveraient pleinement que dans l'offrande du Saint-Sacrifice, et dans la communion de chaque jour. Le peuple Salonais n'était pas moins intéressé à l'élévation de son Diacre au Sacerdoce, et ce fut une joie universelle, quand, conformément aux prescriptions canoniques, M. Turles annonça au prône, que M. Plumier était appelé à la prêtrise. On pria ensemble pour le pieux vicaire dont la vertu augmentait d'une manière sensible, à mesure que sa future promotion approchait : enfin, Cyprien, régulièrement muni d'un dimissoire, et d'une double dispense d'âge et d'interstices partit pour Digne, afin de recevoir des mains de Mgr Miollis, et dans la chapelle du Grand Séminaire la consécration sacerdotale. A cette époque, le siége archiépiscopal d'Aix, était devenu de nouveau vacant : Mgr Jauffret, mieux instruit par les conseils du Pape sur l'illégitimité de son pouvoir, était allé, comme nous l'avons dit, reprendre possession de son Église de Metz dont il était toujours demeuré titulaire. M. Plumier fut promu au sacerdoce le samedi des quatre-temps de l'Avent, de l'année 1815.

Le jeune prêtre tout rempli de l'esprit de Dieu se hâta de regagner St-Chamas, afin d'y célébrer sa première messe au milieu des siens, et le jour même de Noël. Est-il besoin de peindre ici le contentement de tout le pays, et l'empressement apporté par chacun à assister à cette touchante réunion? les habitants voulurent par leur présence, donner à la famille Plumier estimée de tous, une preuve d'amitié: ils ne tinrent pas moins à venir s'édifier de la piété et des sentiments de Cyprien, qui était regardé parmi eux comme un saint. Comment rendre le spectacle que présentait l'église de St-Chamas, abritant à cette heure le vénérable pasteur qui avait veillé à l'enfance sacerdotale de Cyprien, et les parents vertueux du jeune prêtre, justement réjouis de l'élévation de leur fils, et les frères et sœurs de l'abbé Plumier, fiers de la dignité qui les grandissait tous, en l'honorant lui-même, et l'oncle maternel de Cyprien, ce vieillard usé par les persécutions, qui se sentait revivre dans les vertus et le ministère de son neveu, et cette admirable tante, qui moissonnait le fruit de ses conseils et de ses prières, en voyant le lutin d'autrefois devenu un ange du Seigneur? Le peuple de Salon était venu comme en pèlerinage, à cette fête de famille, car il revendiquait M. Plumier comme son enfant et voulait partager toutes ses joies. Mais ce qu'il serait impossible d'exprimer, c'est la gravité, le recueillement parfait, l'air de pieuse allégresse, avec lesquels le jeune prêtre monta à l'autel de sa première communion. Par une de ces permissions vraiment providentielles que l'on rencontre dans la vie des âmes privilégiées, lui, l'ami de la pauvreté et de la simplicité, lui, le partisan des opprobres et des croix, célébra sa première messe, le jour, et à l'heure même auxquels dans l'étable de Bethléem et par la naissance de l'Enfant-Dieu, a été inaugurée dans le monde la science du dénûment et du mépris volontaires.

Le temps donné aux siens pour savourer les émotions de cette journée fut court: comme son divin exemplaire, M. Plumier pouvait dire: « Pourquoi res-
« terai-je davantage ici? L'œuvre que mon Père du
« ciel m'a confiée, ne faut-il pas que je la poursuive
« et que je l'accomplisse? » Il s'échappe donc aux

étreintes maternelles et aux félicitations du pays, et il revient à Salon. « Tel que les Apôtres, écrit quel-
« qu'un, rempli de l'esprit de Dieu qu'il a reçu avec
« plus d'abondance par la prêtrise, il lui tarde non
« pas tant encore de travailler à la perfection de ceux
« qui marchent déjà dans le chemin de la vertu, que
« de ramener au bercail les brebis égarées. Comme
« Saint Paul, la charité de Jésus-Christ le presse, il
« ne peut voir ce divin Sauveur offensé, sans en gémir,
« et sans travailler à lui reconquérir les cœurs qui se
« sont affranchis du joug aimable de sa loi. Sa pre-
« mière arme pour obtenir ce noble et précieux ré-
« sultat, est la prédication. » Il convient que le prêtre prêche, lui a dit l'Évêque; et sur cette parole, Cyprien, ne tenant nul compte de l'embarras physique qu'il rencontre pour la chaire, ne se laissant point arrêter par une timidité naturelle, se fait entendre tous les dimanches, et souvent à plusieurs reprises dans la même journée. M. Mie, son confrère, a groupé les hommes de Salon dans une pieuse Congrégation qui honore la Conversion de Saint Paul : M. Plumier, qui partage toutes les œuvres de son ami, n'aura garde, parce qu'il n'est point le directeur de cette association, de la considérer comme devant lui demeurer indifférente, il réclame au contraire son lot toutes les fois qu'il y a de la peine à prendre et du bien à faire; il vient avec plaisir au milieu de ces hommes, et leur fait entendre avec une véhémence tout évangélique les accents du cœur. D'abord son langage embarrassé provoque quelques sourires; mais bientôt

son air inspiré, le désir qui l'anime de sanctifier les âmes, désir que trahissent et son geste et son regard, et ses discours, ont enchaîné cet auditoire au jeune prédicateur. On se presse autour de lui, on l'écoute dans un religieux silence; en sortant de l'église, on se dit des uns aux autres, que M. Plumier est dans la vérité, et qu'il faut se rendre à ses conseils : on porte dans les familles la nouvelle de ses succès; aussi, quand il monte dans la chaire de la paroisse, comme ici chacun est admis à venir au sermon, on accourt dans l'église qui souvent est insuffisante. L'humble vicaire est loin d'être élégant comme l'est M. Mie, plus loin encore d'être écrivain et orateur distingué comme M. Turles, il n'a point l'expérience de ces deux bons prêtres, il se répète souvent dans ce qu'il enseigne, il est long dans ses entretiens, et néanmoins le concours est immense, et il en est de même toutes les fois qu'il doit prêcher. D'où vient donc cette affluence? Serait-ce l'effet d'un de ces bizarres caprices de la vogue? Mais sa doctrine qui se ressent de celle de M. Nay est austère: il prêche la croix, les pénitences, et tout ce qui crucifie la nature. Il parle sans art, avec une simplicité toujours respectueuse, et presqu'enfantine. Encore une fois, quelle est la cause de cette préférence si marquée de la population? Nous l'avons demandée de plusieurs côtés, nous avons interrogé un grand nombre de ses auditeurs, tous nous ont répondu avec une unanimité surprenante : « Son influence provenait de son air de conviction et de sa sainteté ! » Quelle leçon pour les pré-

dicateurs, et combien ce nouvel exemple apprend que le secret des conversions se trouve bien moins dans l'art de dire que dans l'abandon total de soi-même à Dieu :
« Jamais, nous écrit un de ses confrères, je n'ai mieux
« vu que, dans cette paroisse, tout ce qu'un prêtre, rem-
« pli de l'esprit de Dieu, peut faire de bien dans un
« pays. L'abbé Plumier avait une intelligence ordinaire,
« il s'exprimait avec difficulté, mais il répandait un tel
« parfum de sainteté qu'en peu d'années la face du pays
« changea complétement. Quels furent ses moyens ?
« Ce fut l'éclat de sa vertu, sa charité, son esprit de
« pauvreté, sa piété angélique, son zèle. Il ne l'empor-
« tait pas sur d'autres prêtres par le talent, surtout par
« celui de bien dire, mais avouons-le, il l'emportait sur
« eux par la sainteté. J'ai vu l'influence qu'il a exercée
« sur la ville de Salon, et j'ai compris tout ce que peut
« un saint prêtre pour le salut des âmes. » « Il était
« à peine à Salon depuis quelques mois, écrit un autre
« confrère, à peine s'était-il mis à l'œuvre et déjà toute
« la population, émerveillée et plus encore reconnais-
« sante envers Dieu qui lui avait envoyé un ministre
« selon son cœur, le regardait comme un saint et
« le révérait comme tel. Il n'y avait pas un an qu'il tra-
« vaillait à la conversion et à la sanctification des âmes,
« et cependant on pouvait s'apercevoir que le champ du
« Seigneur n'était pas stérile, puisque l'homme de Dieu
« qui l'arrosait de ses sueurs et le fécondait de ses pé-
« nitences lui faisait déjà porter en abondance des fruits
« de salut. »

Avant d'étudier quelques-uns de ces fruits en particulier, disons un mot encore du mode de prédication qu'employait **M.** Plumier, pour subjuguer les cœurs. Tout ce qu'on nous racontait de ses succès, du charme qu'on éprouvait à l'entendre, avait quelque lieu de surprendre ceux qui, l'ayant ouï dans les dernières années de sa vie, tout en reconnaissant la solidité et la sublimité de sa doctrine, ne pouvaient comprendre qu'émise dans une forme vulgaire elle eût pu véritablement passionner. Nous nous demandions si la découverte des manuscrits du zélé vicaire ne nous révèlerait pas quelque qualité expliquant la vogue dont il a joui. Dieu a permis, qu'après de longues recherches, nous trouvassions deux sermons de **M.** Plumier, les seuls peut-être qu'il ait écrits, à moins que son désir de toujours faire perdre la trace de ses actions ne l'ait porté à détruire les autres. Ces intéressantes pages constatent combien le jeune prêtre avait le travail difficile, et aussi avec quels soins et quelle étude il traitait la parole de Dieu ; mais au milieu du raisonnement et des démonstrations qu'un orateur solide, comme il l'était, ne devait pas négliger, le cœur se montre sans cesse et inspire presque tout le discours : tantôt il gémit de la manière dont un grand nombre délaissent Dieu, de l'ingratitude pour les biens reçus, du délai mis à aimer le Seigneur, tantôt il se plait à redire les charmes de Jésus, et appelle à marcher sur les traces du Sauveur, à cause du bonheur qu'on y trouve. Dans ces moments, sa parole ne cherche pas à être variée dans l'expression ; au contraire elle se plaît à se répéter, elle insiste, et revient volontiers aux mêmes termes pour mieux les graver dans l'esprit de ceux qui l'écoutent.

S'agit-il du baptême, dont il expose dans une double division les excellences et la correspondance qu'il réclame, le prédicateur s'extasie d'abord sur les merveilleux effets de ce sacrement : après avoir dit dans quel état d'abjection et de dégradation était le monde, il ajoute :
« Mais quelle révolution va s'opérer sur la terre par ce
« don céleste il paraît ! et tout est changé ; en un ins-
« tant l'impiété, assise jusqu'alors sur le trône, en des-
« cend pour faire place à la vertu ; son règne infâme
« est détruit, la vertu règne et triomphe ; son empire
« s'étend dans tous les lieux ; le baptême est un glaive
« sacré qui va séparer le père de l'enfant, l'époux de
« l'épouse, le frère de la sœur, *l'homme de lui-même*,
« captiver tout esprit sous le joug de la foi, assujétir
« les Césars ; il triomphe des sages et des savants, élève
« l'étendard de la croix sur les débris des idoles et
« des couronnes ; par là nous est représentée sa force,
« à laquelle le monde entier ne peut résister. — C'est un
« feu divin porté en un instant dans toute la terre, qui
« va dissoudre les montagnes, dépeupler les villes, peu-
« pler les forêts de solitaires, réduire en cendres les
« temples profanes, embraser les hommes et les faire
« courir à la mort comme des insensés aux yeux des
« nations. Sous ces traits paraboliques nous est figu-
« rée et la promptitude de ses opérations et la rapidité
« de ses victoires. — C'est un levain mystérieux qui ras-
« semble et réunit toute la masse, qui en lie toutes les
« portions, qui leur imprime une force et une vertu
« communes, qui confond les distinctions de juifs et de
« gentils, de grecs et de barbares, et leur donne à tous

« le même nom et le même être, et ici vous comprenez
« quelle est sa sainteté et son action secrète qui a pu-
« rifié tout l'univers, et qui de tous les peuples n'en a
« fait qu'un seul. Voilà les merveilleux prodiges, les
« effets étonnants qu'a opérés le baptême dans l'u-
« nivers. Or, je vous prie, n'est-ce pas là un motif assez
« pressant pour nous en faire apprécier le bienfait ?
« D'où vient donc tant d'indifférence et tant de froi-
« deur pour cette grâce ? D'où vient qu'au lieu de dire
« avec le Roi-Prophète : Que rendrais-je au Seigneur
« pour tous les biens qu'il m'a faits, nous n'élevons pas
« seulement les yeux au ciel pour en connaître l'au-
« teur ? D'où vient, le dirai-je, que le baptême est un
« objet contre lequel se portent la raillerie et la fureur
« des faux sages de nos jours; contre lequel on ne cesse
« de vomir des blasphèmes, des imprécations qui font
« pleurer les anges, trembler l'homme de bien et atti-
« rent sur les peuples les foudres et les vengeances du
« Seigneur ? O aveuglement sans pareil ! O insensibi-
« lité plus que brutale ! O effronterie qui tient du dé-
« mon ! Que mérite celui qui commet ce crime ? De
« quel châtiment ne doit pas être puni celui qui méprise
« un si grand bienfait, ou qui n'en a que de l'indifférence ?
« Il est très-certain qu'il n'y a pas de moindre peine
« préparée pour ces personnes, que de brûler à jamais
« dans les feux de l'enfer, quoique ce châtiment ne soit
« pas encore égal à l'énormité de leur conduite !!! »

Après avoir montré qu'à ces résultats sociaux le baptême joint, pour chaque individu, la rémission de la
peine éternelle, l'affranchissement du joug despotique

du démon, la glorieuse adoption divine, l'orateur se demande quels sont ceux qui estiment ces avantages :
« Ce ne sont ni les impies qui le blasphèment, ni les
« libertins qui en profanent la trace, ni les riches qui
« lui préfèrent l'or, ni les ambitieux, ni les colères,
« qui se soustraisent à son influence cachée, ni même
« ceux qui vivent d'une vie commune et immortifiée,
« le rendant ainsi infructueux et stérile. Où se trou-
« vent donc, reprend-il, les âmes fortunées qui ren-
« dent au baptême l'estime et l'honneur qui lui sont
« dus ? Où est ce froment chéri et séparé du mauvais
« grain ? Paraissez, soldats de J. C., sortez du milieu
« de Babylone ; véritables Israélites, passez à la droite :
« le Seigneur, les esprits bienheureux et toute la cour
« céleste aiment à vous considérer : vous êtes les plus
« tendres objets de leur amour. Annoncez à ce peuple,
« comme d'autres prophètes, que celui-là estime le bap-
« tême, qui s'étudie à dompter ses passions, sa chair,
« ses mauvaises habitudes ; qui dit un éternel adieu
« au monde, à ses pompes et à ses œuvres ; qui est dans
« la ferme et sincère résolution de tout perdre, de
« tout souffrir, de tout endurer avant que d'offenser son
« Dieu ; qui est doux, patient, sobre, tempérant, chari-
« table ; qui est enfin rempli de l'amour de Dieu et de
« zèle pour sa gloire. »

Rencontrant bientôt contre la conservation de l'innocence baptismale trois adversaires, le démon, le monde et la chair, M. Plumier explique en ces termes ce qu'il faut penser du dernier : « Nous avons encore
« un formidable combat à livrer contre un ennemi dan-

« gereux : cet ennemi, c'est notre corps, cette nature
« corrompue qui nous accompagne partout et nous
« livre sans cesse de rudes combats, et ce ne sera que
« par la violence que nous pourrons triompher de cet
« ennemi dangereux et domestique. Sans cela, c'en se-
« rait fait de nous, nous péririons misérablement. Il
« faut donc nous armer de courage, et livrer à cette
« chair de péché des combats que vous ne devrez ter-
« miner qu'à la mort. Il faut réduire votre corps en
« servitude et ne lui donner aucune liberté capable de
« vous faire tomber dans le péché. Il faut que comme
« un autre Paul vous soyez crucifiés au monde, et que
« le monde vous soit crucifié. Il faut que vous regardiez
« votre chair comme un ennemi dangereux et plus
« dangereux que le démon même. Opposez à ce tor-
« rent de passions, qui s'élèvent sans cesse dans le cœur
« de l'homme, l'assemblage de toutes les vertus. Oppo-
« sez à l'orgueil un esprit d'humilité et d'une très-
« grande humilité; à cette concupiscence, de bas sen-
« timents de vous-mêmes, une vie crucifiée et tout
« intérieure ; à ce désir de la gloire et des faux biens
« du monde, le souvenir de la mort et de leur fragilité.
« Enfin combattez chaque vice par la vertu contraire. »
Le prédicateur indique ensuite avec une sainte véhémence quelle joie et quelle vénération rencontrera le
chrétien qui voudra consentir à vivre de cette manière.

On le voit, tout est simple dans cette parole essentiellement évangélique; mais déjà le cœur du prêtre laisse
voir ce qu'il redoute infiniment : le péché ; et ce qu'il
chérit comme un bonheur : la mortification des sens.

Il ne craint pas de répéter les mots de combats, de vertus, de crucifiement. Il veut faire pénétrer le sens qu'ils rappellent à ses auditeurs, à force de les leur faire entendre.

La seconde allocution révèle presque d'un bout à l'autre la tendresse du jeune prêtre pour l'Eucharistie. Le sujet qu'il développe est l'entrée triomphante de Jésus à Jérusalem, symbole, dit-il, et figure des dispositions que le communiant doit apporter à la réception de son Dieu. Après avoir raconté le malheur de ceux qui négligeraient de s'y préparer et la nécessité de la pureté du cœur, il poursuit : « L'âme
« pieuse doit aussi entrer dans les plus grands senti-
« ments de bassesse et d'humilité, s'anéantir à la vue
« de son Sauveur, imitant par là les enfants des Juifs
« qui allèrent au devant de Notre-Seigneur et qui figu-
« rent l'humilité requise en nous. Malheur à celui qui
« ne serait pas dans ces saintes et heureuses disposi-
« tions ! Ah ! qu'il s'en éloigne entièrement : les choses
« saintes ne sont que pour les saints. De quel amour
« ne doit-il pas être aussi embrasé, l'homme qui va re-
« cevoir son Sauveur ? Cet amour doit être d'autant
« plus grand que la faveur que Jésus-Christ lui fait
« surpasse infiniment celle qu'il fit aux Juifs. Ceux-ci,
« il est vrai, eurent le bonheur de voir Jésus-Christ ;
« mais pour lui, il le reçoit, il le possède au dedans de
« lui-même, il le tient sur sa langue : de sorte que,
« comme la bienheureuse Marie, il porte dans son sein
« le Verbe fait chair. A ces merveilles, à cet amour
« infini de Dieu pour les hommes, qu'il dilate son cœur,

« qu'il lui donne un libre essor, qu'il brûle et se con-
« sume d'amour pour un Dieu si bon et si libéral. Oui,
« mon doux Jésus, doit-il dire, c'en est fait : je me
« donne entièrement à vous, dès ce jour je me consa-
« cre irrévocablement à votre service ; je veux que ce
« cœur, jusqu'à cette heure attaché aux choses créées,
« ne s'attache qu'à vous, ne respire que pour vous et
« meure enfin d'amour pour vous, parce que je vois
« que vous êtes un bon maître, et que vous me com-
« blez sans cesse de biens. Heureux si je puis vous
« rendre un amour digne de celui qui aime tant les
« hommes ! Que puis-je désirer après avoir reçu le
« corps sacré de Jésus-Christ ? Rien ne saurait me con-
« tenter et me satisfaire sur la terre. Mille fois heu-
« reux si je pouvais aimer un Dieu si bon et si magni-
« fique à mon égard ! Heureux si, comme la colombe,
« je poussais de tendres gémissements vers l'agneau
« sans tâche, vers cette beauté ancienne et toujours
« nouvelle ; dès lors, je verrais clairement et la vanité
« et la folie des choses créées. Hors de Jésus-Christ tout
« me paraîtrait vil, méprisable, insipide ; Jésus-Christ
« serait seul ma consolation et mon bonheur. Comme
« l'aigle, je m'élèverais vers l'objet de mes amours pour
« puiser dans son sacré cœur des délices ineffables et
« inconnues aux gens du siècle. Mais jusqu'à présent
« j'ai été bien loin de ces sentiments. Sans cesse nourri
« de la chair sacrée de mon Dieu, comblé de ses grâces
« et de ses dons, j'aurais dû l'aimer, lui donner un
« cœur qu'il désire si ardemment, dire un éternel adieu
« au monde, à ses pompes et à ses œuvres, et néan-

« moins j'ai agi tout autrement. Ah ! Seigneur, créez
« dans moi un cœur nouveau, pardonnez-moi toutes
« les fautes que j'ai commises à votre service ; faites
« qu'à l'exemple de vos Saints, je brûle d'amour à l'ap-
« proche de vos saints mystères ; que la réception de
« votre corps, qui est une source de grâces et de béné-
« dictions pour ceux qui le reçoivent dignement, opère
« en moi les mêmes effets ; que désormais j'apporte
« dans une action si sainte les dispositions requises et
« nécessaires, afin que, profitant de vos bienfaits, je
« mérite d'avoir part à la récompense de vos élus et
« de ceux qui vous aiment ainsi !!! »

Les citations qui précèdent suffisent pour faire comprendre quel était le genre de prédication familier à M. Plumier, et pour expliquer les succès qu'il y remportait. Sa parole n'avait rien d'une vaine recherche humaine, et paraissait n'être qu'un écho de ce que Dieu lui disait dans ses longues heures de prières; mais précisément parce qu'elle n'avait d'autre prétention que celle d'éclairer et de convertir, elle produisait bien des fois les résultats les plus consolants : qu'il nous suffise d'en donner quelques exemples.

Salon, quoique loin des grandes villes, avait eu aussi ses *septembriseurs* et ses *terroristes* ; le temps et l'échafaud avaient déjà fait justice d'un grand nombre, mais plusieurs, objets du mépris public et vivant à l'écart, se faisaient gloire d'opposer au dégoût qu'ils inspiraient et à l'isolement dans lequel l'indignation de tous les circonscrivait, la vie la plus éhontée et les blasphèmes les plus immondes contre la Religion et ses ministres. Ces révolutionnaires attardés formaient une sorte d'opposition permanente aux entreprises du clergé. Leurs sarcasmes augmentaient le *respect humain* des jeunes gens, et effrayaient même les gens vertueux. C'était un nid de vipères, que l'abbé Plumier, avec les sentiments d'une noble charité, chercha et parvint à convertir. Le plus connu parmi ces hommes avait une langue tellement méchante et blasphématrice qu'on aurait pu croire que le démon même l'inspirait. Ce fut à elle que le jeune vicaire donna le premier assaut. Quels furent les moyens qu'il employa ? C'est un secret que Dieu seul connaît. Nous n'hésitons pas à croire que la prière dut commencer le prodige et que la mortification l'acheva. Non content d'y recourir lui-même, le pieux ecclésiastique, comme ce fut sa coutume pendant le reste de sa vie pour les affaires importantes, se défiant de ses prières, sollicita celles des âmes ferventes qu'il dirigeait. Toujours est-il qu'un soir, comme l'abbé Plumier descendait de chaire et que chacun méditait dans le silence de son cœur les paroles de feu qu'il venait de dire, des sanglots étouffés retentirent auprès de l'autel de la Sainte Vierge, sanglots que la grâce allait transformer en une joie suave. Le pécheur public, le scandaleux du village était aux pieds du prêtre, et, fondant en larmes, s'écriait : *Bénissez-moi, mon Père, parce que j'ai péché...* Larmes heureuses, bain salutaire du repentir dans lequel le révolutionnaire recouvra pour jusqu'à sa mort et l'amour de son Dieu et la considération de son pays ! Néanmoins comme ses crimes avaient été nombreux et publics, il fallait que la réparation fût solennelle et durable ; il convenait que sa langue, trop souvent devenue un dard empesté, blessant le cœur de Dieu, servît à glorifier le Seigneur, dont la miséricorde avait triomphé de l'endurcissement par les saintes lenteurs de l'amour. A cette fin, et après une épreuve suffisante, non seulement M. Plumier admit le coupable à s'asseoir au banquet sacré, mais il n'eut plus d'autre servant de messe que cet ancien criminel. Chose plus merveilleuse encore, et de laquelle ressortent les prodiges opérés dans ce cœur pénitent, il permit au républicain blasphémateur de s'approcher chaque jour de la sainte Eucharistie. Ici la raison demeure étonnée en présence tout à la fois et de la miséricorde infinie de Dieu ne dédaignant pas un semblable Prodigue, et de la douceur de son ministre, interprétant si bien les sentiments de Celui qui a dit : « Je suis venu chercher, non les justes, mais les pé- « cheurs », et de l'efficacité de la grâce transformant un si grand coupable en un vase d'édification.

En effet la conversion du blasphémateur consola les âmes pieuses et devint une invitation permanente à ses anciens compagnons de désordre de recourir au ministère de M. Plumier. Plusieurs ne tardèrent pas à suivre son exemple, et parmi eux un libertin que l'on vit bientôt à la procession de la Fête-Dieu, portant pieds nus, sur sa demande, une croix fort lourde qu'il arrosait de ses larmes ; il cherchait ainsi à réparer le mal qu'il avait fait en brisant les crucifix pendant la révolution. Hélas ! le retour de cet homme fut pour la ville entière une preuve de plus que, quand Dieu vous appelle, s'il n'est jamais trop tard pour courir entre les bras de sa paternelle bonté, du moins faut-il ne point regretter ce qu'on laisse pour aller à lui, et faire généreusement tous les sacrifices. Celui-ci qui avait, pour recouvrer la paix, rompu avec le respect humain, recula devant le sacrifice que lui imposait son amour de la boisson, et compromit gravement son salut.

Il n'en fut pas ainsi d'un fonctionnaire important du pays, des préjugés duquel M. Plumier se rendit bientôt victorieux. Avec d'autres sentiments politiques que les précédents, celui-ci se posait en libre penseur, et l'autorité dont il était revêtu rendait plus perfides aux yeux du peuple ses insinuations voltairiennes contre la religion. Sa demeure était le rendez-vous des esprits-forts de l'endroit. En fallait-il davantage au zèle du vertueux vicaire pour essayer d'y pénétrer ? Dieu bénit ses efforts, et ce notable, justifiant désormais la bonne estime qu'on avait de lui sous d'autres rapports, accepta avec une sincérité et une docilité parfaites les pratiques de la foi, à laquelle il resta fidèle jusqu'à la mort.

Du reste, il ne faut pas circonscrire à la chaire l'influence que l'abbé Plumier conquérait chaque jour sur la population Salonaise : tout en lui portait à Dieu, et ceux qui ne se décidaient pas à accepter ses conseils étaient pour lui remplis du plus profond respect :
« Tout m'édifie, dans la conduite de cet homme, disait
« un riche propriétaire, mais rien ne me touche plus
« que sa démarche dans les rues : le voir marcher est
« pour moi toute une prédication, et pourtant comme

« j'aime à l'entendre quand il est en chaire ! ses pa-
« roles me pénètrent. « Voilà l'apôtre, disaient à
« l'envi les ouvriers sortant des filatures de soie, et se
« découvrant devant l'humble prêtre : celui-là par
« exemple, ajoutaient-ils, fait bien tout ce qu'il prê-
« che ! » Quel hommage rendu à la mémoire de M.
Plumier, que cette exclamation souvent répétée et qui
nous est arrivée de divers côtés !

On l'appelait apôtre, et on avait raison, car aucune
âme n'échappait à sa charité. Jusqu'alors il s'était
occupé avec M. Mie de la congrégation des hommes, et
l'avait secondé pour ajouter à l'éclat des fêtes qu'on
y célébrait; mais au départ de son confrère il fut personnellement investi de la direction de ces hommes
dévoués qui faisaient le juste orgueil de la population
de Salon. De plus, le jeune vicaire continua à soigner
avec le même dévouement les enfants de chœur et
les petites filles qui fréquentaient l'école des sœurs
de la Présentation. M. Turles, connaissant toute
l'activité de son zèle, l'avait aussi chargé des malades de l'hospice et des consolations à porter aux
prisonniers. L'acquittement de ce double ministère
était ce que M. Plumier appelait sa récréation. En
effet, à peine le repas du presbytère était-il terminé, que, prenant sous le bras son bréviaire, et, à la
main, un ouvrage de théologie, il se rendait à pas lents
visiter les malades. Le livre était pour lui un agréable
compagnon le long du chemin. Persuadé que la science
est indispensable au saint tribunal, le serviteur de
Dieu tenait à en acquérir chaque jour un peu plus, et

4*

le successeur de M. Turles, qui ne partagea pas toute l'admiration de ce curé pour son vicaire, se plaisait pourtant à redire : « M. Plumier, quoique jeune, est « un excellent théologien : il étudie toujours, et il en « sait plus long que moi. » Le livre dont il se servait était de plus, ses contemporains nous l'assurent, le complice de sa modestie. Occupé à le parcourir durant le trajet, il dédaignait plus facilement les témoignages d'estime qu'il rencontrait à chaque pas. Son livre était aussi le dépositaire de toutes ses gâteries pour les pauvres malades, il y trouvait toujours des gravures appropriées à leurs besoins ; avec une bonhomie touchante il leur en expliquait la signification et surtout le sens pratique. Il leur disait de si belles choses sur le bonheur de la souffrance, sur le prix infini des croix, sur la ressemblance de ceux qui les portent avec Jésus-Christ, que ces infortunés en étaient singulièrement consolés ; aussi, dès qu'il arrivait à l'entrée de la salle, c'était un concert de cris et de réclamations ; chacun appelait le bon prêtre à son chevet, et il était obligé pour les calmer de leur répondre avec ce naïf langage qui nous a si souvent charmés : « Eh ! je « ne puis aller partout à la fois, attendez un peu, j'ai « des images pour tous. » Les gravures étaient moins ce qu'on désirait que les bonnes et saintes exhortations dont il les accompagnait, et qui étaient bien souvent plus efficaces pour adoucir la douleur que les remèdes prescrits le matin au nom de la science. Sa venue était saluée par les acclamations de tous, et l'on voulait toujours retarder l'heure de son départ ; c'était le moment auquel, se rendant aux vœux des malades si souvent indiscrets, M. Plumier communiquait avec bonté aux sœurs infirmières les requêtes des pauvres et leur recommandait les plus malheureux. Puis s'échappant aux bénédictions des infirmes, il prenait la route de l'ancien château de Salon et descendait avec empressement dans l'humide cachot qui servait de prison. Avec lui un reflet de bonheur pénétrait dans ces cryptes d'où la joie est bannie. C'est que toujours obligeant, il portait aux détenus l'argent et les provisions par lesquels leurs parents s'efforçaient d'alléger leur captivité ; à chacun il donnait des nouvelles de la famille désolée ; à tous il faisait luire l'espérance d'une délivrance prochaine, et parlait des mérites qu'ils pourraient acquérir, si, sanctifiant leurs souffrances par la résignation et le retour à Dieu, ils mettaient ordre aux affaires de leur conscience : il aimait surtout à leur faire considérer ce qu'il y avait de tendrement providentiel dans leur détention, sans laquelle, ennemis des hommes et de la société, ils auraient eu le malheur plus grand encore de demeurer ennemis de Dieu. Ce touchant langage, cette charité inépuisable et toujours souriante, cette complaisance qui ne se rebutait jamais, opéraient des merveilles, et les détenus sortaient de leurs fers, réconciliés avec Dieu, et décidés à réparer par une conduite nouvelle les scandales de leur vie passée.

C'est ici qu'il convient de rappeler le ministère exceptionnel que le soin des prisonniers fit écheoir à M. Plumier, ministère infiniment pénible et heureusement fort rare : nous voulons parler de l'accompagnement des criminels sur l'échafaud. Il faut dans de semblables circonstances une force surhumaine pour ne pas faiblir.

Depuis longtemps une bande de malfaiteurs désolait la Provence, et déjouait les efforts et les recherches de la police : enhardis par l'impunité, ces audacieux voleurs ne craignaient plus de prendre par le meurtre ce dont ils ne parvenaient pas à s'emparer par la ruse ou par la fraude. Salon avait eu naguère ses victimes, et le peuple redoutait sans cesse de nouvelles invasions des maisons isolées. Tout à coup, trois de ces brigands, et dans ce nombre le chef de la bande, tombent entre les mains de la justice : jugés par le jury siégeant à Aix, ils sont condamnés à mort, et comme la sentence doit être exécutée à Salon, ils sont transférés dans cette dernière ville. En vain les aumôniers les ont-ils accompagnés pour essayer de les fléchir : ces cœurs habitués aux crimes refusent de les entendre, et quand un des trois paraît faiblir, le chef, par d'épouvantables blasphêmes, empêche l'enfer de perdre sa proie. Tels sont les nouveaux hôtes que M. Plumier trouve dans le cachot. Trois jours restent seulement pour les disposer à mourir, et comme si ce délai est susceptible de prolongation à leur guise, les malheureux se rient du pieux vicaire, et répondent à ses tentatives par d'obscènes plaisanteries. Plus de huit fois chaque jour, et malgré leurs procédés grossiers, l'*apôtre* revient auprès de ces brebis perdues. Il ne peut les fléchir : il passe alors la nuit en prières dans l'église, il pleure aux pieds de son Dieu, il implore miséricorde.

Larmes bénies ! Le lendemain, le plus jeune des criminels tombe entre les bras du prêtre, et à la pensée du Dieu de sa mère se déclare converti. Les deux autres, comme deux lions rugissants, menacent alors de mort l'aumônier, et deviennent moralement les bourreaux de leur ancien compagnon qui résiste avec courage à leurs attaques. Une seule nuit sépare ces insensés du moment du supplice. Les autres prêtres de Salon ont été brutalement renvoyés par eux; mais M. Plumier conjure encore les coupables au nom de leurs âmes : tantôt il les supplie, tantôt tombant à genoux il prie et il soupire. Prière des saints, que tu es victorieuse ! Un second brigand se rend, et, au matin, reçoit lui aussi le gage du pardon divin dans le pain eucharistique. Le troisième, hélas ! est insensible à cette charité qui le presse et aux exemples de ses amis de débauches ; le bon vicaire espère cependant, il monte avec eux sur la sinistre charrette, il fortifie les pénitents, et montrant le crucifix à leur chef, il lui dit qu'il est temps encore pour le repentir. Vains efforts ! ce sauvage résiste ; le prêtre implore Dieu à haute voix, le peuple, accouru en foule, s'émut en voyant les larmes abondantes que son vicaire bien-aimé verse sur ce cœur endurci, et prie avec lui ; mais cette âme, paraît-il, avait rempli la mesure de l'iniquité. L'échafaud est là, la charrette suspend sa lourde marche; une dernière fois M. Plumier absout les deux convertis, il présente de nouveau la croix au voleur impénitent, qui la repousse avec mépris ; le bourreau saisit violemment ce monstre indigne de la vie ; la foule, à la vue du Christ profané, pousse un sourd gémissement de vengeance; et, le long de l'instrument du supplice, ne pouvant supporter le spectacle d'une âme s'obstinant à mourir dans la haine de Dieu, le charitable aumônier chancelle et s'évanouit.

Si, dans cette pénible circonstance, les efforts de l'abbé Plumier ne furent pas complétement couronnés de succès, combien il en était autrement quand il avait à faire avec des natures moins perverses! Il en était bien peu qui résistassent à son angélique piété, à son esprit de foi, et ceux que ces vertus n'ébranlaient qu'à demi étaient obligés de se rendre à l'influence de son amour de la pauvreté et de l'humilité.

La piété du jeune vicaire en effet n'était point une piété vulgaire. Recueilli dans le lieu saint sans affectation, mais dans une posture qui indiquait qu'il se sentait sous l'œil de Dieu, il y prolongeait ses méditations et ses prières. Il en avait fait, comme nous le dirons plus tard, sa demeure habituelle, et quand on lui reprochait la simplicité de sa chambre, il répondait bonnement : « Mais je suis bien mieux dans l'Église. » Chaque fois qu'il passait devant l'autel, sa génuflexion était faite avec tant de gravité, qu'il était aisé de reconnaître que son cœur s'inclinait plus encore que son corps, et que la routine n'avait aucune part à cet acte de respect trop souvent mécanique. Récitait-il le saint office, dans la stalle placée à côté de celle de son curé, il était attentif à saisir le sens des psaumes, et il était facile de voir sur son visage que son âme suivait toutes les impressions rapportées par le Saint-Esprit. Cette communion aux paroles sacrées était plus sensible en-

core pendant la célébration de la Sainte Messe. Comme on le raconte de Saint Vincent de Paul, M. Plumier se pénétrait de chaque parole de la liturgie, sa voix devenait plus respectueuse à la lecture de l'Évangile :
« J'ai vu, nous disait un honorable docteur en méde-
« cine, qui plusieurs années après l'assistait à l'autel,
« j'ai vu souvent ses traits s'illuminer ; tantôt il sou-
« riait d'amour, tantôt son visage s'assombrissait, et
« sa respiration était rendue comme haletante par l'é-
« motion. » Nous comprenons dès lors, comment, dans la ville, malgré la vertu de M. Turles et de M. Mie, chacun considérait comme un bonheur d'assister à la messe de M. Plumier, et comment encore on assure que plusieurs se sont convertis, uniquement pour l'avoir vu célébrant nos augustes mystères. « Tout cela, ajoute
« un autre témoin, était peu de chose en comparaison
« de l'impression qu'il produisait quand, durant les
« semaines de l'Avent, il chantait dans l'église de Saint
« Laurent, le cantique qui renferme les désirs des
« patriarches de la loi antique. Lorsque sa voix claire
« et vibrante entonnait le *Rorate cœli desuper*, tout le
« peuple était saisi. Peu à peu les paroles du vertueux
« ecclésiastique devenaient tremblantes comme s'il eût
« partagé la pieuse impatience des ancêtres du Messie ;
« les souhaits d'Abraham et de Jacob faisaient battre
« si vivement son cœur, que les fidèles pleuraient avant
« la fin de cette sainte mélodie, comme si elle leur eût
« été expliquée dans une langue vulgaire. Aussi, à cha-
« que strophe, à chaque souhait nouveau, à chaque cri
« poussé par l'attente, tous les assistants répondaient

« par la sublime prière : *Cieux, laissez pleuvoir sur la
« terre, nuées éternelles donnez-nous le juste objet de
« nos soupirs.* Cette unanimité dans le chant, puis
« cette voix seule, qui au nom de tous s'élevait encore
« vers le ciel, valaient une prédication éloquente
« dont le souvenir a survécu au cours du temps, qui
« ensevelit tant de choses dans l'oubli. »

Qui ignore que la prière ainsi faite est toujours triomphante sur le cœur de Dieu ? Qui ne sait que dans cet intime commerce avec le Seigneur, l'homme qui s'élève jusqu'au sommet des cieux en redescend plus conforme à son créateur ? Au Sinaï, le Très-Haut laissait au front du législateur hébreu deux rayons de feu, comme un vestige de la gloire au milieu de laquelle ce pieux mortel avait été un instant transporté ; ainsi, au sortir de l'entretien avec le Dieu caché, le chrétien emporte quelque chose du dénûment sublime et de l'humilité volontaire de Jésus. C'est ce que nous montre toute la vie de M. Plumier et principalement son séjour à Salon. Les traits mêmes qui attestent sa pauvreté et son humilité sont si nombreux que nous devons en taire plusieurs, pour ne pas allonger notre récit par leur édifiante monotonie.

On a déjà vu combien simple était le réduit qui lui servait de chambre : tout ce qui concernait sa personne était digne du propriétaire d'un pareil mobilier. Il n'avait jamais qu'une seule soutane qui ne tardait pas à se ressentir du service journalier qu'elle rendait ; impatient d'enlever à ses vêtements l'apprêt et l'éclat du neuf, il en devenait au contraire singulièrement conservateur, quand il s'agissait de les mettre au rebut : des pièces, malhabilement placées et empruntées à des draps de différentes qualités, ne lui paraissaient pas un motif suffisant pour les abandonner: Plus d'une fois, devenant lui-même son tailleur, il fermait d'une façon fort singulière les déchirures trop apparentes, et la réparation était plus visible encore que le dégât primitif. C'est alors qu'une pieuse fille sollicita le soin d'entretenir le vestiaire du vicaire insouciant : Mme Plumier envoyait de St-Chamas ce qui était nécessaire à son fils, et l'obligeante couturière faisait durer de son mieux les loques du serviteur de Dieu. Mais elle avait accepté là un difficile travail : malgré ses protestations et l'impossibilité où elle était trop souvent de poser un nouveau morceau, jamais son sentiment n'était agréé, et on lui répondait invariablement avec un sourire : « Eh bien, raccommodez « encore cette fois, avec une pièce, cela pourra bien « tenir. » Un jour entr'autres, la docile ouvrière reçoit à restaurer un vêtement tellement à jour, qu'elle déclare que, nonobstant son bon vouloir, elle ne saurait le mettre en état, et qu'il faut s'en procurer un autre : « Rapiécez encore un peu, reprend son maî- « tre, je n'ai pas d'argent pour en acheter d'autres : » puis, faisant allusion à un trait semblable, rapporté dans la vie de l'ancien archidiacre d'Évreux : « Ce sont, « ajouta-t-il, les culottes de Monsieur Boudon ! » Que pouvait-on répondre à une aussi joyeuse acceptation de la plus complète pauvreté ? L'humble fille obéit de son mieux. Cependant l'obéissance n'était pas toujours possible, et Désirée Laurin devait quelquefois à l'insu du vertueux ecclésiastique pourvoir de ses propres deniers à son entretien. Ainsi dut-elle faire le jour où M. Plumier, dont le chapeau était devenu le sujet des quolibets du pays, tant le tricorne avait perdu sa forme et sa couleur, la prie de lui en acheter un neuf. Elle allait y courir, tout étonnée d'une décision si inattendue; mais il la rappelle: « Voilà « 3 francs, je n'y veux pas mettre davantage. » Et comme la commissionnaire se récrie qu'avec ce prix on n'aura qu'un chapeau pareil à celui que portent les femmes de la campagne: « Oui, c'est bien ainsi qu'il me le « faut : prenez-le en laine » ; mais craignant qu'elle pût le soupçonner de parcimonie, et qu'elle en fût mal édifiée : « Ce n'est pas par avarice, ajouta-t-il, c'est que « je ne le veux pas plus beau. »

En effet, l'avarice était bien loin de la pensée de l'abbé Plumier : il ne possédait presque rien en propre, deux ou trois chemises, autant de paires de bas, composaient tout son trousseau. Et d'ailleurs, d'où lui serait venu de l'argent? ce grossier métal, semblait lui brûler les mains et ne pouvait demeurer sur lui : à peine portait-il quelques pièces de monnaie pour distribuer aux indigents qui, mieux que personne, connaissaient sa route de chaque jour : le tiroir sans serrure de la méchante table que nous avons dépeinte dans sa chambre, renfermait tout son avoir, honoraires de messes et fruit de son traitement.

Qu'on se garde bien, en voyant ces deux mots, de les considérer comme des sources de revenus pour lui : jamais il n'acceptait un honoraire de messe rétribué au-delà de 75 centimes, et quand il savait la personne peu fortunée, il ne prenait que 60 centimes : que si on insistait pour lui remettre davantage : « Donnez-le aux pauvres, répondait-il, ou gardez-le « pour vous, vous en avez plus besoin que moi ! » Ce refus était accompagné de tant de bonne grâce que nul ne pouvait s'en tenir offensé. Quant à son traitement, il était on ne peut plus modique, et il faut se reporter aux idées et aux habitudes d'autrefois, pour comprendre comment, avec 200 francs par an, M. le curé de Salon désintéressait ses vicaires. Il est vrai que non-seulement il leur donnait un abri dans son presbytère, mais il les avait constamment à sa table : mortifié comme ses pieux collaborateurs, il ne leur offrait qu'une alimentation plus que frugale, dont la gaîté des convives faisait oublier la simplicité : l'heure du repas était le moment où l'excellent curé se montrait réellement père : il écoutait avec admiration les projets que formait le zèle de ses vicaires, il répondait à leurs difficultés, éclaircissait leurs doutes : c'était presque le seul instant auquel il put les voir, tant les exigences du ministère les tenaient, pendant le jour, éloignés de lui. Et encore, que de fois le dîner n'était-il pas pris en commun ! « En maintes « circonstances, nous disait l'ancienne cuisinière du « presbytère, les deux vicaires, longtemps attardés par « le soin des malades ou par le saint tribunal, ve- « naient à la hâte demander leur dîner, et pour l'a- « bréger, ils le mangeaient machinalement et en

« quelques minutes, sur la table même de la cuisine:
« puis ils retournaient promptement à leurs travaux. »

Quel besoin de semblables hommes pouvaient-ils avoir d'argent, alors surtout qu'ils savaient que toutes les économies de leur curé s'échappaient en bienfaits pour la paroisse et surtout pour les malheureux? Leur traitement leur paraissait donc toujours suffisant et jamais on ne les entendit se plaindre de leurs modestes revenus.

Les pauvres n'étaient pas seuls, comme nous le dirons bientôt, à les épuiser complétement, les voleurs en réclamaient aussi leur part, et il leur était d'autant plus facile de se la faire, que la chambre de M. Plumier était toujours ouverte. Les indigents de la ville savaient quelle était l'époque précise à laquelle les 200 fr. lui étaient comptés par M. Turles: car le mois qui suivait ce payement était toujours marqué par de plus abondantes largesses, auxquelles la population reconnaissait que le règlement des comptes avait eu lieu. Or, profitant de cette science, et tandis que le vicaire était au confessionnal, un jeune homme, souvent l'objet de sa sollicitude, et qui même avait été son élève à la maîtrise, s'introduit dans sa chambre, saisit les 200 fr. que M. Turles avait remis le matin au digne prêtre, et qui étaient dans le tiroir. Comme il allait emporter son butin, il voit sur le lit de M. Plumier une houpelande neuve que la veille on avait eu grand peine à lui faire accepter, après lui avoir démontré l'inconvenance de celle qu'il avait portée jusqu'à ce jour. Le voleur, étonné

de trouver un objet neuf dans un tel domicile, se réjouit de cette bonne fortune et se hâte de partir avec ce vêtement. Ce même jour, M. Plumier avait une visite à faire à un notable du pays: il monte et remarque, sans en prévenir personne, le détournement dont il vient d'être victime ; puis, à défaut de sa houpelande, il saisit l'antique, dont il avait obtenu la conservation en promettant qu'elle ne dépasserait plus l'enceinte du presbytère. Précisément, la donataire de la veille le rencontre, et le voyant dans ce piteux état, s'indigne et lui reproche son manquement de parole : il garde d'abord le silence, par égard pour le voleur ; puis craignant de blesser cette charitable personne, il dit en deux mots, qu'il n'a pu mettre la neuve puisqu'on la lui a prise. Mais alors, ajoute cette dame, on vous aura aussi dérobé votre argent qui était mal fermé? — L'abbé Plumier se met à rire: « Ah! pour le coup, reprend-il, en
« voilà une bonne ! tout le monde dans Salon criait
« *le pauvre M. Plumier !* le voleur ne dira pas cela,
« lui qui a trouvé de l'argent chez moi. » Et comme on répétait qu'il fallait dénoncer ce malheureux à la justice : « C'est drôle, reprit le prêtre désintéressé, c'est
« très-drôle d'avoir volé M. Plumier! Il fallait que cet
« homme en eût bien besoin! » Puis après un moment de réflexion: « Qu'est-ce que je donnerai à telle fa-
« mille qui comptait sur cet argent?... tout de même,
« le voleur a bien choisi son jour, car s'il était venu
« plus tard, il risquait fort de ne plus rien trouver. »
Ce petit événement se répandit promptement, il indi-

gna toute la contrée, mais il ne put altérer la paisible joie de l'abbé Plumier, et son calme, dans cette circonstance, fut la meilleure preuve de son entier détachement.

Il avait préludé à ce détachement, on se le rappelle, dés son entrée au Séminaire : lors de sa promotion au Sous-Diaconat, le titre patrimonial que sa famille lui avait constitué semblait l'obliger à posséder, les règlements canoniques interdisant d'aliéner le fonds sur lequel repose ce titre: mais sachant toutefois concilier la volonté de l'Église avec son amour de la pauvreté, il abandonna à ses frères tous les revenus de son patrimoine, ne conservant pour lui que le droit de propriété et les charges de l'impôt.

Dans de pareilles dispositions d'esprit, il demeura personnellement insensible à la nouvelle qui lui apprenait que son père, toujours trop obligeant, venait de compromettre l'avoir de ses enfants. Il avait souscrit pour un habitant de St-Chamas des billets de complaisance, et les avait garantis. Or, l'individu cautionné n'ayant pas pu payer, M. Plumier dut en homme loyal, consacrer presque toutes ses économies à faire honneur à sa signature. Cette épreuve chagrina le bon vicaire à cause des siens, mais pour lui, il n'en éprouva pas la moindre contrariété ; il s'était trop détaché de l'argent, pour qu'un fait de cette nature l'émut encore: « Je me confie « en la Providence, se plaisait-il à répéter, Dieu y « pourvoira, il sait bien que je n'ai rien. »

Autant l'abbé Plumier était parcimonieux pour

lui-même, autant était-il prodigue pour les pauvres, et il savait disputer encore à son humble vestiaire les objets les plus nécessaires pour les donner à de plus pauvres que lui. Ce soulagement des malheureux était un besoin impérieux de son cœur: au foyer maternel, il avait fait l'apprentissage de l'aumône, ses rapports avec M. Mie et M. Turles, tous deux dévoués à l'indigence, développèrent davantage cet attrait. Bien mieux, une sainte émulation s'établit au presbytère, et une admirable communauté de sentiments et de biens permit à chacun de disposer en largesses, non-seulement de ce qui lui appartenait en propre, mais encore de ce qui servait à ses confrères; quelques francs éclats de rire répondaient seuls aux dilapidations qu'avait occasionnées la vue des pauvres, et le lendemain on rendait à son confrère le détournement dont on était devenu la victime. M. Plumier, attardé par le travail du matin, arrive un jour prendre son repas, au moment où les autres sortaient de table : à cet instant, un malheureux déguenillé se présente au presbytère, et montrant ses membres glacés demande de quoi se réchauffer: M. Mie reçoit le solliciteur, et comme il a lui-même épuisé toutes ses ressources, il vient transmettre au jeune vicaire la requête du nécessiteux. M. Plumier, qui ne sut jamais rien refuser, répond de suite: « Oh! c'est
« la Providence qui l'envoie: précisément, j'ai fait
« faire une soutane neuve; prenez dans le dernier
« tiroir de ma commode celle qui s'y trouve, je n'ai
« pas besoin d'en avoir tant à mon service, et don-

« nez-la au solliciteur. » Le commissionnaire se hâte d'exécuter l'ordre de son ami ; mais dans sa précipitation, se trompant de tiroir, il remet au mendiant le vêtement neuf. Le lendemain, M. Plumier découvre l'erreur, il demande à son confrère de la lui expliquer : « Ah ! je n'y ai pas pris garde, lui dit M. Mie, « mais je m'en serais aperçu que j'aurais fait tout « de même ! — Eh ! pourquoi cela ? — Pour vous « faire plaisir ! — Oh ! pour le coup, reprend M. Plu- « mier dans son habituel langage, vous en dites là une « drôle ! — Vous prêchez au prône, que le pauvre « c'est Jésus-Christ qui demande, auriez-vous osé don- « ner la vieille soutane à Jésus-Christ ? d'autant plus, « ajouta M. Mie en riant, qu'elle ne lui aurait guère « tenu chaud, car les trous y abondent. — Vous avez « raison, repartit M. Plumier, c'est moi qui me suis « trompé ; aux pauvres, il faut toujours abandonner ce « qu'on a de meilleur, par respect pour Jésus-Christ. »

Nous disons bien, par respect ; c'est le sentiment qui peut-être est le plus saillant dans la charité qu'il eut toujours pour les indigents : « Quelle bonté « pour les pauvres, nous écrit un de ses admira- « teurs ! Quel respect ! je ne crois pas qu'il en ait ja- « mais rencontré un seul, sans le saluer extérieure- « ment et surtout de cœur. Aussi tout ce qu'il avait, « il le leur donnait : une paire de souliers après l'au- « tre, une soutane après l'autre ; et jusqu'aux plus « indispensables vêtements. » La tradition a conservé à cet égard quelques légendes trop édifiantes, dans leur simplicité, pour que nous les passions sous silence.

M. Plumier, au milieu de l'hiver, revenait de visiter un malade : le froid étant intense, il pressait son pas ordinairement fort grave, lorsque les gémissements d'un solliciteur se font entendre auprès d'une haie à demi effeuillée qui bordait la route. Celui qui les poussait, infortuné vieillard, n'avait pour tout vêtement qu'un lambeau de toile, jeté sur les épaules ; ses jambes nues et saisies par le givre pouvaient à peine le soutenir : « — Pourquoi donc, lui demande M. Plumier « avec bonté, pourquoi n'avez vous pas mis de pantalon « avec un temps pareil ? — Hélas, soupire celui-ci en « grelottant, j'ai mis tout ce que je possède, et je sens « que je vais mourir de froid. » — O charité que tu es admirable ! L'homme de Dieu s'écarte un instant derrière le buisson, puis, avec un visage souriant, il présente au malheureux ses propres culottes, en lui recommandant bien de n'en rien dire à personne : et d'un pas plus leste, et au milieu du verglas, le pieux vicaire regagne le presbytère, les membres transis peut-être, mais le cœur réchauffé par cet acte digne de Saint Martin.

A quelque temps de là, un indigent s'approche de la cure, les pieds nus, et expose combien la rigueur de la saison le fait souffrir : il était 5 heures du matin, « Prenez toujours mes souliers..., » lui dit en se déchaussant M. Plumier qui allait monter à l'autel, et voyant que le pauvre faisait quelques difficultés d'accepter à cause de ce sublime dépouillement. « Oh ! « poursuivit-il, le cordonnier m'en a porté hier de « tout neufs, cela semble fait exprès : » Le fait était exact, mais quand le jeune vicaire, montant pour les prendre, veut les chausser, il s'aperçoit qu'ils sont trop étroits pour son pied. Pourtant l'heure de la messe s'écoule, et les fidèles attendent dans l'église: ne sachant que faire, il pénètre doucement dans la chambre du curé qui dormait encore: il saisit à tâtons, sous le lit, la chaussure de M. Turles, se la met, et descend à la sacristie. On devine les perplexités de celui-ci, quand, peu d'instants après, il veut se lever; mais il ne le peut jusqu'à ce que son vicaire ait achevé la sainte messe; alors M. Plumier, cloué à son tour sur une chaise, les pieds découverts, dut attendre non sans rire qu'on fût allé chercher le cordonnier pour chausser un peu mieux son prodigue client. Ce petit événement eut du retentissement: le pauvre qui en avait été la cause, fut choyé pendant son séjour à Salon; on considérait ses pieds comme sanctifiés par la charité. A quelques jours de là, la Providence permit qu'il vînt quêter à St-Chamas : il frappa sans le savoir à la maison paternelle de son bienfaiteur, et pour mieux déterminer Madame Plumier à le secourir, il lui raconta la générosité récente dont il avait été l'objet: à ce récit, la mère aurait pu s'indigner du peu de soin de son fils, mais la chrétienne, reconnaissant là l'ouvrage et le fruit de ses leçons, se contenta de dire : « Cyprien ne m'en « fait jamais que de pareilles ! Il mériterait bien que « je ne lui envoyasse plus rien. »

Si elle eût suivi cette méchante pensée, sans doute elle aurait peu puni son fils, mais elle aurait

considérablement diminué les revenus des malheureux. Non-seulement, en effet, M. Plumier leur distribuait tout son traitement et l'intégrité de ses honoraires de messes, mais encore tout ce qu'il tenait de sa famille. Toutefois ces sommes n'auraient pu suffire ni aux désirs de son cœur, ni aux besoins des pauvres, si les personnes aisées de Salon n'avaient fait de lui leur aumônier. C'est un mystère que nous rencontrerons plusieurs fois dans sa vie, que de comprendre comment ce prêtre, avec des ressources presqu'illusoires, est parvenu à faire de si nombreuses aumônes. Il faut cependant convenir que la réputation d'homme désintéressé et ami des indigents provoquait les familles à l'établir le confident et l'entremetteur de leur bienfaisance. Quel cœur, par exemple, eût pu demeurer insensible, quelle bourse eût pu rester fermée quand la servante du presbytère rendait publics des entretiens tels que celui-ci ?... M. Plumier, depuis le commencement de l'hiver, désolé des épreuves que le froid faisait subir aux pauvres, s'était successivement défait de tout; le voici enfin absolument dépouillé, et pour cette journée les bonnes âmes semblent avoir oublié de l'approvisionner; pourtant, il vient de visiter un ménage qui éprouve toutes les rigueurs de la saison, n'ayant rien pour se chauffer : cette vue le désole, et rentrant dans sa petite cellule, ses yeux rencontrent les quelques bûches destinées à sa cheminée; c'est pour lui une inspiration, il appelle la fille Laurin :
« Allez vite porter mon bois à telle famille ; figurez-
« vous que ces pauvres gens sont transis, et ils n'ont

« rien pour mettre au feu. » — Mais ce dépouillement si sublime qu'il fût, ne remédiait qu'à la souffrance d'un seul réduit, la misère devenait toujours plus générale et plus poignante. L'homme de Dieu en face de tant de besoins et de sa complète pauvreté ne savait plus que faire: « Tenez, dit-il un jour à sa con-
« fidente habituelle, montez vite dans ma chambre
« et voyez si vous n'y trouveriez rien qu'on pût vendre
« pour en donner le prix : — Mais, Monsieur, répond
« celle-ci, que voulez-vous qu'on vende? Depuis long-
« temps, il n'y a plus que votre lit et votre table, et
« encore, on n'en tirerait pas beaucoup d'argent!...
« — Ah! c'est vrai!... reprit avec tristesse le bon
« prêtre désolé de ne pouvoir soulager les malheureux. »

Quand de semblables faits étaient connus, (et la fille Laurin, qui bien souvent d'après les ordres du saint vicaire achetait du bois pour les uns, portait un matelas, des paillasses, des couvertures à d'autres, ne se faisait pas faute de les raconter), quand cette abnégation était divulguée, les personnes bienfaisantes lui envoyaient de l'argent pour ses nécessiteux. Ces sommes arrivaient toujours à propos, non-seulement pour suffire aux demandes du moment ; mais surtout pour désintéresser le boulanger, chez lequel l'abbé Plumier avait toujours un compte ouvert pour ses protégés, et chaque samedi il faisait payer quinze ou vingt francs, pour le pain distribué par ses ordres.

Le charitable vicaire ne se contentait pas de secourir la pauvreté qui réclamait, il courait au devant de la détresse, soit par les autres, soit par lui-même :

« Allez, disait-il souvent à la servante du presbytère,
« allez dans telle et telle famille, et voyez s'ils n'ont
« besoin de rien ; la honte ou la discrétion pourraient
« les faire souffrir. »

Quant à lui, plusieurs fois par semaine, et durant les quatorze années de son vicariat à Salon, à moins qu'il ne fût retenu par les occupations les plus urgentes, il allait explorer les plus obscurs quartiers de la ville, entrait dans les maisons les plus délabrées, escaladait les greniers, au risque de voir fléchir les méchantes échelles qui y conduisaient, et visitait les indigents; il leur promettait de leur envoyer ce qui leur manquait tant pour la nourriture que pour le vêtement. Mais, il ne partait jamais sans leur enseigner la sublime science de la résignation dans le dénûment; il leur adressait des paroles d'encouragement et de consolation, et s'il ne convertissait pas toujours les personnes qu'il aidait dans leurs angoisses corporelles, il préparait du moins les voies à un retour prochain vers Dieu.

Hâtons-nous d'ajouter que si M. Plumier était ainsi affable et libéral envers les pauvres, parce qu'il voyait en eux notre divin maître, à plus forte raison se sentait-il entraîné à secourir Notre-Seigneur lui-même quand, dans sa vie eucharistique, il se laisse voir dans un état plus voisin de la pauvreté. Dans ces circonstances, M. Plumier n'était en paix que quand, par ses démarches ou par ses collectes, il avait recueilli des sommes suffisantes pour restaurer l'église, ou remplacer des linges d'autel trop usés. Un fragment de

lettre adressée à un employé de la Préfecture nous révèle sa sollicitude à cet égard, en même temps que son profond esprit de foi : « Le frère Urbain, écrit-il,
« vous a parlé de l'état pauvre et déplorable dans le-
« quel se trouvent nos églises : cela fait gémir ! on
« a tout fait pour obtenir de M. le Maire quelques se-
« cours, mais inutilement. Monseigneur est instruit
« de tout, et je pense que M. le Préfet l'est aussi.
« L'église de St-Laurent finira par s'écrouler ; je
« pourrais vous dire bien d'autres choses, mais le
« frère Urbain doit vous en avoir entretenu. Je vous
« prierai de ne me nommer en rien, mais de vouloir
« bien agir, si vous en avez l'obligeance, et sans faire
« connaître personne. Si une paroisse mérite quel-
« qu'attention, c'est surtout celle de Salon, on y fait
« un grand bien, et l'esprit en est excellent. »

Une charité aussi infatigable qu'ingénieuse avait conquis à l'abbé Plumier l'estime de tout le pays ; elle eût pu créer à tout autre qu'à lui un véritable danger, par suite des témoignages de respect ou de gratitude dont il devenait l'objet de la part de ses obligés. Pour lui cette tentation d'orgueil n'était pas à craindre à cause de sa profonde humilité. Il donnait par charité et non pour atteindre une puérile popularité, dont il cherchait au contraire à se défaire par tous les moyens possibles.

Toutes les fois qu'un office, dont il avait fait les apprêts, avait enchanté les assistants, et qu'on l'en félicitait, il en renvoyait avec un naturel charmant, tout le mérite à son curé ou à son vertueux confrère.

Celui-ci était au moins son émule en fait d'abjection volontaire : avaient-ils tous deux une retraite à donner, une œuvre importante à entreprendre, M. Mie lui disait : « M. Plumier, si nous ne parvenons à nous « rendre ridicules et à faire qu'on nous insulte, « notre sermon ne réussira pas ; avec beaucoup de « mépris, au contraire, nous sommes certains du « succès. » Un dimanche, pénétré de ces pensées, il lui propose de traverser la ville, avant les vêpres, coiffés d'un bonnet de coton ; l'abbé Plumier préfère endosser une soutane toute percée de trous, et dont les morceaux traînent sur le sol ; les enfants s'assemblent, ils poursuivent de leurs moqueries les promeneurs : on passe devant les cafés publics, d'où sortent mille lazzis offensants. Un groupe de mauvais sujets se forme derrière eux et les invective jusqu'au presbytère. Là, M. Plumier s'adressant à un élève de la maîtrise qui s'était trouvé témoin de cette scène : « Que disaient ces gens-là, » lui demande-t-il ? — Et l'enfant avec une simplicité digne de son âge, de répondre : « Ils disaient que vous deviez être ou « bien fous ou bien orgueilleux pour vous faire voir « de cette sorte. — Ah! comme ils ont raison, reprend « le pieux vicaire en racontant ce propos à M. Mie : « nous sommes fous de si peu aimer Jésus-Christ, « et nous sommes des orgueilleux de croire faire du « bien dans ce pays, alors qu'il y a tant de person- « nes qui depuis longtemps que nous y sommes, con- « tinuent à offenser le Seigneur. » On ajoute que plusieurs libertins ayant voulu entendre ce que ces prêtres bizarres exposeraient dans leur conférence, restèrent aux vêpres et en revinrent convertis par l'accent de conviction avec lequel on leur parla du prix de leur âme et de la nécessité de se convertir.

Quiconque a la science des voies de Dieu saisira par ce seul trait, au sujet d'une vertu dont nous parlerons plus loin dans le cours de cette histoire, comment, parce qu'il était vraiment humble, M. Plumier a réalisé des prodiges pendant son séjour à Salon. Dieu se plaît en effet à multiplier ses bienfaits et les créations de sa grâce, quand l'apôtre ne devient entre ses mains qu'un simple instrument, et que, dans toutes les œuvres auxquelles il coopère, il est le premier à s'écrier par ses accents, par son maintien et par sa gratitude: C'est le Seigneur qui a fait cela, et son nom seul mérite d'être exalté; pour vous, Seigneur, la gloire, mais pour nous la confusion qui convient à des serviteurs inutiles.

En échange de cette humilité profonde, Dieu, qui se révèle aux âmes humbles et simples, après avoir communiqué à l'abbé Plumier son amour divin pour les pauvres, lui transmit comme un rayon de cette clarté qui conduit dans la connaissance et la direction des âmes au saint tribunal, et par là, lui permit d'accomplir, dans les cœurs, des œuvres non moins merveilleuses que les précédentes, et qu'il nous faut présentement raconter.

CHAPITRE CINQUIÈME.

Fondation de la Congrégation des filles à Salon. — La direction en est confiée à M. Plumier. — Obstacles qu'il rencontre pour l'affermir, et dont il triomphe complétement. — Il y établit l'esprit de simplicité, de détachement et d'amour de la souffrance. — Sa scrupuleuse observation du règlement. — Influence qu'exercent les congréganistes sur toute la population.

On a dit que la vertu des rois sanctifie les peuples, il n'est pas moins vrai que les qualités des pasteurs exercent sur leurs troupeaux une salutaire influence, influence plus sensible encore sur ceux qui leur tiennent de plus près : c'est ainsi que le clergé d'une paroisse reflète toujours dans les inventions de son zèle, dans les fatigues de son dévouement, le zèle et le dévouement du curé qui le préside. Celui-ci, pour nous servir d'une comparaison empruntée à l'industrie moderne, est cette vapeur toujours active dont la puissance ébranle les wagons sur nos voies ferrées. Les vicaires sont les roues dociles à l'impulsion donnée et qui entraînent les voyageurs dans une course rapide.

M. Turles, dans son modeste presbytère, était le moteur du bien qui s'opérait à Salon. Il s'efforçait avec une ardeur que l'âge n'amoindrissait point, de rendre à ce pays toutes les institutions que lui avait ravies la révolution. Nous l'avons vu, dans ce but, procurant à son peuple les Sœurs enseignantes, puis travaillant à reconstituer par les enfants de chœur le service de l'autel, enfin jetant les bases de l'admirable réunion qui, sous le vocable de la *Conversion-de-Saint-Paul*, groupait tous les hommes Salonais à la tête desquels il avait sagement placé **M. Mie**. Sa sollicitude paternelle ne tarda pas à se porter vers une création nouvelle, non moins digne d'intérêt.

L'ignorance que l'absence de prêtres avait enfantée parmi les meilleures mères de famille, lui inspira le salutaire projet d'assembler toutes les femmes de sa paroisse en association, en leur proposant pour mieux assurer le succès de cette entreprise, de prendre, comme protectrice, Marie, contemplée dans le mystère de sa Purification. La facilité offerte à ces personnes de s'instruire chaque semaine, en écoutant des instructions familières, ne tarda pas à produire les plus heureux fruits. Les mères devenant bientôt les premières institutrices de leurs familles, enseignaient à l'enfance les éléments de la foi, avant même d'envoyer ce petit peuple dans les écoles. Mais l'imagination des jeunes filles avait besoin d'autre chose que de l'instruction, il leur fallait un agréable passe-temps pour le dimanche, de bons exemples proposés comme mobiles à leur persévérance, des conseils qui les attachassent malgré la légèreté de leur âge à Notre-Seigneur Jésus-Christ par les doux liens d'un filial amour. De là naquit la pensée d'une congrégation.

Parce qu'elle venait de Dieu, cette fondation rencontra

de nombreuses contradictions. Jamais Salon n'avait possédé une semblable association. La jeunesse, désœuvrée le dimanche, s'était adonnée aux plaisirs ; les bals étaient nombreux, et on cherchait à pactiser avec sa conscience pour ne négliger ni les danses ni la fréquentation des sacrements. Les familles, habituées depuis longtemps à ces amusements, les proclamaient sans péril ; les jeunes filles affirmaient qu'elles n'accepteraient point une règle qui viendrait immoler leur plus doux délassement, et, on le devine sans peine, les jeunes gens, trop heureux de seconder dans leur intérêt de pareilles dispositions, se chargeaient par leurs plaisanteries de démolir lentement ce qu'ils regardaient comme une ridicule innovation, et comme un futur obstacle à leurs récréations.

Au milieu de ces oppositions multipliées, la congrégation ne se recrutait que péniblement, et, malgré les efforts de M. l'abbé Ripert, auquel M. Turles en avait commis la direction, elle ne se composait que d'un petit nombre de pieuses filles, dont plusieurs voulaient encore concilier leurs réjouissances avec leur vie de congréganistes. Le changement de M. Ripert, qui fut appelé par ses supérieurs dans une autre paroisse, sembla de nature à ruiner complétement l'association naissante. C'est dans ces circonstances que le vénérable curé de Salon, loin de perdre courage, avec sa foi vive, discerna dans cette épreuve un trait de l'intervention divine qui frappe pour bénir. Il manda auprès de lui l'abbé Plumier, qui avait à peine 25 ans, et lui dit qu'au nom de Dieu, et pour le bien des âmes, il lui remettait

le soin et les intérêts de la congrégation. Il fallait que la vertu de celui-ci fût bien connue de son pasteur pour qu'il ne craignît pas de lui confier, à cet âge, un ministère toujours difficile, mais que rendaient plus périlleux encore les circonstances dans lesquelles il devait s'exercer à Salon. C'est en effet une vieille tactique de l'enfer de salir par le soupçon une vertu qu'il ne peut empêcher de se produire et de donner des fruits. Homme d'obéissance, M. Plumier fait taire la voix de l'humilité qui lui reproche son incapacité, les objections de la prudence qui signale les dangers de ce ministère, il se borne à représenter que ses chers écoliers de la maîtrise auront peut-être à souffrir de ces occupations nouvelles; le bon curé y a pourvu ; il lui dit qu'il accepte volontiers de devenir lui-même instituteur, pour laisser plus de loisirs à son vicaire, afin que celui-ci se dévoue tout entier à cette œuvre. « Vous
« êtes jeune, ajoute M. Turles, avec cette humilité que
« chacun aimait à lui reconnaître, vous réussirez
« mieux que moi auprès des jeunes personnes, moi,
« malgré ma vieillesse, j'espère pouvoir faire encore
« quelque bien aux petits enfants. »

Humainement parlant, M. Turles se trompait. Son vicaire n'avait point les qualités extérieures qui garantissent ordinairement la popularité d'un directeur de congrégation. Sa doctrine, faisant écho à celle de M. Nay, son directeur, était sévère et défendait tous les plaisirs qu'aimaient les Salonaises. Son enseignement contre la danse admettait peu de tolérance, semblable en tous points à celui du curé de Pélissanne, dont les rigueurs commençaient à faire naître le mécontentement dans cette ville. Son langage fort simple, par suite du bégaiement dont il n'était qu'imparfaitement guéri, était rendu souvent plus lourd, et quelquefois prêtait à l'hilarité parmi des filles légères. Enfin sa mise elle-même, plus que négligée, pour ne pas dire autre chose, n'était pas de nature à développer l'influence du nouveau directeur. Mais si humainement M. Plumier était déplacé dans cette situation, M. Turles en le choisissant avait fait preuve de ce sens spirituel qui juge bien mieux les choses, car il avait découvert en lui les vertus solides qui conquièrent infailliblement un ascendant réel, c'est-à-dire l'amour des âmes pour les attirer, la vigilance pour les préserver, le dévouement pour les conserver, la fermeté et l'énergie de la volonté pour les former à la vie spirituelle et à la mort d'elles-mêmes.

Nous l'avons dit, le nombre des congréganistes était fort restreint, deux moyens pouvaient l'accroître : chercher au dehors de nouvelles associées et augmenter au dedans l'éclat des fêtes à célébrer. M. Plumier les employa tous les deux avec une rare intelligence. Visitait-il quelque famille nécessiteuse, il interrogeait les parents sur leurs enfants, se faisait expliquer pourquoi chaque fille n'était point inscrite sur le registre du *Saint-Nom-de-Marie*. Si on lui objectait leur répugnance à accepter une règle, il les faisait venir, et rarement ses exhortations, empreintes d'une suave douceur, demeuraient stériles.

Toutefois, il s'était formé contre les congréganistes

un véritable foyer d'opposition parmi les personnes les plus légères et qui fréquentaient comme ouvrières les filatures de soie. Les jeunes gens ne contribuaient pas peu à entretenir dans les ateliers l'esprit de dissipation et la révolte contre cette congrégation qui leur ravissait chaque jour quelqu'une de leurs danseuses. Si aux heures auxquelles on sortait de l'atelier une congréganiste venait à passer devant la filature, elle était aussitôt l'objet des sarcasmes et des huées de tous, de telle sorte que la peur d'être ridiculisée enchaînait trop souvent celles qui auraient accepté d'ailleurs le règlement et les sacrifices qu'il imposait. L'abbé Plumier comprit que le succès de son œuvre était attaché à la prudence et à la fermeté qu'il mettrait à déjouer cette maligne opposition. De concert avec son aimable confrère, M. Mie, il vient rendre visite aux propriétaires des filatures, leur représente qu'ils sont les premiers intéressés à la moralisation de leurs ouvriers et de leurs ouvrières, que le travail est plus consciencieusement fait quand la religion l'inspire et le surveille, et que d'ailleurs ils n'auront plus à regretter la désertion de leurs ateliers aux jours de fêtes des villages voisins, si on rend les jeunes filles moins ardentes pour la danse. Les maîtres protestent qu'ils n'ont pas d'autre désir et promettent leur concours le plus actif. Heureux de cette garantie, les deux vicaires demandent à parcourir les salles. On se figure sans peine quelle est la surprise générale quand on les voit paraître : les discours légers cessent, les ouvriers les plus hâbleurs se découvrent avec respect, tant est grand l'ascendant de la vertu, tant est vulgaire aussi la poltronnerie de certains beaux diseurs, quand se présente l'occasion de s'exécuter ! Pour cette première visite, les hommes de Dieu se contentent de parler du travail, des mérites qu'il procure; mais ils le font avec tant de bonté et de conviction, que tandis qu'ils adressent ces conseils familiers, bien des préventions tombent, et quand ils se retirent, chacun, au lieu de rire, est comme saisi de remords d'avoir raillé de tels apôtres.

Par cet acte, les bons prêtres avaient fait trembler les censeurs, en leur montrant qu'ils ne les craignaient pas ; il fallait maintenant s'en faire aimer : ce fut le résultat des visites suivantes. Chose merveilleuse ! le zèle des âmes se révélait tellement dans ces rapports, que bientôt ils eurent acquis sur les ateliers plus d'influence que les maîtres eux-mêmes. Ils venaient chacun y recruter leurs enfants, M. Mie pour l'association des hommes, en s'adressant aux ouvriers, M. Plumier pour la congrégation des filles, en parlant aux ouvrières. Entendaient-ils à leur entrée dans les ateliers quelque conversation frivole, quelque chanson obscène, ils n'hésitaient pas à reprendre avec une paternelle hardiesse ceux qui se les étaient permises. Avant peu de temps, non seulement les opposants furent convertis, mais encore le chapelet fut récité dans chaque atelier: ainsi une prière à Marie remplaça les chants profanes d'autrefois. La plupart des jeunes filles se firent inscrire sur le catalogue du *Saint-Nom-de-Marie*, et celles-là seulement qui avaient, par leur conduite, perdu tout droit à l'estime publique, continuèrent leurs insultes contre une association dont elles trouvaient plus aisé de critiquer les adeptes que d'imiter les vertus.

Enhardi sans doute par le succès qu'il avait obtenu dans les filatures, M. Plumier, divinement inspiré, crut devoir attaquer de front, et avec une énergie tout apostolique, un autre repaire qui était la pierre d'achoppement permanente de la Congrégation. L'amour du plaisir s'était tellement implanté à Salon, que les danses passionnaient toutes les têtes, et y renoncer paraissait un sacrifice héroïque : après avoir triomphé des langues méchantes, le pieux directeur avait donc à vaincre un obstacle bien autrement sérieux, l'entraînement général vers les amusements du monde : sans doute, il les condamnait en chaire ; mais, comme il arrive trop souvent, ceux qui avaient le plus besoin de profiter de ses conseils n'étaient point autour du prédicateur pour les recueillir : il jugea donc utile de venir les leur faire entendre dans leurs réunions.

A cette époque les réjouissances publiques avaient lieu dans un enclos, et sous les magnifiques ombrages appartenant à M. le marquis de Suffren ; depuis plusieurs heures les joyeux sons du tambourin, cet instrument si cher à la Provence, et qui remue les plus indifférents, envoyaient leurs éclats dans la ville de Salon : peu à peu, fascinées par le charme de la musique champêtre, par les bruyants ébats des danseuses, les congréganistes elles-mêmes se rapprochaient des musiciens : soudain, au moment le plus animé, M. Plumier paraît au milieu du bal, accompagné de M. Mie, qui tient comme lui un crucifix ; leurs visages sont empreints du plus profond découragement, leurs yeux montrent assez les larmes qu'ils ont dû répandre : à la vue des deux vicaires et surtout du crucifix, par un sentiment commun, les danseurs s'arrêtent, les musiciens cessent leurs accords : les hommes de Dieu ont prévu cette halte, ils en profitent pour adresser la parole à ces jeunes gens que le plaisir égare : ils rappellent les douleurs de Jésus mourant ; le désir qu'il a eu de sauver les âmes, la manière dont il a maudit le monde : peu à peu les larmes entrecoupant leurs voix, elles gagnent rapidement leurs auditeurs, et quand, en finissant, ces courageux missionnaires s'écrient : « Amis d'un monde que Jésus-Christ a maudit, de« meurez dans vos fêtes, mais vous, âmes rachetées « par le sang d'un Dieu, suivez la bannière de sa « sainte croix », la plus grande partie des assistants s'ébranle, on suit les vicaires qui précèdent avec la croix ce cortége en pleurs, on entre dans l'église, on y fait amende honorable au divin captif du tabernacle, et pour les légèretés qu'on s'est permises, et pour celles que continuent à se permettre ceux dont naguères on était les compagnons. Cette scène solennelle produisit dans la ville la plus salutaire impression ; la plupart des danseuses sollicitèrent humblement leur admission dans la congrégation, et pendant longtemps celles qui n'eurent pas la force d'imiter cette résolution croyaient, au milieu de leurs amusements, voir apparaître, à chaque instant, et comme un sanglant reproche, la face défigurée du Sauveur Jésus.

L'appel direct et une pieuse propagande n'étaient pas les seuls moyens employés par M. Plumier, pour recruter des congréganistes, il recourait à deux autres voies non moins efficaces : la prière, et l'éclat qu'il donnait aux fêtes de son association. On se souvient à Salon, que, les jours de divertissements publics, profitant des loisirs que lui laissaient les offices de l'Église, il traversait la ville d'un pas grave, le visage anéanti par le recueillement, et, en expiation des folies commises durant ces journées, il gravissait lentement la colline surmontée par l'ermitage de Ste-Croix. Parvenu sur cette montagne, dont le silence était, à ces heures, troublé par les éclats du rire et du plaisir, nouveau Moïse, voyant de haut un peuple livré à l'insouciance, et qui oubliait les grandes leçons que Dieu avait voulu lui donner par le passage de la Révolution, il s'agenouillait aux pieds du grand Crucifix; et là, il répandait son âme dans une ardente supplication. Il faudrait ignorer la tendresse du cœur de Dieu, pour ne pas comprendre combien cette prière lui était agréable, et comment descendait du sanctuaire une grâce efficace qui opérait toujours quelque conversion nouvelle. Quand le vicaire revenait du pieux oratoire, son maintien était tout une leçon, et ébranlait les cœurs les plus légers : son front était triste et portait l'empreinte d'une douleur qui n'échappait à personne. « Le saint homme! disait-on en se décou-
« vrant avec respect sur son passage, il vient de faire
« pénitence pour nous. »

Au retour de ces promenades expiatoires, il était

plus zélé encore pour s'occuper de la congrégation, et la rendre agréable à celles qui la fréquentaient. La fête du *Saint-Nom-de-Marie* était pour lui l'objet de longs préparatifs : il veillait à ce que le chant fût à la hauteur de la solennité ; il travaillait lui-même à orner la chapelle de St-Michel qui servait aux réunions ; il ne craignait pas de solliciter des offrandes pour augmenter la pompe des cérémonies ; il invitait tous les membres du clergé à honorer de leur présence cette assemblée dont il laissait ordinairement la présidence à M. Turles. Par ses soins, le local se transformait, l'autel revêtait une parure joyeuse, tout promettait de pures jouissances pour cette journée, annoncée depuis longtemps. Même éclat, même splendeur étaient apportés pour la célébration du Mois de Marie : la peine ne coûtait rien au vertueux directeur, quand il s'agissait de préparer une surprise à son troupeau chéri. Les démonstrations religieuses dans les villes éloignées des centres populeux ont, grâce à Dieu, une toute autre influence que dans les grandes cités. Dans les agglomérations isolées, parmi lesquelles les distractions sont peu nombreuses, une fête occupe pendant longtemps les esprits : on en parle à l'avance, on essaye de rivaliser de goût et d'éclat avec les villages voisins, on la célèbre avec joie, au retour on s'en entretient en famille, on excite les regrets de ceux qui n'ont pu y prendre part : par l'attrait d'y participer une autre fois, on ébranle les indécis, et très souvent, on arrive ainsi à mieux populariser l'œuvre. C'est ce qui se passa pour la congrégation de Salon :

avant peu de temps et par suite du zèle et des saintes industries du Directeur, elle compta près de 450 associées, et par un de ces revirements que la grâce peut seule opérer, le respect humain du bien portait à s'y faire agréger bien des personnes que, dans les premiers temps, la honte en avait tenu éloignées. Maintenant, on signalait comme une exception les jeunes filles qui n'y étaient point inscrites, et telle était l'estime dont jouissaient les associées, que, dire d'une jeune personne qu'elle ne l'était pas, c'était amoindrir sa réputation, ou la faire soupçonner d'une légèreté scandaleuse.

Les fêtes ne pouvaient être pourtant que l'exception dans les exercices réguliers de la congrégation, il fallait dès lors autre chose que leur splendeur pour fixer à cette réunion l'inconstance naturelle de tant de congréganistes : c'est à quoi servaient la paternelle vigilance, l'incessante sollicitude de M. Plumier. Son mode d'enseignement, sa méthode pour demander les sacrifices les plus pénibles, sa bonté aimable pour signaler le péril lui conquéraient promptement toutes les sympathies : car à cet âge on devient capable de tout immoler, quand on découvre le dévouement de celui qui vous dirige. Celui de M. Plumier ne pouvait que les toucher.

Le genre de prédication qu'il affectionnait davantage était l'instruction familière : il excellait à parler, chaque dimanche, à ses congréganistes avec une simplicité sans apprêt, sans trivialité, du bon Dieu, du ciel, des peines des damnés, de la nécessité de porter sa croix, et surtout de l'humilité : sa parole naïve avait cependant quelque chose de persuasif, et souvent d'entraînant : l'évidence de ses démonstrations faisait accomplir maintes fois des actes, qu'avant son entretien on eût cru complétement irréalisables. On l'a dit souvent, l'orage, en jetant ses eaux torrentielles, épouvante et ravine la campagne, mais bientôt le soleil ou le vent a détruit les traces de son passage ; la pluie, au contraire, qui tombe lentement sur le sol, le détrempe, le pénètre profondément et le féconde. Telle était la parole de M. Plumier : elle versait dans les âmes une fraîche rosée, elle les convainquait, elle leur faisait entrevoir comme immédiat le secours de Dieu qui les aiderait ; elle leur faisait désirer le bien, non par les menaces effrayantes, mais par la pensée de mieux plaire au Seigneur, et le bon vouloir, l'héroïsme même, germaient dans les cœurs, sous la permanente influence de ces entretiens hebdomadaires.

Du reste, pour mieux faire apprécier ces conférences dans lesquelles sa bonté se révélait tout entière, nous préférons le laisser parler, sans rien corriger des nombreuses répétitions qu'il paraissait rechercher d'une façon singulière, avec ses congréganistes.

Les exhorte-t-il à se sanctifier ? voici en quels termes il s'exprime : « Devenez toutes des saintes, mes chères
« filles en Jésus-Christ ; car la mort approche, l'éter-
« nité avance à grands pas. Devenez toutes des saintes,
« tout le reste n'est que vanité. Faites en tout la vo-
« lonté de Dieu : qu'importe tout le reste ! Considérez

« les Saints, voilà les vrais sages, voilà les seuls grands
« hommes ! ayez leur courage, je le répète, les grâces
« ne vous manqueront pas. Vous ne deviendrez des
« saintes que par les persécutions, les mépris, et les
« humiliations : les Saints ne le sont devenus que par
« ce moyen. Plaisez-vous dans la souffrance et dans la
« croix du Sauveur ; remerciez-le de vos épreuves ;
« tout chrétien devrait dire : Ou souffrir, ou mourir,
« car un chrétien doit aspirer sans cesse à devenir
« semblable à son divin Maître. Ressemblons à Jésus-
« Christ humilié, bafoué et abreuvé d'outrages : res-
« semblons à la Sainte Vierge dont les peines ont été
« extraordinaires ! ô mes chères sœurs, quittez enfin
« le vieil homme une fois pour toutes ; et revêtez-vous
« de Jésus-Christ, de son esprit, c'est-à-dire de l'es-
« prit d'humilité, de pauvreté, d'obéissance aveugle,
« d'amour pour les souffrances : que vous tressailliez
« toutes de joie à la vue de quelque croix ! Souvenez-
« vous de l'obéissance aveugle ! Soyez fidèles au règle-
« ment, surtout pour le lever du matin : vous en re-
« cevrez de grandes grâces ! Laissez-vous conduire par
« le Saint-Esprit, il vous fera connaître ce qu'il attend
« de vous. Désirez toutes de faire en tout la volonté
« de Dieu, et soyez dans un grand détachement de tou-
« tes choses. Renoncez au jugement propre, ayez la
« paix de l'âme, une confiance sans bornes en Dieu,
« une humilité profonde, l'amour des plus grandes
« croix, une charité ardente : que ne ferez-vous pas
« alors ? attachez-vous à éviter les moindres imperfec-
« tions : enfin, soyez toutes affamées de la vertu, et

« souvenez-vous bien que tout n'est que vanité, ex-
« cepté d'aimer Dieu et de le servir. »

Voilà bien la sainteté la plus élevée, décrite dans toutes ses opérations, et dans chacun de ses sacrifices ! Il n'est pas difficile de reconnaître dans cet enseignement la doctrine de Boudon, de Saint Jean-de-la-Croix, et de Sainte Thérèse, dont M. Plumier répandit à pleines mains les ouvrages, et dont il popularisa les maximes.

A ces exhortations si fréquentes sur la pratique et la poursuite de la sainteté, voulait-on objecter ce qui entrave ordinairement le bon vouloir de l'âme, c'est-à-dire le défaut de courage et les peines intérieures, le pieux directeur répondait que se décourager c'est honteusement devenir l'esclave de la lâcheté, et il prouvait que loin d'empêcher de marcher, les peines de l'esprit facilitent souvent les progrès dans la vie spirituelle. Écoutons encore cette sublime doctrine mise à la portée de chacun. Faut-il repousser le premier obstacle né du défaut de forces, il s'écrie :

« Que Dieu est offensé et méprisé ! Efforçons-nous de
« procurer sa gloire par toutes sortes de moyens. Com-
« bien le démon, combien les méchants travaillent à
« persécuter l'Église, à perdre les âmes ! Armons-nous
« d'un saint courage, d'une grande confiance en Dieu,
« avec lequel on peut tout, quand tout le monde serait
« contre nous ; et nous nous opposerons à tous les
« efforts de l'enfer. Quel bien quelques filles très-sain-
« tes ne peuvent-elles pas faire ? Voulez-vous savoir
« pourquoi on ne devient pas des saintes, c'est qu'on ne

« s'entête pas à le devenir, c'est qu'on n'a pas une vo-
« lonté de fer. Il faut s'entêter à faire le bien, comme
« les mondains s'entêtent à faire le mal. Considérez un
« homme entêté : rien ne peut le gagner. Aussi, après
« cette instruction, vous allez toutes devenir des saintes
« à canoniser. Vous allez faire comme les saints ont
« fait. Je ne cesse de prier Dieu pour vous à la Sainte
« Messe, en récitant l'office et dans d'autres occasions,
« et cela afin que vous deveniez des saintes. Je vous
« mets dans les cœurs de Jésus et de Marie, et cela afin
« que vous deveniez des saintes. Méprisez le monde,
« méprisez votre corps, méprisez l'estime des créa-
« tures, méprisez tout ce qui passe, et dites : Dieu seul !
« Dieu seul ! Ce n'est plus moi qui vis, c'est Jésus-
« Christ qui vit en moi !... Que vous ne fassiez toutes
« en Jésus-Christ qu'un cœur et qu'une âme, et que
« vous mouriez sans cesse à vous-mêmes et à tout ce
« qui est créé ! Que Marie Immaculée du haut des cieux
« vous bénisse toutes. Unissez-vous bien au Saint-
« Esprit, l'époux de vos âmes, il sera votre force. Que
« chacune de vous ne fasse qu'une avec lui, pour cela
« méprisez la terre, soyez détachées de tout, surtout
« de l'esprit propre, et soyez profondément recueillies.
« Enfin ne craignez que Dieu seul, et ne vous glorifiez
« que dans la croix du bon maître ! Chères filles de
« Marie, brûlez, brûlez d'amour pour Dieu et la sainteté
« la plus grande ; mais pour cela détruisez en vous
« tout ce qui n'est pas Dieu. »

Après avoir montré qu'avec le courage et la confiance en Dieu, la sainteté la plus éminente est non seulement accessible, mais d'une pratique facile ; dans d'autres entretiens, il combat le plus sérieux obstacle à la vie spirituelle, et enseigne comment il faut traiter les peines de l'esprit et calmer les inquiétudes du cœur.

« Bannissez de votre cœur et de votre esprit toute
« peine, sans quoi vous n'avancerez jamais dans la
« vertu. Nos peines viennent presque toujours de l'or-
« gueil : l'obéissance aveugle vous conduira à la perfec-
« tion : l'obéissance qui raisonne n'est plus une obéis-
« sance. Ne vous découragez jamais, malgré vos chûtes,
« ayez le courage et la bonne volonté d'esprit, je vous
« l'assure, vous deviendrez ainsi des saintes. Soyez
« entièrement dévouées à Dieu, méprisez-vous beau-
« coup, soyez généreuses en tout, offrez-vous souvent
« tout entières à Dieu, ainsi que le faisait Sainte Thé-
« rèse. Ayez toutes un grand courage, et souvenez-
« vous que celle qui souffrira le plus deviendra la plus
« sainte. Plus vous serez tentées, plus vous aurez de
« mérites. Devenez des saintes, qu'importe tout le
« reste ! Faites en tout la volonté de Dieu ! Une fois
« qu'on aime la croix, toutes les peines disparaissent, et
« on en reçoit des lumières extraordinaires. Toutes les
« peines, tentations et souffrances que vous éprouverez
« se tourneront en biens et vous conduiront à une
« grande sainteté, si vous faites ce que je vous dis.
« Tout ce qui nous humilie est une grâce. Souvenez-
« vous bien que la dévotion et le progrès ne consistent
« pas à éprouver des consolations, à ne pas avoir de
« tentations, mais à se corriger et à pratiquer de gran-
« des vertus. Le bon Dieu vous veut dans l'état où vous

« êtes ; tout est là, soyez donc contentes. Notre-Sei-
« gneur est venu apporter la paix sur la terre ; ne la
« perdons pas cette paix si précieuse et si nécessaire
« pour avancer dans la vertu ; mettez-vous bien toutes
« dans les cœurs de Jésus et de Marie, vivez et mou-
« rez-y ; ayez aussi la générosité de ces divins cœurs.
« Humiliez-vous d'avoir murmuré quelquefois contre
« les peines intérieures, et quand cela vous arrivera,
« faites-en quelque pénitence. Il s'agit de se relever tou-
« jours quand nous sommes tombés, moyennant quoi
« à la fin tout va bien. Dieu se sert souvent de ces
« chûtes pour nous faire avancer davantage dans la
« vertu. »

Cette doctrine, si parfaite qu'elle soit, n'étonnera aucun de ceux qui ont eu le bonheur d'avoir des rapports avec M. l'abbé Plumier ; mais ce qui surprendra davantage ce sera d'apprendre que non seulement il l'avait rendue compréhensible pour son auditoire, mais encore qu'il la lui avait fait goûter et pratiquer. La plus sainte émulation s'était répandue dans la congrégation, et on rivalisait à qui réduirait le mieux en actes les enseignements du directeur. « Je fus placé à Salon plus
« de trois ans après le départ de M. Plumier, disait un
« vénérable ecclésiastique, et je fus singulièrement
« édifié de voir un grand nombre de congréganistes,
« venant chaque dimanche, me demander, pour la se-
« maine, la permission d'acheter les objets les plus
« indispensables, et sur l'observation que je leur faisais,
« que ces achats étaient parfaitement licites, elles me
« répondaient qu'elles croiraient manquer à l'esprit

« de détachement et d'obéissance, si elles agissaient en
« cela par leur propre volonté. Mais ce qui m'édifia
« bien davantage, ce fut la singulière modestie que les
« congréganistes avaient dans leur mise, et qui par la
« couleur noire dont elles étaient couvertes, et par
« l'absence de tout objet de toilette ou d'orfèvrerie,
« les faisait ressembler aux religieuses d'une congré-
« gation régulière. »

S'il était en effet d'un excellent exemple de voir les congréganistes ainsi vêtues, il faut toutefois avouer que M. Plumier pour obtenir ce résultat surprenant, si on songe à la coquetterie qui a envahi comme une épidémie universelle cette partie de la Provence, avait dû employer d'autres armes que les entretiens dont nous avons donné plus haut quelques extraits. Il attaquait de front et plus souvent avec ironie la vanité, et en signalait les effrayants dangers : « Salomon, s'écriait-il un
« jour, le plus sage des rois, les avait appelées des va-
« nités sur des vanités. Hélas ! Salomon trop tôt l'a
« oublié, il a aimé ces vanités, et du rang des plus sages
« il est tombé parmi les plus insensés et les plus coupa-
« bles. Etes-vous plus sages que lui ? Tremblez que les
« vanités ne troublent votre intelligence. » — Une autre fois, et ce souvenir s'est gravé profondément chez celles qui, l'ayant entendu, vivent encore, il somme les vaniteuses d'avoir à comparaître au terrible jugement de Dieu : l'AnteChrist a préludé à ces redoutables assises, et il a choisi ses victimes parmi les âmes amies de la vanité ; quand la Sainte Vierge veut les défendre, elle est obligée de se rendre aux observations de l'Ante-

Christ, qui, reconnaissant toutes les marques qu'elles ont portées pendant leur vie, déclare qu'elles n'ont aucun trait qui puisse intéresser en leur faveur la Vierge très-humble, tandis qu'au contraire elles sont couvertes de toutes les parures que Saint Jean a attribuées aux adeptes de cet ennemi de Dieu. — « Et en quoi donc, « soupire-t-il encore, en quoi donc consiste cette « vanité qui égare tant de jeunes filles, et les porte à « vendre leur Dieu et leur âme. En quoi consiste-t-elle ? « En quelques rubans qui se fanent, quelle folie de « céder le sang du Sauveur à ce prix ! et en quelques « morceaux de terre jaune et blanche qu'on met aux « oreilles, aux doigts et jusque sur la poitrine. » A cette singulière appellation, toutes les congréganistes s'abandonnent à l'hilarité: c'était ce que voulait leur directeur. « Ah ! vous riez, mais c'est de vous-mêmes, « et vous avez bien raison ; qu'est-ce donc que l'or avec « lequel on fabrique les bijoux, qui sont l'objet de tant « de désirs ? un peu de terre, une pierre de couleur « jaune !... Qu'est-ce que l'argent, qu'on tient tant à « gagner, et pour lequel on compromet son salut, sinon « un peu de terre blanche ; mais l'un et l'autre sont « vraiment de la terre. Quelle folie de se salir les mains « et le visage en y mettant de la boue ! » Puis passant de l'ironie au pathétique, il montre combien la jeune fille vaniteuse est peu digne d'être considérée comme la servante d'un Dieu, pauvre dès sa naissance, et qui a fait du dénûment absolu sa constante étude. Dès lors, chercher la vanité c'est volontairement se séparer de Jésus-Christ. « Quelle est celle parmi vous qui veut

« s'exposer à ce malheur », s'écriait-il en terminant !

Les exhortations familières n'étaient pas la seule arme que M. Plumier employât pour combattre cet amour du luxe, inné chez les jeunes filles, et qui leur suscite tant de dangers. Sachant que l'exemple est bien plus persuasif que les conseils les plus éloquents, il porta tous ses soins à décider en particulier les plus influentes à sacrifier l'éclat et la recherche de la parure, et voici avec quelle admirable habileté il travailla à une réforme si périlleuse.

Tout voyageur qui a descendu le Rhône depuis Avignon jusqu'à Arles, et qui a visité les villes qui sont situées sur les rives de ce grand fleuve, aura été frappé de l'élégance et de la grâce coquette des jeunes filles de ces pays et de la recherche qu'elles mettent dans leur toilette, comme dans leur coiffure. En présence d'un usage séculaire et d'un entraînement universel que pouvait faire l'abbé Plumier ? Bien d'autres à sa place se seraient contentés de gémir et de prier ; quant à lui, profitant de la confiance qu'il inspirait à quelques congréganistes, il leur représente comme une œuvre excellente, un renoncement à l'amour-propre et l'introduction d'une mode nouvelle. Il leur montre le bien dont elles deviendront ainsi les auteurs, et la récompense que Dieu leur en donnera ; que si elles sont tournées en ridicule elles seront plus semblables à Notre Seigneur Jésus-Christ. Ce discours les enthousiasme et elles se déclarent prêtes à faire tout ce qu'on leur demandera. L'adroit directeur les conjure de rendre plus simple l'arrangement de leurs fichus. Ces jeunes personnes obéissent, et le dimanche suivant, foulant aux pieds le respect humain, elles se rendent à la congrégation. M. Plumier les y attendait ; il parle de nouveau contre le luxe, dit qu'il est facile de se soustraire quand on le veut à son despotisme, et que d'ailleurs bien souvent le bon goût lui-même y gagne. « Tenez, dit-il, en s'interrompant et en les désignant du doigt, « il est de mode d'avoir le mouchoir fort étroit, eh! bien, « regardez N..., regardez N..., et avouez si cela ne leur « va pas mieux d'être comme elles sont ! Oh que vous « êtes heureuses, mes chères sœurs, avec cette nou- « velle toilette, tous les passants vous trouvent moins « légères, et Jésus vous bénit parce qu'il vous voit plus « modestes !... » Le trait avait porté, le désir du bon prêtre avait été compris : peu à peu tous les fichus s'allongèrent et devinrent un véritable vêtement de modestie. Enhardi par ce premier succès qui lui donnait la mesure de son ascendant sur son petit troupeau, M. Plumier essaye une autre fois de modifier la coiffure, il fait adopter à ses filles dévouées un ruban noir uni et les félicite de nouveau quand elles paraissent dans cet état. Dès ce jour les turbans de couleur, les velours épinglés demeurent soigneusement renfermés dans les armoires. — Enfin l'homme de Dieu, qui comprend à ce signe que désormais il peut tout exiger d'âmes aussi généreuses, réclame au nom de la sainte pauvreté l'abandon des bijoux et des chaînes d'or, et à peine en a-t-il parlé que tous ces objets disparaissent, et le prix de la plupart est distribué aux pauvres. Rien ne montre mieux, à notre sens, l'étonnante influence que M. Plumier avait acquise sur cette population, que ces quelques récits, dont quiconque a vu de près les jeunes filles des campagnes comprendra bien vite toute la beauté et aussi tout l'héroïsme.

Nous l'avons déjà insinué plus haut, le droit de M. Plumier à réclamer de tels sacrifices et à s'imposer aux volontés les plus inconstantes, avait une autre source que sa sainteté, il pouvait tout obtenir parce qu'il était tout dévoué à ses congréganistes et que le dévouement appelle la reconnaissance et l'obéissance. Ce dévouement était incessant et produisait la plus infatigable vigilance. Quand l'été revenait avec ses longues journées, et surtout ramenant les travaux que nécessite la cueillette des feuilles de mûrier pour les magnaneries, le saint vicaire s'alarmait longtemps par avance à la pensée de la négligence qui allait se produire dans les prières, de l'irrégularité qu'on mettrait à venir aux assemblées et à la sainte messe, et surtout des dangers que ne manquerait pas de créer une cueillette faite en commun avec les jeunes gens du pays : « Voici « l'été, s'écriait-il toutes les années, voici l'été ; quelle « mauvaise saison pour Dieu ! quelle bonne saison « pour le démon ! quel temps fâcheux pour le recueil- « lement ! quelle époque favorable pour la dissipation ! » Tout cela était dit avec de tels soupirs et un tel air de tristesse, que chaque congréganiste se préparait par plus de ferveur aux périls annoncés. Pour concilier le service de Dieu avec les nécessités du travail, M. Plumier célébrait alors la sainte messe à quatre heures et demie du matin, afin que ses enfants pussent s'y rendre. Grâce à cette attention paternelle, près de cinquante jeunes filles s'approchaient chaque jour de la sainte table, et y priaient pour la persévérance de leurs compagnes. Quant à lui, à cinq heures et demie il descendait au confessionnal et réconciliait les ouvrières avant qu'elles partissent pour la journée. N'avait-il pas pu toutes les entendre, renonçant à son repos après le repas, et profitant des loisirs accordés vers midi dans tous les ateliers, il se rendait à une heure au saint tribunal, les prémunissait contre les piéges de l'enfer, et en admettait un grand nombre à la communion deux fois par semaine. C'était opposer le remède le plus actif aux entraînements les plus redoutables. Quelque congréganiste se plaignait-elle d'être retenue aux heures d'assemblée par ses parents ou par ses maîtres, il arrivait bien vite, avec son inaltérable douceur, à aplanir tous les obstacles.

Mais sa sollicitude n'était pas circonscrite à l'enceinte de la congrégation : il continuait à surveiller les jeunes filles partout où elles se trouvaient, et l'anecdote suivante en est une nouvelle preuve.

Malgré toute la vigilance de M. Turles, les jeunes gens du pays, sans doute pour se venger de ce que la congrégation les condamnait au repos, en leur ravissant une à une leurs danseuses, venaient chaque dimanche, vers la fin des vêpres, papillonner dans l'église autour des chanteuses : c'était tout à la fois une irrévérence pour le lieu saint et une occasion de légèreté pour celles-ci ; aussi M. Plumier avait-il pris l'habitude de circuler dans les trois nefs pendant la durée de l'office,

excitant au chant par la sonorité de sa voix, et obligeant au respect les plus volages, par la fixité de son regard. Peu à peu cette tactique découragea les curieux, et quelques-uns, plus passionnés ou plus opiniâtres, continuèrent seuls ces fatiguantes importunités. Dans le nombre était un des notables du pays qui avait paru braver l'attitude digne du vicaire, et qui affectait d'être assidu auprès d'une jeune fille. Plusieurs fois déjà M. Plumier l'avait averti de cesser cette conduite scandaleuse, mais un jour cet obstiné le croyant occupé auprès de l'autel, en profite pour se rapprocher de la personne à laquelle il désirait parler. Les chants venaient de finir, et le prêtre allait donner la bénédiction du Très-Saint Sacrement; comptant sur la facilité que lui laisse le recueillement général, le libertin se penche vers l'oreille de la congréganiste, mais M. Plumier l'a vu, et suspendant la cérémonie : « Monsieur C***, s'écrie-t-il avec une voix pleine d'au-
« torité, mettez-vous à genoux !... » On se figure quelle impression produisit sur l'assemblée et sur le coupable cette apostrophe imprévue. Celui-ci, foudroyé par la honte, fléchit le genou, puis rouge de colère, vient dans la sacristie se plaindre du vicaire à M. Turles et menacer d'une dénonciation au parquet. M. Turles était trop bon curé pour abandonner la cause d'un auxiliaire aussi tendrement aimé. « Monsieur, répondit-il, l'abbé
« Plumier n'a fait que son devoir, et si vous le citez de-
« vant les tribunaux, j'irai moi-même à Aix pour dire,
« comment vous entendez le vôtre, malgré le respect
« que devrait vous inspirer votre condition. »

Chez un directeur de congrégation la fermeté pour faire observer les règlements doit s'allier à une grande bonté. C'est encore ce qu'avait très-bien compris et ce que pratiquait parfaitement M. Plumier. Il tenait avec une grande énergie au maintien de chaque point de la règle, et n'aimait pas à dispenser d'une observance, si petite qu'elle fût. L'exactitude lui paraissait indispensable pour l'affermissement de son œuvre. Deux sœurs, aujourd'hui religieuses, perdirent leur mère le lundi. La première, fille d'obéissance par excellence, vint le dimanche suivant solliciter à cause de son grand deuil et de leur commune affliction, la permission en se rendant à la réunion de ce jour de demeurer auprès de sa sœur pour la consoler, et de ne pas monter auprès de l'autel, où elle avait sa place comme choriste, car il serait peu séant, ajouta-t-elle, qu'on l'entendît chanter sept jours après la mort de sa mère.
— « Eh! bien, lui repartit M. Plumier, puisque ce qui
« étonnerait ce serait votre chant, mettez-vous à votre
« place accoutumée et ne chantez pas; votre présence
« édifiera la congrégation, et vous offrirez pour le sou-
« lagement de votre mère le sacrifice de n'être pas
« auprès de votre sœur. » On pourra trouver cette décision sévère, mais elle indique du moins jusqu'à quel point le directeur avait ployé ces jeunes âmes à l'obéissance au règlement.

Cette rigueur dans la discipline était rachetée par une bienveillance toute paternelle. Affable pour toutes, d'un accès toujours facile, son âme était si candide qu'il ne voyait le mal nulle part ; il les accueillait avec la plus cordiale charité ; il s'occupait des intérêts matériels de leurs familles, de leurs peines domestiques ; il ne reculait devant rien de ce qui pouvait leur être agréable, à ce point que, malgré sa modestie excessive, **M.** le curé l'ayant prié de diriger pendant quelque temps les répétitions de chant, il réunit les choristes avec la même simplicité qu'il apportait dans ses autres actions.

Un semblable ministère de dévouement augmentait chaque jour son influence sur le pays. Par les jeunes filles il dirigeait les familles et développait la piété ; l'enfer seul tressaillait de se voir disputer des âmes si nombreuses, et il préparait dans l'ombre et parmi les libertins du pays, des détracteurs et des persécuteurs pour entraver le zèle de l'humble vicaire.

CHAPITRE SIXIÈME.

M. Plumier favorise l'établissement à Salon des Frères de St-Jean-de-Dieu. — Il contribue à l'installation des Frères enseignants de l'Instruction-Chrétienne. — Perfection de la doctrine qu'il donne au Saint-Tribunal ; heureux effets qu'elle produit. — Origine de l'Institut des Sœurs des Sts-Noms-de-Jésus et de-Marie. — Rapports de M. Plumier avec la future Supérieure. — Premières vocations. — Soins avec lesquels il les cultive.

Il est des natures qu'un petit nombre de choses suffit pour occuper: tout entières à celle à laquelle elles se sont adonnées, si elles ne méprisent pas les autres œuvres, elles croient tout à fait inutile d'en prendre la sollicitude et de s'en mêler : leur zèle est comme restreint et concentré sur un même objet, et n'a point cette universalité qui embrasse tout ce qui peut procurer le bien des autres et la gloire de Dieu. Pour quelques-unes, au contraire, toute âme en péril, tout cœur à consoler les attire : elles sentent, elles devinent les misères; elles multiplient leur temps et les industries incessantes de leur charité ; elles ne songent pas à se plaindre de la somme du travail qui les déborde, parce qu'elles y voient un moyen de prouver à Dieu leur amour; elles ne pensent même pas à désirer du repos, parce qu'elles savent que le démon n'en prend point, et que le chrétien n'a le droit d'en goûter qu'au ciel. Tel était M. l'abbé Plumier : les soins à donner à l'enfance avaient été conciliés par lui avec la prédication. Peu après, il avait embrassé avec obéissance la direction de la congrégation; mais si multiplié que fût cet apostolat, il n'avait pu épuiser entièrement toute son activité intellectuelle et tout son zèle. Les jeunes filles recevaient dès leur bas âge, le bienfait de l'enseignement auprès des Sœurs de la Présentation : plus grandes, elles trouvaient sous la bannière du *Saint-Nom-de-Marie* de nombreux moyens de persévérance : devenues mères, la congrégation de la Purification de la Sainte Vierge les initiait à leur sublime ministère. — Les hommes, réunis sous le patronage de St-Paul, se soutenaient par des exemples réciproques et se portaient mutuellement au bien; mais nul encore ne s'était occupé des vieillards. Ces vétérans de la vie ont besoin, pour que le pain de leurs derniers jours soit moins amer, de le devoir à une main charitable. Personne n'avait pensé à procurer aux petits garçons, dont la légèreté décourage souvent le catéchiste chargé de les disposer à la première communion, un moyen pour s'instruire des choses de la religion et de la science. Nous nous trompons : M. Turles, avec la sollicitude qu'il portait à sa paroisse et aux divers besoins de son peuple, y avait songé ; mais il ne pouvait seul entreprendre ces œuvres importantes pour lesquelles il lui fallait nécessairement être aidé. Dieu, en lui envoyant M. Plumier, dont le zèle ne reculait devant rien, lui permit de réaliser avantageusement ces deux créations dans l'intérêt de son troupeau.

Le vénérable curé de Salon, s'imposant de généreux sacrifices, parvint à acquérir l'ancien monastère de Ste-Croix, situé, comme nous l'avons dit, sur une colline avoisinant la ville. Ce magnifique local avait successivement servi de pensionnat pour les jeunes gens, et, peu après, de berceau à une congrégation religieuse fondée par M. Nay, mieux à même qu'un autre de connaître les avantages de cette résidence qu'il avait habitée pendant plusieurs années. Le vertueux curé de Pélissanne avait, sous le nom bizarre de *Frères-de-la-Cavalerie*, essayé une corporation de pieux laboureurs qui joignaient, à l'exemple de Saint Isidore et de Saint Honorat, la culture des champs à la culture du cœur et aux plus hautes vertus chrétiennes. Le démon parvint par une cabale persévérante, à faire avorter cette institution qui eût pu renouveler en peu de temps nos populations des campagnes. Quoi qu'il en soit, la fermeture de cette congrégation ayant laissé un local disponible : il fut acquis par M. Turles, et si l'on considère les événements avec les idées de la foi, on se demande si l'insuccès des *Frères-de-la-Cavalerie*, qui parut être un triomphe pour l'enfer, n'eut pas lieu par une permission toute maternelle de la Providence. Dieu en laissant un pareil emplacement sans destination, tout à côté de prêtres aussi zélés que ceux qui composaient le clergé de Salon, leur donnait en effet la facilité de doter la Provence de l'admirable institut de St-Jean-de-Dieu.

Toujours est-il que tandis que M. Turles appelait dans sa paroisse ces vénérables garde-malades et payait la demeure qui devait les abriter, il chargeait M. Plumier de pourvoir à l'ameublement de cette maison de noviciat et du soin de diriger les frères et les incurables qui leur étaient confiés. Aucune œuvre ne pouvait mieux répondre aux désirs les plus intimes de son cœur. Plein d'amour et de respect pour les pauvres, pleinement convaincu que Notre Seigneur Jésus-Christ se cache sous leurs haillons, il était saisi d'un immense désir de les faire aimer, et pénétré d'une douleur profonde quand il les voyait abandonnés dans leurs infirmités. Les humbles fils de Jean-de-Dieu venaient à propos pour satisfaire cette charitable impatience du bon vicaire. Aussi, avec quelle joie ne se mit-il pas en quête pour leur procurer les objets les plus indispensables. Il n'avait pas besoin pour obtenir d'exposer longuement la sublime vocation de ces humbles religieux : son crédit était tel qu'il suffisait qu'il tendît la main pour recevoir ; mais combien on lui donnait plus volontiers encore quand on l'entendait raconter avec feu le ministère que ces hommes vertueux remplissaient, les services qu'ils rendraient à toute la population, et surtout aux vieillards et aux infirmes. L'établissement de Ste-Croix, grâce au dévouement de M. Turles et aux démarches de M. Plumier, fut promptement mis en état, et en 1822 les hôtes bienfaisants auxquels il était ouvert en prirent possession au milieu de la joie des villages voisins et des témoignages de bonheur du clergé de Salon.

Nous ne dirons pas combien fut constante la sollicitude de M. Plumier pour cette maison, dont la fondation réalisait un de ses vœux les plus ardents. Essentielle-

ment persévérant dans les œuvres qu'il croyait venir de Dieu, il devait toujours aimer davantage celle-ci, car l'esprit de prière, la complète humilité, l'entière abnégation qui régnaient parmi les religieux, étaient pour lui la meilleure preuve que leur charité était vraiment surnaturelle et que le Saint-Esprit dirigeait leur établissement. Or ces vertus il était souvent à même de s'en édifier et de les juger de près, puisqu'il allait confesser les novices. Que n'avons-nous pu recueillir autre chose que de vagues souvenirs sur les exhortations qu'il adressait à ces serviteurs des pauvres, pour leur apprendre ou leur rappeler toute la sublimité de leur vocation ! Se figure-t-on aussi quelle impression produisait sur ceux-ci, qui aspiraient au plus pénible dévouement, cet enseignement grave et chaleureux d'un homme devenu pauvre volontaire, réputé partout dans les environs l'ami et la providence des pauvres ? On comprend ce que devaient être ces entretiens de M. Plumier, préparant aux indigents leurs frères garde-malades, quand on se rappelle que ce même ecclésiastique écrivait à d'autres personnes : « Je vous recom-
« mande à toutes de soulager les pauvres autant que
« vous le pourrez, et de visiter les femmes malades.
« Vous peignerez une pauvre infirme de l'hôpital. Par
« amour de la sainte simplicité vous baiserez les mains
« à une pauvre femme, sans être aperçue ; les pauvres
« nous représentent Jésus-Christ. » Et plus loin :
« Faites de temps en temps une communion pour de-
« mander à Dieu l'amour de la pauvreté, de la simpli-
« cité et de l'obéissance. Soyez toutes bien pauvres,

« cette vertu préserve de tout péché : Oh ! qu'on aurait
« un grand amour pour la pauvreté, les humiliations,
« l'obéissance, si on pensait souvent à un Dieu couché
« sur un peu de paille. En parlant de la pauvreté, de
« l'obéissance, dites toujours la *Sainte,* par respect.

De même que la pluie en pénétrant dans un sol déjà labouré et ensemencé le vivifie et le féconde ; ainsi ces enseignements de M. Plumier tombant dans des cœurs déjà morts à eux-mêmes, y produisaient les fruits les plus heureux. Aussi a-t-on pu nous résumer le ministère de M. Plumier auprès de l'humble colonie de Ste-Croix par ces mots : « Durant quatre ans il nous aida
« de ses conseils pleins de sagesse et d'expérience, et
« soutint par ses exemples, non moins que par sa doc-
« trine, notre persévérance dans la sainte et laborieuse
« vocation que nous avions acceptée. » Le dévouement que M. Plumier montrait aux frères garde-malades, il le leur conserva jusqu'au moment où, pour les besoins de l'institut, et vers l'année 1826, le noviciat dut être transféré dans une ville plus centrale ; et, quand plus tard, la maison hospitalière des incurables dut être ouverte à Marseille, les bons frères ne furent pas surpris de rencontrer, pour aider leur fondation nouvelle, l'humble vicaire de Salon, fixé depuis dans notre grande ville, et qui, malgré son âge avancé, retrouva la verdeur de ses premières années sacerdotales pour aller tendre la main au profit des servants de Jésus-Christ caché dans la personne des pauvres. La vraie charité est de tous les âges de la vie, elle embrasse aussi dans ses entreprises toutes les misères qu'il faut soulager, sans

égard aux années de ceux qui souffrent. M. Plumier, après avoir travaillé pour les vieillards, se prit à considérer en pitié l'état d'abandon dans lequel se trouvaient les petits garçons de la paroisse. N'y avait-il rien à faire pour ce jeune peuple, espoir de l'Église, s'il était bien gouverné ?

Au milieu de toutes les difficultés financières qui semblaient interdire une fondation en leur faveur, le saint prêtre entendait toujours retentir à son cœur ces paroles du divin maître : « Laissez venir à moi les « petits enfants ; le ciel n'est que pour ceux qui leur « ressemblent. » Or cette portion si intéressante de la paroisse n'était que fort imparfaitement soignée. Malgré tout son bon vouloir, M. le curé, accablé par les autres nécessités de son ministère, ne pouvait admettre que fort peu d'enfants dans sa maîtrise ; quelques autres étaient élevés par un instituteur laïque, mais le plus grand nombre passait les journées dans une oisiveté qui, surtout à cet âge, peut devenir la cause de funestes habitudes. Pour décider les familles à soustraire ces enfants au vagabondage ou au désœuvrement, il fallait leur offrir des instituteurs non rétribués, et pour lesquels l'enseignement fût une vocation. Là encore des religieux étaient nécessaires.

La première pensée de M. Plumier fut d'appeler dans ce but les incomparables fils du vertueux abbé de La Salle, mais si modestes que soient les conditions pécuniaires exigées par ces admirables instituteurs, elles dépassaient de beaucoup les ressources que le jeune vicaire espérait pouvoir leur offrir. Le règlement de leurs écoles ne leur permet pas entr'autres choses d'aller moins de deux sur un point, ce qui double de suite les frais indispensables. Devant ces impossibilités M. Plumier réfléchissait et priait, sans toutefois se décourager, quand, d'une façon tout à fait fortuite et vraiment providentielle, il eut connaissance de l'existence d'un corps religieux poursuivant le même but que les frères des écoles chrétiennes, et dont les statuts étaient plus accessibles dans leurs prescriptions aux nécessités des petites bourses. Connue sous le nom de *Congrégation-de-l'Instruction-chrétienne*, cette famille pieuse se reconstituait en Vendée, près de St-Laurent-sur-Sèvres, et pratiquait la règle que M. Deshaye lui avait donnée. Cette règle, dont nous avons trouvé dans les papiers de M. Plumier une copie datée de 1825, était bien de nature à déterminer le charitable vicaire à travailler de tout son pouvoir à enrichir Salon de la présence de ces hommes remplis d'abnégation. Morts complètement aux choses créées, ces pauvres frères demeuraient ordinairement dans les presbytères, et leurs dépenses étaient payées par MM. les Curés, auxquels, pour ne pas manquer à la sainte pauvreté, ils laissaient la libre disposition du traitement qu'ils avaient légitimement acquis. C'étaient bien là les hommes que M. Plumier désirait ; ce qu'il en apprit rendit plus vive son impatience de les attirer en Provence, et après un échange de lettres fort pressantes entre lui et le R. Frère supérieur général de la communauté, un digne instituteur, connu en religion sous le nom de Frère Maurice, fut accordé aux sollicitations de l'humble prêtre. Il avait fallu trouver pour ce religieux un local favorable, qui permit de grouper autour de lui un grand nombre d'enfants, M. Plumier y pourvut. Dans ses courses journalières à la prison, il avait remarqué dans l'ancien château, dont une partie servait de cachot, une vaste salle inoccupée et dont, par ses démarches intelligentes, il obtint la location comme emplacement d'école. Dès lors les jeunes garçons purent jouir du bienfait de l'enseignement religieux, bienfait qui depuis plusieurs années était libéralement accordé aux petites filles confiées aux Sœurs de la Présentation.

En cherchant à être utile au peuple au milieu duquel il était placé, M. Plumier était loin de se douter qu'il devenait un instrument docile entre les mains de la Providence, pour répandre dans le midi de la France la Congrégation si précieuse des *Frères-de-l'instruction-chrétienne*. En effet, à peine le premier instituteur religieux était-il arrivé à Salon, que ses supérieurs, touchés de l'accueil qu'il y avait reçu, encouragés par la sollicitude incessante dont M. Plumier l'entourait, résolurent d'établir dans cette ville un Noviciat de leur Ordre, espérant que l'influence dont jouissait ce vertueux ecclésiastique leur procurerait avant peu de nombreuses vocations.

Cette fondation, destinée à faire tant de bien à la population de Salon, ne subsista pourtant que pendant deux ans, mais ce fut pour être transportée sur un autre point de la Provence. Faut-il attribuer sa prompte interruption, comme l'ont cru quelques-uns, aux sourdes menées de l'instituteur laïque qui se désolait d'avoir perdu son gagne-pain par la désertion de son école, et qui , soit en dénigrant le religieux, soit en pleurant devant les parents, cherchait à décider les familles à lui rendre les enfants? Ne faut-il pas plutôt l'attribuer au changement de résidence de M. Plumier : car en s'en allant, il ne devait plus trouver les ressources financières pour soutenir cette œuvre intéressante, et il ne laissait personne après lui en mesure de la poursuivre? Il nous est difficile de le préciser ; mais ici encore, il faut répéter que la Providence lui fit assez connaître à l'ouvrage ces dignes instituteurs pour que plus tard il multipliât ses efforts, pour les propager dans toute la basse-Provence.

Nous ne préciserons pas davantage les soins constants dont il entoura leur école, qui lui était d'autant plus chère qu'elle était son œuvre et sa création presqu'exclusive; nous préférons en donner une idée en citant quelques lignes d'une lettre écrite beaucoup plus tard par le successeur du supérieur-général. « Les frères que nous avons envoyés dans nos con-
« trées méridionales m'ont donné l'agréable nouvelle
« que l'ami fidèle et dévoué qui, lors de notre pre-
« mier essai à Salon, s'occupait de nous avec une
« sollicitude toute paternelle, est encore vivant et
« aussi zélé pour les intérêts des Frères de St-Laurent
« qu'il y a 30 ans. Je vous avoue , Monsieur l'abbé,
« que votre nom réjouit d'autant plus mon cœur, qu'à
« l'époque où vous avez eu la bonté de vous occuper
« de nos Frères, j'étais à St-Laurent dans l'adminis-
« tration , et par conséquent plus que personne à

« même d'apprécier votre zèle pour nous. Je suis
« heureux et très-heureux de pouvoir vous retrouver
« après un si long laps de temps pour vous offrir
« l'hommage de ma sincère et vive reconnaissance,
« et en même temps pour vous prier de vous souvenir
« de nous devant le bon Dieu. »

Par les soins et la sollicitude de M. Plumier, un enseignement religieux était donc garanti aux petits garçons de Salon, mais ce qu'un instituteur vertueux faisait dans ces jeunes intelligences, l'humble vicaire s'efforçait de le réaliser d'une manière bien autrement importante et solide auprès des jeunes personnes dont la conscience lui était confiée. Le saint tribunal de la pénitence était devenu pour lui la chaire d'une prédication incessante, d'où il instruisait les âmes et les formait aux plus sublimes vertus. Cette partie de son ministère est moins brillante, ce semble, que ce que nous avons dit précédemment, et néanmoins on s'accorde à avouer que la popularité dont l'homme de Dieu jouit pendant son séjour à Salon, fut surtout le résultat de sa science des âmes et du bien qu'il opérait au confessionnal. Ce qui est hors de doute, c'est qu'il avait reçu du ciel de rares lumières pour diriger les consciences et pour les faire avancer dans l'amour de Dieu.

Nourri de la doctrine de Saint Jean de la Croix, de Sainte Thérèse et de M. Boudon, il avait popularisé leurs œuvres parmi ses filles, non seulement à Salon, mais encore à St-Chamas : pendant les courtes apparitions qu'il y faisait, il distillait aux âmes

pieuses le miel et la myrrhe qu'il avait recueillis dans les ouvrages de ces personnages, amis des mortifications et des mépris. C'était peu pour lui, de faire circuler leurs livres, d'en recommander la lecture, d'en exalter les pensées à la congrégation de chaque semaine ; il fallait qu'en bon père, il divisât cette doctrine comme en petites fractions, qu'il la fit accepter peu à peu, et qu'il donnât aux esprits le temps de se l'assimiler et d'en profiter. Voulait-il inoculer à ses pénitentes l'amour et l'estime de l'humilité ? non content d'en recommander la pratique, il en conseillait des actes, souvent héroïques, si on a égard aux circonstances dans lesquelles ils se produisaient :
« Aimez vous l'humilité, demandait-il souvent aux
« personnes placées sous sa direction, aimez-vous
« bien le mépris ? tout est là : celui qui se méprise
« souvent et beaucoup devient un Saint. L'humilité
« est la vérité, et celui qui s'abaisse grandement est
« dans le vrai ; c'est celui qui s'enorgueillit qui est un
« menteur. Nous sommes à notre place, quand nous
« nous humilions. L'homme le plus savant et le plus
« intelligent dans les choses de Dieu, est celui qui est
« le plus humble. Celui-là est bien humble qui dé-
« sire être inconnu et compté pour rien. Celui qui se
« met plus bas que la terre, Dieu l'élèvera au plus
« haut des cieux. Celui qui méprise le monde et ses
« jugements, possédera une grande paix. Celui qui
« méprise son corps, en aura un à la fin du monde
« mille fois plus brillant que le soleil. » A ces maximes que nous avons retrouvées dans les souvenirs, et

mieux encore dans la conduite des personnes qu'il dirigeait, il joignait des conseils d'une exécution qui coûtait à la nature : « Puisque vous aimez l'hu-
« milité, leur disait-il, cherchez avec soin toutes les
« occasions de pratiquer cette vertu sans vous occu-
« per de ce que pourra en penser le monde; celui,
« en effet, qui se conduit d'après les idées du monde
« est un imprudent et un fou. Celui qui, au contraire,
« juge des choses d'après la foi, est habile et très-
« prudent. Par conséquent, aimez surtout les jours
« de fêtes, à traverser la ville sans avoir votre toilette
« complétement achevée ; ou bien encore, efforcez-
« vous, au lieu d'imiter les vaniteuses dans l'ajuste-
« ment de vos habits, de ne jamais mettre une har-
« monie parfaite entre chacun d'eux; si donc vous
« êtes obligée d'avoir une robe neuve, portez une
« chaussure usée, et quand votre fichu sera plus
« riche, ne mettez que votre ruban le plus fané. Oh !
« que vous serez heureuse, si à ce prix, on mur-
« mure le long de votre passage, que vous êtes une
« folle et une insensée! Sainte folie de la croix, que
« vous êtes peu connue! que vous êtes peu aimée ! N'ayez
« jamais, leur disait-il ensuite, que les vêtements qui
« vous sont indispensables ; contentez-vous de ceux qui
« sont absolument nécessaires, les autres sont contraires
« à l'esprit de la sainte humilité. Et, de peur que dans le
« choix même de ceux dont vous avez besoin, la vanité
« ne puisse vous séduire, gardez-vous d'en acheter vous-
« mêmes les étoffes ; mais faites-les choisir avec une
« entière indifférence par les gens de votre famille

« ou de votre maison. Ainsi vous arriverez à vous
« vêtir par nécessité et jamais par plaisir. »

Chose vraiment merveilleuse, et qui indique mieux que ne le sauraient faire nos paroles quelle onction persuasive le vertueux ecclésiastique donnait à ses exhortations ! en peu de temps, cette doctrine de l'humilité devint universellement pratiquée à Salon : il n'était pas rare de rencontrer, le dimanche, plusieurs jeunes filles expiant leurs anciennes fautes de coquetterie par une mise excessivement simple pour ne rien dire de plus. Le tablier déchiré des unes, la large et incommode chaussure des autres attiraient plus d'une plaisanterie à ces courageuses pénitentes, et rien ne pouvait leur faire abandonner cette mort constante à elles-mêmes.

Le St-Esprit a dit que les lèvres parlent de l'abondance du cœur: or, celui de M. Plumier étant aussi pénétré de l'amour des souffrances, amour qui rapproche davantage du divin crucifié ceux qui en sont possédés, le bon prêtre s'efforçait d'inspirer à ses filles spirituelles comme un immense besoin de souffrir, et une joie excessive quand Dieu leur accordait cette grâce: « On est semblable à Jésus-Christ quand on
« souffre, leur disait-il souvent, quel bonheur et
« honneur ! Aussi, les Saints ne mettaient-ils leur
« joie que dans les souffrances. Le caractère du chré-
« tien, c'est le courage et la force ; c'est pourquoi les
« premiers chrétiens allaient au martyre avec intré-
« pidité. La plus grande grâce que Dieu puisse faire
« à une âme, c'est de lui envoyer des croix ! Hélas,

« il n'y a presque personne qui le remercie de cette
« faveur, et pourtant les croix ont été le partage de
« tous les justes. Il faut, pour devenir parfaite,
« mettre sa gloire et son bonheur dans les souffrances
« à l'exemple de tous les Saints. Si vous avez beau-
« coup de peines, réjouissez-vous, c'est la route de
« la sainteté. »

Être humble et souffrir ne sont que le prélude de la vie spirituelle : l'âme, à mesure qu'elle s'abaisse, doit chercher à reproduire davantage Notre-Seigneur Jésus-Christ. Aussi, quand M. Plumier avait conduit ses pénitentes au renoncement de la volonté et à la pratique de quelques mortifications corporelles, pour les rendre plus conformes au divin modèle, que tout directeur doit, à l'exemple de Saint Paul, travailler à enfanter dans les âmes qu'il dirige, leur proposait la pauvreté et l'obéissance, leur faisant envisager ces vertus comme les plus saillantes en Jésus-Christ. Non-seulement il leur conseillait de détacher leurs cœurs des objets créés, par amour de la pauvreté, mais encore de ne pas même les acquérir sans en avoir obtenu la permission : « Pratiquez une grande pauvreté,
« leur disait-il encore, détachez-vous de tout vous-
« mêmes et de toutes les créatures ; il faut avoir une
« grande horreur de vous-mêmes, c'est-à-dire, vous
« haïr beaucoup. Celui qui aime la pauvreté et l'o-
« béissance est un autre Jésus-Christ ; celui qui ou-
« blie son corps et le réduit en servitude est un pré-
« destiné. Celui qui s'attache à la terre s'attache à la
« boue et la préfère à l'or. Celui qui croit que le

« monde est une ombre qui passe, deviendra très-
« sage. Celui qui craint le monde, est près de sa
« perte. Nous entrerons bientôt dans l'éternité, à
« quoi servent donc les avantages de ce monde? Dans
« quelques années, notre corps sera réduit en pous-
« sière. Voyons, examinons tout avec les idées de
« la foi; il est plus clair que le jour que tout n'est
« que vanité et folie, excepté d'imiter la pauvreté
« des Saints! »

Telles étaient quelques-unes des maximes, par les
quelles l'homme de Dieu faisait avancer les âmes qui
vivaient sous sa direction, et si grand était l'ascendant
de sa vertu, que cette doctrine d'une pratique difficile avait captivé tous les cœurs. La majeure partie de
la population Salonaise estimait comme une grâce insigne de confier sa conscience à l'humble vicaire: cette
sympathie presqu'universelle n'était point, comme il
arrive quelquefois, un sujet de jalousie pour ses deux
confrères qui, par leur âge et leur expérience, paraissaient plus dignes que lui d'obtenir la confiance.
Disait-on à M. Turles, que l'abbé Plumier était presque le seul à confesser? bien loin de trouver, comme
Saül, dans cette tendance de ses paroissiennes un motif
de susceptibilité, il répondait : « Laissez-le confesser!
« tant mieux! tant mieux! Je ne veux pas savoir si
« telle ou telle de mes pénitentes me quitte pour
« aller le trouver; je n'ai rien à craindre pour leur sa-
« lut: elles seront en bonnes mains: M. Plumier
« connait bien sa théologie; l'esprit de Dieu l'anime,
« laissez-le faire. » Quant à M. Mie, il était tellement

dans l'admiration devant la science que Dieu avait communiquée à son ami pour la direction des âmes, que toutes les fois qu'il le pouvait faire, il lui en adressait de nouvelles. Cent fois on l'a vu, descendant de chaire après une allocution pleine de cœur et de feu, suivi à la sacristie par quelques hommes que sa parole avait ébranlés : « Venez, leur disait-il avec « bonté, venez mes amis, je vais vous conduire à « quelqu'un qui vous aidera à merveille à finir ce « que la grâce de Dieu a commencé dans vos cœurs, » puis les laissant aux pieds de M. Plumier : « Voilà l'homme « qu'il vous faut, ajoutait-il, c'est moi qui ramasse « l'écheveau des consciences, mais c'est à lui que le « Seigneur a donné la grâce de le débrouiller : voilà « bien l'homme qu'il vous faut. »

Cet homme, quand il s'était emparé d'une âme, avec une science toute divine la pétrissait à sa guise, comme le potier le fait de son argile. Après les avoir fait renoncer à l'esprit propre, il les faisait passer par toutes les voies de la plus aveugle obéissance, et les mettait dans la disposition de toujours vouloir et chercher le bon plaisir de Dieu.

Mais quand il les avait ainsi purgées d'elles-mêmes, alors, sur les traces de Saint François de Sales, il les portait au saint amour et les remplissait de Jésus-Christ : Entendons-le encore lui-même : « Notre corps « n'est rien en comparaison de notre âme. L'âme est « infiniment plus belle que tout ce que nous voyons : « si Dieu nous la découvrait, nous serions dans un « ravissement inexprimable. Un acte d'amour de Dieu,

« vaut infiniment mieux que toute la terre. Le cru-
« cifix est le plus beau des livres, malheureusement
« bien peu le lisent : celui qui le mettrait souvent
« sur son cœur, sur sa bouche, et même sur ses
« yeux, comme dit Saint François de Sales, serait fou
« d'amour pour Jésus-Christ. Celui qui, le soir, regarde
« le ciel avec de saints désirs, languit sur la terre et
« la méprise. Celui qui craint Dieu, ne craint rien
« ici-bas. Celui qui me suit, dit Jésus-Christ, ne marche
« pas dans les ténèbres, mais il aura la lumière et
« la vie. Celui qui s'entretient souvent avec Dieu, re-
« cevra de grandes lumières. — Jésus-Christ nous
« dit dans l'Évangile qu'il est notre père, notre frère,
« notre époux, notre ami : qui penserait bien à cela
« aurait le cœur brûlant d'amour. Le jour de la mort
« est le plus beau des jours; un cœur aimant com-
« prend bien cela. Celui qui, chaque jour, fait toutes
« ses actions pour la plus grande gloire de Dieu et
« la plus grande gloire de la Sainte Vierge deviendra
« un ange. Celui qui est dévot au Saint Sacrement
« de l'autel, est un élu. Jésus-Christ mon père, mon
« frère et mon ami, et vous Marie, ma bonne et
« tendre mère, embrasez-nous d'amour envers vous
« et rendez-nous de véritables Saints. Celui qui a le
« cœur pur possédera Dieu. Oh ! la belle parole : Mon
« Dieu et mon Tout ! »

Les âmes qui se dévouent à Jésus-Christ et à son
amour ne tardent pas à éprouver un désir ardent
d'étendre le royaume pacifique de leur bien-aimé,
par de pieuses paroles, et par de ferventes prières.

Aussi les pénitentes de M. Plumier étaient-elles devenues comme les instruments journaliers de son zèle. Fallait-il visiter les pauvres, secourir les malades, instruire les enfants ignorants, pénétrer dans les prisons, c'était pour elles l'objet d'une sainte émulation, et toutes enviaient saintement le sort de celle à laquelle cette grâce était accordée. Y avait-il quelque jeune fille légère, les âmes dévouées s'étudiaient par leurs prévenances, par leurs tendres paroles, à la désillusionner, et c'était un jour de fête quand elles conduisaient la brebis un instant égarée au bercail du pasteur miséricordieux. Mais leurs efforts s'exerçaient surtout dans leurs familles et sur leurs parents pour les déterminer à la pratique de la religion: or, comment n'auraient-elles pas réussi, alors qu'à chaque confession, il leur répétait ces paroles qui devaient redoubler leur activité: « Celui qui aime bien
« le bon Dieu, désirerait convertir tout l'univers; il
« ne cesse de prier pour les pécheurs, et fait tout son
« possible pour les attirer à Dieu. Celui qui travaille
« à porter les autres à la vertu, deviendra un saint.
« Celui qui a des entrailles de charité envers les au-
« tres, a l'esprit de Jésus-Christ. Celui qui a la sim-
« plicité et la candeur d'un enfant, est un vrai chré-
« tien et attirera bien des âmes à la grâce. Celui qui
« travaille au salut de la jeunesse, fait une des actions
« les plus agréables à Dieu. »

Formées à une telle école, les filles de Salon étaient devenues des anges de paix et de bon exemple; la paroisse avait vu refleurir une ferveur dont la Révolution semblait avoir à jamais emporté la possibilité, et l'on voyait, chose étonnante ! les jeunes filles, à un âge qui est ordinairement celui des passions les plus vives, diriger toute leur ardeur vers la pratique du bien et vers l'amour de Jésus-Christ. Il est vrai que M. Plumier ne se contentait pas de leur distribuer pour cela les doctrines substantielles que nous venons de rappeler, il était à toute heure du jour à leur disposition : toujours accessible, il l'était bien davantage au saint tribunal dont il avait fait sa résidence presqu'habituelle. Tout le temps qui ne lui était point nécessaire pour la visite des pauvres et des malades, il le passait dans l'église qu'il aimait à appeler la demeure du prêtre. Dès qu'il avait achevé la célébration de la sainte messe et l'action de grâces, il se rendait de suite au confessionnal, et y entendait, avant l'heure d'ouverture des fabriques, les jeunes filles qui avaient à s'y rendre, puis, s'asseyant devant la porte du mystérieux tribunal comme le Sauveur auprès du puits de Jacob, il attendait patiemment les âmes qui avaient besoin d'être désaltérées d'amour et de vérité : tantôt, il récitait l'office divin avec une piété angélique, tantôt il s'abandonnait à de longues contemplations, tantôt encore il parcourait quelqu'un des écrivains ascétiques dont il commentait si bien la doctrine ; mais si profond que fût son recueillement, si intime que fût son entretien avec Dieu, il les interrompait dès qu'on avait besoin de son ministère ; de midi à deux heures, sentinelle dévouée, il était là encore pour recevoir les ouvrières qui, profitant du moment du repas, désiraient se réconcilier. Le soir à six heures, il s'y installait de nouveau, et maintes fois le timbre de l'horloge, en sonnant onze heures, le surprit encore consolant celles qui étaient tristes, encourageant les cœurs désolés, donnant des remèdes efficaces pour les peines intérieures ou réhabilitant un pécheur. Cet excès de zèle, agréable pour celles qui en étaient l'objet, ne l'était pas autant pour le sacristain, dont les veilles devaient souvent se prolonger dans la nuit. En vain se plaignait-il à M. Turles, de la fatigue que ce service lui imposait; en vain, colorant son intérêt sous les apparences des convenances, disait-il que M. Plumier ne devrait pas confesser le soir dans une église obscure, le bon curé répondait toujours: « Laissez-le faire, laissez-le faire; « vous n'êtes pas le seul qu'il empêche de dormir; de« mandez donc au démon s'il ne le réveille pas par « force! »

Il y avait dans son long séjour au saint tribunal, une autre cause que le nombre excessif de ses pénitentes: le vertueux vicaire, convaincu que certaines âmes ont autant besoin d'une direction solide que de l'absolution, ne craignait pas de donner à chacune tout le temps qu'il croyait utile pour le bien de leur âme: « Ah! ah! disait quelquefois M. Mie, M. Plumier garde « trop son monde: un beau jour, je descendrai là-« bas pour constater combien de temps il reste avec « chacune. » De la part de M. Plumier, c'était le résultat de sa patience inaltérable, qui le portait à écouter chacun avec longanimité et bienveillance, sachant que les simples et les petits trouvent déjà une fort grande consolation à exposer leurs peines à ceux qui ont leur confiance ; c'était aussi cette pensée que nous lui avons entendu répéter souvent, qu'un prêtre ne saurait trop multiplier ses efforts, ni se tenir trop honoré quand il est réservé par la Providence au soin de diriger certaines personnes plus spécialement chères au cœur de Dieu, et sur lesquelles la Providence a des desseins particuliers.

Or parmi son nombreux troupeau, M. Plumier avec le discernement spirituel qui le caractérisait, avait deviné un certain nombre de ces âmes généreuses et d'élite, et bientôt le bien qu'il opéra par elles justifia ce qu'on trouvait de trop parfait dans son enseignement, et les longues séances qu'il avait faites si souvent à leur profit au saint tribunal.

A la tête de ces cœurs dévoués et que rien ne devait arrêter, il convient de citer une humble ouvrière qui allait devenir un vase d'élection sous la double opération de la grâce du Saint-Esprit et de la prudence de M. Plumier. Cette pieuse jeune fille était du nombre de ces cœurs que Notre-Seigneur Jésus-Christ comparait lui-même à une terre bien cultivée qui reçoit et féconde la semence et la multiplie au centuple. Elle avait entendu maintes fois, et à la congrégation, et au confessional l'homme de Dieu répéter : « Celui qui aime Dieu « cherchera à lui gagner des âmes. » Elle avait surtout médité cette sentence, qui avait trouvé en elle un admirable écho : « Celui qui se dévoue à instruire la jeu- « nesse fait une des actions les plus agréables à Dieu. »

Cette pensée avait germé en elle, elle y avait mûri, et la pieuse ouvrière se demandait comment elle pourrait gagner des âmes à Jésus-Christ, comment elle parviendrait à instruire la jeunesse : la manière, elle l'ignorait encore, mais elle sentait un immense désir de s'immoler pour Dieu, et chaque fois qu'elle venait auprès de son confesseur, qui avait été le guide de sa jeunesse, elle lui répétait sans cesse qu'elle voulait être tout à Dieu et propager son amour. A ces communications pressantes, M. Plumier répondait par ses maximes accoutumées sur la mort à soi-même, la nécessité d'obéir toujours, le bonheur des mépris et des souffrances, le prix des âmes régénérées par Jésus-Christ. Puis il lui conseillait de faire violence au Saint-Esprit par d'ardentes prières, afin qu'il lui révélât ce que sa petite servante devait devenir. Les délais que le saint prêtre apportait à connaître sa réponse, lui donnaient plus de temps pour éprouver cette personne et pour la conduire vers la perfection ; mais aussi ils augmentaient la sainte impatience que celle-ci éprouvait de discerner la volonté divine. Ils avaient un autre résultat : ils permettaient à quelques compagnes, éprises elles aussi de l'amour de Jésus-Christ, de solliciter avec larmes le bonheur de le servir et de se dévouer pour lui. Elles aussi désiraient demeurer les mystérieuses épouses du Sauveur Jésus ; elles aussi aspiraient à la gloire d'instruire l'enfance et de travailler à son salut. D'où était venue cette communauté de pensées et de sentiments ? Qui avait communiqué à ces jeunes filles de condition commune, une même ambition, celle de se consumer devant Dieu, comme la lampe du sanctuaire auprès du tabernacle ? C'est ce que Dieu seul pourrait révéler ; mais quand on examine l'attrait que chacune avait pour l'humilité, pour la pauvreté, pour la souffrance, pour la soumission aveugle, il est difficile de ne pas reconnaître à tous ces traits M. Plumier comme le foyer principal qui réchauffait ces charitables désirs. Le fleuve qui court à travers la campagne, fertilise et réjouit ses rivages, rarement on songe à chercher le flanc de granit duquel il s'est échappé ; mais si le touriste attentif remonte son courant avec précaution, il ne tardera pas à parvenir jusqu'au gouffre ignoré duquel s'échappent ses eaux bienfaisantes. Ainsi en fut-il de l'intervention de M. Plumier dans la formation et l'organisation de la congrégation religieuse à laquelle l'ouvrière de Salon allait promptement travailler, et dont elle devait prendre bientôt le commandement. Qui donc, en voyant aujourd'hui les Sœurs qui instruisent une portion des enfants de Marseille et de nos villages, qui, en admirant la discipline de ces religieuses des *Saints-Noms-de-Jésus-et-Marie*, l'amitié qu'elles inspirent aux enfants, les succès avec lesquels elles les initient à la science de la religion, qui croirait que cet institut justement estimé nous est arrivé, à travers les plaines de la Crau, de la petite ville de Salon, et que l'humble vicaire qui nous occupe a eu la plus large part dans son organisation primitive ?

Si nos renseignements sont exacts, M. Plumier n'agit point à la légère dans une fondation pareille. Homme d'humilité par excellence, il ne pouvait de lui-même s'ingérer dans la création d'une communauté religieuse : il fallait pour cela qu'il y vît d'une manière manifeste la volonté de Dieu, et que ceux en qui il avait confiance lui dissent qu'il devait courageusement l'effectuer. M. Nay, alors curé de Marignane, n'y manqua pas, il assura à plusieurs reprises que cette pensée d'une congrégation enseignante venait de Dieu, que sa réalisation rendrait de grands services aux paroisses de village et aux populations pauvres, et que sans se préoccuper des obstacles que le démon ne manquerait pas de faire surgir, il fallait poursuivre cette œuvre. De son côté, Mademoiselle Ruelle, désireuse d'agir avec toute la prudence et la maturité qu'exigeait une affaire de cette importance, venait à Aix, consulter un prêtre que sa vertu bien plus que ses années avait déjà rendu vénérable, et qui, par sa sainteté éminente, pouvait être mieux que tout autre l'interprète des pensées divines. Cet ecclésiastique, plus illustre encore par la pratique du zèle et l'amour des pauvres et de l'humilité, que par la réputation de sa famille, était M. l'abbé Charles-Fortuné de Mazenod, bientôt après évêque de Marseille. Lui aussi aimait les simples et les petits, lui aussi, après avoir gémi sur les ruines amoncelées par la Révolution, désirait voir reparaître des instituts religieux qui pussent remplacer ceux que la tourmente avait balayés ; mais par-dessus tout, homme d'intérieur et d'expérience, il savait que, quand il s'agit d'une œuvre nouvelle, le Seigneur a coutume de se servir des cœurs les plus purs et des mains les plus faibles. Aussi quand il connut les désirs de la pieuse fille qui le consultait, quand il eut examiné avec attention les grâces que Dieu lui avait accordées, il l'encouragea dans la pensée qu'elle avait, l'engagea à se rendre toujours plus digne d'une telle vocation, et à venir souvent lui rendre compte de l'état de son cœur, ajoutant qu'elle pouvait entièrement se laisser diriger par le bon prêtre que la Providence lui avait envoyé, car il avait toutes les lumières et toute la sainteté nécessaires pour la conduire.

Ainsi éclairée et affermie, Mademoiselle Ruelle revint à Salon, bien décidée à attendre, pour réaliser les projets de sa charité, le moment et l'heure que choisirait son vertueux directeur.

Si la future religieuse éprouvait le besoin de recevoir des conseils avant de quitter le monde et d'entreprendre une fondation que rien ne faisait encore soupçonner au dehors, M. Plumier ne voulait pas aller trop vite dans une affaire aussi grave ; c'est pourquoi se défiant toujours de ses propres lumières, il recourait sans cesse à celles du vertueux curé de Marignane, M. Nay. Celui-ci, voyant dans chaque trait qui lui était rapporté une preuve de l'intervention divine, encourageait le prudent vicaire dans la poursuite du projet qu'il avait conçu ; et bientôt voulant s'associer davantage à cette œuvre dont il attendait les plus heureux résultats pour l'enseignement des pauvres, il réclama pour sa ville de Marignane le premier établissement des futures institutrices, se promettant bien de supporter seul tous les frais qu'exigerait leur venue.

Mais avant d'envoyer à ce charitable pasteur une

colonie enseignante, il fallait en préparer les chefs pour leur prochain ministère, et pour cela deux choses étaient nécessaires : former à l'enseignement les jeunes ouvrières qui aspiraient à ce laborieux dévouement et surtout les initier par avance aux charmes et à la douceur de la vie religieuse. L'exemple étant plus efficace à cet égard que les discours les plus longs, M. Plumier se décida à confier pour quelques mois à une communauté religieuse celles qui devaient être les fondements de sa congrégation. Tout naturellement l'établissement des Sœurs-de-la-Présentation s'offrit à lui comme pouvant seconder mieux qu'un autre ses désirs. En effet, la proximité de la maison mère, qui était à Bourg-St-Andéol, ne nécessitait pas pour les jeunes Salonaises un éloignement considérable de leur famille, d'autre part les succès obtenus à Salon par les Sœurs membres de cette congrégation, disaient assez que la méthode d'enseignement adoptée par elles était excellente, et surtout leur amour des pauvres, leur recherche de la vie cachée faisaient apparaître à M. Plumier cette maison comme réalisant bien le type de la vraie vie religieuse. Après quelques démarches, il obtint de la Supérieure générale des Sœurs-de-la-Présentation, l'admission de trois de ses filles, parmi lesquelles Mademoiselle Ruelle, aujourd'hui connue sous le nom de Sœur Saint-Augustin, et qui devint bientôt la supérieure de la congrégation des Sœurs des *Saints-Noms-de-Jésus-et-Marie*.

Homme très-prudent, M. Plumier ne voulut point toutefois faire partir ces jeunes personnes sans qu'elles eussent annoncé à leurs parents leur projet, et obtenu d'eux un entier assentiment. Or, telle était la considération dont il jouissait alors ; telle était aussi, nous aimons à le dire, la piété des familles auxquelles appartenaient ces âmes privilégiées, que la pensée d'un départ, la perspective d'une vocation religieuse ne rencontrèrent pas les oppositions qu'on aurait pu attendre, et les trois postulantes, heureuses de la bénédiction de leur père en Dieu, et du plein consentement de leurs familles, se dirigèrent avec joie vers Bourg-St-Andéol, venant, à un âge qui n'est plus trop celui des études, se résigner à apprendre comme de simples écolières ce qu'elles devaient enseigner à d'autres.

Nous n'avons pas besoin de dire avec quelle touchante fraternité les pieuses novices furent reçues par les Sœurs-de-la-Présentation. Leurs vertus qui édifièrent bientôt la communauté, leur désir d'être méprisées, les rendirent toujours plus chères et plus respectables à celles qui les avaient accueillies. Leur départ, comme il fallait s'y attendre, promptement connu, inspira bien vite à plusieurs autres la pensée d'imiter un si noble exemple, et les congréganistes les plus vertueuses sollicitèrent à l'envi le bonheur d'aller rejoindre leurs compagnes. L'amour des âmes, le zèle pour les sauver, le besoin de s'immoler pour le prochain étaient devenus à Salon des sentiments universellement répandus. M. Plumier ne crut pas devoir se rendre à ces demandes, si instantes qu'elles fussent, les délais dans ces sortes d'entreprises étant toujours conseillés par la prudence ; mais pour ne pas retarder l'œuvre du Saint-

Esprit, il remit celles qui lui parurent les plus capables aux Sœurs-de-la-Présentation chargées de l'école à Salon : de cette sorte les jeunes filles travaillaient durant le jour, de manière à sustenter leurs familles, et le soir, prenant ces heures sur leur repos, elles allaient étudier à l'école les premiers éléments de l'écriture et de l'orthographe.

Pendant que la fondation se préparait ainsi extérieurement, il sentait la nécessité de la sanctifier par la prière. Non content de la confier aux communions des personnes ferventes, il la recommandait lui-même à Dieu pendant la Sainte Messe, et durant la récitation de l'office divin. Sa constante frayeur était qu'une œuvre qu'il voulait asseoir sur l'humilité la plus profonde ne pût devenir pour lui un rêve d'amour-propre et pour ses filles un sujet d'orgueil. Aussi ne cessait-il de leur écrire qu'il fallait se faire bien petites et attendre ce qu'il plairait à Dieu de leur révéler.

Cette doctrine n'était pas seulement dans les paroles, elle était surtout dans le cœur de l'homme de Dieu. En voici une preuve que nous tenons de celui qui en a été le témoin et l'objet.

Le mois d'août, en mettant fin à l'année scolaire ramena à Salon, d'une part, les trois novices de Bourg-St-Andéol, et de l'autre M. l'abbé Ruelle, frère de l'une d'elles, et qui, à peine âgé de 18 ans, venait de recevoir au grand séminaire d'Aix les ordres mineurs. On peut deviner quelles saintes vacances ce digne ecclésiastique goûtait dans une famille dont les mœurs étaient patriarcales, et dans laquelle deux sœurs aspiraient à l'honneur de devenir les épouses de Jésus-Christ ; mais ce qu'on ne saurait croire si l'assurance la plus formelle ne nous en avait été donnée, c'est l'entière déférence que M. Plumier exigeait de la part de Mademoiselle Ruelle, non seulement pour le caractère, mais encore pour les conseils de son frère. L'humble fille venait-elle au saint tribunal faire part à son directeur des hésitations ou des perplexités qui accompagnent toujours le développement d'une vocation, le pieux vicaire lui répondait : « Parlez-en à votre frère, consul-« tez-le, il en sait plus que moi ! » Que si elle avait reçu quelques lumières intérieures, quelqu'attrait spécial : « parlez-en à votre abbé, » lui répondait-il de nouveau. Et si elle objectait que les liens du sang et son jeune âge le mettaient moins à même d'apprécier ces choses : « Parlez-lui-en après qu'il a fait la communion, repre-« nait-il, comment voudriez-vous qu'il fût embar-« rassé pour vous instruire quand il possède Jésus-« Christ ! » Par ce procédé, étrange au premier abord, M. Plumier tranquillisait son humilité en attribuant à un autre qu'à lui-même tout ce qui devait se faire ; il perfectionnait l'obéissance de sa pénitente, en la faisant se soumettre aveuglément à un frère plus jeune qu'elle, et dont humainement parlant elle devait plutôt être le conseil que la docile servante.

Le retour des trois novices à Salon, loin d'ébranler leur vocation en les replaçant au milieu de leurs parents, et en faisant succéder les attentions maternelles aux austérités du cloître, ne les rendit que plus impatientes de se dévouer, et celles auxquelles elles racontèrent leurs travaux, devinrent plus désireuses de partager leur futur ministère.

Il était singulièrement édifiant, en effet, d'entendre ces pieuses jeunes filles parlant à leurs compagnes du bonheur de la solitude, et des douceurs de la soumission volontaire; leur exposant les attraits qu'elles avaient trouvés dans la mortification et le renoncement. Il était touchant d'écouter le récit des demandes qu'elles avaient adressées pour que Dieu fît connaître à leurs sœurs de la congrégation, s'il leur faisait l'honneur de les appeler à partager un jour leur ministère. Ces entretiens électrisaient les cœurs, et il fallait toute la prudence du directeur pour empêcher un départ général vers la vie religieuse.

Néanmoins pour celles qui en avaient essayé, l'épreuve était suffisante, elle avait pleinement réussi: de l'aveu des Sœurs du Bourg-St-Andéol, ces filles étaient appelées par Dieu à de grandes choses, il fallait seulement leur en ouvrir la voie. M. Plumier comprit que le moment était venu, et ayant de nouveau obtenu le consentement de leurs parents, ayant préparé ce grand acte par de ferventes prières et de nombreuses communions, il accompagna lui-même auprès du curé de Marignane, les trois jeunes vierges qui allaient devenir dans l'Église, la semence d'une communauté nouvelle pour l'enseignement de l'enfance, et il les confia à son saint ami: il se réserva toutefois le soin de correspondre avec ces personnes généreuses qui quittaient héroïquement la famille de la terre, pour trouver dans un peuple d'enfants cette famille surnaturelle qu'enfante la charité. Ces faits se passaient en 1825.

Dès ce jour, l'Institut des Sœurs était fondé, et pour leur laisser comme un souvenir de la congrégation qui avait servi de berceau à leur vocation, M. Plumier leur donnait pour vocable les Saints Noms de Jésus et de Marie ; il imposa à celle qu'il établissait leur Supérieure, le nom de Sœur Saint Augustin, pour lui rappeler et les doctrines de ce Saint qu'il avait souvent commentées devant elle, et les constitutions religieuses rédigées par ce sublime docteur, et dont il fit le règlement de ce nouvel institut.

Tandis qu'en proposant à ces pieuses filles des prescriptions qui avaient eu, dans d'autres Ordres, la sanction du temps et de l'expérience, il achevait de les établir d'une manière définitive, M. Plumier devait, poussé en cela par sa déférence envers l'Église, soumettre à l'autorité diocésaine cette association naissante; la prudence humaine lui faisait d'autre part, un devoir de lui garantir pour plus tard, par une reconnaissance officielle, la protection des lois.

Tel fut à cette époque le but vers lequel tendirent ses efforts. Nous en avons une preuve évidente dans une lettre doublement précieuse, et parce qu'elle expose avec une admirable netteté quels sentiments l'ont conduit à créer cette Congrégation enseignante, et parce qu'elle montre la part incontestable qu'il a eue dans cette œuvre. Il écrit à la date du 13 décembre 1825 à M. Moutet, chef de bureau à la Préfecture de Marseille, et sollicite son intérêt en faveur des nouvelles Sœurs, tant auprès de l'archevêché d'Aix et de l'évêché de Marseille, qu'auprès du gouvernement.

« J'aurais bien voulu vous trouver à Marignane,
« Monsieur, cela aurait été un plaisir et un honneur
« pour moi : Dieu a voulu me priver de ce double
« avantage ; ce que je devais vous dire de vive voix, je
« vais donc vous le dire par écrit :

« Vous avez eu la bonté et la charité de vous intéres-
« ser pour les Sœurs de Marignane ; je puis vous as-
« surer, Monsieur, que c'est l'œuvre de Dieu que
« vous soutenez ainsi, œuvre capable de faire le plus
« grand bien. Ce n'est pas par légèreté que j'ai donné
« l'idée de ce pieux établissement, c'est après y avoir
« été poussé par l'Esprit-Saint et après avoir consulté
« des personnes du plus grand mérite ; du reste, l'œu-
« vre par elle-même, parle assez en notre faveur :
« En effet, quel bien ne peut-on pas réaliser dans les
« paroisses par le moyen de ces écoles chrétiennes ?
« On obtient un bien très-grand ; les jeunes filles re-
« çoivent une éducation chrétienne, les unes se con-
« sacrent au Seigneur pour lui témoigner un amour
« tout particulier, les autres se dévouent à l'état du
« mariage et sanctifieront par là leurs époux et leurs
« famille, et voilà le secret pour convertir les pa-
« roisses. »

« Ce que j'avance est bien vrai ; car très-souvent
« un époux doit son salut à une épouse pieuse,
« comme aussi les enfants maintes fois le doivent à
« une mère vraiment chrétienne, et je ne crains pas
« de dire que l'épouse sanctifie plutôt la maison que

« l'époux, et par conséquent que l'éducation chré-
« tienne des jeunes filles est peut-être plus impor-
« tante que celle des garçons, et avouons-le, le peu
« de bien qu'on fait s'opère ordinairement parmi les
« personnes du sexe; il semble que le ciel n'est que
« pour elles. Vous devez donc voir mieux que moi
« encore, combien ce pieux établissement mérite
« d'être protégé, et combien vous, Monsieur, avez
« raison de vous intéresser à son développement. Dieu
« vous le rendra; recevez de mon côté mes sincères
« remercîments, et souvenons-nous que la vie la plus
« sainte et la plus parfaite, est celle qui est con-
« sacrée aux bonnes œuvres, surtout à celles dont le
« but direct est le salut des âmes et l'instruction
« chrétienne.

« J'attends tout de votre zèle et de votre charité.
« Vous savez que la maison dans laquelle sont logées
« les Sœurs, ne convient pas pour l'établissement,
« il faut nécessairement un autre local et je pense que
« le mieux serait de bâtir; on conseillerait de le faire
« dans l'enclos de M. Sibour. Il s'agit de trouver des
« ressources pécuniaires; comptons à cet effet sur la
« Providence, confions-nous bien en Dieu; car par
« là on obtient tout : l'exemple des Saints est fort ca-
« pable de nous encourager; car souvent ils ne pos-
« sédaient rien, et cependant ils venaient à bout de
« tout. »

« Je me féliciterais d'être de temps en temps en cor-
« respondance avec vous; vous m'aideriez dans mes
« vues, et la plus grande gloire de Dieu serait pro-

« curée ; veuillez bien recevoir mes très-humbles
« respects et prier Dieu que je ne veuille que lui
« seul!! »

En même temps qu'il agissait directement auprès
de M. Moutet, M. Plumier, toujours désireux d'affermir l'œuvre qu'il déclarait, on vient de le voir, *lui
avoir été inspirée par le St-Esprit*, priait M. Nay d'écrire
dans le même sens, et avec l'insistance que permettait une vieille amitié à l'obligeant fonctionnaire de
la Préfecture. Le zèle de M. Moutet n'avait cependant
pas besoin d'être stimulé davantage: cet excellent
homme, joignant la plus grande expérience des affaires à la plus rare complaisance, venait de faciliter
une colonisation du nouvel Institut aux Aygalades,
petit village aux environs de Marseille. Il avait pensé
comme le fondateur, qu'il y avait tout à gagner, au
point de vue des vocations à recruter et des ressources à obtenir, à placer les Sœurs enseignantes auprès
d'une ville plus importante que Marignane, et, plein
de cette idée, il avait aplani les obstacles administratifs et obtenu de la Préfecture une autorisation
en règle. Peu de temps après, et le 2 juillet 1826,
sa bonté était encore mise à contribution pour faciliter l'ouverture d'une seconde maison au village de
Bonneveine, et pour recevoir du ministère des Cultes,
une reconnaissance légale de la corporation nouvelle. M. Nay, lui écrivait à cet effet:

« Mgr l'archevêque d'Aix retourne de Paris ; serait-
« il mal d'écrire à Mgr l'Évêque d'Hermopolis? »

« On n'a point pris pour la fondation de Bonneveine,

« les mêmes moyens qu'on a employés aux Aygalades,
« quoiqu'on m'eût affirmé qu'on ne les négligerait pas
« auprès des autorités. N'importe, je suivrai la route
« que vous m'avez tracée, bien entendu avec un peu
« de contrebande, de telle sorte que l'autorisation
« donnée pour une maison, servira aussi pour l'autre,
« car elle est révocable à volonté. »

« Après demain, j'enverrai les règles à Aix pour les
« faire approuver, et alors nous verrons de les faire
« autoriser par le Gouvernement. »

A peine M. Moutet avait-il reçu cette lettre, que désireux d'obliger M. Nay et le vertueux abbé Plumier, il se hâte d'écrire à Mgr l'archevêque d'Aix, auprès duquel les services qu'il lui avait rendus lui assuraient un grand crédit, et lui recommande avec une respectueuse insistance la fondation du vicaire Salonais. En l'absence de Sa Grandeur, M. Boulard, vicaire-général lui répond :

« Si Mgr me parle de son retour, je m'empresse-
« rai de vous en donner avis. J'ai reçu le règlement
« que m'a adressé le bon M. Nay pour les Sœurs des
« Écoles Chrétiennes, qui ont formé provisoirement
« leur établissement à Marignane, mais nous avons
« jugé qu'il était plus convenable que Mgr l'archevê-
« que y donnât lui-même l'autorisation demandée ;
« ce règlement lui sera présenté dans les premiers
« jours de son arrivée ici, et nous n'y voyons rien qui
« puisse en empêcher la sanction. »

Tandis que les protecteurs du nouvel Institut s'occupaient d'en assurer l'existence canonique et civile, Dieu, en multipliant les vocations et en y maintenant l'esprit du fondateur dans toute sa pureté, montrait combien cet établissement était cher à son cœur.

CHAPITRE SEPTIÈME.

Excellents rapports de M. Plumier avec M. Turles, son curé ; son obéissance, sa modestie, sa générosité pour pardonner. — Étude de la doctrine de M. Plumier au saint tribunal : ce qu'il pense des plaisirs du monde, de la vanité, de la mortification, de la communion fréquente. — Tribulations que lui suscite cet enseignement. — Mort de M. Turles : changement qu'entraîne cet événement dans la vie de M. Plumier. — Il quitte Salon où il est bientôt rappelé. — Accroissement de l'Institut fondé par lui.

Les œuvres de Dieu portent ordinairement un cachet auquel il est aisé de reconnaître leur céleste origine : ce signe est celui de l'humilité : toutes les fois que le fondateur grandit avec son entreprise, que les honneurs viennent le chercher, et surtout qu'il les accepte ; toutes les fois qu'il se complaît dans son travail et qu'il aime à le faire valoir, il est fort à craindre que quelque chose d'humain n'ait prévenu ou ne vienne entraver l'action de la grâce. Ces créations ressemblent trop à celles qui naissent de l'intérêt ou de l'ambition. Mais quand celui qui se dévoue à une œuvre nouvelle cache soigneusement sa main pour faire le bien, quand il renvoie à d'autres le mérite du succès, quand il demeure toujours dans une condition aussi obscure, alors on peut s'écrier, sans crainte d'erreur : tout ceci vient de Dieu, et nos regards en sont justement émerveillés. *A Domino factum est istud, et est mirabile in oculis nostris.* Telle était évidemment la congrégation que venait d'établir M. Plumier. Fondateur d'un institut religieux qui commençait à être apprécié par la population de Marignane et par celle de Salon, non seulement il ne s'élevait pas au-dessus de son modeste rang de vicaire, mais encore il prenait toujours la dernière place, et s'efforçait de ne laisser paraître que les bienveillantes dispositions de son curé.

Il est vrai que ce bon curé était pour lui le père le plus tendre et le plus aimant. Toujours disposé à seconder les entreprises de son collaborateur, au lieu de prendre ombrage de la popularité qu'il recueillait, il se plaisait à l'éclairer avec sa vieille expérience, et à l'entourer de ses conseils. Aussi M. Plumier avait-il l'habitude de ne jamais rien faire que d'après ses ordres ou tout au moins avec son agrément. C'était au moment du repas commun qu'il exposait à M. Turles ses projets pour la conversion des âmes. Celui-ci acceptait avec bonheur ces desseins inspirés par les intentions les plus pures, et il aimait à redire : « Que je suis heureux
« d'avoir de semblables vicaires ! ils suppléent par leur
« activité aux défauts du pasteur, puis il ajoutait :
« Continuez vos œuvres, mes amis, puisque le Saint-
« Esprit vous conduit, et n'ayez nul souci des baptê-
« mes qui pourraient réclamer votre ministère, ni des
« convois qui vous appelleraient ailleurs : votre curé,
« quoique bien vieux, sera encore assez bon pour faire
« cela pour vous, et il ne serait pas capable de vous

« remplacer en chaire ou au Saint-Tribunal. » Ce langage était celui de l'humilité, mais en fait il était complétement faux : doué d'une érudition profonde, habile dans l'art d'écrire, familier avec l'interprétation des saintes Écritures, M. Turles avait toutes les qualités de l'orateur et du bon curé, mais il avait surtout l'amour de l'abjection qui anime les Saints. Nous ne saurions rendre avec quelle vénération profonde le peuple Salonais le voyait, malgré son grand âge, accompagner les cercueils au cimetière, sans tenir compte d'un soleil ardent, et tandis que ses vicaires se livraient aux autres labeurs du ministère.

On conçoit combien la vie avec un semblable pasteur était pour M. Plumier une grâce dont il était reconnaissant à la Providence : outre que dans cette communauté de logement et de nourriture il trouvait l'avantage de ne point être absorbé par les soins matériels d'un ménage, soins pour lesquels il eut toujours la plus grande répugnance, il voyait de plus près le pasteur, dont il aimait à recueillir les enseignements, et dont il cherchait à reproduire les vertus.

Ses efforts pour cela n'étaient point stériles, ainsi que permettront d'en juger quelques traits. L'obéissance lui était très-chère : dans toutes les circonstances il se montrait également souriant et empressé. A force de progrès dans la vertu, les âmes généreuses finissent par accepter la soumission, qui est le crucifiement continuel de la volonté; mais néanmoins si on la réclame d'elles quand elles se livrent à une fonction plus attrayante ou quand elles sont devant un public nombreux, il leur est difficile de dissimuler toujours une légère contrariété que la réflexion dissipe promptement. Il n'en était point ainsi pour M. Plumier : tout ordre le trouvait indifférent. Habituellement long dans ses prônes, il se laissait entraîner par son sujet quand il évangélisait le peuple, et M. Turles devait fairer agiter la sonnette de la sacristie, pour lui indiquer qu'il était temps de finir. Ce rappel à la ponctualité excitait de légers sourires dans l'auditoire ; quant à lui, sans poursuivre une syllabe, ni sans témoigner la moindre humeur, il descendait de chaire et venait prendre sa place au chœur avec une résignation parfaite.

Son amour de la vertu angélique n'était pas moins admirable. Obligé comme directeur de la congrégation de se trouver bien souvent avec les jeunes filles, il leur avait inspiré une telle retenue et un tel respect, que jamais on ne l'a vu parler avec l'une d'elles ou avec une femme en public. C'est au Saint-Tribunal qu'il recevait celles qui avaient à solliciter des autorisations ou à l'entretenir du bien de l'association. Quand l'enfer voulut plus tard attaquer son ministère, et se défaire de ce prêtre zélé qui lui ravissait ses victimes, sa réputation était tellement invulnérable que personne n'osa incriminer une pureté qui était l'édification de tous.

A la pratique de l'obéissance et de la modestie M. Plumier joignait une estime particulière pour le pardon des injures, sublime vertu que les événements devaient lui fournir bientôt l'occasion de pratiquer à un degré héroïque. Comme une de ses pénitentes lui exprimait la peine qu'elle éprouvait à oublier une offense reçue,

et lui demandait si, ayant fait le sacrifice de toute rancune, elle pouvait être en sûreté de conscience : « Ah !
« lui répondit-il, quand on veut être parfaite, cela ne
« suffit pas, non seulement il faut étouffer dans son
« cœur tout sentiment de rancune, mais il faut même
« ne plus rien sentir ! »

Cette doctrine sublime, le vertueux ecclésiastique ne craignit pas de la rappeler un jour avec la plus touchante bonne grâce, et en compagnie de M. Mie, au respectable M. Turles, et voici dans quelles circonstances. Le curé de Salon, auquel on reprochait quelquefois des opinions trop entières, sans doute en faisant allusion à son ancienne opposition à l'évêque intrus, reçut de l'administration diocésaine des observations dont la forme lui parut acerbe, et le fond parfaitement discutable. Retrouvant pour la défense de ses droits et de la vérité, toute l'ardeur de sa jeunesse, il se mit à écrire une lettre digne, mais à travers laquelle perçait le froissement que son cœur avait éprouvé. C'était pendant l'hiver, ses deux confrères avaient remarqué sur la figure ordinairement si sereine de leur pasteur, une vive préoccupation ; quand le repas du soir est fini, ils le suivent dans son petit salon auprès de la cheminée, et lui demandent avec un discret intérêt la cause de sa tristesse. Le bon prêtre leur raconte alors son ennui, et ajoute d'un air satisfait : « Mais j'ai répondu comme il
« convenait de le faire, » et sur ce, il leur communique la pièce qu'il avait rédigée. Ses amis se taisent avec un visible embarras..... « Qu'en pensez-vous, reprend M. Turles, en les interrogeant du regard ? —

« Eh ! bien, repart M. Plumier, puisque vous nous de-
« mandez notre avis, ne l'envoyez pas. — Mais j'ai été
« mal compris, il faut que je me justifie. — Tenez, re-
« prit le pieux vicaire, jetez-la au feu, faites-nous ce
« plaisir ; cela plaira bien plus à Dieu. » Et le curé,
gagné par les charitables exhortations de M. Plumier et
l'assentiment de M. Mie, livre aux flammes ces lignes
dont la vertu venait de faire un holocauste.

Si la droiture du cœur poussait l'humble vicaire à
pratiquer ainsi le pardon des offenses, la droiture de
son jugement l'éloignait de toute fausse doctrine, en
même temps que son expérience lui inspirait pour le
langage et les plaisirs du monde la plus grande répul-
sion. Nous touchons ici à un point important de sa vie,
et nous croyons avantageux pour sa mémoire d'étudier
quelles furent la direction et les maximes de M. Plumier durant son séjour à Salon, pour réduire à leur
juste valeur les quelques appréciations erronées qui
ont été faites de son ministère vicarial.

A ceux qui auraient pu croire qu'il ne fut que l'homme
de la piété, et qu'il laissa absorber toute son activité et
son intelligence par la conduite de quelques personnes
pieuses, vulgairement discréditées sous le nom de dé-
votes, nous avons déjà répondu dans les chapitres précédents, en le montrant empressé pour les soins à
donner à la maîtrise, et se prodiguant pour la fondation des Frères de St-Jean-de-Dieu et des Frères du Saint-
Esprit. On l'a vu, secondant M. Mie dans la conversion
des hommes, et les ramenant à la pratique des sacrements.

Il est aussi intéressant de l'entendre parler lui-même, avec l'humilité dont il ne s'est jamais départi, de cette portion de son ministère ; il écrit à l'un de ses amis avec tout l'abandon d'une causerie intime : « Vous serez
« charmé d'apprendre que nous donnons des retraites
« aux hommes dans le château de cette ville (qui venait d'être affecté aux Frères-de-l'Instruction-chrétienne.)
« Cette pieuse institution peut faire le plus grand bien.
« La première retraite qui a eu lieu dernièrement a
« été très-suivie : un bon nombre d'hommes ont passé
« tout ce saint temps dans le château, où ils trouvaient
« lit, nourriture, et tout ce qui est nécessaire. On peut
« venir à ces retraites de tous les pays ; elles ont lieu
« dans la Vendée, aussi, vous savez le bon esprit qui
« règne dans cette contrée. A la fin de la retraite nous
« descendîmes en procession à la paroisse, où plus
« de cinquante hommes approchèrent de la Table
« Sainte. »

Un apôtre, capable de semblables entreprises, n'était pas à coup sûr le guide exclusif des âmes étroites,
« c'était, nous écrit-on de Salon, un prêtre fort
« pieux, doué de grandes vertus : l'abnégation,
« l'humilité, la mortification, les pratiques de la dé-
« votion, de la ferveur et du zèle sont encore hau-
« tement affirmées et avérées par tous à sa louange
« et après 37 ans. Ce qui caractérisa sa vie et son action
« à Salon, ce fut une influence incessante exercée auprès
« des petits et des humbles, des pauvres et des gens de
« basse condition, dont il avait l'affection et la véné-
« ration, étant d'ailleurs *estimé de tous*; c'était l'homme

« pieux par excellence. » Ce témoignage nous semble un trait de plus en faveur de M. Plumier. Que peut-on dire de plus glorieux pour un prêtre que de constater qu'il a été l'ami des simples et des petits ?

Nous aimons pourtant à en convenir ; le Saint-Tribunal occupa la majeure partie de son temps pendant son séjour à Salon, mais l'empressement dont il était l'objet accrut la considération dont il jouissait universellement. La science de la direction des âmes est en effet une des plus précieuses, *ars artium, regimen animarum*. Dieu ne l'accorde ordinairement qu'aux intelligences les plus humbles et les plus droites, comme on le vit autrefois pour Saint Philippe de Néri, comme on l'a remarqué récemment pour le vénérable curé d'Ars. D'ailleurs l'action exercée au confessionnal n'est-elle pas en résumé le but final et essentiel que se propose tout prêtre zélé ? On ne prêche que pour amener les âmes au sacrement de pénitence, et c'est là que chaque cœur reçoit une nourriture appropriée à ses besoins. Nous avons vu que Dieu se servit de cette aptitude de M. Plumier pour lui révéler ses desseins sur le nouveau corps enseignant dont nous avons parlé, et on ne pourrait condamner les heures qu'il consacra aux confessions, quand on songe que c'est pendant ce temps que se discutaient et se préparaient les vocations de tant d'institutrices de la jeunesse. Mais nous tenons à ajouter que la doctrine qu'il distribuait au Saint-Tribunal, et que les voies dans lesquelles il conduisait les âmes, étaient fondées sur les principes les plus sains et les mieux établis de la Théologie, en même temps qu'elles étaient contrôlées par les règles de la plus sage prudence.

Pour s'en convaincre, il suffit de se souvenir des divers enseignements que nous avons mentionnés et de quelques faits dont la mémoire s'est conservée parmi les contemporains de M. Plumier. Effrayé des grandes causes de ruine pour les jeunes filles, et des occasions de scandales qu'elles rencontrent pour leur persévérance, il s'efforçait de leur inculquer de bonne heure les idées préservatrices qu'il avait reçues au grand séminaire, et que la lecture des œuvres de Ste-Thérèse, de St-Jean-de-la-Croix et de M. Boudon avait développées chez lui. Au désir de plaire et aux vains apprêts de la toilette, il opposait sans cesse l'amour de l'humilité et de l'abjection. Au besoin d'amusements bruyants et frivoles, il répondait par la nécessité de se mortifier et de faire pénitence. Il attaquait l'entraînement universel vers la liberté, triste vestige de la révolution qui venait de passer sur la France, en prêchant les charmes de la plus entière obéissance, et après avoir soustrait ses pénitentes aux affections humaines et aux satisfactions grossières des sens, il leur donnait une compensation légitime et satisfaisante, en les admettant facilement au banquet de l'Eucharistie. En trois mots voilà le résumé fidèle du ministère de M. Plumier au confessionnal : il détachait les cœurs de la vanité, des parures et de la danse, les soumettait au joug d'une obéissance intelligente, et ainsi formés au mépris du monde et d'eux-mêmes, il les conduisait jusqu'à Jésus-Christ. Ce travail, n'est-il pas celui que tout bon prêtre a toujours cherché à réaliser dans les limites de ses forces ?

Que les mondains aient attaqué de pareilles doctrines, nous le comprenons sans peine ; elles sapaient par la base l'enseignement contradictoire de ce monde qui a pour maxime : Mangeons et buvons, sans nul souci de l'avenir, demain peut-être nous serons morts ; mais, que ces tendances aient pu être condamnées par ceux qui sont ici-bas les dépositaires de la vérité, c'est ce que nous nous refusons à croire. Nous savons, il est vrai, que les meilleures choses peuvent avoir leurs excès, et qu'on a prétendu que par la mise excessivement simple que M. Plumier avait fait adopter à ses pénitentes, il avait formé comme un immense tiers-ordre et bouleversé le niveau social dont les vêtements indiquent les divers degrés : la suppression des rubans de velours pour la coiffure, l'horreur inspirée par lui pour tous les bijoux et généralement pour tous les objets d'un luxe inutile, ont fait dire que, se méprenant de scène, il avait voulu faire pratiquer dans le monde une simplicité qui n'est acceptable que dans les cloîtres. Mais qui ne voit que cette manière de raisonner n'est point dictée par le véritable christianisme ? Autrement parlait Saint Paul, quand il reprochait aux jeunes filles de son temps de s'être fait de leur chevelure, qui ne devait être qu'un vêtement de leur ignominie, une vaine parure, et de se complaire dans l'or et les pierreries, comme les filles des païens : « Si je plais aux « hommes, ajoutait-il, dès cette heure j'ai tout à crain- « dre, car je cesse d'être le serviteur de Dieu : *Si*

« *hominibus placerem, Christi servus non essem !* » Qui ne sait que l'exemple de toutes les Saintes prêche de siècle en siècle cet amour de la simplicité, depuis Geneviève, l'humble bergère de Paris, jusqu'à Élisabeth, duchesse de Thuringe, déposant son diadème, rejetant son manteau royal pour mieux ressembler à Jésus-Christ, le divin exemplaire de toute âme vertueuse. Et d'ailleurs n'est-il pas élémentaire que le cœur, pour aller à Dieu, doit sacrifier généreusement ce qui l'attache aux choses créées ? or, les vêtements et la recherche que l'on y met sont pour la jeune fille la cause la plus ordinaire de l'égarement de ses pensées et de la perte de son temps ; dès lors, les lui faire immoler, c'est la diriger par le sacrifice dans le vrai chemin du ciel. L'enseignement de l'Église, la conduite des Saints et la raison justifient donc pleinement ce que quelques-uns ont appelé les pieuses exagérations de M. Plumier.

Les mêmes raisons font comprendre sa conduite à l'égard des pénitences publiques qu'il imposait à quelques personnes pour les briser tout d'un coup à l'humilité la plus parfaite, ou pour y porter leurs compagnes par la puissante attraction de l'exemple. C'est ainsi qu'à quelques-unes il disait de mettre un bonnet fort commun un jour de grande solennité ; à d'autres de conserver pour les dimanches une robe déjà en mauvais état, ou une chaussure décousue ; mais quoiqu'il y ait bien loin de là au costume humiliant que les canons disciplinaires de l'Église imposaient autrefois aux pénitents, quoique cet état d'abjection volontaire soit bien différent de celui que Saint François d'Assise prenait aux portes de Gubbio pour s'attirer le mépris du peuple, il faut se souvenir à quelle époque M. Plumier faisait accomplir ces choses. C'était au lendemain d'une commotion épouvantable qui avait désolé la France; la génération échappée à des flots de sang se rendait de toutes parts aux exhortations du clergé revenu de la captivité, et qui, avec le Prophète, s'écriait : « Si vous ne faites « pénitence, vous périrez infailliblement comme vos « pères. » 1793 était encore dans la mémoire de tous, pour justifier ces menaces, et montrer les abîmes auxquels mène le luxe : or, comme un malade, au sortir d'une crise qui a failli lui coûter la vie, accepte des remèdes héroïques pour prévenir le retour du mal, la population, sur certains points de la France, tremblante encore au souvenir du passé, cherchait par tous les moyens à se soustraire à de nouveaux malheurs. Nul ne songea à ridiculiser Ninive quand ses habitants, par le sac et la cendre désarmèrent le bras de Dieu; ainsi, nul ne trouvait mauvaise la voie de pénitence dans laquelle M. Plumier dirigeait ses filles spirituelles; du reste, c'était non pas la mode du moment, mais l'effet d'une commune pensée d'expiation qui produisait sur des lieux fort divers les mêmes résultats : ainsi d'après les conseils de M. le curé de Manosque, et d'après l'avis d'autres prêtres très-respectables, tant à Forcalquier qu'à Digne, on vit presqu'en même temps des personnes sortir de leurs maisons avec leurs vêtements mis à l'envers, portant une robe blanche au milieu des saisons les plus rigoureuses, s'agenouillant sur la place publique et demandant aux passants des prières, heureuses de glaner ainsi des mépris qui servaient à leur avancement dans la vertu, et qui rappelaient aux peuples la grande loi de la pénitence. Si aujourd'hui la mortification publique choque nos esprits, n'en accusons que le relâchement de nos mœurs, et gardons-nous de faire un crime à ceux qui ayant trouvé de grandes âmes en ont profité pour protester avec elles contre le sensualisme et l'indifférence de nos jours. Déjà nous prenons en pitié nos ancêtres, qui étaient astreints à un long carême et à deux jours d'abstinence par semaine ; parce que l'Église a modifié ses lois en notre faveur, nous croirions-nous plus mortifiés que nos pères ?

Quant à l'enseignement et à la sévérité de M. Plumier, par rapport à la danse, nous les croyons non moins fondés sur la vérité. Il avait appris ces principes à bonne école. M. Nay, qui avait vu les horreurs de la Révolution, ne pouvait comprendre que les fils de tant de gens égorgés fussent assez oublieux pour danser sur le sol qui avait bu le sang de leurs parents ; d'ailleurs la danse lui apparaissait non seulement comme une inqualifiable légèreté, mais surtout comme un immense péril pour l'innocence des jeunes gens. Il avait composé à cet égard un petit traité, où les autorités empruntées aux docteurs de l'Église et aux canons des conciles, ne le cédaient qu'à la véhémence apostolique du pasteur voulant défendre son troupeau contre les loups ravisseurs. Ce qu'il avait écrit, M. Nay le prêchait à Pélissanne, où sa doctrine lui avait créé des ennemis parmi les libertins du village. On conçoit sans peine que M. Plumier, plein de respect pour un semblable guide, avait tout naturellement accepté ses pensées à cet égard, d'autant plus qu'elles étaient enseignées en France dans tous les séminaires. La danse étant rangée parmi les occasions prochaines de péché : on disait que ceux-là seuls pouvaient être absous qui promettaient d'éloigner d'eux ce danger et renonçaient à ce plaisir. Sous ce rapport, s'il faut en croire quelques modernes casuistes, la doctrine a encore changé et la danse serait devenue un délassement innocent contre lequel ne s'élèvent plus que quelques prêtres arriérés. Nous ne nous arrêterons pas à approfondir et à discuter cette assertion contre laquelle ont protesté plusieurs évêques, et notamment les prélats assemblés dans le dernier concile d'Aix. (1) Ceux-ci en effet classent les polkas et les valses parmi les péchés mortels de leur nature. Nous nous contentons de dire que les plus chauds partisans de la tolérance en fait de danse prétendent d'ordinaire justifier celle qui se passe dans les salons, alléguant comme gages de la retenue qu'on y observe, les convenances qu'impose le monde ; mais ils condamnent plus facilement celle des villages, à cause des rapports trop familiers que les danseurs sont habitués à avoir entr'eux, rapports que les évolutions de la danse rendent plus périlleux. Ce témoignage nous suffit. C'est au milieu des campagnes que M. Plumier proscrivit ce plaisir et s'en déclara l'implacable adversaire : l'expérience la plus vulgaire lui donnait raison, car elle apprend que les populations les plus

---

(1) Statuts synodaux du diocèse de Marseille, art. 373.

corrompues sont celles qui fréquentent les bals publics.

Toujours sage dans sa direction, M. Plumier se garda bien de pousser inconsidérément ses pénitentes vers les mortifications corporelles, soit en leur conseillant, soit en leur permettant l'usage de la discipline et des cilices. Malgré les interrogations très-nombreuses auxquelles nous nous sommes livré, nous n'avons trouvé personne à qui il ait imposé cette pénitence. Nous avons entendu dire, il est vrai, que de son temps elle était fort en usage ; mais elle était beaucoup plus le résultat de l'amour de la souffrance qu'il savait inspirer aux autres, que de ses conseils. Quand l'âme avance dans l'attachement à son Dieu, se voyant en présence d'un maître flagellé et crucifié, elle sent souvent le besoin, pour lui devenir plus semblable, d'avoir aussi sa flagellation et son calvaire. Or le prêtre, témoin de ces sentiments que le Seigneur inspire à quelques personnes, peut-il toujours et doit-il entraver l'attrait de la grâce ? Madame de Chantal ne prenait-elle pas la discipline avec le consentement du doux évêque de Genève ? et Saint Louis de Gonzague ne transformait-il pas en une plaie son corps si délicat ? Quand Dieu parle, ce que peut, ce que doit faire le confesseur, c'est d'étudier si c'est vraiment la voix du Seigneur qui se fait entendre et non celle de l'amour-propre et de l'orgueil ; le directeur doit intervenir toutes les fois que la santé est compromise, et régler la mortification par les principes et les maximes de la prudence.

Telle était la conduite de M. Plumier. Il saisit dans une fille pourtant fort sainte, un vestige de recherche

d'elle-même. Comment la punira-t-il ? Il lui écrit :
« Cette coutume méchante vient de ce que vous vous
« aimez encore et que vous n'êtes pas assez obéissante.
« Si vous ne le faites plus, je comprendrai par là que
« vous voulez vous soumettre bien volontiers à tout ce
« qu'on vous dira ! Si vous retombez au contraire, cha-
« que fois, vous resterez quinze jours sans prendre la
« discipline. » Il a soupçonné l'orgueil, de suite il intervient et il défend ce qui peut l'entretenir. — Une autre fois la famille B*** vient lui signaler les austérirités auxquelles se livre une vieille domestique de la maison et le dommage qu'elle en éprouve. M. Plumier prohibe immédiatement ce que cette fille avait peut-être entrepris sans son agrément. — Une choriste de la congrégation, devenue plus tard religieuse, et d'une conscience très-délicate, lui demande au début du carême la permission de boire dans le jour, à cause d'une irritation de la gorge ; M. Plumier la blâme de lui avoir caché sa souffrance, l'oblige à user tout le reste de la sainte quarantaine d'aliments gras, et ne retire cet ordre que pour le Vendredi-Saint. Tous ces faits prouvent combien peu il était exagéré en matière de mortification ; ses lettres ne constatent pas moins avec quelle sagesse il en dirigeait la pratique. « Faites des
« choses, pendant le carême, qui humilient beaucoup
« la nature et qui crucifient le corps ; *mais sans im-*
« *prudence*. Quand vous vous réunissez, dit-il un autre
« jour, faites cinq minutes de méditation sur le ciel, à
« genoux, sans remuer, comme si vous étiez immo-
« biles ; mais, ajoute-t-il de suite, je crois qu'il est

« des personnes à la santé desquelles cela pourrait nuire,
« si on le faisait trop souvent. » Ce dernier avis nous révèle bien l'abbé Plumier tel que nous l'avons connu, plaidant toujours les intérêts de la santé contre les entraînements du zèle ou de la pénitence. Donc tant que l'Église n'aura pas retranché des conseils évangéliques la mortification corporelle, M. Plumier sera inattaquable pour l'avoir tolérée à Salon, puisqu'il la soumit au contrôle de la discrétion la plus sérieuse et la plus vraie.

Il ne l'est pas moins pour sa doctrine relative à la fréquentation du sacrement de l'Eucharistie. Il poussait les âmes à s'approcher souvent de la Table-Sainte, car il y voyait pour les jeunes filles la récompense légitime de leur assiduité à la congrégation, de leur docilité à accepter les sacrifices et à suivre ses avis, et surtout un frein pour les soutenir dans la voie généreuse qu'elles avaient embrassée en s'isolant des plaisirs du monde. La communion lui apparaissait enfin comme le moyen le plus sûr pour les prémunir contre tout attachement terrestre. Telle n'a pas été toujours, nous l'avouons, la conduite suivie en France. Nos anciens dans le sacerdoce avaient pour l'Eucharistie une crainte révérentielle qui n'était pas exempte de l'influence des erreurs de Quesnel, et nous comprenons dès lors qu'une pratique contraire ait pu froisser leurs traditions ; toutefois le coup ne partait pas de la main de l'abbé Plumier, mais bien de Rome, d'où nos prêtres revenant de l'exil avaient rapporté le large et tendre enseignement de Saint Liguori sur cette matière. Or M. Plumier, en se conformant fidèlement aux maximes aujourd'hui universellement adoptées de l'Évêque de Ste-Agathe, s'il se montrait novateur, était en tout cas, un novateur dont la doctrine venait d'être, par l'approbation sans réserve des ouvrages de Saint Liguori, déclarée à l'abri de toute critique. Il fut donc aussi inattaquable en admettant chaque jour, plus de 50 âmes d'élite à la sainte table, que le furent, à cette époque, les prêtres qui, devançant les décisions du Vatican, tolérèrent en conscience le prêt à intérêt.

Comment concilier du reste avec l'accusation de relâchement celle d'un rigorisme janséniste que quelques-uns lui reprochèrent aussi, sinon par l'opposition naturelle qu'ont les hommes à critiquer la vertu, sans se soucier si leurs accusations sont d'accord avec elles-mêmes ? Mais nous préférons citer deux traits, qui témoignent de la pureté des doctrines de M. Plumier à cet égard. Non-seulement en chaire, il se plaisait à citer les décisions pontificales qui attaquaient les systèmes de Port-Royal, mais encore, il expliquait longuement comment la bonne foi même ne pouvait plus justifier les sectateurs du diacre Pâris. Salon avait alors une petite colonie d'adeptes du jansénisme qui en conservait toutes les erreurs : Elle était soutenue dans sa résistance à l'Église, par un ancien oratorien, le P. F*** pour lequel M. Plumier, bon cependant pour tous, montrait le plus visible éloignement. Le religieux, qui connaissait la vertu de l'abbé Plumier, lui faisait sans cesse de nouvelles avances, mais lui les repoussait courageusement ; sur quoi, quelqu'un lui ayant fait observer qu'il pourrait

agir avec plus de charité: « Eh! quelle charité faut-il
« avoir pour un schismatique? Celui qui n'écoute pas
« l'Église, a dit Jésus-Christ, non-seulement il ne faut
« pas s'en faire un ami, ni s'asseoir près de lui, mais
« pas même lui souhaiter le bon jour: *Nec ave ei dixe-*
« *ritis.* » — Dans une autre circonstance, comme il
commençait à offrir la sainte victime, une personne
se précipite dans l'église et lui crie: « M. Plumier,
« laissez votre messe, et venez pour confesser un
« mourant. — Quel est-il? — M. N*** le janséniste.
« — Eh! bien, puisqu'il désire rester janséniste,
« allez lui chercher le P. F***, je ne veux pas charger
« ma conscience d'un semblable fardeau. » Ces faits
suffisent pour attester la pureté de la foi que professait
M. Plumier.

Nous en pourrions citer bien d'autres pour montrer combien, au saint tribunal, M. Plumier était opposé à tout ce qui sortait des voies ordinaires, et qui ressemblait à des révélations. Sans doute, il ne considérait pas ces communications comme étant impossibles à Dieu; mais sachant que trop souvent elles ne sont qu'un piége tendu par le démon aux âmes orgueilleuses, il répétait à celles confiées à ses soins: « Mourez à vous-mêmes, faites-vous bien petites et « bien humbles, et Dieu fera le reste. »

Cette intervention naturelle de Dieu en faveur des personnes obéissantes, il aimait à la rappeler souvent, ajoutant avec tous les auteurs ascétiques que la direction divine devient d'autant plus immédiate que l'âme s'abandonne à une soumission plus entière, et prati-

— 188 —

que un plus complet renoncement à la volonté propre.

Heureuses de mourir à elles-mêmes, plusieurs filles dont la plupart devaient ne pas tarder à entrer en religion, émirent alors des vœux de virginité, de fuite des bals et des plaisirs mondains, et d'obéissance au confesseur. Cette dernière promesse mal interprêtée et entendue fort à tort, comme un engagement de ne se confesser jamais qu'à lui seul, donna lieu à quelques personnes d'incriminer l'esprit d'obéissance de M. Plumier, car, par un mandement publié en 1807 : Mgr de Cicé avait défendu, sous peine de suspense *ipso facto*, de recevoir un semblable vœu ; mais, comme nous l'écrit le R. Père Tempier, autrefois, vicaire-général à Marseille, et dont l'appréciation ne sera pas suspecte : « M. Plumier fut jugé un peu sévèrement
« par quelques-uns de ses confrères, sous le rapport
« de la direction des âmes, mais ceux qui le jugèrent
« ainsi, ne s'entendaient pas beaucoup dans la science
« de conduire les consciences ; j'en ai acquis la certi-
« tude plus tard, quand ayant accueilli ce bon prêtre
« à Marseille, nous le vîmes, ne cessant jusqu'à sa
« mort d'édifier et de pousser sûrement dans les voies
« du salut, les personnes qui s'adressèrent à lui. »

Cette digression un peu longue, peut-être, sur l'enseignement de M. Plumier au saint tribunal, nous a paru utile pour éclaircir certains nuages qui s'étaient élevés dans quelques esprits sur son ministère à Salon, et aussi pour expliquer les épreuves par lesquelles nous allons le voir passer.

Les peines de M. Plumier arrivèrent à la suite d'un

événement qui fut un deuil public pour Salon. Le vénérable curé de cette paroisse, revenant avec ses vicaires d'une église voisine où il avait officié devant le Saint Sacrement exposé, fut renversé de son modeste équipage et tomba dans un ravin ; la chute fut terrible, eu égard à son grand âge, et ce fut douloureux et déchirant pour l'abbé Plumier d'entrer dans la ville, escortant l'échelle sur laquelle on avait à la hâte étendu M. Turles tout meurtri. A cette nouvelle qui se répand promptement, le peuple accourt, les sanglots retentissent de toutes parts, les visages sont inondés de larmes, la douleur est dans tous les cœurs ; ceux mêmes que contrariait la rigidité du saint curé, comprennent le malheur qui les menace, et en un instant par une commune impulsion, tandis que l'infirme est porté au presbytère, on se précipite en foule à l'église, et on vient conjurer Dieu d'épargner à Salon un malheur redouté. Un intérêt aussi universel était la meilleure récompense du dévouement de M. Turles pour ses ouailles. Dieu, pour un temps, en parut touché, et la mort ne fut pas immédiate ; mais trois mois ne s'étaient pas écoulés, que le le bon serviteur allait, selon la promesse du St-Esprit, entrer dans la joie du Seigneur.

Quand cette perte fut connue, la désolation se répandit dans la ville : prêtre résigné, M. Plumier adora les desseins de la Providence, mais il ne put s'empêcher de pleurer celui qu'il considérait comme le père de la population Salonaise et comme son protecteur. Eut-il alors le sentiment des contrariétés et des épreuves dont cette mort devait être l'occasion pour lui? nous ne le croyons pas: habitué à obéir en tout, et surtout à ne chercher que la seule gloire de Dieu, en perdant son digne curé, il dut espérer trouver en celui qui le remplacerait la même tendresse, le même abandon, comme sans doute il se sentit disposé à témoigner au nouveau venu la plus filiale déférence et la plus entière abnégation. M. l'abbé Toche en était certainement digne, il avait entendu parler des vertus et de l'activité du jeune vicaire, et son premier sentiment, en entrant dans le presbytère, fut une vive joie d'y rencontrer un semblable collaborateur. Mais qui ne sait combien un nouveau pasteur, si éclairé qu'il soit, peut involontairement subir l'influence de quelques personnes, qui, au lendemain de sa prise de possession, sous prétexte de l'instruire, s'efforcent de lui faire partager toutes leurs rancunes et toutes leurs idées? Par le soin de ces conseillers empressés, le zèle de M. Plumier ne tarda pas à être représenté comme une tactique intéressée; son influence, comme un antagonisme dangereux pour l'autorité du curé; sa sollicitude pour les jeunes filles fut incriminée comme une preuve de petitesse d'esprit; les facilités qu'il accordait à ses pénitentes pour le trouver au saint tribunal, comme compromettant sa réputation: au nom de l'opinion publique, on demandait que les séances au confessionnal fussent plus courtes et surtout moins prolongées dans la soirée; au nom du bon ordre, on protestait contre la messe matinale qui faisait de trop bonne heure circuler les personnes pieuses dans les rues; le dévouement pour les prisonniers et pour les malades était cité comme un moyen de gagner une popularité ridicule; le laisser-aller dans les vêtements était commenté comme la mesure de son originalité et de son défaut d'ordre. Toutes ces allégations, faciles à confondre, ne firent qu'un trop triste effet sur l'esprit de M. Toche, et dès le début, avant même de donner au temps la possibilité de l'éclairer sur la vérité, il crut devoir amoindrir singulièrement la confiance et la juridiction accordées par son prédécesseur à M. Plumier : de nouveaux règlements enjoignirent aux serviteurs de n'ouvrir l'église que beaucoup plus tard, de la fermer à 7 h. 1/2 chaque soir, et de n'y laisser pénétrer personne au moment des repas; c'était enlever au jeune vicaire la possibilité de recevoir toutes les filles fréquentant les filatures; c'était les éloigner indirectement mais fatalement de l'Eucharistie et de la Pénitence, ces deux soutiens de la vertu. Voyant qu'ils avaient réussi dans leurs efforts, les ennemis de M. Plumier, ou mieux ses détracteurs, car nous ne pouvons croire qu'une si aimable nature ait jamais rencontré d'ennemis, attaquèrent le rigorisme de sa doctrine: le renoncement qu'il faisait pratiquer aux Congréganistes par rapport aux bijoux et aux vêtements de couleurs, était, d'après eux, une occasion de singulariser au milieu des autres villages, la population de Salon; d'ailleurs, n'était-il pas évident que ce costume noir cachait de la part du directeur, une secrète pensée de soustraire à un moment donné, toutes celles qui le portaient à l'autorité du curé, et de les envoyer en nombre comme on l'avait déjà fait pour quelques autres, fonder un couvent à Marignane sous l'impulsion de M. Nay. D'ailleurs, ajoutait-on, toutes les familles murmurent contre ces bizarres exigences du directeur, et ce serait un acte agréable à tous, que de faire cesser ces pieuses originalités qui n'aboutissent qu'au ridicule au dehors, et qu'aux discussions dans l'intérieur des ménages.

Pour toute personne qui eût vécu quelque temps avec M. Plumier, ces inculpations se détruisaient d'elles-mêmes, et nos lecteurs doivent s'étonner qu'elles aient pu se produire. Toutefois qu'ils se gardent de condamner M. Toche; le désir du bien l'animait, mais il avait été mal conseillé, et dans son peu de connaissance du peuple avec lequel il n'avait point eu jusqu'à ce jour de relations, il avait mal placé sa confiance; pouvait-il s'en douter, alors surtout que quelques confrères même l'affermissaient dans ces étranges jugements? On l'a écrit souvent, le meilleur curé, avec des conseillers perfides peut, malgré ses intentions irréprochables, faire du mal en croyant travailler pour la gloire de Dieu. C'est ce qui arrivait à Salon, à l'époque à laquelle nous a conduit notre récit.

Est-il besoin de dire tout ce que ce changement dans les procédés de la cure, fit endurer de pénible à M. Plumier, dont la nature était excessivement sensible: être soupçonné de vouloir se grandir, de chercher la popularité, lui qui prêchait le mépris de soi-même, être considéré comme le rival de celui dont il ne voulait qu'être le très-humble coadjuteur ! Oui, c'étaient autant de jugements douloureux, surtout aux heures où la vie commune l'obligeait à partager les repas de son curé : les rapports étaient nécessairement gênés, car plus il s'efforçait de se montrer affectueux, plus ses prévenances étaient prises pour de l'astuce. Néanmoins, ce mépris personnel n'était que sa moindre douleur : n'avait-il pas répété souvent, que, quand on était mal jugé comme le fut M. Boudon, il fallait bénir le Seigneur, et le remercier de cette conformité avec Jésus-Christ ? un chagrin plus vif était celui de voir, par suite des défenses nouvelles, souffrir des âmes en faveur desquelles Dieu lui avait fait opérer des prodiges et qui demeuraient sans secours ; tout bon prêtre comprendra l'étendue de ce tourment : il sut pourtant le porter avec courage, se résignant par cette pensée que Dieu ne demande point l'impossible, et que nos désirs lui sont aussi agréables que le succès. Buvant donc en silence le calice des opprobres, M. Plumier, toujours joyeux, ne parlait qu'à Dieu de ses tristesses, et jamais il ne se permit une plainte ou un blâme contre son chef. Mais, ce qu'il s'interdisait avec soin, le peuple qui n'avait pas la même vertu pour se taire, et qui se trouvait frappé et puni dans les mesures dont son apôtre était l'objet, le peuple ne se faisait point faute de murmurer : malgré les recommandations de M. Plumier, on attaquait tout haut M. le curé, on désignait publiquement ses conseillers, et le mécontentement, en grandissant, avait créé dans Salon deux partis : celui du pasteur, et celui beaucoup plus nombreux du vicaire. Or, si l'humilité de celui-ci avait jusqu'ici tout supporté patiemment, sa charité ne pouvait accepter le partage d'un peuple pour lequel il s'était sacrifié. Être un objet de scandale et de division, cela M. Plumier ne crut pas devoir le souffrir plus longtemps. Vainement avait-il essayé de faire tomber les illusions nourries contre lui, mais sa présence à Salon lui paraissant inconciliable avec la paix entre les habitants, il résolut de quitter ce pays si tendrement aimé! Il ne fuyait pas la persécution, il voulait empêcher l'offense de Dieu!

Un matin donc, après avoir célébré la sainte messe, sans pouvoir dissimuler une émotion profonde qui n'échappa point aux assistants, il remonta dans sa chambre, il prit sur la table son bréviaire, un petit crucifix qu'il avait constamment au milieu de ses livres, puis, saisissant son Nouveau Testament, il s'apprêta à partir. Mais, un ecclésiastique du Grand-Séminaire, qui venait de lui servir la messe, car c'était pendant le temps des vacances, ayant remarqué sa tristesse, se présenta pour lui en demander la cause. Grande fut sa surprise de le voir faisant des apprêts de départ : « Où donc allez-vous, s'écria-t-il, où allez-vous, M. Plumier?... » Plusieurs fois cette demande fut adressée sans obtenir de réponse, soit que le bon prêtre craignît, s'il parlait, de perdre la force de maîtriser son émotion, soit qu'il jugeât plus opportun de ne pas divulguer son projet ; mais les instances du solliciteur devenant toujours plus vives : « Il faut que
« je m'en aille ! il faut que je m'en aille ! se conten-

« ta-t-il de répondre, et il sortit. » Le séminariste désolé l'accompagna jusqu'au delà de la ville, et rencontrant deux jeunes gens, il leur fit signe de s'approcher, et leur révéla en deux mots le dessein du vicaire si vénéré. Alors, tous trois recourant aux exhortations les plus vives, aux souvenirs les plus émouvants, lui représentent le désespoir qui va suivre son éloignement, la joie qu'en auront ses contradicteurs, l'indifférence religieuse dans laquelle retomberont les âmes qu'il a converties, et qui ne pourront se faire illusion sur les causes de sa détermination. M. Plumier était baigné de larmes, on sentait qu'un rude combat se livrait dans son cœur, et, continuant sa route, il disait de temps en temps et sans blâmer personne ni discuter les objections : « Laissez-moi, il faut que je « m'en aille ! » Puis, comme s'il eût redouté que de plus longues instances pussent ébranler sa résolution, il dit adieu à ses compagnons, les pria de retourner à Salon, leur recommandant le silence le plus absolu et la charité dans leurs jugements. Pour lui, ayant ouvert son Bréviaire, et priant sans doute pour ceux qui martyrisaient son âme, il suivit la route de St-Chamas, et regagna la maison paternelle. La surprise fut générale quand on l'y vit paraître ; il avait peu habitué sa famille à de semblables visites : il aimait ses parents de l'amour le plus tendre, mais homme de sacrifices, il savait s'imposer la privation de les voir, et quand il paraissait parmi eux ce n'était que pour quelques instants ; plus grande fut la surprise quand il annonça, sans donner aucune explication, que, cette fois, il venait pour demeurer avec les siens. L'étonnement se changea bien vite en joie, lorsque ses parents eurent la certitude de le posséder au milieu d'eux. Quand une épreuve arrive, on sollicite de toutes parts, et avec anxiété, des commentaires et des détails ; on veut en connaître la cause, les auteurs, les circonstances ; mais au contraire, notre nature est ainsi faite que quand survient un événement heureux, on songe à en profiter, et fort peu à questionner sur son origine. La famille Plumier, satisfaite d'un résultat qu'elle avait toujours désiré, ne chercha donc pas à approfondir ce mystère.

Mais ce qu'elle ne lui demanda point, la voix publique ne tarda pas à le lui révéler. L'absence du pieux vicaire fut bientôt connue au presbytère, et de là, la nouvelle s'en répandit dans tout Salon en attristant toutes les famillles. Les uns croyaient à un départ pour une communauté religieuse, les autres pensaient qu'il était allé demeurer à Marignane auprès des saintes filles dont il était le père spirituel ; mais, quand on le sut à St-Chamas, le mécontentement fut universel, et chacun combina le moyen d'assurer son retour. Les esprits, comme il arrive en semblables circonstances, s'exaltaient toujours davantage, et tandis que les âmes vraiment pieuses étaient dans le deuil, les brouillons et les inquiets s'efforçaient d'aigrir les partis. M. Toche était trop bon prêtre pour tolérer un semblable désordre, et avec une humilité qui honore sa mémoire, se rendant aux désirs de la population, il vint à St-Chamas, conjurer M. Plumier de revenir au plus tôt dans un pays dont il était la providence, lui garantissant pour l'avenir la plus entière liberté dans son ministère. M. Plumier hésita pendant quelque temps; mais, sur les instances de son curé, en qui il voyait la volonté divine personnifiée, il consentit à regagner une ville que son corps avait bien pu quitter, mais dans laquelle son cœur était encore tout entier.

Autant son départ avait été furtif et pénible, autant son retour fut public et consolant. Le peuple avec cette mobilité qui le caractérise, voyant reparaitre son ami sous le bras de M. Toche, acclama le vicaire et le curé, si bien que le calme sembla rentrer à leur suite dans la ville et surtout dans les esprits. Hélas! il ne devait pas longtemps en être ainsi.

Quant à M. Plumier, revenu au milieu de sa famille spirituelle, il recommença avec non moins de zèle qu'avant à se dévouer pour les âmes. Une des plus saintes parmi celles qui réclamèrent ses soins, fut celle d'un humble solitaire qui venait de s'établir dans les ruines de Ste-Croix.

Nul ne pouvait dire quelle était l'origine ni la famille de cet ermite aux manières distinguées, aux traits nobles et à la démarche aisée; mais ce qu'on pouvait affirmer sans crainte, c'est que cet homme cachait sous le simple nom de Frère, une naissance sinon illustre, du moins distinguée, et qu'il avait appartenu à des parents haut placés dans le monde. Qelques-uns disaient que s'étant trouvé sur mer, au milieu d'une tempête qui avait englouti tout son avoir commercial, il avait fait vœu, s'il survivait, de demeurer à l'écart et de servir Dieu dans la pauvreté et l'abjection; d'autres assuraient qu'autrefois négociant, et voyant l'improbité et la déloyauté d'un grand nombre de commerçants qui avaient lésé ses intérêts, il avait résolu de quitter une carrière dans laquelle il était si difficile de se sauver; pour plusieurs, le Frère Raymond était un chrétien éclairé des lumières de la grâce, à la lueur desquelles, au milieu de ses prospérités, il avait vu la vanité des choses d'ici-bas : un immense dégoût avait gagné son cœur, et il était venu dans le silence oublier un monde qu'il n'avait que trop connu. Quoi qu'il en soit des antécédents du bon ermite, qui en a emporté le secret dans son tombeau, toujours est-il qu'il vivait sur sa montagne avec l'austérité des premiers cénobites de l'Orient. La mortification, la prière et la quête à domicile au profit des pauvres, telles étaient ses occupations habituelles. Cette nature de vie était trop conforme aux tendances de M. Plumier pour qu'il tardât beaucoup à se faire de cet anachorète un véritable ami. La chose lui fut d'autant plus facile que tous les matins et malgré l'inclémence du temps, le frère de Ste-Croix venait à la paroisse pour y assister à la Sainte Messe. Peu à peu celle de M. Plumier fut celle qu'il désira servir; la piété du jeune vicaire exerçait sur lui une heureuse influence. Quand les saints mystères étaient achevés, le bon Frère venait au presbytère, et là, dans l'intimité, il parlait avec M. Plumier du mépris du monde, du bonheur d'être bafoué par tous, de la joie qui se trouve à quitter la créature pour le Créateur ; puis on s'entretenait du ciel, comme d'un pays connu ; des souffrances et des mortifications comme d'un moyen certain de l'atteindre, et les deux serviteurs de Dieu sortaient de ces conférences embrasés de l'amour des opprobres et de l'impatience de mourir. Cette impatience, en ce qui touchait le Frère de Ste-Croix, Dieu ne la satisfit que quatre ans plus tard. Cet admirable contemplatif mourut sur la cendre, après avoir reçu les sacrements au milieu de l'édification du peuple qui était venu assister à ses derniers moments comme à ceux d'un Saint. Avant de s'endormir, il révéla confidentiellement à M. Toche la résidence de sa famille et le pria d'annoncer sa mort à ses parents. Le lendemain, Salon envahissait l'ermitage de Ste-Croix pour y contempler une fois encore ce pénitent exemplaire, et l'accompagner à sa dernière demeure. Ses obsèques eurent bien plus l'air d'un triomphe que d'un convoi, tant est grande dès ici-bas, sur l'esprit des chrétiens, l'influence de la véritable humilité.

Celle de M. Plumier fut mise à de nouvelles épreuves qu'il nous serait trop long et trop difficile de raconter ; nous les aurions même trouvées inexplicables, si nous n'avions su que Dieu permet souvent les contradictions les plus injustes pour affermir et pour épurer la vertu et la constance de ses serviteurs. Or, tandis qu'on recommençait à mettre en cause la sincérité de ses intentions et le désintéressement de son zèle, M. Plumier, fidèle dans les limites qu'on lui laissait à la sollicitude des âmes, continuait sa vie au Saint Tribunal, et auprès des malades. Sa calme résignation au milieu des tracasseries incessantes dont il était l'objet augmentait la confiance qu'on lui accordait, et ses décisions étaient plus respectées que jamais. Dès lors on comprend comment les jeunes filles de la congrégation, qui se trouvaient elles-mêmes à moitié persécutées à Salon, apprenant par leurs compagnes de Marignane combien celles-ci étaient heureuses d'avoir embrassé la vie religieuse, aspiraient au bonheur d'aller chercher plus de liberté pour servir Dieu sous un costume religieux. C'est ce qui explique comment en moins de deux ans la petite ville de Salon vit s'éloigner quatorze congréganistes venant s'enrôler sous la bannière des Sœurs du *Saint-Nom-de-Jésus*. La persécution, comme toute culture forcée, a l'avantage de mûrir plus vite les fruits spirituels, car la chaleur de la charité se développe en raison des tentations que l'on rencontre.

Par ces départs successifs, et auxquels les familles consentirent toujours, la congrégation naissante devenait une création importante, mais précisément parce qu'elle s'élevait au rang d'une institution appelée à procurer le bien des âmes, elle devait recevoir du démon et même de Dieu le contrôle des croix et des tribulations. L'esprit du mal ne peut voir surgir une concurrence à son empire sans faire tous les efforts possibles pour la renverser. Dieu, comme ces ingénieurs qui chargent de poids pesants les ponts nouvellement construits, afin de connaître leur degré de solidité, Dieu charge certaines personnes de tristesses et de douleurs, pour savoir sûrement si la confiance qu'elles mettent en lui est sincère et inébranlable. Ce sont ces représailles de l'enfer contre l'œuvre de M. Plumier, et le travail de sanctification entrepris par Dieu en faveur de cette grande âme, et de celles qu'il avait dirigées, que nous avons présentement à examiner.

CHAPITRE HUITIÈME.

Nouveaux ennuis qu'éprouve M. Plumier à Salon. — Il se décide à quitter cette ville, et se retire à St-Chamas, dans sa famille. — Il garde le silence à l'égard de ses détracteurs. — Progrès qu'il fait dans la vertu, par suite de ses tribulations. — Soins qu'il met à éviter les visites de ses anciens paroissiens. — Il prêche à Miramas. — Il travaille à la sanctification de quelques âmes privilégiées. — Mort de M. Nay. — Résignation de M. Plumier en recevant cette nouvelle.

Quand on ne peut détruire un édifice ouvertement et tout d'un coup, on l'attaque nuitamment et pierre à pierre, laissant au temps le soin de renverser les murs dont on a secrètement miné les fondements. C'est ainsi que les détracteurs de M. Plumier s'y prirent pour l'éloigner de Salon. N'ayant pu réussir dans leur première intrigue, grâce à l'énergie un peu tardive de M. Toche qui vit qu'on l'avait trompé à l'endroit de son vicaire, on s'efforça de faire naître dans les familles l'opposition qui n'existait plus au presbytère. Le prétexte fut l'accroissement de l'institut des Sœurs du *St-Nom-de-Jésus*. A en croire les accusateurs, M. Plumier prenait sur l'esprit des jeunes filles un ascendant qui ne pouvait s'exercer qu'au détriment de leurs proches, et on les voyait, n'écoutant plus les prescriptions de la loi divine et naturelle, s'enfuir dans un couvent, au lieu d'aider leurs parents par un honnête travail. On se gardait bien d'ajouter que jamais une seule fille n'avait quitté le toît domestique sans y avoir été dûment autorisée, et qu'ainsi on ne pouvait rendre leur directeur responsable d'un acte auquel les intéressés avaient souscrit. Quand il s'agit de nuire, on n'y regarde pas de si près, et on accommode à son gré la vérité de peur que sa clarté ne soit importune.

Tandis que petit à petit on créait dans les esprits un germe de résistance contre la direction du jeune prêtre, celui-ci, qui avait perdu en M. Turles son conseil habituel, venait plus souvent à Marignane, moins pour y visiter son petit troupeau qu'il savait confié à de très-bonnes mains, que pour exposer au vénérable M. Nay, avec l'état de son âme, les épreuves par lesquelles il plaisait à Dieu de la faire passer. Ce digne curé, comme on l'a déjà vu, n'était pas novice en fait de persécutions et de délations. Lui qui avait traversé la grande révolution, savait par expérience que les coups qui viennent des faux-frères sont plus douloureux au cœur que ceux qui partent de la main du bourreau. On a écrit quelque part que Dieu fait souvent souffrir corporellement le médecin pour qu'il sache mieux compatir aux maux de ses malades. Nous nous sommes demandé si, par la même Providence, M. Nay n'avait pas été calomnié et tourmenté, pour être plus à même de consoler et de soutenir M. Plumier. Il ne manquait pas de s'en acquitter avec autant de piété que de tendresse, et à chaque visite il inspirait à son disciple du courage et de la résignation pour accepter tous les ennuis. Celui-ci retournait pour soutenir de nouveaux combats, sollicitant avant son départ les prières de celles qui faisaient l'école à Marignane, et qui étaient les causes bien innocentes de ses épreuves. Elles devaient lui en susciter bientôt une plus grande encore, en recevant parmi elles une nouvelle compagne.

Cette jeune fille, orpheline de mère, appartenait à une famille dans laquelle elle était loin de recevoir de bons exemples : l'inconduite de son père, la légèreté de son frère faisaient une loi de soustraire cette âme à d'incessants périls. Dieu paraissait y avoir pourvu en lui donnant l'attrait de la vie religieuse ; mais, pour elle, on ne pouvait songer à obtenir l'autorisation des siens, trop mauvais chrétiens pour souscrire à une pareille vocation ; c'était le cas de pratiquer le conseil évangélique : « Si votre œil vous scandalise, arrachez-« le, cet œil s'appela-t-il votre père. » Elle fut donc rejoindre ses amies de congrégation à Marignane ; mais à peine est-elle partie, que ses parents s'abandonnent au plus vif emportement, et son frère, courant sur ses pas, cherche à la ramener en vomissant mille imprécations contre M. Plumier et contre la religion. Vains efforts ! la pieuse fugitive déclare qu'elle est bien là où elle se trouve, qu'elle y est de son plein gré, et que nul ne saurait l'en éloigner. Confus de l'inutilité de ses instances le frère revient à Salon et se venge sur la réputation du prêtre de la résistance de sa sœur. Peu après leur père tombe malade, nouvelles démarches pour faire revenir à la maison la courageuse novice, et, sur son refus, on vient solliciter de M. Plumier l'ordre de la laisser sortir ; mais le vertueux vicaire n'ignorant pas que la maladie du père n'est qu'un prétexte, et que sa mort rendrait impossible la vocation de sa pénitente, déclare avec bonté ne pas pouvoir contraindre celle-ci à quitter l'asile qu'elle habite. Dès ce jour la colère et le ressentiment de cette famille n'ont plus de bornes : oubliant les dangers qu'aurait courus cette âme, on crie qu'il est barbare de laisser mourir un père sans qu'il ait le bonheur de revoir sa fille ; on menace d'une dénonciation devant les tribunaux ; on va même, dit-on, jusqu'à porter à l'autorité diocésaine d'Aix des plaintes aussi injustes que mal fondées. Quel fut le résultat de cette démarche ? Nous ne saurions le dire. Faut-il croire, comme quelques-uns l'ont pensé, que, pour pacifier les esprits, on retira à M. Plumier la direction de la congrégation et le pouvoir de confesser les femmes ? Nous avons peine à le penser, car aucune trace de cette mesure n'existe au secrétariat de l'archevêché, où pourtant toutes les pièces sont parfaitement tenues. Nous estimons plus probable que voyant les entraves incessantes mises par quelques personnes à son ministère, et ayant sans doute prévenu ses supérieurs, comme il l'avait fait deux ans auparavant, il jugea que la Providence ne le voulait plus à Salon, et qu'elle le détachait ainsi des quelques liens trop naturels qu'il pouvait avoir pour cette chère ville, pendant si longtemps témoin de son zèle ; il résolut donc de la quitter, et cette fois pour toujours.

Vers le milieu du mois de février 1827, on vit, un matin, une modeste charrette charger devant le presbytère

une méchante malle à demi-remplie de livres, et dont un peu de linge occupait les angles : c'était tout ce qu'emportait de Salon cet homme infatigable qui y avait si abondamment répandu ses sueurs et prodigué sa santé. Nous nous trompons, M. Plumier en emportait, à défaut de richesses, les bénédictions des pauvres, les larmes de tous ceux qui avaient été ses obligés, et comme on suit le cercueil d'une personne chérie, plus de la moitié des habitants accompagna hors de la ville l'apôtre qui ne devait plus jamais en fouler le sol. Qu'était-ce donc que cet ecclésiastique dont le départ bouleversait tout un pays ? Voici ce que nous répondent quarante ans plus tard deux de ses confrères : « M. Plu-
« mier, qui a laissé dans les souvenirs et dans les sen-
« timents de la population une longue trace, n'y passait
« point pourtant pour un homme de science : c'était
« un prêtre fort pieux, d'une grande vertu ; son nom
« est ici populaire après quarante ans écoulés, et notez
« qu'il n'y a jamais reparu. Sa vie parmi nous n'offre
« rien de saillant selon le monde, mais on peut se
« trouver en face d'une grande sainteté et ne pas ren-
« contrer d'actions éclatantes à mentionner. » « Je vou-
« drais, nous écrit un autre, vous citer des particula-
« rités ; j'étais riche autrefois en faits de cette nature,
« parce qu'étant dans le voisinage, je pouvais suivre
« cette vie si édifiante, si sainte, si unie à Dieu. Je vou-
« drais vous parler de sa charité. M. Plumier a-t-il
« jamais rien refusé de ce qu'il pouvait accorder ou
« donner ? Son action heureuse sur la population pro-
« venait surtout de sa sainteté. Enfin, j'ai connu dans

« ma vie, déjà un peu longue, bien des prêtres et de
« bons prêtres, mais jamais aucun n'a laissé dans moi
« un tel souvenir d'édification ; jamais je ne me suis
« incliné avec plus de respect devant une telle sainteté !
« M. Nay fit de M. Plumier son ami ; ils étaient bien
« faits pour s'entendre l'un l'autre. Oh ! quels prêtres
« que ces hommes ! »

C'est ce prêtre que Salon, malgré ses pleurs, ne pouvait retenir, et que la langue des méchants essayait de flétrir. « Quand je vins dans cette ville pour le rem-
« placer, nous disait son successeur, à la vue du bien
« que je constatais dans tous les rangs du peuple,
« mais à la vue hélas du relâchement qui suivit de près
« son départ, j'estimais que le plus grand malheur
« pour Salon fut d'avoir perdu M. Plumier. » Son départ en effet était un triomphe pour l'enfer. Celui qui prenait ainsi le chemin de l'exil volontaire était ce même jeune prêtre dont la pieuse audace et la persévérance avaient frappé les danses publiques d'un commun discrédit, qui avait popularisé le mépris du luxe et de la vanité, qui avait rendu universelle la pratique de l'oraison, de la communion et de l'obéissance, et, chose étonnante qui indique mieux que tout le reste l'ascendant dont il jouissait, c'est lui qui avait établi que, tous les jours à trois heures, la cloche de l'Église sonnant le glas commémoratif de l'agonie de Notre-Seigneur, hommes et femmes, sans crainte du respect humain, tomberaient à genoux au milieu des champs ou des rues et réciteraient trois *pater*, et l'on vit plusieurs personnes, avec une édification digne des temps

primitifs de la foi, tenir les bras en croix pendant cet acte de publique réparation. Après de pareils résultats, on comprend la douleur que son éloignement dut inspirer aux gens de bien, et la joie dont il combla les ennemis de Dieu, qui étaient ceux de M. Plumier.

Mais le Seigneur, qui tire le bien du mal, allait se servir de cette affliction pour sanctifier davantage son serviteur. En lui envoyant ces épreuves, le ciel lui donnait d'ailleurs ce qu'il avait toujours ardemment désiré. C'est lui en effet qui disait à une âme : « Je vous
« en prie, faites toutes sortes de sacrifices pour l'amour
« de Dieu et soyez morte à tout : Quel bonheur d'aller
« au ciel ! Réjouissez-vous donc dans toutes vos peines,
« c'est là la route de la perfection. Vous ferez une
« communion pour remercier Dieu de toutes les tri-
« bulations par lesquelles il lui plaît de vous faire
« passer. » C'est encore lui qui écrivait : « Voici quel-
« ques points de perfection donnés par Sainte Thérèse :
« Un chrétien ne doit désirer sur la terre que deux
« choses, les souffrances et la mort : les souffrances,
« puisqu'elles nous rendent semblables à Jésus-Christ
« et nous conduisent à la sainteté : quel bonheur ! la
« mort, puisqu'elle nous met en possession de Dieu
« même. Un chrétien, quand même il ne peut pas y
« arriver, doit désirer la plus grande perfection, par
« exemple de souffrir le martyre, d'être méprisé, ca-
« lomnié, de manquer presque du nécessaire, il doit
« quelquefois souhaiter d'aimer Dieu, s'il était possible,
« autant que la Sainte Vierge et les anges. Ces désirs
« plaisent beaucoup à Dieu, élargissent le cœur et l'en-

« flamment : Voilà comment parlait Sainte Thérèse. Il
« me semble que vous aimerez beaucoup ce que je
« vous dis là. » Il écrivait encore à une autre : « Dési-
« rez beaucoup de croix, *mais de tout genre* ; voilà le
« désir d'une épouse d'un Dieu crucifié : soyez per-
« suadée que pour faire beaucoup de bien il faut beau-
« coup souffrir. Ne mettez votre bonheur, votre féli-
« cité, votre gloire, votre consolation que dans les
« croix. Jésus-Christ ayant présenté à Sainte Cathe-
« rine de Sienne une couronne d'épines et une cou-
« ronne d'or, la Sainte prit avec joie la couronne d'épi-
« nes pour se l'enfoncer dans la tête. Faisons la volonté
« de Dieu, disait-il dans une autre circonstance, et
« faisons là en tout, c'est le souverain remède à tous
« nos maux ; tout arrive pour notre plus grand bien.
« Dieu, qui nous aime tant, veut ou permet les choses
« pour notre plus grand bonheur ; ayons donc un
« calme continuel, voyons Dieu dans tous les événe-
« ments et *soumettons-nous bien volontiers* à sa sainte
« volonté. C'est le plus grand amour que nous puis-
« sions témoigner à ce bon père, et la plus intime
« union que nous puissions avoir avec lui ! Le monde
« passe, l'éternité avance, travaillons sérieusement à
« devenir des saints ; que rien ne nous empêche de le
« devenir. Ce sont les peines précisément qui nous
« conduiront à la sainteté, de quelque côté qu'elles
« nous viennent, abandon de la part des créatures ou
« abandon de la part de Dieu, c'est la seule route de la
« perfection. Baisons la croix, embrassons-la bien,
« faisons-en un grand cas et prosternons-nous devant
« elle ! »

Ces sentiments qu'il s'efforçait d'inspirer aux autres, il est évident qu'ils remplissaient son cœur, et nous avons même cru y trouver la seule véritable explication des souffrances morales par lesquelles il eut à passer à cette époque : l'estime universelle dont il avait joui, le bien qu'il avait fait nous auraient rendu ces tribulations mystérieuses, et la sévérité de ses confrères et de ses supérieurs inexplicable, si nous ne savions que Dieu, pour exaucer la prière de ses amis, aveugle quelquefois les yeux les plus clairvoyants ; car il trouve plus sa gloire dans la grandeur d'âme de ses serviteurs en face de la persécution, qu'il ne l'eût rencontrée dans la rectitude de jugement des dépositaires de son autorité ici-bas. M. Plumier, animé des pensées de Thérèse-de-Jésus et de Jean-de-la-Croix, avait incessamment demandé la souffrance; il avait cherché, par l'activité du zèle, à la mériter : il était digne d'être appelé à ce royal chemin du calvaire, et, comme la divine victime du Golgotha, il devait porter sa croix en silence, avec calme, avec joie, et attendant tout son secours, non plus des hommes, mais uniquement de Dieu : *Levavi oculos in montes, unde veniet auxilium mihi.* Le cœur humain est ainsi fait que, pour les douleurs qu'il ne peut éviter, il trouve quelqu'allégement à s'en entretenir avec les personnes aimées ; les gémissements de celui qui souffre, la sympathie qu'il rencontre dans ceux auxquels il les confie, les lui rendent plus supportables ; il y a même dans le murmure qui suit l'épreuve un soulagement pour l'âme ulcérée. C'est pourquoi la vertu consiste surtout à combattre ces tendances de la nature, et à se taire en portant le poids de l'affliction. C'est ce que comprit et pratiqua excellemment M. Plumier.

A quitter Salon, le choix de sa nouvelle résidence ne devait pas beaucoup le préoccuper. St-Chamas, étant le pays qu'habitaient ses parents, mieux que toute autre ville pouvait lui offrir l'hospitalité. D'ailleurs, par sa proximité avec Marignane, cette résidence lui permettrait tout à la fois de surveiller la congrégation naissante des *Saints-Noms-de-Jésus-et-de-Marie*, et surtout de recevoir les conseils et les consolations de M. Nay. Il vint donc reprendre possession du toit paternel; mais cette fois les contrariétés qu'il avait éprouvées n'étaient plus un secret pour sa famille; il eût voulu les démentir charitablement, que l'affaissement de son visage, l'épuisement de ses forces auraient trahi la vérité, et il n'aurait pu tromper l'œil maternel. Sa bonne mère, s'appropriant depuis longtemps les angoisses de son fils, souffrait de vivre loin de lui, de ne pouvoir rasséréner sa vie et imposer silence à ses détracteurs; aussi quand elle le revit, sa joie ne fut pas sans mélange de tristesse. Une mère préfère vivre loin de son fils que de devoir son retour à un événement fâcheux. Or, plus que toute autre, Madame Plumier avait cette délicatesse de sentiments. Elle n'essaya point, ce qui du reste eût été inutile, d'arracher à son fils le récit de ses nouvelles tribulations; mais avec une véhémence dont un espace de quarante ans n'a pu amoindrir le souvenir dans la mémoire de ceux qui en furent les témoins, elle le conjura avec larmes et obtint de lui la promesse de ne plus jamais retourner dans un pays qui répondait à ses bienfaits par tant d'ingratitude. L'humble prêtre reprit tranquillement la vie de famille, ajoutant au spectacle d'une piété admirable et incessante, le spectacle plus merveilleux encore d'un silence absolu sur les causes de son départ et les torts de ses adversaires. Vainement ses meilleurs amis, car il retrouvait à St-Chamas d'anciens condisciples de collége, l'interrogèrent-ils avec habileté et persévérance pour apprendre les détails de ses ennuis, et voir s'ils n'auraient pas quelques moyens d'y porter remède : à toutes les instances il opposa le mutisme le plus complet, et si l'émotion lui en laissait la force, prenant la parole, il changeait adroitement le sujet du discours ; d'autres fois il se bornait à répondre : « Ne parlons plus de cela, je vous en prie, cela me fait du mal. »

Puisqu'il évitait que l'entretien roulât jamais sur ses épreuves, c'est assez dire qu'il ne se permettait jamais de s'en plaindre ; il se plaisait au contraire à faire l'éloge du curé et des confrères qu'il avait laissés, des âmes avec lesquelles il avait été en rapport, et loin de se trouver vengé quand on jugeait sévèrement ses détracteurs, il prenait au contraire leur défense avec une noble charité, et témoignait combien ces entretiens lui étaient désagréables.

Pour n'être pas dans le cas de les entendre aussi souvent, et probablement aussi pour enlever tout prétexte aux langues méchantes de continuer à troubler par leurs insinuations perfides son ancienne paroisse, M. Plumier se fit une loi d'accueillir le moins possible les habitants de Salon qui essayaient de venir par leurs visites se consoler de la tristesse que son départ leur avait causée. Parmi ces visiteurs empressés, il y avait plusieurs âmes pour lesquelles l'œuvre de Dieu était restée inachevée, il y avait des vocations à décider, des sacrifices à imposer, il y avait surtout la discrétion à recommander : c'est pourquoi dans les premiers jours M. Plumier reçut de nombreuses personnes et leur donna ses derniers conseils, en leur demandant de ne plus retourner; mais plus il intimait ce désir, plus l'affluence augmentait, et St-Chamas allait devenir comme un lieu de pèlerinage. Sa modestie et sa charité ne pouvaient le supporter plus longtemps; il fit dès lors savoir qu'il ne recevrait plus personne, prenant le prétexte du besoin de repos qui était devenu indispensable pour sa santé, et sollicitant comme une marque d'amitié une entière obéissance à sa volonté. Cette notification augmenta le découragement de certaines âmes longtemps heureuses sous sa direction, et qui ne pouvaient se résigner à y renoncer tout d'un coup ; aussi, sans complétement désobéir à ses ordres formels, elles chargeaient de temps en temps ceux qui allaient le voir de lettres, de demandes, de prières et souvent même de consultations faites de vive voix.

Affligé de ce concours dont la jalousie pouvait encore se faire des armes, M. Plumier prit le parti de demeurer le moins possible dans sa maison, et de faire perdre sa trace pendant la journée en feignant une promenade dans les environs. « Nous nous éloignions alors
« de la ville, dit un de ses anciens amis, et fuyant les
« importunités des visiteurs, tantôt nous nous dirigions

« vers la campagne, et tantôt nous descendions sur le
« rivage ; mais cette pieuse ruse ne parvenait qu'im-
« parfaitement à soustraire M. Plumier aux obsessions
« des Salonais et des Salonaises venus tout exprès pour
« le chercher. Ces bonnes gens, ne le rencontrant pas
« dans la ville, n'avaient de repos que quand on leur
« avait avoué qu'il était à la promenade, et comme ses
« parents refusaient d'indiquer la direction de sa
« course, on questionnait les voisins, on interrogeait
« ceux qui l'avaient vu passer, et le plus souvent on
« arrivait à l'improviste sur les pas de l'humble prome-
« neur. Il était touchant alors, après l'avoir entendu
« réprimander la désobéissance de ses anciens enfants,
« de recueillir de ses lèvres d'admirables paroles sur le
« bonheur des croix, sur la gloire qu'il y a à souffrir
« pour Jésus-Christ et à être méprisé pour son amour.
« Comparant son sort à celui de tant d'autres Saints,
« comme lui calomniés et exilés, M. Plumier montrait
« que, vivant au milieu de sa famille, il était bien moins
« à plaindre qu'eux; que son changement lui procurait
« un repos depuis longtemps nécessaire, et qu'il ne
« connaissait pas; enfin, que la persécution étant la con-
« dition de la sainteté, il fallait que ceux qui l'aimaient
« remerciassent sincèrement Dieu de l'avoir ainsi placé,
« sans nul mérite de sa part, sur le chemin facile de la
« perfection. Ces exhortations étaient faites avec une
« telle conviction que ceux qui les entendaient retour-
« naient à Salon, consolés sans doute de la force avec
« laquelle il portait sa croix, mais plus désolés encore
« d'avoir perdu ce vicaire dont la vertu, mise au creu-

« set de l'affliction, paraissait plus grande et plus
« solide. »

Toutefois, il faut en convenir, si M. Plumier avait assez d'énergie pour commander à son émotion et imposer silence à sa langue, ce serait une grande erreur de croire que son cœur demeurât insensible au changement qui s'était opéré dans sa position. Doué au contraire d'une sensibilité excessive, il ressentait avec une intensité peu commune les méchants procédés dont il avait été l'objet. Quand il se croyait seul, n'ayant à cacher à personne sa tristesse, il s'abandonnait librement à toute sa douleur, et presque toujours des larmes abondantes venaient baigner son visage. C'était moins la calomnie, qui du reste ne put jamais faire soupçonner sa moralité, qui affligeait le serviteur de Dieu, mais bien de se voir, à l'âge de la force et de l'activité, brisé, et dans l'impossibilité d'exercer le ministère des âmes, dans lequel il avait obtenu tant de succès. Quand ces pensées lui revenaient trop péniblement au cœur, il accourait dans l'église de St-Chamas, et s'y tenant derrière l'autel, il répandait ses larmes et son cœur aux pieds de Dieu. Les heures passaient plus vite et plus doucement pour lui dans cette occupation, et, plus d'une fois, l'heure avancée et la fermeture de l'église lui rappelèrent qu'il était temps de sécher ses pleurs et de recomposer son visage, pour ne rien laisser deviner à ses parents des angoisses par lesquelles il venait de passer. Qui songerait à condamner cette tristesse? A Gethsémani, dans la grotte de l'agonie, Notre-Seigneur n'a-t-il pas à tout jamais sanctifié et légitimé les larmes que causent le mépris des hommes et leur délaissement ? C'est le murmure qui est défendu quand on est sous le pressoir, ce n'est point la sensation de la douleur ; ses épines seraient sans mérite si leurs pointes étaient miraculeusement émoussées. Plus au contraire la souffrance est aiguë, plus la résignation est édifiante et salutaire. Telle était celle de M. Plumier, qui savait encore sourire au dehors et dans l'intérieur de la famille, après qu'il avait exposé à son Dieu les amertumes de son cœur.

Les longues visites au Saint-Sacrement, la récitation attentive du bréviaire n'étaient pas les seules sources de son énergie ; il puisait surtout son courage dans l'immolation de la sainte victime. Ceux qui le voyaient alors, qui contemplaient son angélique recueillement et comme les sourires qu'il échangeait avec le Dieu caché, pouvaient presque apercevoir d'une manière sensible la force qui descendait du calice, et se communiquait à son âme. De temps en temps une émotion vive faisait trembler sa voix, mais bientôt, comme s'il venait d'être soutenu mystérieusement, son visage se montrait tout joyeux : il achevait le sacrifice avec un calme parfait, et quand son action de grâces était terminée, à son humeur gaie, à ses paroles prévenantes, nul n'aurait pu reconnaître qu'il fût sous le coup des plus amers chagrins.

Si la piété était pour M. Plumier, dans ces circonstances douloureuses, une cause de consolation, il faut ajouter que l'amitié contribua aussi pour sa part à le réconforter. La cure de St-Chamas était alors occupée par un ecclésiastique que ses mérites avaient, malgré sa jeunesse, désigné à l'attention de l'autorité diocésaine. Profondément pieux et non moins charitable, il fut ému de la disgrâce et des vertus de son nouveau paroissien ; le respect de celui-ci pour l'autorité, son assiduité à l'église et aux offices, son empressement à rendre service, la maturité de son jugement firent de suite comprendre au bon curé quelle acquisition il venait de faire, et dès le début il fut, comme il a continué de l'être toujours, rempli d'une affectueuse estime pour l'ancien vicaire de Salon. Quelquefois il se plaisait à causer de théologie avec lui, d'autres fois il lui proposait une courte excursion dans laquelle les pauvres et les malades trouvaient toujours leur compte. M. Plumier était d'autant plus heureux de cette bienveillance, que, par suite de la considération dont jouissait M. le curé, elle réduisait à néant les quelques attaques parties contre lui des rangs du clergé.

Ce qu'il rencontrait de sympathie au presbytère, M. Plumier le trouvait avec non moins de douceur dans sa famille, au milieu de laquelle habitait son oncle maternel, M. l'abbé Moutet. Déjà cassé par l'âge, et surtout par les douleurs de l'exil, ce vétéran du sacerdoce voyait arriver la vieillesse sans déserter le champ du père de famille. La confiance de Mgr de Beausset-Roquefort, archevêque d'Aix, l'avait attaché en qualité de curé à la paroisse de Miramas. Ce village, trop pauvre alors pour subvenir à l'entretien d'un prêtre, avait cependant besoin, pour voir renaître la foi endormie dans le cœur d'un grand nombre, d'entendre des instructions et d'assister aux saints mystères ; mais la population n'était pas assez considérable pour nécessiter la résidence fixe d'un ecclésiastique. C'est dans ces circonstances que M. l'abbé Moutet fut choisi, et profitant de la proximité qui existe entre Miramas et Saint-Chamas, il habitait avec sa sœur pendant la semaine, et ne se rendait que le dimanche dans sa pauvre paroisse. Dès lors, on le comprend, ce vénérable vieillard était le compagnon ordinaire de son neveu : en lui rappelant les grandes scènes de la tourmente révolutionnaire, il n'avait pas de peine à augmenter son amour pour l'Église, et à le convaincre que les ennuis qu'il éprouvait n'étaient rien en comparaison des souffrances par lesquelles avaient naguère passé les confesseurs de la foi. M. Plumier, qui estimait l'abjection un gain, recevait avec avidité cette doctrine, propre à l'aguerrir de plus en plus.

Malgré le soin qu'il prenait à se cacher, M. Plumier ne put, par reconnaissance pour les bons conseils de son oncle, décliner l'honneur de chanter la grand'messe et de prêcher à Miramas le jour de Saint Julien, fête patronale du pays. Cette bonne nouvelle ne tarda pas à se répandre, les paroissiens de ce village avaient souvent entendu parler de la vertu et des épreuves du neveu de leur pasteur : ils se réjouirent à la pensée de le voir et surtout de recueillir sa parole ; leur joie, devenant peut-être un peu indiscrète, en communiqua l'avis à Salon, si bien que, le dimanche venu, l'église fut insuffisante pour renfermer les personnes accourues en foule et qui se pressaient autour du jeune vicaire. On avait cru, par une de ces illusions qui naissent on ne sait comment dans les foules, que le serviteur de Dieu parlerait de ses épreuves et se justifierait : c'était mal le connaître. A l'Évangile, se tournant vers le peuple, dont l'affluence considérable l'émut vivement, il commença un discours sur le saint patron du pays, et sans quitter ce sujet, il donna un si libre cours à son amour de Dieu, que son front ruisselait de sueur, et qu'il dut abréger son sermon, l'émotion lui enlevant les forces. Sa présence à cette fête, et l'allocution qu'il y fit, montrent surabondamment que, malgré son éloignement de Salon, les supérieurs ecclésiastiques ne lui avaient point retiré le pouvoir de prêcher. Il semble même probable que la juridiction au saint Tribunal lui avait été maintenue, puisqu'il dirigeait pendant son séjour à St-Chamas un pieux séminariste dont l'obligeance nous a fourni la plupart de ces détails. Ce pouvoir lui venait non de son titre de vicaire, qui ne s'exerce que dans les limites paroissiales, mais de l'ordonnance archiépiscopale en vertu de laquelle tout prêtre, dans le diocèse d'Aix, à moins de restriction expresse, pouvait de plein droit confesser partout où il n'y avait qu'un seul ecclésiastique. Cette concession pleine de sagesse, sans doute, était faite pour faciliter la liberté des consciences.

Le mois de juillet, en mettant fin à l'année scolaire des séminaires, ne tarda pas à donner à M. Plumier de fidèles amis qui l'aidèrent à porter sa croix. L'un d'eux, plein encore d'ardeur pour la littérature, qui lui avait valu de brillants succès, se plaisait, en partageant ses excursions, à lui donner ses appréciations sur les auteurs français et sur les poëtes de l'antiquité ; mais ces sortes d'entretiens étaient peu du goût du saint prêtre. « A quoi bon, répondait-il souvent, toute cette « vaine étude de la mythologie ? Que signifient ces « beaux vers en l'honneur des fausses divinités dont « le démon s'est servi pendant trop longtemps pour « abuser de la crédulité des hommes ? Un ecclésiastique « doit avoir du mépris pour ces choses. » Et comme on lui objectait la beauté des peintures, la richesse des images, il y opposait de suite la magnificence bien plus grande des récits bibliques, dont il aimait par-dessus tout à s'occuper, les traîtant avec respect parce qu'ils venaient de Dieu.

Ces deux séminaristes attendaient avec impatience le moment de la promenade pour s'édifier avec M. Plumier et former leur cœur et leur esprit au contact de son expérience. Tous les deux ont conservé de leurs vacances de cette époque le plus précieux souvenir, et ils avouent que, par leur commerce avec lui plus encore que par leurs livres, ils apprirent alors ce qu'est la véritable sainteté, combien elle est gracieuse, aimable et prévenante, et combien elle embaume doucement ceux qui en sont les témoins.

Tandis que les ecclésiastiques de St-Chamas adoucissaient pour lui son éloignement de Salon, quelques âmes pour lesquelles il avait été autrefois l'instrument de la grâce, achevaient, par le spectacle de leurs vertus, de le consoler, comme lui-même travaillait à les sanctifier. Parmi elles, il faut compter

M. Estay, maçon de St-Chamas et père d'une famille nombreuse : uni à une femme digne de lui en tout point, il eut le bonheur de voir une de ses filles prendre l'habit religieux, et l'un de ses fils, élevé d'abord au sacerdoce dans le clergé séculier, finir prématurément sa vie dans une communauté religieuse de Marseille, sous le modeste nom de Frère Paul.

Né dans une condition commune, M. Estay était prédestiné par Dieu à de grandes vertus, et nous ne croyons en rien amoindrir l'estime qui entoure son nom et celui de ses enfants, en racontant comment le Seigneur fit de lui un vase d'élection. Fort jeune à l'époque où éclata la Révolution, M. Estay avait vu trop tôt les prêtres aller en exil, pour conserver intacts les sentiments pieux de son enfance ; il était demeuré honnête homme, mais il avait cessé d'être bon chrétien. Entraîné même par les compagnies et par l'âge, il était devenu fort ami du plaisir, et on pouvait le considérer comme un des organisateurs des divertissements publics dans son pays. Une certaine année, grâce à l'impulsion qu'il y avait donnée, le Carnaval avait été plus bruyant et plus joyeux à St-Chamas que de coutume, et, désirant autant que possible le prolonger, il avait organisé, pour le mardi gras, un bal qui ne se termina qu'avec les premières heures du Carême. Malgré son amour de la danse, M. Estay avait pourtant la foi, et encore tout ému des émotions de la nuit, dès qu'il entend sonner à la paroisse la cérémonie des Cendres, avec le courage qui le caractérisa toujours, et sans être accessible au respect humain, il franchit le seuil de l'église, et s'approche avec convenance de l'autel, mais à peine la cendre bénite a-t-elle touché son front, que, comme autrefois Saint Paul sur la route de Damas, il sent en lui un trouble inconnu; subitement son intelligence s'éclaire, il comprend en un instant le scandale donné par ses exemples, et il se relève miraculeusement converti. Autant son retour à Dieu avait été prompt et sincère, autant son avancement dans la piété devint solide et rapide : nous ignorons à quelle époque M. Plumier fut appelé à s'occuper de cette âme, et s'il fut complétement étranger au fait que nous venons de raconter, mais nous savons que de fréquentes relations existaient entre le maître maçon et le charitable vicaire longtemps avant que celui-ci quittât Salon. Pour faire connaître la nature de ces rapports et les progrès que la grâce fit faire à M. Estay sous la direction de M. Plumier, nous croyons utile de citer en entier une lettre de ce dernier, lettre conservée par la famille Estay comme une double relique; car elle atteste tout à la fois la science ascétique de celui qui l'a écrite, et le degré de vertus auquel était parvenu celui qui la reçut :

Salon, 5 mai 1825.
Mon très-cher ami en J.-Ch.,

« Je reçois vos lettres avec bien du plaisir. Tenez-
« vous toujours dans ce saint recueillement et n'en
« sortez pas pour aller ailleurs, à moins que l'Esprit
« de Dieu ne vous y conduise, à n'en pas douter. »

« Vous me parlez de votre examen ; je pense que

« votre état d'union avec Dieu est un examen con-
« tinuel, et on peut dire que, dans cet état, c'est Dieu
« même qui fait l'examen et qui vous fait apercevoir
« de tout, non pas précisément par pensées, il vous
« en fait apercevoir par sentiment: ainsi on peut dire
« que cet état divin est un état de sentiment, que
« tout se fait par sentiment; voilà pourquoi je ne
« suis pas étonné que l'examen dont vous me parlez,
« ne vous soit pas bien utile. Le Seigneur vous a mis
« dans son sein, dans ses perfections divines, il s'est
« emparé de toutes les facultés de votre âme: que
« voulez-vous faire alors? Vous n'êtes plus maître,
« c'est Dieu qui veut tout ! Eh bien, laissez-le faire,
« ouvrez bien votre cœur et recevez ses opérations
« divines. Vous êtes impatient, avancez de plus en
« plus dans la sainte union avec Dieu. Prenez des ré-
« solutions fortes, le matin, de temps en temps dans
« le jour, par exemple celle de conserver la patience
« dans telle et telle occasion, et vous remporterez
« la victoire sur les ennemis du salut. Souvenez-vous
« cependant que nous sommes pécheurs et que nous
« pouvons tomber.

« Je souhaite ardemment que vous ayez un saint
« pour curé, priez bien Dieu pour cela; vous avez
« beaucoup perdu en perdant M. Véran..... Le temps
« approche de l'œuvre que vous connaissez, priez et
« priez afin qu'elle s'accomplisse: avec la grâce du
« Seigneur on en viendra à bout.

« Les Frères (du St-Esprit) ne sont pas établis en-
« core au château; il paraît que ce sera un peu long.

« Les Frères de la charité (aujourd'hui appelés *de Saint-*
« *Jean-de-Dieu*) dont M. de Magallon est supérieur,
« vont s'établir encore à Ste-Croix : ils sont arrivés. Si le
« jeune homme dont vous me parlez, voulait entrer
« dans cet ordre de charité, je pourrais l'y faire ad-
« mettre de suite, il suffit qu'il ait 18 ans. Vous sa-
« luerez bien affectueusement mon neveu.

« J'écrirai bien volontiers, pour sa maladie d'yeux,
« au Prince (*de Hohenlohe probablement*); mais au-
« paravant, il faut que je sache qu'il est allé se con-
« fesser; dites à sa sœur qu'elle se confie bien en
« Dieu : quand Dieu veut une chose, qui pourra résis-
« ter à sa sainte volonté? Engagez-la beaucoup à de-
« venir une sainte, et à pratiquer la perfection la plus
« grande. Je vous laisse, mon cher frère en J.-Ch.
« uni à Dieu et à ses saintes souffrances. Priez pour
« votre serviteur. »

PLUMIER.

En méditant cette lettre, on se demanderait volontiers si elle a été réellement écrite à un maître-maçon, tant la doctrine quelle renferme est sublime, et tant elle suppose chez celui auquel elle s'adresse une grande perfection. Cet examen par voie unitive, ces scrupules touchant les distractions qui troublent dans ce laborieux ministère, n'indiquent-ils pas deux saints qui conversent ensemble. Mais pourquoi s'en étonner? ne sait-on pas que Dieu n'a aucun égard au rang social : *non enim est acceptio personarum apud Deum*, et que plus il prend bas ses élus, plus la puissance de sa grâce se rend manifeste; combien de personnes, en lisant cette lettre, regretteront de ne pas avoir un pareil degré d'amour de l'oraison ! Puis, ne fallait-il pas qu'il eût toute la confiance du vertueux ecclésiastique, ce modeste ouvrier qu'il instruisait de préférence à tant d'autres des divers projets de son zèle ? N'était-il pas bien humble lui-même, ce pauvre prêtre, qui, fondant un institut de Sœurs enseignantes, établissant des écoles et des hospices, songeait bien moins à solliciter des aumônes, qu'à demander avec instances les prières d'un maitre-maçon ? Bien plus, il lui confiait les intérêts spirituels de sa famille et le chargeait de pousser ses propres parents à la perfection. En voyant ces lignes, on n'est pas surpris que celui qui a mérité de les recevoir ait été pleuré dans son pays comme un bienheureux, et que celui qui les écrivit ait goûté une véritable consolation à passer avec lui les meilleures heures de son séjour à St-Chamas.

Du reste, M. Estay ne fut pas le seul dont l'âme eut à gagner aux vicissitudes que traversa M. Plumier; d'autres chrétiens généreux, touchés par sa résignation muette, le prirent comme conseil et avancèrent rapidement sous sa conduite.

Sa résignation venait d'être soumise à une double épreuve : tandis qu'il supportait avec courage ses ennuis, sa forte constitution faiblissait toujours davantage ; une maigreur excessive laissait deviner les ravages opérés par le chagrin ; d'autre part, le vénéré curé de Marignane, dont l'amitié et la direction lui étaient si précieuses, dont la sollicitude était si utile, et même si nécessaire à la Congrégation naissante du *St-Nom-de-Jésus*, fut, le 2 novembre 1827, frappé d'apoplexie: le 11 décembre, il avait fini de vivre. Rien de plus triste ne pouvait arriver à M. Plumier; successivement les créatures lui avaient fait défaut, et il avait mieux compris la nécessité d'appuyer son âme sur Dieu seul, mais, par la mort de M. Nay, c'était Dieu lui-même qui semblait abandonner son serviteur: car, l'ami fidèle, a dit le St-Esprit, est un trésor infiniment précieux, et celui qui le trouve aux jours de l'épreuve, a rencontré le plus grand de tous les bonheurs : or, quand cet ami est devenu, comme confesseur, le père et le guide de votre âme, en être privé au moment de la tribulation, c'est être privé du secours le plus nécessaire.

Si douloureux que fût pour lui cet événement, il l'accueillit avec une soumission toute chrétienne, à travers laquelle on devine pourtant combien cette perte l'impressionnait vivement. Il s'en exprime en ces termes à l'un de ses amis :

« Je ne saurais vous dire combien j'ai été sensible
« à la nouvelle de la mort du saint et respectable
« ami M. Nay : ce qui doit nous consoler, c'est la per-
« suasion où nous devons être qu'il jouit de la pré-
« sence de son Dieu. Il a quitté une vie remplie de
« misères et de tribulations, pour entrer dans une
« vie éternellement heureuse. Dans un sens, l'ami
« que nous pleurons, si nous pensons à toutes ses
« vertus et à ses excellentes qualités, n'est pas mort,
« mais vraiment il vit, puisqu'il possède la source de

« la vie ; il nous a été très-utile par ses sages conseils
« et par l'exemple de ses grandes vertus ; quant à moi
« en particulier, je lui ai des obligations pour ainsi
« dire infinies. Il ne nous oubliera pas dans le ciel où
« il règne avec son Dieu ; il nous obtiendra du Sei-
« gneur les grâces qui nous sont nécessaires pour
« nous sanctifier : de notre côté, nous penserons tou-
« jours à ses vertus, à imiter sa sainte vie et à prier
« pour le repos de son âme, en supposant que nos priè-
« res lui soient nécessaires. »

La résignation de M. Plumier en face de cette perte, est d'autant plus digne d'éloges, que cette mort avait pour lui une autre conséquence que l'isolement dans lequel elle le plongeait : elle laissait sans protecteur la petite Congrégation du *St-Nom-de-Jésus*, que M. Nay avait constamment traitée comme sa famille, l'entourant de toute sa vigilance, et la soutenant de ses sacrifices pécuniaires. M. Plumier était donc doublement frappé, et dans ses affections et dans ses espérances, puisque cette mort remettait en cause l'existence d'un Institut qui lui tenait tant à cœur. Une vertu peu solide, en présence de ces incertitudes, eût pu chanceler ; mais la sienne était fondée sur Dieu : ce qu'il avait écrit à M. Estay de cette association deux ans auparavant, il en était intimement convaincu : « Quand Dieu veut une chose, qui pourra résister à sa
« sainte volonté ? » Il compta donc avec foi, pour ses filles et pour lui-même, sur l'intervention du ciel. Elle ne se fit pas attendre longtemps.

On a dit souvent que quand l'adversité est à son

comble, c'est le moment précis où Dieu va paraître pour lui enlever son amertume, et changer les larmes en joie; M. Plumier devait en faire l'expérience. A l'amitié qui se brisait, allait succéder une affection non moins pure qui a fait le charme de sa vie, et qui lui survit par de nobles regrets; la direction des Sœurs *du St-Nom-de-Jésus*, allait providentiellement passer dans des mains non moins saintes que celles du vénérable M. Nay, et de plus, celui qui était appelé à en prendre le gouvernement, par sa haute position ecclésiastique, devait donner avant peu au nouvel Institut une réputation plus étendue, en le transplantant sur un plus vaste champ; quant à M. Plumier, comme la graine qui est emportée de l'arbre de la forêt vers un autre rivage, et y devient féconde, chassé lui-même par le vent de la tribulation vers un diocèse voisin, il y apporta sous l'enveloppe d'une profonde humilité, son esprit de foi, son amour de l'abjection et son estime de la vie cachée qui ne tardèrent pas à édifier notre clergé. Pour montrer qu'il a seul la puissance de calmer la mer, Jésus suscita autrefois une tempête sur le lac de Génézareth, et soudain, par une parole, il en pacifia tous les flots, ainsi pour prouver que chaque point de la terre est à lui, et que partout sa grâce est également puissante, Dieu transporte quelquefois une âme d'un pays dans un autre, et lui conserve toute sa tendresse dans cette seconde demeure. Les insensés pleurent la graine qui s'en va: ils ne comprennent pas que c'est pour féconder une contrée nouvelle.

CHAPITRE NEUVIÈME.

Intimité de M. Plumier avec la famille de M. Moutet. — Il y reçoit l'hospitalité par suite d'une grave maladie qui le fixe inopinément à Marseille. — Son absence de St-Chamas est mal interprêtée — Patience avec laquelle il supporte cette épreuve. — Intervention de la Providence pour justifier M. Plumier. — Il songe à aller rejoindre M. Mie chez les Oblats, et obtient son dimissoire. — Il est nommé aumônier du Refuge. — Zèle qu'il exerce à l'égard des Repenties. — Désagréments qu'il rencontre dans ce ministère.

Le sol sur lequel la Providence envoyait M. Plumier était le diocèse de Marseille, et voici de quelle manière eut lieu ce changement de résidence.

Dans les fréquentes visites que, depuis ses épreuves, il faisait de St-Chamas à Marignane, il avait maintes fois rencontré au presbytère un homme aussi instruit et aussi obligeant que solidement vertueux. Issu d'une famille dans laquelle les bouleversements sociaux avaient affermi, loin de les détruire, les principes religieux et politiques, M. Moutet était du nombre de ces chrétiens antiques qui croient que l'amitié des prêtres honore ceux qui en sont l'objet, parce qu'ils voient dans le sacerdoce la vie incessante de Jésus-Christ : à leurs yeux le bienfait de la foi réclame du fidèle l'honnêteté la plus grande, unie à l'obligeance la plus parfaite; car le chrétien doit être le modèle de ses parents et de son pays. M. Moutet n'était en rien au dessous d'un semblable programme; père plein d'amour dans sa famille qu'étaient venus réjouir deux jeunes enfants, un fils et une fille, il joignait aux plus sérieuses vertus domestiques les qualités qui font le bon citoyen. Les habitants de Marignane, parmi lesquels il avait choisi sa femme, l'entouraient de leur affection, et nul ne s'étonnait que le préfet qui administrait alors le département des Bouches-du-Rhône, eût cherché un appui dans les lumières et l'expérience de cet homme de bien. M. Moutet avait été appelé en qualité de secrétaire des finances à la préfecture de Marseille. Si incessant et multiplié que fût le travail auquel il se livrait avec une rare aptitude, il économisait quelques heures de temps en temps pour venir gérer les biens dotaux de sa femme, et visiter ses amis. Habitué à se connaître en hommes et en sainteté, il eut bientôt, dans ses excursions à Marignane, apprécié M. Nay, dont il était devenu l'intime et le familier : le vénérable curé n'avait point de secret pour lui, car il aimait sa discrétion et il avait souvent apprécié la sagesse de ses conseils, non moins que sa serviabilité et sa gracieuse charité. Il l'avait donc initié aux espérances qu'il fondait, pour l'enseignement de la jeunesse des campagnes, sur la diffusion des Sœurs du *Saint-Nom-de-Jésus,* il lui avait fait connaître avec empressement le directeur de ces saintes âmes, et ne lui avait pas laissé ignorer toute la sollicitude qu'il ressentait pour lui, la peine qu'il éprouvait de le voir persécuté, et le chagrin plus grand encore que lui occasionnait le dépérissement d'une santé qui lui était si chère. L'attachement de M. Nay était un titre suffisant pour obtenir l'affection de M. Moutet. M. Plumier n'eut donc pas beaucoup à faire pour en être honoré, d'autant plus que ses qualités personnelles parlaient en sa faveur. Aussi, quand son état parut plus grave, et qu'il fut plus ébranlé par la maladie du vénérable curé, son protecteur, le charitable fonctionnaire, multiplia ses exhortations pour décider le jeune vicaire à se rendre à Marseille, afin d'y consulter quelque célébrité médicale, sauf à voir plus tard s'il y aurait lieu pour lui de se fixer dans cette ville. La mort du curé fit tomber tous les obstacles : considérant M. Plumier comme le legs le plus précieux qui lui eût été laissé par son digne ami, M. Moutet lui écrivit pour l'assurer de son inaltérable attachement et du désir ardent qu'il avait de recevoir désormais de lui, si rempli de l'esprit de celui qu'ils regrettaient ensemble, les avis et la direction qu'il avait coutume d'aller chercher auprès de M. Nay. A ces offres bienveillantes M. Plumier répondit le 17 décembre 1827 :

« Je ne vous oublie point dans mes prières et je ne
« vous oublierai jamais. Ce serait être ingrat que de
« ne pas penser à vous auprès du Seigneur. Il me sera
« très-avantageux et je tiendrai à honneur d'être tou-
« jours lié avec vous. Je voudrais surpasser, s'il était
« possible, l'amitié que notre saint ami avait pour
« vous, mais je ne pourrai jamais vous donner tous ses

« soins et l'exemple de toutes ses vertus, cependant
« la sainte amitié que j'ai pour vous me rend disposé,
« avec la grâce de Dieu, à faire tout pour vous. Quand
« j'ai quitté Marignane, où je remplaçais provisoire-
« ment M. Nay (1), c'était une vraie nécessité, je me
« trouvais très-irrité, très-échauffé ; cette fatigue a un
« peu calmé, cependant il me reste encore bien des mi-
« sères selon le monde ; je me vois réduit à faire bien
« peu de choses dans le saint ministère. J'ai écrit der-
« nièrement à Aix pour que Mgr ait la bonté de me
« donner une place dans laquelle il n'y ait presque rien
« à faire, et où je puisse trouver des confrères pour me
« distraire. L'état dans lequel je me trouve me rend
« peu capable de me charger d'une paroisse, le salut
« des âmes en souffrirait, ce qui me causerait bien de
« la peine. Vous voyez combien il y a de sacrifices à
« faire en ce monde ; mais en pensant au sacrifice de la
« croix et aux souffrances de Jésus-Christ, de quoi
« peut-on se plaindre ? Que la volonté de Dieu soit faite
« en toute chose. Je vous remercie bien de l'intérêt
« que vous prenez à ma santé. »

Cet intérêt était si sincère que M. Moutet s'alarma des détails que contenait cette lettre, et qui constataient la permanence de la maladie : il répondit de suite à M. Plumier, le conjurant de venir à Marseille pour solli-

(1) Il avait été désigné le 10 octobre 1827 par Mgr l'archevêque pour aller seconder M. Nay, dont la santé, déjà fort affaiblie, faisait prévoir un fâcheux dénoûment ; mais, malade lui-même, il avait dû renoncer à ce consolant ministère pour aller se soigner de nouveau à Saint-Chamas, et c'est là qu'il apprit la perte de son excellent ami.

citer les conseils d'un homme de la science avant d'accepter aucun emploi, et le pieux vicaire céda à d'aussi charitables instances.

L'un des médecins les plus estimés à cette époque était M. le docteur Trucy, dont la bienfaisance et les connaissances étendues ont rendu le nom populaire. Dès qu'il eut vu M. Plumier, que son ami lui présentait, il le trouva dans un état grave : l'air abattu du jeune prêtre, la rougeur excessive de son visage, la fréquence anormale du pouls, enfin une agitation nerveuse, compliquée d'une faiblesse générale, lui firent redouter de suite un transport au cerveau. — « Quel
« âge avez-vous, demanda-t-il à son visiteur ? — M. j'ai
« trente-six ans. — Tant mieux, reprit le docteur, car
« si vous étiez plus jeune je ne vous aurais pas laissé
« sortir d'ici sans vous ouvrir la veine, tant je crains
« pour vous les ravages du sang. » Le péril était donc sérieux et presqu'imminent, il fallait à tout prix le conjurer. Le médecin annonça que le lendemain il enverrait saigner abondamment le malade : il prescrivit un repos complet, la distraction, l'éloignement de toute pensée pénible, et recommanda surtout à M. Plumier de ne pas quitter Marseille, afin qu'on pût surveiller les effets du traitement et les phases de la maladie. — « Mais,
« objecta celui-ci, je ne puis me fixer ici, ma famille de-
« meure ailleurs, et je n'ai personne dans cette ville pour
« réclamer l'hospitalité. — Quoi ! reprit M. Moutet, est-ce
« que le fils et l'ami de M. Nay ne trouvera pas toujours
« un abri ? Tant que j'aurai une chambre chez moi
« j'estimerai un bonheur de l'y recevoir, et je ne per-

« mettrai pas qu'il descende autre part. » M. Plumier tomba dans les bras de ce nouveau protecteur et sortit avec lui pour aller se mettre au lit, car il ne pouvait plus se soutenir.

Tandis que l'ancien vicaire de Salon recevait à Marseille les soins les plus dévoués dans cette famille de bénédiction, et que les efforts de M. Trucy arrivaient peu à peu à lui rendre quelque force, l'injustice, continuant à s'acharner contre lui, ne respectait pas même ce corps brisé, cette âme anéantie; elle accumulait de faux rapports les uns sur les autres, appelait sa maladie une habile hypocrisie pour attirer des sympathies, et y voyait un moyen adroit d'abandonner le diocèse auquel il appartenait, pour se fixer dans une ville plus importante. Quelques langues plus méchantes disaient que l'indisposition n'était qu'un prétexte mal dissimulé pour laisser St-Chamas, et suivre pas à pas les Sœurs du *Saint-Nom-de-Jésus*, dont les dernières s'étaient définitivement transportées à Marseille.

Cette supposition était aussi fausse qu'injurieuse; mais les circonstances, par une permission divine, semblaient la rendre plausible, et nous comprenons que la nouvelle administration archiépiscopale qui ne connaissait pas M. Plumier ait pu, pour un instant, s'y laisser prendre. En effet, deux ans auparavant, et d'après les avis de M. Nay, dont les modiques ressources ne suffisaient qu'imparfaitement à la petite congrégation, on avait scindé en plusieurs maisons le noviciat de Marignane, et tandis que quelques Sœurs venaient faire l'école au village du Rovcs, d'autres, comme on l'a vu, arrivant à Marseille en plus grand nombre, s'étaient établies dans le village de Bonneveine, puis dans celui de Ste-Marguerite, et bientôt aux Aygalades. Hâtons-nous de dire que si la malveillance poursuivait ailleurs ces saintes filles, elles furent au contraire admirablement reçues dans leurs nouvelles résidences par Monseigneur Charles-Fortuné de Mazenod. Ce digne prélat retrouvait en effet à l'état d'œuvre consommée, le projet qu'il avait encouragé de ses conseils et de ses prières : il ne pouvait donc que se réjouir pour les enfants pauvres de son diocèse de l'arrivée de ces vertueuses institutrices. Elles avaient été placées du reste par M. Plumier sous la conduite et la protection de M. le vicaire-général Tempier. L'activité de celui-ci, l'amour que comme missionnaire Oblat il avait pour les malheureux, la connaissance des âmes dans laquelle il était fort versé, son jugement sûr, lui firent de suite apprécier un Institut uniquement fondé sur l'humilité et le dévouement. Il voua dès lors aux Sœurs qui le composaient une affection qui ne leur a jamais fait défaut, et qui n'aida pas peu à leur développement. La simultanéité toute fortuite de la venue de M. Plumier à Marseille, avec celle des Sœurs, fut mal interprêtée par quelques-uns qui voulaient s'obstiner à y voir une preuve de plus de cet esprit étroit qu'on lui prêtait gratuitement. On murmurait tout haut que l'archevêque avait trop de bonté de conserver le titre de vicaire de Salon, à un prêtre assez peu délicat pour quitter même son diocèse, après avoir consacré soi-disant six mois de repos à diriger quelques novices à Marignane. On ajoutait, car depuis qu'il s'était éloigné de Salon, plusieurs filles en étaient parties pour entrer en religion ; que, de Marseille, il continuerait à troubler le calme des familles, et s'efforcerait peu à peu, sous le vain prétexte d'une fondation impossible, d'y attirer toutes ses anciennes pénitentes. On le représentait comme passant tout son temps dans la petite communauté, et y conspirant contre le clergé de Salon, les prêtres voisins et l'autorité diocésaine elle-même. La vérité était que, s'étant alité dès le jour de son arrivée, il n'avait pu mettre même une seule fois les pieds dans le couvent, et que le prétendu conspirateur continuait à supporter dans sa chambre, au milieu d'une lente convalescence, les conséquences du mal que lui avaient fait ses détracteurs.

Mais cette vérité, elle n'était connue que d'un petit nombre : les murmures augmentant, le mécontentement se fit jour jusque dans le palais archiépiscopal, et les faux rapports parvinrent jusqu'aux oreilles de Mgr l'archevêque. Quelle en était la teneur exacte, nous ne saurions le dire : quelques-uns ont pensé qu'on accusait M. Plumier de pousser les jeunes religieuses à émettre des vœux imprudents et téméraires ; toujours est-il, si les renseignements que nous a donnés un témoin auriculaire sont exacts, qu'un interdit fut lancé contre le vicaire qui, sans permission, avait quitté son diocèse.

La lettre qui contenait cette triste nouvelle arriva-t-elle à M. Plumier ? Nul ne parvint à le savoir ; car le serviteur de Dieu n'en a jamais parlé, pas plus que de ses autres tribulations, parmi lesquelles celle-ci, certainement, était la plus cruelle ; mais Dieu prend soin de ceux qui se confient en lui, et ne permet pas pour longtemps le triomphe de la ruse et du mensonge. Le même jour auquel cet interdit avait été fulminé, à l'insu complet de celui qu'il devait atteindre, la Providence permit que les intérêts administratifs du département appelassent M. Moutet à Aix. Après y avoir terminé les affaires, objet de son voyage, le digne fonctionnaire vint présenter ses hommages à M. l'abbé Boulard, vicaire-général, qui avait pour lui une considération partagée par tous ses collégues du conseil archiépiscopal. A peine sorti des préoccupations graves que lui avait inspirées la santé de M. Plumier, M. Moutet crut devoir annoncer comme une heureuse nouvelle le commencement de sa guérison, et ne tarit pas sur la patience et la piété de son hôte. Chacune de ces paroles était une révélation pour M. Boulard ; il n'eut pas de peine à acquérir la certitude que les imputations faites contre M. Plumier étaient complétement fausses, et ne voulut point laisser partir M. Moutet sans lui remettre pour son admirable convalescent, une lettre par laquelle il déclarait non avenue la sentence du matin, et protestait de l'estime bien sincère qu'on avait pour lui.

Tels sont les faits ainsi qu'ils nous ont été certifiés, et s'il n'en existe point de vestige au secrétariat de l'archevêché, d'où l'on veut bien nous écrire : « M. Plumier « n'a jamais été frappé d'aucune peine canonique ; au « moins il n'y a aucune trace de cela au secrétariat, où « tout est conservé, » c'est sans doute à cause de la promptitude avec laquelle la mesure fut révoquée, et peut-être aussi par le désir qu'éprouva M. Boulard de ne rien laisser subsister, dans les archives, de ces malheureuses calomnies qui avaient failli égarer, avec tous les dehors de la justice et de la raison, l'administration consciencieuse à laquelle il appartenait. Les apparences, nous l'avouons, déposaient contre M. Plumier : son absence du diocèse, et sans autorisation préalable, devait être regardée comme une faute par ses supérieurs, car ils ignoraient que, venu à Marseille simplement pour consulter, il était tombé malade, et n'avait pu songer à régulariser sa situation, alors surtout que n'étant plus attaché comme vicaire actif à Salon, son éloignement de Saint-Chamas ne préjudiciait à personne.

Après une tempête violente, le marin ne donne pas de suite à sa barque une direction définitive, il étudie les courants et cherche pendant longtemps la route qu'il devra suivre plus tard. La même hésitation se rencontre après les tempêtes morales, et le parti que l'on adopte au lendemain de la tourmente se ressent de la promptitude avec laquelle on l'a pris. Ainsi en fut-il pour M. Plumier : à peine réconcilié avec l'autorité diocésaine, il ne pouvait se dissimuler ni le danger qu'il avait couru, ni même les périls qu'il trouverait encore, s'il retournait dans un diocèse où vivaient ses contradicteurs. Il écrivait à cet égard : « J'étais venu à Saint-« Chamas bien volontiers ; mais je me vois obligé d'en « partir : je trouve des partis dans ce pays ; on me « parle d'une manière impertinente, sans ménager la « mémoire du pauvre M. Nay. Je ne vous dis pas tout ; « mais je vois que ma présence serait une occasion de

« trouble, qu'il faudrait toujours être en guerre, et
« qu'en un mot le bien ne se ferait pas. Du reste, pour
« ma maladie, j'ai besoin d'une grande tranquillité.
« *Dieu soit béni de toutes les épreuves qu'il daigne m'en-*
« *voyer.* Je vais donc à Aix pour conférer de tout avec
« les supérieurs. » D'autre part, se fixer à Marseille, lui
paraissait donner raison à ceux qui prétendaient malicieusement qu'il voulait toujours tenir sous sa tutelle
l'institut du *Saint-Nom-de-Jésus* ; d'ailleurs l'activité de
son zèle, son amour des âmes, et peut-être aussi le
besoin d'aller oublier dans les entreprises de la charité les épreuves par lesquelles il venait de passer, dirigèrent ses pensées vers la vie religieuse. Une autre
considération dut l'incliner vers ce parti : son ancien
confrère et ami, l'intrépide M. Mie, avait embrassé cette
vocation dans laquelle l'ardeur de son dévouement
augmentait chaque jour sous le joug d'une règle qui
avait déjà la sanction de toute la Provence, en attendant
l'approbation du Saint-Siége. Sous le nom de P. Mie,
et armé de la croix des Oblats de Marie Immaculée,
l'infatigable vicaire était devenu grand convertisseur :
M. de Mazenod, qui savait juger les hommes, l'estimait
un des meilleurs sujets de sa congrégation.

La pensée de se retrouver avec le compagnon de ses
premières années sacerdotales, les insinuations de
celui-ci, l'amour du repos, et surtout de l'obéissance et
de l'humilité, voilà, ce nous semble, ce qui dut faire
croire à M. Plumier qu'en devenant membre de la
même congrégation, il suivrait l'attrait du Saint-Esprit.
A coup sûr cet institut naissant, par la charité qui

unissait ses membres, par l'esprit d'abnégation qui les animait, par sa tendre piété envers Marie, qui en était comme le caractère distinctif, réalisait à bien des égards ce qu'il avait toujours rêvé, et l'idée qu'il s'était faite du prêtre vertueux. On s'explique dès lors comment il sollicita et obtint, le 9 janvier 1828, de Monseigneur l'archevêque d'Aix, l'autorisation de quitter le diocèse et d'entrer chez les missionnaires Oblats. L'état de sa santé d'ailleurs était aussi allégué comme un motif justifiant cette détermination, et cette raison était sérieuse : il est vrai que, sous l'influence des soins intelligents de M. Trucy, et grâce au dévouement de la famille Moutet, il sortait peu à peu de la prostration dans laquelle il était tombé ; mais sa convalescence s'annonçait comme devant être longue, et c'est ce qui fit ajourner son entrée en religion. Néanmoins plein d'estime pour ceux dont il espérait être bientôt le confrère, il fit de leur chapelle du Calvaire sa paroisse, et dès qu'il eut recouvré quelques forces, ce fut là qu'il vint célébrer la Sainte-Messe, et usant des pouvoirs que Monseigneur Charles-Fortuné de Mazenod s'était hâté de lui donner, il y confessait les personnes qui réclamaient ses soins.

Dès qu'on apprit à Salon que le pieux vicaire avait repris avec la santé l'exercice du saint ministère, il se fit comme une série de pèlerinages vers son confessionnal. Chacun voulait s'assurer de l'amélioration survenue et lui exposer les événements qui avaient surgi depuis son départ. Toujours humble et charitable, il ne s'écartait en rien du silence auquel il s'était astreint, et s'il donnait à tous des décisions pleines de sagesse, aucun n'entendit sortir de ses lèvres des paroles de blâme ou seulement de plainte.

Tandis que, dans l'église du Calvaire, il se consolait, par l'activité du zèle, du repos auquel le condamnait sa faible santé, il payait à ses hôtes l'hospitalité qu'il en recevait, non-seulement par les saints exemples qu'il donnait à M. et à Mme Moutet, mais encore par la paternelle bonté avec laquelle il préparait leur fille au grand acte de la première communion, devenant avec une touchante simplicité son catéchiste plusieurs fois par jour, pour ne point lasser par de longs discours cette jeune intelligence qui devait si bien répondre à ses soins.

A mesure que M. Plumier prolongeait son séjour dans cette famille, la respectueuse amitié qu'il y rencontrait l'attachait davantage à Marseille, et nous sommes porté à croire que les conseils de M. Moutet, qui redoutait de perdre pour le diocèse un si excellent sujet, les observations de M. Trucy, qui déclarait la vie de communauté dangereuse pour lui, enfin la conviction qu'en demeurant chez ses amis il ne leur serait point à charge, comme il avait pu le craindre lors de son arrivée à Marseille, le déterminèrent à renoncer à son projet de vie religieuse,; toujours est-il que le 28 novembre 1828, onze mois après son départ de Saint-Chamas, M. Plumier reçut un emploi à Marseille qui devait devenir sa seconde patrie. Sans aller courir vers des missions lointaines il pourrait ici travailler à sauver les âmes, et la maison du Refuge, pour les filles repenties, fut le premier théâtre qui lui fut proposé.

Voici de quelle manière la Providence l'appela à ce ministère. Nous transcrivons presque textuellement les annales de cette œuvre.

« M. l'abbé Blanc, curé et fondateur de la paroisse
« de la Très-Sainte-Trinité, étant directeur de l'œuvre
« du Refuge, s'était chargé, en attendant l'aumônier
« promis à cette maison par Monseigneur, du soin
« d'entendre la confession des pénitentes ; mais la mul-
« titude de ses occupations ne lui permettant d'accueil-
« lir que tous les mois ces pauvres âmes dont la com-
« munion fréquente devient la force et la joie, ce saint
« prêtre pria M. l'abbé Plumier d'accepter cette part de
« sa sollicitude et de confesser les plus anciennes pé-
« nitentes.

« Au moment où il entreprenait cette œuvre de cha-
« rité, M. Plumier trouva les religieuses hospitalières
« Augustines, auxquelles était confiée cette maison, dans
« une grande perplexité, à cause des machinations de
« quelques méchantes têtes qui étaient alors dans l'é-
« tablissement. Ces malheureuses filles voyant que le
« nouveau confesseur était fort goûté par plusieurs,
« taxèrent leurs compagnes d'ingratitude envers M.
« Blanc, trop plein de l'esprit de Dieu et d'estime envers
« M. Plumier pour prêter la moindre attention à ces
« allégations. Mais voyant que leurs intrigues ne pou-
« vaient aboutir, elles tournèrent toute leur malice
« contre le nouveau confesseur lui-même. Un plan fut
« concerté parmi ces infortunées, et, par menaces, il

« s'agissait de se défaire de cet homme dont la sainteté
« venait contrarier les projets du démon. A cet effet,
« l'une d'elles eut l'audace de s'adresser directement à
« lui, et afin de pouvoir l'injurier tout à son aise et
« impunément, elle s'agenouilla au confessionnal, où
« ayant fait le signe de la croix et récité le *confiteor* elle
« lui dit qu'elle ne venait pas pour se confesser, mais
« pour lui exprimer tout ce qu'elle avait sur le cœur,
« à son sujet, ainsi que ses compagnes. Après un sem-
« blable début, elle se mit à lui dire tant d'horreurs et
« d'abominations, à lui faire tant d'infâmes reproches
« qu'on n'en pourrait rapporter un seul mot sans fré-
« mir. Le saint prêtre, qui était l'innocence même, l'é-
« couta sans mot dire, et quoiqu'il ne dût pas le secret
« touchant ce qui n'avait que les apparences de la con-
« fession, il ne découvrit jamais cette scène, et pas une
« fois il ne laissa comprendre qu'il eût eu connaissance
« des calomnies affreuses dont il était l'objet. Mais la per-
« sonne qui l'avait injurié, ne trouvant pas son compte
« à ce silence, puisqu'elle cherchait le scandale, ne fut
« pas si discrète et se vanta de son impudence devant
« ses amies. Celles-ci, heureuses d'une telle occasion
« de révéler leur science du mal, ne tarirent pas sur ce
« point, et le bruit de cette affaire ne tarda pas à fran-
« chir la clôture du couvent.

« Ce qui eût découragé le ministère d'un autre,
« enflammait davantage celui de M. Plumier ; il en
« est de la calomnie pour l'ardeur des saints, comme
« de l'huile sur le feu : au lieu d'éteindre l'incendie
« elle l'attise. Le vertueux aumônier, payé par une si

« noire ingratitude, s'efforça par un dévouement plus
« tendre, par de plus paternelles exhortations, de
« prouver à ces âmes, que plus elles étaient coupa-
« bles et malheureuses, plus il était tourmenté du
« désir de les sauver ; pratiquant à leur égard le
« conseil évangélique : « Faites du bien à ceux qui
« vous calomnient, » il multiplia en leur faveur, et
« pour adoucir leur détention, les pieuses industries
« de sa charité.

« Mais, qui l'ignore ? la calomnie n'est qu'un ins-
« trument dont le démon se sert pour triompher de
« la vertu et pour s'en défaire : on avait flétri M.
« Plumier, non pas qu'il fût coupable, mais parce
« qu'il était trop vertueux. L'enfer n'ayant pu réussir
« à expulser cet aumônier, qui faisait faire à de cer-
« taines âmes de rapides progrès dans le bien, recou-
« rut à une autre arme, qui lui est non moins fami-
« lière, la flatterie. Les esprits brouillons, passant d'un
« extrême à un autre, s'en prirent au zèle de leur
« directeur : à les entendre, M. Plumier, comme l'a-
« pôtre, pressait à temps et à contre-temps, et, infini-
« ment vertueux lui-même, il voulait ramener les pé-
« nitentes à l'esprit de mortification en usage dans
« les premiers temps du Christianisme. Il était évi-
« dent, ajoutait-on, que M. Plumier était trop saint
« pour de méchantes filles, et qu'il leur enflammait
« l'esprit du désir de la perfection, avant même qu'el-
« les fussent sincèrement converties. »

C'est par de semblables discours que l'on s'efforçait
d'éloigner d'une maison dans laquelle sa piété édifiait

tout le monde, celui qui allait rendre de nouveaux services aux pauvres âmes qui y étaient renfermées. En effet, l'accroissement toujours plus grand de Marseille, multipliant les malades qui se présentaient à l'hôpital, les Sœurs de St-Augustin, qui faisaient le service de l'Hôtel-Dieu, ne se trouvèrent plus assez nombreuses pour l'exercice de leur ministère, et il fallut songer à leur donner de nouvelles compagnes. La pensée des Supérieures se porta immédiatement sur les Sœurs du même Institut, qui étaient chargées de la direction du Refuge. Si bien qu'elles s'acquittassent de ce devoir, elles étaient là d'une manière moins directe dans leur vocation, et du reste il était plus aisé de les remplacer dans cet établissement, dont elles avaient accepté la gestion par dévouement, que de donner à celles de l'hôpital des Sœurs d'une autre Congrégation. Par ces motifs, celles du Refuge furent rappelées auprès des malades, et les Sœurs de St-Thomas-de-Villeneuve vinrent prendre l'administration de cette maison.

Il suffit de connaître la nature des personnes qui habitent les Refuges, pour comprendre combien tous les changements y sont fâcheux : ils entraînent la perturbation dans des esprits auxquels, après les agitations de la vie, il faudrait le calme le plus absolu, quand ils sont parvenus au port. De plus, ces âmes ardentes, en quittant le mal, ont porté dans la solitude, la sensibilité trop grande qui avait été pour elles la cause de tant de chutes : elles s'attachent donc à leur maîtresse de classe ou à leur Supérieure, retrouvant ainsi dans une tendresse maternelle inspirée par la charité, de quoi oublier les coupables entraînements d'autrefois. Or quand, par le départ ou le changement d'une Sœur, elles voient leurs affections brisées, elles éprouvent un découragement profond qui souvent compromet leur persévérance. Qu'on se figure dès lors quels désordres produisit dans la maison du Refuge, l'éloignement des anciennes maîtresses et l'arrivée de nouvelles Religieuses. Sans doute, celles-ci avaient toutes les qualités et les vertus propres pour se faire aimer, mais ce devait être l'œuvre du temps, tandis que celles qui s'en allaient étaient connues et universellement chéries. Les premiers jours, se passèrent donc au milieu des larmes; mais quand les pleurs se séchèrent, alors vint le tour des cabales pour les unes, de l'abattement pour les autres. En un tel état de choses, la position de l'aumônier était fort embarrassante, elle le devint bien davantage, quand plusieurs de ces malheureuses sollicitèrent avec instances leur sortie de cet asile que leur avait ouvert la Providence. Sortir, pour elles, c'était presqu'inévitablement retomber dans leurs anciennes faiblesses, c'était laisser évaporer au grand air du monde le parfum de la grâce, qui commençait à se répandre dans leurs âmes, M. Plumier s'efforça de faire entendre à toutes la voix de la raison, il leur fit entrevoir la peine que leur conduite causerait aux Sœurs qu'elles regrettaient, les dangers auxquels elles allaient imprudemment s'offrir, et le repentir qu'elles en auraient quand elles connaîtraient mieux les Sœurs de St-Thomas. Ses exhortations, et plus encore ses prières parvinrent à faire changer de sentiment à un bon nombre, et parmi elles une ancienne pénitente, qui mourut plus tard, après avoir mené une conduite très-édifiante dans la maison, et après avoir passé 10 ans de profession dans la classe des Magdeleines. C'est au récit de cette vertueuse repentie que l'on a dû la connaissance des faits qui précèdent.

Mais auprès de toutes, M. Plumier n'obtint pas le même succès, et plusieurs, confiantes en leurs propres forces, déclarèrent ne vouloir plus demeurer dans un établissement dans lequel tout leur rappellerait sans cesse la séparation qui venait d'avoir lieu. Quand le bon Pasteur ne peut empêcher la brebis téméraire de se jeter dans le danger, son amour du moins le porte à la poursuivre de son zèle et à faire de nouveaux efforts pour la sauver. C'est là, sans doute, ce qui dirigea M. Plumier dans sa conduite, et en présence de cette page de sa vie, nous crierions presqu'au miracle, si nous ne savions, par les autres circonstances mêmes de son existence, comment il conciliait une excessive libéralité avec une complète pauvreté.

A l'aide de son traîtement excessivement modique, et de ses honoraires de messes, il essaya de préserver ces pauvres fugitives en les plaçant en ville, dans des maisons où elles seraient surveillées, et dans lesquelles, grâce à l'absence d'occasions, leurs résolutions ne seraient point mises en péril. Il fallait pour cela trouver des logements, accepter personnellement des charges de location relativement considérables, fournir les meubles les plus indispensables, afin que l'excès du dénûment ne fut pas pour ces filles la cause de perfides tentations ; il fallait surtout leur assurer du travail, autant pour combattre l'oisiveté que pour subvenir à leur nourriture et à leur entretien. Ce projet, pour tout autre que pour un homme pleinement abandonné à la Providence, eût été irréalisable et même ridicule, non-seulement à cause du défaut d'argent, mais surtout parce que la persévérance de celles qui en étaient l'objet, paraissait plus que douteuse dans de semblables conditions. M. Plumier, cependant voulut essayer cette démarche pour disputer ces âmes à l'enfer : quel fut son secret pour avoir des ressources ? nous ne saurions le dire. Arrivé depuis quelques mois à Marseille, il y connaissait trop peu de monde pour faire un appel de fonds à quelques cœurs charitables : nous croyons donc que, non content de consacrer à cette œuvre tous ses modestes revenus, il dut y intéresser les habitants de Salon qui ne cessaient de venir le visiter et qui devaient s'estimer heureux, en lui donnant des secours, de lui témoigner la constance de leur sympathie, et de seconder une bonne œuvre. Toujours est-il que par ses soins, quelques-unes des anciennes pénitentes furent convenablement installées dans des maisons honnêtes, recommandées à de pieuses personnes et approvisionnées de travail. Plusieurs d'entr'elles, profondément touchées d'une charité si ingénieuse, ne cessèrent pas de venir à la chapelle du Couvent recevoir ses paternelles exhortations et ses sages conseils, et arrivèrent par là à une grande perfection, édifiant ceux qui les ont connues. Il est même deux de ces filles, qui, à en croire ceux qui ont rapporté ces détails, sont mortes comme en odeur de sainteté: l'argent du sacrifice et la confiance en la Providence avaient ainsi produit leurs fruits.

Tant de dévouement et de sollicitude de la part de M. Plumier pour ces malheureuses, ne put faire taire celles qui depuis longtemps réclamaient un changement d'aumônier, et, sur de nouvelles plaintes à l'endroit de sa trop grande perfection, Mgr Charles Fortuné de Mazenod, ne voulut pas prolonger plus longtemps les souffrances et les ennuis de ce bon prêtre, et il jugea à propos de le retirer de cette charge difficile dont il s'était si parfaitement acquitté. Mais le souvenir du vertueux prêtre demeura dans cette maison, pour laquelle il avait tant prié, et comme, en compulsant longtemps après les vieux registres, une Sœur rencontrait son nom, et demandait à une ancienne quel était ce M. Plumier? on lui répondit avec des larmes de reconnaissance: « Oh! c'est un saint! c'est un saint! « qui n'a pas cessé d'aimer notre maison. »

CHAPITRE DIXIÈME.

M. Plumier est nommé second aumônier à l'Hôtel-Dieu. — Soins qu'il donne aux malades, aux militaires, aux filles de mauvaise vie. — Conversions qu'il opère parmi elles et parmi les malades protestants. — Le pasteur le dénonce à l'administration des Hospices; fermeté de M. Plumier dans cette circonstance. — Il se dévoue à la direction des femmes aliénées de l'Hospice St-Lazare et leur procure de pieuses infirmières. — Invasion du Choléra de 1835 à Marseille. — M. Plumier est obligé de quitter l'Hôtel-Dieu. — Après six mois de repos, il est nommé aumônier de la Maternité. — Zèle qu'il montre dans ce ministère.

La France venait de voir une nouvelle révolution, et la famille des Bourbons, dont notre patrie n'avait reçu que des bienfaits, reprenait le chemin de l'exil. Pour un bon nombre de Français devenus égoïstes, l'amour de l'argent succéda alors à l'attachement dynastique, et ces natures dégénérées reprirent leur vie tranquille, sans se douter qu'avec l'ancienne famille de France, nos vieilles traditions, et la meilleure part de notre foi antique, avaient quitté nos contrées. Tel était le malheur que les aveugles ne virent que plus tard.

M. Plumier n'était point de ce nombre; il comprit ce que perdait son pays, et ce souvenir, il le rappelait souvent avec tristesse. Ce fut vers le 8 du mois de septembre 1830, et presqu'au lendemain de cette commotion politique, que l'administration diocésaine appela M. Plumier à l'Hôtel-Dieu en qualité de second aumônier, peut-être sur les instances des Sœurs Augustines qui, l'ayant connu au Refuge, regrettaient depuis sa direction éclairée, peut-être aussi sur la demande amicale de M. Moutet.

Ce ministère était nouveau pour lui; mais l'amour qu'il avait toujours ressenti pour les pauvres et pour les malades le lui fit considérer comme une précieuse occasion d'aller assister Jésus-Christ dans ses membres souffrants; il l'accepta donc avec joie et respect. Une bonne fortune pour lui fut de trouver à l'Hôtel-Dieu comme confrère, le vénérable prêtre qui y exerce aujourd'hui les mêmes fonctions, et auquel les années ont apporté la maturité de la vieillesse, sans affaiblir en rien un zèle et une activité qui datent de plus de 36 ans. La vie commune avec un tel confrère était pleine de charmes, et sans faire oublier à M. Plumier les soins incessants qu'il avait reçus jusqu'à ce jour dans la famille Moutet, elle adoucit le chagrin qu'il éprouvait à quitter des hôtes qui lui avaient permis de regarder leur maison comme la sienne, tant ils avaient multiplié leurs attentions journalières, et tant ils se déclaraient honorés d'avoir offert un asile à ce vertueux ecclésiastique, que l'adversité avait sanctifié.

En reprenant une vie indépendante, M. Plumier ne tarda pas à reprendre la pratique des vertus dont momentanément et par égard pour ses amis, il avait dû suspendre l'exercice. Dans sa nouvelle demeure, comme autrefois au presbytère de Salon, la pauvreté la plus parfaite présida à l'arrangement de sa chambre d'aumônier. C'était moins un appartement qu'une cellule de religieux mendiant. Deux chaises, un simple bois de lit, et un vieux bureau délabré, servant en même temps de table et de bibliothèque, en composaient tout l'ameublement. Émue de ce dépouillement volontaire, la Sœur lingère crut bien agir en posant aux fenêtres de misérables rideaux faits avec l'indienne la plus commune ; mais dès que le serviteur de Dieu, en rentrant dans sa chambre, eut vu l'attention dont il était l'objet : « Ce n'est pas nécessaire, dit-il, c'est du luxe! » et il fallut sur le champ les enlever.

La pauvreté du mobilier ne peut donner qu'une idée fort imparfaite du laisser-aller plus complet encore qu'il avait dans ses vêtements. Sa soutane devint bientôt si sale et tellement trouée, qu'il fallut que les Sœurs recourussent à la charité d'une excellente dame pour obtenir du drap, et en confectionner une nouvelle. M. Plumier, complètement mort à lui-même et à l'opinion des autres, n'eut pas beaucoup à faire pour ôter à ce vêtement l'apprêt du neuf, et de suite la seconde soutane fut dans l'état de la première. La donatrice s'en plaignit, lui faisant observer que ce défaut d'ordre n'était pas convenable chez un prêtre, et que si Monseigneur en était instruit, il trouverait sans doute à redire à cette conduite. A ces observations, M. Plumier, toujours charitable et plein de respect pour les supérieurs, se hâta de répondre qu'on avait raison, et qu'il s'efforcerait d'être plus attentif à l'avenir. Que si on lui objectait au contraire que la simplicité de ses habits le ferait mépriser par les malades, il se plaisait à dire que Jésus-Christ n'a point cherché l'estime mais bien le mépris des hommes, et que si lui-même avait quelque part aux mêmes affronts, il pourrait espérer de ramener les pécheurs : « Il faut aller au ciel, ajoutait-il, et on n'y va soi-« même, et on n'y fait aller les autres que par l'ab-« jection et les railleries du monde. » Aussi a-t-on souvent remarqué que pour réussir à convertir les plus grands coupables, il cherchait de préférence à se rendre ridicule à leurs yeux. Sous ces formes grossières, la vertu de l'apôtre ne tardait pas à se révéler et ceux qui l'avaient vilipendé, l'appelaient avec repentir et confiance, pour déposer dans son cœur leurs misères et le récit de leurs iniquités.

Il faut cependant avouer qu'il avait un autre moyen d'ascendant sur l'esprit des malades ; s'il paraissait pauvre pour lui-même, on était convaincu que ce n'était pas par avarice, et qu'il était au contraire, pour les indigents, libéral jusqu'à l'excès : nous nous bornerons à en citer quelques preuves.

Nul ne connaissait mieux que les malades, quel jour Messieurs les aumôniers recevaient leur traitement, c'était pour eux tous une date de joie, et ils n'auraient pas permis à M. l'Économe de s'absenter ce jour-là. C'est que M. Plumier, faisant promptement changer ses honoraires en pièces de monnaie, s'approchait avec le sourire sur les lèvres de chaque malade, de chaque infirme, et avec une paternité admirable, il distribuait une part de son mois ou de son trimestre. On savait que jamais il ne sortait de la salle sans y avoir complétement vidé ses mains, et chacun répondait à son désintéressement par mille bénédictions et mille promesses. Que de fois les malades, touchés d'une semblable charité de la part d'un prêtre pour lequel ils avaient été jusque-là des inconnus, se demandaient ce qu'ils pourraient faire pour le remercier, et sachant que rien ne lui était plus agréable que leur retour à Dieu, ils sollicitaient la consolation de recevoir de lui leur pardon.

Dans un hôpital aussi peuplé que celui de Marseille, on comprend combien son traitement était insuffisant pour soulager tant de malheureux; mais le vertueux aumônier suppléait par mille moyens au vide journalier de sa bourse. Tantôt, après avoir confessé un malade il redescendait auprès de lui, lui portant une de ses chemises, tantôt il se dessaisissait un à un de tous ses mouchoirs, et l'entretien de ses vêtements eût été un problème, si les pieuses Sœurs hospitalières n'eussent pris le soin de remplacer son linge à mesure qu'il en disposait pour les pauvres malades.

Quelque dénué que fût M. Plumier, ainsi que nous l'avons déjà fait observer, il avait pourtant le secret de trouver de l'argent dans les circonstances nécessaires. L'administration des hospices, à l'époque dont nous parlons, croyant devoir secouer une partie des traditions religieuses de la maison, sous le prétexte si souvent invoqué de libéralisme et d'économies à réaliser, jugea opportun de supprimer dans son budget l'allocation pour les frais de la Retraite annuelle qui était donnée aux malades des deux sexes. Mieux eût valu, ce semble, diminuer les remèdes, que d'enlever à des mourants les consolations de la religion et la facilité de revenir à Dieu, pendant les derniers jours de leur existence. Avec un désintéressement qui l'honore, et qui n'étonnera aucun de ceux qui connaissent M. Long, le premier aumônier, jugea à propos de maintenir la Retraite et d'en supporter seul les frais; il connaissait trop la pauvreté volontaire de M. Plumier pour lui demander de les partager avec lui; mais quand celui-ci eut connu le refus fait par l'administration et la noble conduite de son confrère, il le reprit amicalement de l'avoir exclu de cette œuvre, et le conjura si instamment d'accepter son obole, que M. Long dut lui laisser endosser la moitié de cette dépense. Dieu bénit l'initiative de ces deux prêtres, et peu de prédications ont produit à l'Hôtel-Dieu des résultats plus sérieux que celles qui furent données à cette époque au prix du sacrifice généreux des deux aumôniers.

Si l'argent s'épuise, et si les vêtements à force d'être distribués disparaissent, il est une chose que rien ne peut amoindrir chez un prêtre vertueux, c'est la charité des bonnes paroles, de ces discours qui, partis d'un cœur véritablement aimant, sont recueillis avec bonheur et calment mieux les douleurs que les baumes les plus doux, que les remèdes les plus efficaces et les plus coûteux. Cette science des bonnes paroles, M. Plumier la possédait à un rare degré : il parlait en de tels termes aux malades, de la souffrance, des récompenses réservées à ceux qui l'acceptent sans murmurer, du bienfait que Dieu leur accordait en les faisant souffrir en ce monde plutôt que dans l'autre, que tous ceux qui l'entendaient en étaient charmés, et après son départ se déclaraient consolés. Y avait-il dans les salles quelque blessé qui ne se sentit pas l'énergie de supporter une opération difficile, on allait chercher M. Plumier, et par lui le calme rentrait dans les âmes les plus éprouvées.

Rien n'était admirable comme le joyeux empressement avec lequel l'homme de Dieu se rendait à tous les appels des malades et des Sœurs ; non-seulement, il était à eux de jour mais encore de nuit, et quand, pendant les saisons les plus rigoureuses, aux premières heures du matin, on l'éveillait en lui disant : « A tel numéro on a besoin de vous... » « Oui, oui, répondait-il d'une voix égale, j'y vais, j'y vais. » Venait-on le chercher plusieurs fois dans la même nuit, il accueillait toujours avec la même bonne grâce, et s'il est vrai, comme on l'a dit quelque part, qu'on reconnaît le caractère d'un homme à son réveil, le caractère de M. Plumier devait être jugé comme plein de mansuétude et de douceur. Au bon accueil, il joignait la promptitude, et en moins d'un instant il accourait au chevet des malades.

Le désintéressement, la charité, l'amour des pauvres sont autant de vertus qui sont refusées au sacerdoce par les méchants écrivains, et l'ouvrier, trop souvent imbu des fausses doctrines de ses journaux, a pour le prêtre une sorte d'horreur instinctive ; mais quand, malgré ses funestes préjugés, il voit cet homme dont on lui a dit tant de mal, se pencher sur sa couche de douleurs, le visiter dans un hôpital ou bien des fois l'oublient et le laissent solitaire ses anciens compagnons de plaisir, quand cet homme lui porte avec l'aumône matérielle des nouvelles de la famille dont il est éloigné, et ajoute à tout cela les espérances de la foi, le cœur de l'ouvrier s'ouvre lentement sous l'influence de la grâce ; il se défie d'abord, mais ensuite avec la générosité qui lui est propre, il se donne sans mesure et tâche de devenir apôtre autour de lui. Telle est la consolation que goûta en maintes occasions l'excellent aumônier. Rebuté auprès des nouveaux venus, qui lui objectaient les vieux blasphèmes remis en vigueur par les libres-penseurs de 1830, il ne tardait pas à être connu à l'œuvre ; quand ces malades, qui l'avaient appelé un *crasseux calotin*, le voyaient visitant plusieurs fois par jour chaque salle, bien accueilli de tous les autres qui le traitaient avec respect, et qui se racontaient les uns aux autres les libéralités dont ils avaient été l'objet, ils commençaient à sentir se dissiper leurs répugnances : les paternelles instances du bon prêtre, ses conseils empreints du plus sincère attachement achevaient de les détromper, et les plus revêches, quand ils se rendaient aux inspirations du Saint-Esprit, réclamaient M. Plumier comme confesseur.

Il faut avouer que sa tendresse n'avait d'égale que sa patience héroïque. Sans tenir aucune espèce de compte des sarcasmes et des mépris, il retournait plusieurs fois le jour auprès de ceux qui l'avaient le plus mal reçu, si bien qu'on aurait cru qu'il avait un faible pour eux, et que ses préférences étaient en leur faveur : il les questionnait avec bonté sur leur santé, sur leurs familles, leur demandait s'il pouvait les aider en quelque chose, ou faire quelques commissions en ville qui pût leur être agréable. La mort était-elle imminente, et se trouvait-il encore en face des mêmes refus, il montrait, avec un zèle tout apostolique, à ces malheureux, le terrible réveil qui suivrait leur obstination en ce monde ; il les engageait à écouter la parole de Dieu et à ne pas fermer leurs cœurs à la grâce ; il priait auprès d'eux, souvent même il arrosait leur lit de ses larmes. Il était rare que de semblables plaidoyers dictés par la charité la plus ardente ne produisissent pas leur effet. Si au contraire sa parole était repoussée, il descendait tristement à la chapelle, son visage trahissait toutes les angoisses de son âme, et en le voyant passer dans les corridors on disait : « Il doit y avoir quelque malade « qui ne veut pas se confesser. » Pour lui, s'agenouillant auprès du tabernacle, il faisait entendre à Dieu la prière même que fit le Sauveur avant de mourir : « O « mon Père, ne permettez pas qu'un seul de ceux que « vous m'avez confiés périsse ; je vous conjure de les « préserver de l'éternelle damnation. » Puis ayant repris courage, ou trouvé dans son entretien avec Dieu quelque nouveau prétexte pour s'insinuer dans la confiance de l'agonisant, il revenait auprès de lui, et souvent il avait la joie d'assister au triomphe de la miséricorde divine. — Il arrivait, hélas, à de rares intervalles, que quelques malheureux, à force de renvoyer à plus tard leur réconciliation, étaient inopinément saisis par la mort : ces jours-là, M. Plumier avait l'aspect d'un grand coupable, il se reprochait à lui-même, à son défaut de zèle ou de ferveur, l'état fâcheux de ces pauvres âmes, et il allait répandre sa tristesse avec de nombreux sanglots auprès du Seigneur.

Parmi les malades qui eurent le plus de part à sa sollicitude, et qui lui durent le ciel, il faut surtout mentionner les militaires qui avaient quitté dans un état lamentable notre nouvelle colonie algérienne. Exténués par les fatigues de nombreux combats, par l'ardeur d'un soleil brûlant, anéantis par la dyssenterie et par les fièvres, ces malheureux entraient en foule à l'Hôtel-Dieu, en remplissaient les salles, et un trépas qui ne tardait guère d'arriver permettait de donner à d'autres une place qu'ils n'occupaient pas eux-mêmes bien longtemps. On sait que la vie des camps, en produisant le désordre, enfante le scepticisme. Nos soldats revenaient donc incroyants ; mais notre cher aumônier réveillant en leurs cœurs le souvenir de leur vieille mère et des douces émotions de la première communion, par son langage franc et sa doctrine facile, par ses prévenances incessantes, arrivait avant peu à en faire des héros chrétiens en face de la mort.

Réveiller de grands sentiments de foi chez ces hommes, pour la plupart élevés par de pieuses mères, n'était pourtant pas la portion la plus ingrate du ministère de M. Plumier : le soldat est trop souvent oublieux des pratiques religieuses ; mais il a encore de nobles aspirations, et la vérité le passionne et le subjugue. Il n'en est malheureusement pas ainsi d'une autre classe de malades, qui dans les grandes villes encombre les hôpitaux ; nous voulons parler des personnes dont le corps a été usé par l'excès du plaisir, et qui trouvent dans les tortures physiques un châtiment anticipé de leurs vices, donnant une idée des tourments de l'enfer. Deux causes contribuent à ravir à ces malheureuses créatures le sentiment chrétien : la vie honteuse qu'elles ont menée, et à laquelle elles n'ont pu se résoudre qu'en foulant aux pieds les remords et l'honnêteté religieuse, et le respect humain, qui fait que, placées dans une même salle, auprès de compagnes de leurs désordres, elles n'osent pas avouer leur désir de donner la paix à leurs âmes, de peur d'être ridiculisées. L'expérience apprend combien il est difficile de guérir de semblables cœurs ; mais les bons prêtres ne reculent devant aucune tentative, quand il s'agit de sauver des âmes, et ils savent que les plus dégradées sont encore chères à Notre-Seigneur Jésus-Christ. M. Plumier accepta donc, sans répugnance, de remplacer son confrère malade dans les soins à donner aux femmes de mauvaise vie. Ce travail, d'ailleurs, n'était pas nouveau pour lui, son séjour au Refuge lui avait fait connaître l'état déplorable de ces créatures, et les merveilles que la grâce peut accomplir dans elles. Le bon Pasteur a montré lui-même qu'il va à la recherche de ce rebut social que le monde rejette, après en avoir abusé, et en rendant célèbre le repentir de Magdeleine, en absolvant la femme adultère, le Sauveur a suffisamment prouvé que le ciel peut être ouvert encore à celles qui imitent ces pénitentes. D'autre part, son irréprochable modestie, dans son discours avec la Samaritaine, a tracé à tous les prêtres les règles de sage réserve dont ils doivent ne pas se départir dans une semblable entreprise. Mieux que personne M. Plumier sut y être fidèle. Sa prudence habituelle était poussée à un tel degré, que, quand il s'agissait de recevoir ses sœurs à l'Hôtel-Dieu, il ne leur donnait audience qu'au bas de l'escalier, au vu de tous les promeneurs, sans jamais les laisser pénétrer dans sa chambre, et c'était dans un entretien nécessairement court, par suite du lieu incommode dans lequel il se tenait, qu'il apprenait des nouvelles de son père, de sa mère, et de tous ceux qui avaient eu une si large part à son dévouement et à son amitié. Si telle était sa retenue avec sa propre famille, on comprend ce qu'elle devait être au milieu de ces natures dégradées, qui soupçonnent chez les autres tout le mal dont elles ont été capables, et qui ne croient presque plus à la possibilité de la vertu. M. Plumier les obligea à croire à la vérité de la sienne, et avant peu il eut acquis sur les plus perverses un incontestable ascendant. C'est qu'il savait à travers une gravité nécessaire, et une réserve complète dans les regards, laisser deviner la charité qui le pressait. Quand une de ces femmes était mourante, il venait avec un tel accent de conviction faire entendre le double langage de la pénitence et de la miséricorde divine, que ces yeux taris par les larmes s'étonnaient de pleurer encore, et les compagnes, témoins de pareilles scènes, se répétaient des unes aux autres : « C'est un saint que cet « homme ! » Les pieux sentiments qu'exprimait l'agonisante, l'amende honorable que souvent elle faisait au milieu de la salle, et d'après les conseils de son confesseur, prouvaient en effet la vertu de celui-ci. Aussi, quand il pénétrait dans cette portion de l'hospice, trop souvent égayée par des plaisanteries obscènes qui veulent faire oublier la mort, le silence se faisait promptement, et il était reçu avec autant de respect que d'empressement. Son apostolat auprès des mourantes lui procurait de douces consolations, et il avait la joie de les réconcilier toutes avec Dieu, et de les voir expirer dans de touchants sentiments. Mais un travail plus ardu était de secouer de leur mollesse les malades en voie de guérison. L'espérance d'une prochaine liberté, la pensée de se replonger dans leur bourbier infect, les rendait plus sourdes à la voix de la grâce. Elles renvoyaient toujours à plus tard le repentir, et se disaient tenues par de trop fortes chaînes pour rompre sitôt avec le plaisir. Néanmoins ces aveugles volontaires étaient de la part de l'aumônier l'objet d'une incessante sollicitude. Quand approchait le moment de leur sortie, il revenait plus souvent dans la salle, malgré les exhalaisons pestilentielles qui s'en échappent ; leur rappelait avec douceur le prix de leur âme ; ce qu'il y aurait de téméraire à s'exposer de nouveau ; le danger d'une damnation éternelle ; puis leur racontant ce qu'il avait lui-même vu au Refuge, il les excitait à venir essayer des charmes que l'on peut y goûter, et de la sainteté avec laquelle on y meurt. A ce récit plusieurs d'entre elles renonçant aux désordres passés, se décidaient en quittant le séjour de l'hôpital, à embrasser la vie calme et pénitente des Magdeleines. D'autres, dont il devenait la providence, en rentrant dans la ville ne retournaient plus dans leur ancienne demeure, et commençaient dans le travail une existence régulière. Combien plus heureuses étaient celles auxquelles Dieu n'accordait plus le temps de sortir de l'Hôtel-Dieu, après qu'elles avaient été converties! pour elles le combat finissait de bonne heure, et la couronne promise au repentir était promptement gagnée.

Parmi toutes ces âmes, devenues l'objet des prévenances de la grâce et du dévouement de M. Plumier, on a conservé à l'hôpital le souvenir d'une certaine fille du nom de Colombe, et dont le retour fut aussi sincère que les égarements avaient été scandaleux. Coupable de fautes honteuses dès l'âge de cinq ans, cette malheureuse s'était laissée entraîner à tous les instincts d'une nature corrompue, et par respect humain sans doute, et pour n'être pas renvoyée de la Sainte-Table, elle avait caché ses péchés au tribunal de la pénitence, ajoutant ainsi la malice insigne du sacrilége à l'ignominie et aux bas sentiments qui résultent du vice mauvais. Dès ce jour le démon avait paru se saisir de cette criminelle, et inspirer toutes ses actions : en échange de quelques heures de plaisir, il la tourmentait incessamment par le regret, et, pour triompher de cette voix importune, elle recourait à des rires bruyants et forcés qui ne parvenaient pas à l'étourdir sur l'état de sa conscience et sur son sort futur. Un jour, saturée de jouissances, ou plutôt n'en pouvant plus de remords, elle vint, sans savoir comment, s'abattre au Refuge ; mais avec elle, elle portait son tourment : ses nuits étaient sans sommeil, ses repas sans appétit, et sa conduite, un sujet de continuels scandales. Cette excitation factice, peut-être aussi la contrainte d'une vie régulière terrassèrent ce tempérament déjà usé : Colombe tomba malade, et on dut la conduire à l'Hôtel-Dieu. Mise de nouveau en contact avec d'anciennes compagnes de libertinage, elle retrouva tout le cynisme de langage qu'elle avait montré au Refuge, et, selon les rapports qui nous sont faits par des témoins oculaires, elle paraissait être un véritable démon. M. Plumier n'était pas homme à reculer devant tant d'iniquités : il savait qu'une maladie fort grave manifeste bien davantage la puissance du Dieu qui la guérit : il fit donc à cette pauvre Magdeleine les avances les plus paternelles, auxquelles elle répondit par d'ignobles blasphèmes et par des sarcasmes dégoûtants. Plus l'âme était en péril de se perdre, plus il devint avide de la sauver. Si perverse que fût la nature de cette personne, elle ne put demeurer insensible aux attentions délicates dont l'entourait la Sœur hospitalière chargée de la salle : la vertu de cet ange de charité, sa constante douceur, étaient pour l'impénitente toute une prédication et un dernier appel de la grâce. Bientôt, avec le besoin qu'éprouve tout cœur malheureux de se confier, elle raconta à la Sœur

la cause de ses chutes, lui expliquant comment après avoir tant abusé des sacrements, elle avait juré de n'y plus recourir. Lui parler de confession, c'était provoquer de nouvelles crises et lui procurer d'indescriptibles convulsions, et, par une de ces bizarreries si fréquentes chez les pécheurs obstinés à repousser le prêtre, elle n'éprouvait de véritable soulagement qu'à s'avouer coupable devant sa confidente : la bonne Sœur répugnait à laisser salir ses oreilles par de semblables discours : « Continuez, lui dit M. Plumier, c'est le Saint-
« Esprit qui fait cela et qui a compassion de la faiblesse
« de cette âme. Qu'elle vous dise tout ce qu'elle a fait,
« et quand vous me l'aurez exposé, je lui en rendrai
« l'aveu plus facile. » Ce stratagème ingénieux, aidé de la prière, réussit à merveille. Avant peu la Sœur connut toutes les misères de cette conscience, et put les communiquer à M. Plumier : celui-ci vint tout radieux auprès de la malade : « Eh bien ! lui dit-il, il ne s'agit
« plus maintenant de vous confesser ; mais seulement
« de demander pardon au Dieu qui est riche en miséri-
« cordes : je sais tout, je connais le sacrilége qui vous
« torture, et je viens vous en délivrer. » Il accompagna ces paroles de tant de douceur, que la Magdeleine, fondant en larmes, voulut demander pardon devant toutes ses compagnes : elle reçut avec une foi ardente la rémission de ses fautes ; elle s'anéantit de confusion et d'amour quand elle vit venir à elle le Dieu de l'Eucharistie, et, dans son union avec lui, elle trouva, quoique tardivement, un bonheur qu'elle n'avait jamais connu. Puis, ivre du désir de faire partager à d'autres sa joie,

et de gagner quelques cœurs à la vertu, en retour de ceux qu'elle avait perdus, elle devint apôtre dans la salle qu'elle occupait, et, peu après, les deux plus méchantes filles se rendirent à la grâce, et finirent dans la ferveur, comme Colombe, une vie abrégée par le désordre.

Pour ne pas retomber dans des redites fatiguantes il nous faut ne pas nous étendre sur ces récits : l'œil se lasse de lire ce que le cœur zélé ne se fatigue point d'accomplir ; toutefois, avant de clore ce qui regarde le ministère de M. Plumier à l'Hôtel-Dieu, hâtons-nous de dire qu'en peu de temps le pieux aumônier avait si parfaitement réussi au milieu de ces brebis perdues, que, quand son confrère eut recouvré la santé, il ne crut pas devoir lui enlever un travail dans l'exercice duquel il était parvenu, non-seulement à se faire respecter, mais encore à se faire désirer et aimer. Qu'on se garde de croire cependant que la considération dont il jouissait, M. Plumier la dût à la flexibilité de ses principes théologiques : ce serait une grande erreur ; on a au contraire gardé la mémoire de la rigueur de sa discipline et de sa direction au milieu de ces malheureuses : il demandait d'elles plus que des promesses, il exigeait des signes d'amendement et des marques de pénitence. Sa méthode était la sévérité pour absoudre ; mais il la rachetait par un tel dévouement qu'on la lui pardonnait à cause de la charité qui l'inspirait.

Pas plus que la flamme, le zèle ne se circonscrit en une seule place ; il dépasse bientôt les limites tracées et il poursuit tous ceux qui l'entourent. Après s'être occupé des catholiques de tous les âges, qui habitaient l'Hôtel-Dieu, M. Plumier cherchait à ramener à la vérité les hérétiques protestants, que Dieu frappait dans leurs corps, pour sauver leurs âmes. A cette époque, les cultes dissidents n'avaient point de salle spéciale pour leurs sectateurs, et maintes fois la sollicitude des Sœurs, les bons procédés des aumôniers, les appréhensions qui précèdent la mort, guérissant plus d'un malade des préventions répandues contre la vie religieuse et le sacerdoce, plusieurs sollicitèrent le bonheur d'entrer dans le sein de cette Église qui leur faisait retrouver, au chevet de leur agonie, des frères et des sœurs désintéressés. M. Plumier seconda autant qu'il put cette secrète influence de la grâce : sans détruire une bonne foi, qui peut en excuser quelques-uns, il éclairait les esprits hésitants, leur témoignait une tendresse extrême, se montrait plein de respect pour eux, et désireux d'assurer leur salut. Ces prévenances, cette conviction produisaient souvent leurs fruits, et M. Plumier ouvrait par le saint baptême le ciel à plusieurs malades, pour lesquels l'infirmité devenait l'occasion de connaître la vérité. Ce bien ne s'accomplissait pas sans péril, car les agents de l'erreur sont soupçonneux, et à défaut du zèle, qui ne saurait leur appartenir, ils ont le secret et la science du bruit et des protestations, quand quelqu'un de leurs adeptes leur échappe, et ils ont surtout l'audace de la dénonciation. M. Plumier en put juger par expérience.

Un protestant étant tombé malade, paraissait fort anxieux sur son sort éternel ; il soulevait volontiers des questions religieuses, et manifestait le plus grand désir de voir la Sœur, et de converser avec l'aumônier : ces dispositions indiquaient un travail intérieur, qui, aidé des instructions de M. Plumier, amena une abjuration aussi franche que spontanée : dès lors, quand le ministre protestant revint à l'Hôpital, il fut remercié par le malade, qui lui annonça la résolution importante qu'il avait prise et accomplie de changer de religion. A cette nouvelle, M. le ministre se perd en invectives contre le défaut de procédés, et l'indiscrète propagande de M. l'aumônier : il remplit la salle de ses bruyantes protestations, et nonobstant les assurances formelles données par le malade, que tout a été fait sans contrainte et uniquement à sa demande, le Pasteur se retire en disant qu'il faut un exemple et *qu'il saura bien brider les importunes obsessions des prêtres papistes*. — En tout autre temps, cet incident eût été sans gravité, et tout se serait borné aux railleries des malades qui trouvèrent la véhémence de M. le ministre de fort mauvais goût, et son langage peu châtié au point de vue des convenances auxquelles il voulait ramener MM. les aumôniers ; mais ces choses se passaient en 1832, époque à laquelle on était heureux de crier au scandale contre le clergé, et où, par suite des grandes libertés proclamées avec les baïonnettes pendant les trois journées, il y avait de la licence pour tous, et de la défiance et du mépris pour tout ce qui portait un costume ecclésiastique. Il était de mode *de tomber sur les calotins*, comme il était politique de courir sus aux paysans Vendéens. Dans de

pareilles circonstances, on comprend quel accueil favorable fut fait aux doléances de M. le Pasteur. Messieurs les aumôniers furent mandés à comparaître devant l'administration des hospices, et en leur présence, il exposa ses griefs et la perturbation que les prêtres catholiques introduisaient, selon lui, dans les consciences : il les représenta comme venant torturer par des questions oiseuses de pauvres mourants, abusant de la faiblesse de ceux-ci pour leur arracher des abjurations mensongères, en un mot, effrayant ceux qu'il faudrait consoler... Quand ce réquisitoire virulent fut achevé, M. le Président de la commission des hospices interpellant MM. les aumôniers, leur demanda ce qu'ils avaient à dire pour se justifier. Ils avaient tout écouté en silence et avec gravité, l'un d'eux répondit, ce qui était la vérité, qu'il ignorait le fait, objet de la discussion ; mais l'autre, M. Plumier dit qu'ayant agi selon sa conscience, et avec l'entier assentiment du malade qui était majeur, sa conduite était aussi bien justifiable par la raison, qu'elle était autorisée par le code civil lui-même. Cette réponse, ne satisfit ni la partie adverse, ni l'administration : « Ainsi donc, reprit le Président, il y aura
« un combat livré au chevet de chaque malade par
« les représentants des divers cultes ; et que penserez-
« vous vous-même, si M. le Pasteur vient endoctriner
« vos malades ? — Je penserai qu'il n'en a pas le droit.
« — Et pourquoi cette exception en votre faveur ? —
« Parce que c'est à nous, prêtres catholiques, et non
« aux protestants, qui ne datent que de trois siècles,

« qu'il a été dit par Jésus-Christ, l'éternelle vérité : « Allez, enseignez les nations. — » Le Pasteur ne laissa pas achever, et se perdit en récriminations sur l'intolérance cléricale des ultramontains : le Président et ses assesseurs essayèrent d'un sermon comminatoire sur la prudence à garder quand on est fonctionnaire public... M. Plumier se leva avec dignité : « Vous êtes des juges incompétents, leur dit-il, nul « n'a le droit d'enchaîner la parole de Dieu ; » puis faisant un signe à son confrère : « Retirons-nous, lui « dit-il... » et ils sortirent tous deux avec calme, emportant par leur énergie l'estime des juges devant lesquels ils avaient comparu.

Cette scène ne ralentit en rien le zèle de M. Plumier dans ce ministère de conversion, et il ne tarda pas à montrer que, ne suivant que les inspirations de sa conscience, il ne redoutait ni l'administration, ni le Consistoire. Depuis l'explication que nous venons de raconter, on avait introduit auprès des malades protestants, pour les empêcher d'abjurer, des infirmiers appartenant à leur religion. Dans le nombre, s'en trouvait un, du nom de S*** dont les bonnes qualités frappèrent, dès les premiers jours, M. Plumier : plein d'attention pour les infirmes, il était d'une charité excessive, surtout eu égard à la modicité de son traitement. Bien des fois, il partageait avec eux sa rétribution mensuelle, et dès qu'il en voyait quelqu'un inclinant vers la vérité catholique, loin de le dissuader, il lui facilitait le retour à l'unité, en avertissant les aumôniers. Émerveillé de ces précieuses disposi-

tions, M. Plumier lui répétait en souriant : « Prenez
« garde, votre charité vous jouera quelque mauvais
« tour : ceux que vous envoyez au ciel vous conver-
« tiront par force et vous attireront à leur foi ; » c'é-
tait une prédiction. Peu de temps après, cet homme,
ne craignant point de perdre sa position, pour suivre
les lumières et les mouvements de la grâce, et touché de la vertu de M. Plumier, fit entre ses mains son
abjuration, et sacrifia sans trop de tristesse un emploi
qui lui avait valu le bonheur de devenir enfant de l'É-
glise Romaine.

La suite logique du récit ne nous a point permis de
parler encore d'un second ministère que M. Plumier
cumulait avec celui de l'Hôtel-Dieu, et qui, en réalité,
moins important que le premier, fit cependant plus
d'une fois apprécier sa singulière charité. Il s'agit des
soins qu'il donna aux aliénés habitant l'hospice St-
Lazare, situé dans le faubourg de ce nom.

Relégués dans une demeure mal divisée, étroite,
et exposée à la poussière et aux ardeurs du soleil,
ces malheureux déshérités par la nature, semblaient
ne l'être pas moins par la commission des hospices.
Confiés à des mains mercenaires, ils étaient trop souvent les victimes de soustractions opérées sur leur
nourriture, et de brutalités exercées sur leurs personnes. Nous ne craignons pas d'écrire ces choses,
qui ont enfin attiré les regards de l'administration et
lui ont fait élever les magnifiques constructions de
l'hospice St-Pierre. Si mal soignés au point de vue
matériel, on comprend combien plus mal ils devaient

l'être au point de vue spirituel. Sous le prétexte qu'ils n'avaient plus la raison, on ne s'occupait ni de les instruire de la religion, ni de leur procurer les sacrements à la fin de leur vie. Cependant une constante expérience a appris, que, par un effet de la miséricorde divine, il est rare qu'à plusieurs de ces imaginations troublées, on ne parvienne pas à force de peines à faire produire des actes de repentir suffisant pour les réconcilier avec leur Créateur. D'ailleurs, en fût-il autrement, et n'y eût-il eu que leurs corps à soigner, c'est une des merveilles de la Foi de faire voir à l'âme chrétienne Jésus-Christ, la sagesse incréée, incarné dans l'insensé comme dans le pauvre, et déclarant fait à lui-même ce que l'on fait pour le moindre de ces malheureux. La situation dans laquelle vivaient ces infortunés était depuis longtemps connue en dehors de Marseille, et M. Plumier, dont la charité était émue devant tous les délaissements, ayant su cet état de choses, avait cherché selon la mesure de ses ressources à l'améliorer. Les sentiments de zèle et de respect pour les pauvres, qu'il avait inspirés à ses congréganistes de Salon, le mirent à même de réaliser ce généreux projet. Nous préférons le laisser parler lui-même ; on verra mieux quel fut le but qu'il poursuivit et les moyens qu'il employa. Il écrivait de St-Chamas à la date du 25 septembre 1827, c'est-à-dire pendant le temps de sa disgrâce, et adressait sa lettre à l'infatigable secrétaire de la Préfecture à Marseille :

« Pour ma santé il n'est guère possible que je puisse
« rester seul dans une paroisse ; je suis bien fatigué,
« quoique mieux depuis une application de sangsues,
« qui a eu lieu le 17 de ce mois; mais je vous écris
« surtout en faveur d'une bonne œuvre : Vous savez
« que les femmes aliénées se trouvent souvent dans les
« maisons destinées pour elles dans une triste situa-
« tion ; on les mène trop durement, ce que leur mala-
« die ne demande pas ; on n'a pas pour elles toutes
« les attentions qu'on devrait avoir; elles sont, s'il
« faut en croire les on dit, dans une espèce d'abandon;
« aussi dans le département de l'Ardèche, s'il m'en
« souvient, il s'est formé une congrégation religieuse
« de filles, dont le but est de soigner les femmes alié-
« nées. Cet établissement est protégé par le pouvoir
« civil et par l'autorité ecclésiastique. Le fondateur
« m'avait écrit, dans un temps, pour me demander des
« sujets, et M. de Magallon, supérieur des Frères-de-
« Saint-Jean-de-Dieu, a cet établissement fort à cœur.
« Vous voyez en effet le bien qui peut en résulter. Je
« connais quatre ou cinq filles très-pieuses, et parmi
« elles, une surtout ayant de grands mérites, et qui
« voudraient, à ce que je pense, se consacrer à une
« œuvre aussi méritoire, et former par conséquent une
« congrégation destinée à secourir les insensées. J'ai
« voulu vous en écrire pour voir si vous goûteriez la
« chose et s'il y aurait moyen de la commencer à Mar-
« seille, par exemple. Je sais que M. le préfet avait
« dans un temps fortement engagé M. de Magallon à
« ériger dans le château de Salon un établissement

« pour les insensés ; cela me fait croire qu'il serait
« porté pour celui-ci. Veuillez m'en dire franchement
« votre avis. Je recevrai toujours avec plaisir vos let-
« tres, surtout celles qui engagent encore plus à la pra-
« tique des vertus. Que la volonté de Dieu soit faite en
« toutes choses, et qu'elle règne dans nos cœurs. »

Quelques jours après, écrivant de nouveau à son ami, et n'en ayant pas encore reçu de réponse, il disait : « Je vous avais parlé d'un pieux projet ; qu'en pensez-« vous ? » — Et ce qui montre combien cette affaire le captivait, c'est que s'adressant le 17 décembre suivant à la même personne deux mois après la première communication qu'il lui en avait faite, après lui avoir parlé dans les termes que nous avons vus plus haut de la perte de M. Nay, leur ami commun, malgré sa tristesse, il ajoute : « Je vous remercie de l'intérêt
« que vous prenez à ma santé. En quittant Marignane
« je vous adressais deux lettres : une pour vous, et une
« autre pour les administrateurs des hospices. Comme
« dans votre réponse vous ne me parlez pas de la bonne
« œuvre projetée, je crains que ces lettres ne se soient
« égarées. Vous m'obligerez beaucoup de vouloir bien,
« par le retour du commissionnaire, me dire où en
« sont les choses par rapport à l'association en ques-
« tion. Je voudrais bien que cette bonne œuvre réus-
« sît. Je vous presse pour me répondre, parce qu'il
« est possible que, cette semaine, on me fasse connaître
« ma destination, et que je serais bien aise de savoir
« avant mon départ à quoi m'en tenir au sujet de cette
« affaire. »

L'ardeur avec laquelle il poursuivait le soulagement des femmes aliénées est d'autant plus digne d'éloges que le moment où il s'en occupait était celui de toutes ses tribulations, et que dès lors il eût été naturel pour tout autre que pour lui, d'oublier momentanément les misères d'autrui, pour ne songer qu'à ses propres épreuves. Pour M. Plumier, le repos se trouvait dans le travail, et la consolation dans le dévouement. Le sien, secondé par celui de son ami, obtint le résultat qu'il souhaitait, et au commencement de l'année 1828 l'administration des Hospices confia la garde des insensées aux pieuses filles formées et choisies par M. Plumier. Ces servantes volontaires des pauvres entrèrent dans cette œuvre avec une joie inexprimable, portant dans leurs fonctions l'habit séculier, mais ayant les vertus de la vie religieuse. Malheureusement l'absence complète d'éducation, puisqu'elles venaient de la campagne, ne permit pas plus tard de leur conserver définitivement la direction de l'hospice Saint-Lazare. Toujours est-il que pendant plusieurs années, ces ferventes chrétiennes entourèrent les aliénées de soins tendres et délicats, et ces malheureuses infirmes, se voyant l'objet d'une réelle affection, croyaient renaître à une vie nouvelle. Les aumôniers de l'Hôtel-Dieu furent chargés de la direction spirituelle de cette maison, bien plus pour les infirmières, on le comprend, que pour les aliénées. M. l'abbé Long, le premier, vint s'édifier dans cette enceinte du consolant spectacle des attentions maternelles des gardes pour les malades ; mais bientôt, présumant que M. Plumier retrouverait avec plaisir ses anciennes filles de Salon pour les diriger, il lui abandonna complétement ce ministère. Si M. Plumier l'accepta volontiers, nous devons dire que ces garde-malades dévouées ne s'acquittaient pas avec moins d'empressement de celui qu'elles avaient accepté. Les prévenances dont elles entourèrent les insensées furent même pour ces déshéritées comme une crise heureuse, et plusieurs parurent recouvrer la raison sous l'influence de ces soins incessants. On en profita pour essayer de prêcher à ce singulier auditoire une retraite préparatoire à la communion pascale, retraite qui, si elle fournit quelques curieux épisodes, produisit aussi sa part de consolations.

Pour entretenir dans le cœur des pieuses infirmières les sentiments qui devaient les animer, M. Plumier chercha à les rassembler dans une salle ou dans la chapelle, afin de leur parler de Dieu; mais un ancien économe de l'hospice, dont la gestion précédente avait peut-être été gênée par le désintéressement des nouvelles venues, fidèle à l'opposition qu'il leur avait faite dès les premiers jours, refusa la salle demandée, et prétendit qu'il y avait des inconvénients à se réunir à la chapelle. Peu importait au pieux aumônier le lieu qu'on laissait à sa disposition, pourvu qu'il eût la liberté de faire le bien ; Notre Seigneur n'avait-il pas dit : « Prêchez sur les pla-
« ces publiques, et enseignez sur les toits. » Donc, chassé de l'intérieur de la maison, au nom du bon ordre, il profita de l'heure de récréation, qui après les fatigues de la matinée était accordée aux gardiennes par le règlement, et n'ayant pas d'autre chaire, il les grou-

pait autour de lui dans la cour, à l'ombre d'un vieux mûrier, et là il leur révélait dans un langage simple, et avec une retenue toujours exemplaire, les charmes et la grandeur de la charité. Tout œil impartial eût été mouillé de larmes à la vue de ces âmes venant retremper leur courage contre les difficultés de leur travail, dans la pensée du ciel, à la vue de ce bon prêtre prêchant, au nom de Dieu, l'amour envers ces infortunées tombées en démence, et devenues à charge même à leur famille. Mais la jalousie raisonne tout autrement : dans ces chastes rapports d'un père avec ses filles spirituelles, elle vit un scandale, et faisant grand bruit de ce qui se passait ouvertement, mais surtout voulant, sous ce mensonger prétexte, se défaire d'un témoin intègre et loyal, elle vint le dénoncer à Monseigneur Charles-Fortuné de Mazenod, évêque de Marseille. La sainteté de M. Plumier était trop connue de ce digne prélat et de ses honorables conseillers, pour qu'on pût ajouter foi au moindre soupçon contre le vertueux serviteur de Dieu. Néanmoins pour faire triompher plus clairement l'innocence de son prêtre, Mgr appela le premier aumônier de l'Hôtel-Dieu, et connut par lui les moindres détails de cette affaire. Tout devait, dans le récit qui lui en fut fait, augmenter sa vénération pour M. Plumier, et il écrivit lui-même à l'administration des hospices pour défendre son inattaquable prudence ; mais les événements ne tardèrent pas à rendre inutile cette justification, et celui-ci quitta bientôt cette aumônerie, qui lui faisait rencontrer l'ingratitude en échange du bien qu'il y faisait. C'est ordinairement la monnaie dont Dieu permet que soit payé en ce monde le dévouement de ses saints.

En effet, peu de temps après les faits que nous venons de raconter, éclata à Marseille le terrible choléra de 1835, qui n'eut d'égal dans les annales de la mortalité que la peste de 1720. Le redoutable fléau, trouva M. Plumier à l'Hôtel-Dieu, auquel il était attaché depuis près de cinq ans, il le trouva plein d'activité et de bons désirs, mais aussi, à bout de forces, par suite de la continuité d'un travail qui ne lui avait pas permis de se remettre de la grande secousse qu'il avait éprouvée en quittant Salon. A peine assez vigoureux pour le labeur de chaque jour, au milieu duquel il souffrait bien souvent, M. Plumier ne le fut plus pour le surcroit extraordinaire de sollicitude et de fatigue que l'épidémie lui apportait. Est-il besoin de rappeler qu'à l'époque dont nous parlons, et presque dès les premiers jours de l'invasion, les malades étaient apportés à chaque instant à l'Hôtel-Dieu ; les salles devinrent bientôt insuffisantes et il fallut sur tous les points de la ville improviser des ambulances. Les aumôniers avaient à se multiplier à toutes les heures du jour et de la nuit ; leurs repas et leur sommeil étaient sans cesse interrompus. M. Plumier, avec l'énergie que nous lui connaissons, entoura de soins les premiers cholériques arrivés à l'hospice, et dans une seule après-midi il eut à en visiter huit. La vue de tant de malheureux, les gémissements qui retentissaient dans les salles, l'odeur nauséabonde qui y régnait, l'excès de la lassitude, déterminèrent chez lui un irrésistible malaise, et comme il sortait d'une salle pour pénétrer dans une autre, il tomba sur le sol, dans une syncope complète, et de laquelle on ne put le réveiller immédiatement.

Au sortir de cet état léthargique, il fut obligé de s'aliter ; mais comment aurait-il pu être tranquille dans sa chambre, tandis qu'il sentait un si grand nombre de cholériques réclamant son ministère? Toujours charitable, la pensée de l'augmentation de travail que sa maladie créait à son respectable confrère, la crainte que quelque malade ne vînt à manquer de secours et à mourir sans sacrements, le désolaient et détruisaient tout l'effet heureux que les médecins attendaient de son séjour au lit. D'ailleurs était-il prudent, avec un tempérament impressionnable comme le sien, de rester plus longtemps dans un milieu contagieux et en face du spectacle continuel de la mort ? M. Plumier ne le crut pas, et avec toute l'humilité possible, il sollicita de Monseigneur un changement de destination.

Quand une épidémie commence à régner, il est une contagion plus à craindre que le mal lui-même, et qui en accélère les progrès, c'est la contagion de la peur ; aussi, dans de semblables circonstances, tout fonctionnaire doit-il demeurer à son poste, sinon pour combattre le fléau par son action personnelle ou par celle de ses administrés, tout au moins pour contrebalancer la panique résultant de la fuite des trembleurs, par la sécurité qui semble résulter de la présence au milieu des centres infestés. Ainsi l'estima d'abord Monseigneur de Mazenod en recevant la supplique de son pauvre aumônier ; le croyant plus effrayé que malade, il s'efforça de lui faire persuader que son départ à ce moment serait un acte de faiblesse ou de lâcheté. Ce raisonnement était vrai en soi ; mais puisque M. Plumier était réellement malade, n'y avait-il pas imprudence à l'exposer à l'influence morbide répandue partout à l'hôpital ? Les médecins trouvaient son séjour à l'Hôtel-Dieu désormais inutile, puisqu'il n'y pouvait rendre aucune espèce de services : ils le jugeaient même dangereux et conseillaient un changement de résidence. L'autorité diocésaine se rendit à leur décision, et M. Plumier fut autorisé à quitter l'hôpital, où il fallut immédiatement le remplacer, tant la mortalité y était effrayante. Les préoccupations du moment étaient trop pénibles pour que son départ y produisît la tristesse qu'on en eût ressentie en d'autres temps, et d'ailleurs, malades et Sœurs hospitalières ne crurent qu'à une séparation momentanée, et accompagnèrent de leurs vœux les plus sincères leur cher aumônier.

L'asile qui s'ouvrit pour le pauvre convalescent fut, on le devine assez, la maison du respectable M. Moutet. Une première fois ses soins attentifs et ceux de ses enfants avaient rétabli M. Plumier, les efforts de l'amitié devaient de nouveau conserver à une famille dont elle était la joie, et au diocèse, cette santé précieuse. C'est dans cet intérieur aimé et tranquille qu'il reprit peu à peu ses forces, tandis que son hôte intrépide se dévouait de tous côtés pour venir au secours des malades des ambulances et des dépôts.

Dieu eut enfin compassion de la cité autrefois évangélisée par son ami Lazare, et comme en 1720 le vœu de Monseigneur de Belzunce avait désarmé le divin Cœur de Jésus et en avait fait le sauveur de Marseille, le même vœu réitéré par Monseigneur de Mazenod obtint le même prodige, et le fléau s'éloigna de nos murs. Depuis près de six mois M. Plumier était sans place, attendant qu'il plût à ses supérieurs de lui confier un nouvel emploi. Le remettre à l'Hôtel-Dieu avait semblé inopportun, l'administration des hospices ayant pris son premier départ comme une concession faite à la frayeur, et n'ayant plus pour lui la même considération. Cette attente d'une situation nouvelle fut pour lui un temps d'épreuve véritable, moins parce qu'il eut à ressentir les angoisses du dénûment, que parce qu'il put croire que sa position provenait du mécontentement de ses chefs ecclésiastiques. Se figure-t-on en effet quelle devait être la situation financière de cet homme, habitué à donner toujours, trop discret pour demander à ses hôtes, auxquels il regrettait déjà de causer un surcroît de dépenses, et ne recevant plus aucune espèce de traitement? Cette condition, si héroïquement qu'elle fût supportée, ne laissait pas que d'être fort pénible à son cœur, doué d'une sensibilité excessive, et comme, un jour, on le questionnait avec intérêt sur ce qu'il faisait, sur sa privation de tout secours, de grosses larmes roulèrent dans ses yeux, et il se contenta de répondre : « Je pleure, il est vrai, mais je crains de n'être pas « assez résigné à la volonté de Dieu, qui me veut « ainsi. » Fort attendrie par ces pleurs involontaires qui cachaient une grande douleur, la personne dont nous tenons ce fait ajouta : « Mon vénéré Père, la Pro-

« vidence est pour tous, et veille sur tous ; mais il me
« semble qu'elle doit veiller bien davantage sur les ser-
« viteurs de Jésus-Christ... — Ah ! oui, répondit-il,
« aussi je me repose bien sur cette aimable Providence,
« et j'attends tout de son secours. » En effet, peu de
jours après, une dame fort aumônieuse ayant appris
qu'il n'avait qu'une méchante soutane, toute percée et
dont le mauvais état nuisait à la considération de celui
qui la portait, lui en envoya une toute neuve qu'il reçut
avec la plus entière humilité et la plus vive reconnaissance.

Presqu'en même temps l'autorité diocésaine l'appela en qualité d'aumônier dans la maison vulgairement nommée *la Maternité*. Cet établissement ouvert aux mères indigentes, et surtout destiné aux filles-mères, s'élevait sur l'emplacement qu'occupe aujourd'hui, sur les allées de Meilhan, la faculté des sciences, il était confié à la direction de Mme Villeneuve, dont la mort n'a pu faire oublier ni la charité, ni l'intelligence unies à de rares connaissances chirurgicales. Chrétienne avant tout, Mme Villeneuve accueillit avec bonheur dans son établissement un prêtre dont l'éloge était souvent arrivé jusqu'à elle, et elle ne tarda pas à comprendre que M. Plumier était bien l'homme qu'elle désirait depuis longtemps pour réaliser ses idées et opérer un bien spirituel au milieu des filles coupables dont elle était chargée. Elle ne se trompait pas. Dès le début, M. Plumier, sentant qu'il serait toujours secondé dans cette maison, s'adonna avec soin et amour au salut de ces malheureuses, dont la plupart étaient victimes de leur inexpérience et d'une première faute.

C'est une admirable sollicitude que celle de l'Église, qui même aux âmes tombées vient faire entendre un langage de charité, et qui, à ces filles que la société méprise, prêche encore une sainteté possible, en leur révélant la maternité comme un apostolat et une expiation, et non comme un déshonneur et un fardeau. Ce langage, c'est celui qu'il fit entendre, avec une conviction semblable à celle qui avait tant édifié les pensionnaires du Refuge, et les femmes de mauvaise vie à l'Hôtel-Dieu. A la conviction la plus sincère, il joignait la piété la plus onctueuse : « Sa manière de célébrer
« la Sainte Messe au milieu d'elles, nous a dit un
« témoin oculaire, aujourd'hui entouré de la con-
« fiance de tous dans sa carrière médicale, était une
« véritable prédication. Que de fois j'ai entendu ces
« malheureuses, se répétant des unes aux autres :
« Comme M. l'aumônier dit bien la messe ! On y venait
« assister tout exprès pour le voir ; le recueillement
« y était universel, et ces filles, dont la dissipation est
« proverbiale, semblaient transformées en sa présence.
« Une nouvelle cause d'heureuse influence sur cette
« population indisciplinée, était son exactitude, son
« égalité d'humeur et son air profondément pénétré
« en administrant chaque jour le sacrement du bap-
« tême : la répétition des mêmes cérémonies le trou-
« vait toujours aussi grave, aussi respectueux, aussi
« attentif ; il était impossible que cette manière de faire
« fût sans efficacité, et en effet elle en exerça une très-
« heureuse en peu de temps. »

Pour s'en convaincre, il suffit de se rappeler qu'au milieu de ces cœurs, pour lesquels la vertu angélique n'apparaissait que comme quelque chose d'inaccessible ou comme un sujet de remords, M. Plumier parvint à répandre le culte alors tout nouveau de Sainte Philomène, l'une de nos plus gracieuses et de nos plus pures vierges chrétiennes. C'était opposer le remède le plus sublime aux faiblesses les plus grossières; il est vrai que le prétexte pour introduire cette dévotion fut le grand nombre de grâces par lesquelles cette sainte semblait réparer l'oubli dans lequel ses ossements et sa mémoire avaient été laissés jusqu'à ce jour. Il profita de la puissance de Sainte Philomène pour faire solliciter par elle les grâces de délivrance, de guérison ou autres, et peu à peu, montrant que la reconnaissance envers la douce bienfaitrice demandait le retour du cœur, il arriva à obtenir de véritables conversions. Tantôt il décidait quelques-unes de ces filles à épouser le père de leur enfant, tantôt, quand l'union était impossible, il veillait à ce qu'elles fussent placées hors de Marseille, et loin de toute occasion de rechutes. Ses succès dans ce ministère furent le sujet d'une grande joie pour ses supérieurs ecclésiastiques, et pour lui en donner une preuve, M. Flayol, vicaire-général, voulut venir présider lui-même la communion générale pour la fête de Sainte Philomène, et témoigna dans une chaleureuse allocution toute la consolation qu'il ressentait à visiter cette assemblée.

Les soins dont les filles de la maternité étaient l'objet de la part de M. Plumier, n'absorbaient pas telle-

ment son temps qu'il ne lui restât quelques loisirs à consacrer aux Sœurs hospitalières de l'Hôtel-Dieu. Depuis près de dix ans elles avaient apprécié sa direction simple, aussi claire que consolante, aussi avaient-elles sollicité comme une grâce de n'en être point privées. M. Plumier, dûment autorisé, se rendit avec complaisance à leurs désirs ; mais il eut tout à la fois occasion de pratiquer de nombreux actes de renoncement et d'humilité, en même temps que d'apprendre, combien on lui savait mauvais gré de son départ à l'époque du choléra. Jamais il ne le comprit si bien qu'un jour, où étant venu, soit par dévotion, soit par commodité, pour célébrer la Sainte Messe dans la chapelle de l'Hôtel-Dieu, avant que de confesser les Sœurs, comme il était complétement revêtu des ornements sacerdotaux et qu'il allait se rendre de la sacristie à l'autel, un membre de l'administration intervint et lui demanda brutalement, si après être sorti honteusement de l'hôpital, il n'avait pas honte d'y reparaître encore, ajoutant que sa présence dérangeait fort l'aumônier et qu'il eût à se diriger ailleurs. « A ces paroles, raconte
« une personne présente à cette scène, M. Plumier ne
« répondit pas un seul mot, il parut même impassible,
« et ayant déposé les vêtements sacrés, il vint se pros-
« terner devant le Saint Tabernacle, et offrit à Dieu
« cette humiliation. La Sœur sacristine s'approcha alors
« de lui avec émotion, et lui exprima toute la peine que
« lui causait un semblable procédé. — Ne dites rien, re-
« prit-il en souriant, laissons, laissons faire le bon
« Dieu, il sait mieux que nous ce qu'il nous faut. Du

« reste, ce Monsieur a raison, puisque je ne suis plus
« ici, j'avais tort d'y revenir. » Il ne songea donc plus
« à retourner pour célébrer la messe, mais il n'en con-
« tinua pas moins à diriger les Sœurs, cumulant cet
« acte de charité avec ses occupations à la Maternité. »

Ce dernier ministère ne se poursuivit pas longtemps. L'administration des hospices sentant le besoin d'effectuer des économies, après les dépenses que lui avait occasionnées le choléra, se décida à réunir la section de la Maternité à la Charité, et ce projet fut bientôt réalisé. Ce transfert rendait inutile la présence d'un aumônier spécial pour les filles-mères, celui de la Charité pouvant désormais suffire facilement à ce service. Par là, M. Plumier se trouvait de nouveau en disponibilité.

Il fut nommé d'une manière temporaire aumônier des religieuses Capucines, et il y demeura trop peu pour que nous ayons quelques détails sur son séjour dans cette maison; mais assez cependant pour que ces saintes âmes aient conservé de son trop court passage parmi elles, un souvenir agréable du parfum de ses vertus. Après les épreuves de l'âme et celles du corps, après les fatigues de l'apostolat et du zèle, après les disgrâces, l'ouvrier avait été suffisamment sanctifié au creuset de la tribulation, pour se dévouer désormais à une nouvelle œuvre pour laquelle tous ces ennuis semblaient l'avoir préparé ; il y trouva le calme de la vie, l'estime et la vénération générale, et c'est au sein de cette position que la mort est doucement venue l'endormir.

CHAPITRE ONZIÈME.

M. Plumier s'installe au Petit-Séminaire du Sacré-Cœur — Pauvreté de son ameublement. — On lui confie l'aumônerie des Orphelines de la Providence. — Son esprit de foi se révèle dans la régularité qu'il porte à l'étude du plain-chant, aux catéchismes, à la direction des Congrégations. — Ses pieuses industries pour répandre la dévotion au Sacré-Cœur et à St-Joseph. — Sa tendre sollicitude pour les malades, et pour les âmes des orphelines décédées. — Son amour de la liberté de conscience. — Il se dévoue aux intérêts matériels des enfants, et au bien spirituel de leurs familles.

Le Petit-Séminaire du Sacré-Cœur avait bien changé d'aspect et d'importance depuis que M. Ripert en avait jeté les fondements dans la petite maison de la rue Grignan, et depuis que M. Plumier y avait achevé ses études, mais ses aggrandissements successifs ne lui avaient rien fait perdre de la sainteté et de l'admirable esprit de ses fondateurs; successivement transféré de Mazargues à la rue Grignan; puis de là dans un local plus spacieux situé sur le boulevard de Rome, il avait, peu de temps après, été fixé dans la rue Bernard du Bois; mais l'exiguité de cet immeuble le rendait impropre à sa destination, d'autant plus que la confiance des familles était heureuse de trouver dans cette maison l'éducation chrétienne que les Lycées n'offraient pas d'une manière suffisante. Alors on vit les dignes héritiers des prêtres du Bon-Pasteur, dévoués comme leurs Pères à l'enseignement et à l'instruction religieuse de la jeunesse, mettre en commun leur avoir paternel, recueillir dans la ville de généreuses souscriptions, et pleins de confiance en la Providence, acheter, le 21 mars 1822, le magnifique emplacement qu'occupe aujourd'hui, au boulevard du Nord, l'école commerciale qui porte le nom de Mgr de Belzunce. La carrière du dévouement s'élargissait ainsi : un plus grand nombre d'élèves était appelé au bienfait de l'éducation religieuse; mais la charité, la simplicité, l'amabilité antiques pénétraient dans cette maison avec ces nouveaux maîtres, et en prenaient possession pour ne la plus quitter. Ajoutons à l'énumération des vertus de ces Pères de la jeunesse Marseillaise, un renoncement sans exemple qui leur faisait pratiquer à la lettre la maxime de Saint Paul : *Habentes alimenta quibus vescimur et quibus tegamur, his contenti simus :* (*Ep. ad. Tim.* 6.) Pourvu que l'on ait de quoi se nourrir et se vêtir, on doit s'estimer satisfait. On n'avait pas beaucoup plus dans le Petit-Séminaire du Sacré-Cœur : l'acquisition avait épuisé toutes les bourses ; les constructions indispensables avaient augmenté la gêne, on y vivait donc très-frugalement; mais la joie y était si franche, la concorde si complète, l'attachement des professeurs pour leurs élèves si affectueux, le respect de ceux-ci pour leurs maîtres si universel et si empressé, l'amour de Dieu et du travail si général, l'esprit si excellent, que chacun s'y trouvait à l'aise, de telle sorte qu'on aurait pu appeler ce temps l'âge d'or de cette maison, si une douce expérience ne nous avait appris plus tard, que, tandis que pour les empires l'âge d'or est éphémère, pour les institutions que dirigent l'esprit de Dieu et le dévouement, il peut se conserver pendant de longs jours.

A l'époque à laquelle nous a conduit notre récit, M. l'abbé Bicheron venait d'être nommé supérieur de cet établissement : il y arrivait précédé par une réputation de piété et de science dont il avait donné des preuves en exerçant le ministère pastoral dans le diocèse d'Aix : réputation de bon augure pour sa nouvelle gestion, et que les événements ne démentirent pas.

Mieux qu'un autre, M. Bicheron connaissait M. Plumier, et si quelques différences dans les opinions théologiques avaient pu les séparer quelquefois, il savait quel était son zèle, quelle était sa sainteté. Curé d'une paroisse à peine distante d'une heure de Salon, il avait vu, il avait entendu tout ce que celui-ci avait fait pendant son vicariat dans cette ville : l'excès de sa charité avait pu être blâmé, sa doctrine avait pu être trouvée peut-être trop sublime pour les âmes auxquelles elle s'adressait ; mais les intentions de M. Plumier lui avaient toujours paru excessivement droites, et la résignation parfaite avec laquelle il avait enduré sa disgrâce avait achevé de le persuader de la vertu profonde de son confrère. Une circonstance devait la lui rendre bientôt plus manifeste, et nous pensons, à la louange de ces deux bons prêtres, devoir la rapporter : « M. Plumier, pour des raisons dont j'aurais « pu me disculper, dit M. Bicheron, pouvait croire « avoir à se plaindre de moi ; mais pour un petit ser- « vice que je lui rendis, quelle tendre amitié ne me « témoigna-t-il pas ! quelle effusion ! quelle délicatesse ! « quel oubli du passé ! quelle reconnaissance il m'en « garda constamment. Je vous l'assure, M. Plumier « était un grand cœur : humble, craignant Dieu, « l'aimant, le servant avec une fidélité qui est tou- « jours demeurée la même. » Avec de tels sentiments sur M. Plumier, on comprend sans peine comment M. Bicheron, quand il le sut sorti de l'Hôtel-Dieu, considéra comme un bonheur de lui offrir l'hospitalité dans la maison dont il était devenu le supérieur. Sa présence dans l'établissement ne devait pas être, du reste, complétement inutile : MM. les professeurs étaient peu nombreux, plusieurs n'étaient pas revêtus du sacerdoce ; les prêtres étant occupés par leurs classes, avaient peu de moments à consacrer à la confession des élèves : en entrant dans le Petit-Séminaire, M. Plumier pourrait donc faire l'office de directeur spirituel ; de là aussi, il serait à proximité de la Maternité à laquelle il avait été attaché comme aumônier. Par tous ces motifs que M. Bicheron fit valoir avec toute l'éloquence de l'amitié, M. Plumier se détermina à quitter la famille Moutet à laquelle il craignait, bien à tort, de devenir à charge : celle-ci, tout en regrettant profondément son départ, le vit avec bonheur accepter cette résidence, dans laquelle le serviteur de Dieu allait trouver une installation et des habitudes plus conformes à ses goûts. Le 25 avril 1835, il prit possession de son nouveau logement qu'il devait ne plus quitter.

Il n'est pas sans intérêt de dépeindre cette demeure dans laquelle se sont écoulées près de trente années de la vie que nous avons essayé d'écrire.

Située au second étage et au fond d'un long corridor, auquel des portes ouvrant des deux côtés donnent l'aspect d'un monastère, la chambre de M. Plumier avait tout juste la dimension d'une cellule de séminariste. L'entrée en était immédiatement retrécie par la cloison de l'alcove qui formait une petite ruelle servant d'accès à ce modeste logement. A droite, une porte d'un mètre de hauteur environ fermait un placard pratiqué dans la muraille, et sur les trois planches duquel s'éparpillait, encore fort au large, tout le vestiaire de M. Plumier. Une chaise placée à côté de cette armoire suppléait quelquefois à son insuffisance, et supportait tantôt le linge revenant du blanchissage, et tantôt les hardes destinées à la lessiveuse. Entre ce meuble et la cheminée, il y avait tout juste la place d'une fenêtre, à peu près de même dimension que l'ouverture du placard, et prenant jour sur la cour d'entrée de l'établissement. Tous ceux qui ont connu M. Plumier nous eussent reproché de ne pas mentionner cette croisée que remplissait tout entière sa bonne figure, et de laquelle il répondait toujours avec un sourire aux amis, aux pauvres et aussi aux importuns qui venaient à chaque instant l'appeler.

Près de la croisée, s'élevait dans l'angle de la chambre et en biais une cheminée en plâtre, aussi haute que l'appartement l'était peu, barbouillée de noir à l'intérieur, et ayant en guise de foyer, les souliers du propriétaire et une malle renfermant quelques livres, (la même sans doute qui avait servi à tous les déménagements depuis celui de Salon jusqu'au dernier au Petit-Séminaire.) Soit austérité de la part de M. Plumier, soit que cette cheminée comme celles qui sont construites dans un angle donnât de la fumée, pendant plus de 25 ans que nous avons visité cette chambre, nous n'avons jamais senti sortir la moindre chaleur de ce foyer toujours éteint, nous n'en pourrions pas dire autant du vent, que la proximité des toîts rendait fort pénétrant, et qui descendait par le tuyau d'une manière fort incommode. Sur la tablette de la cheminée reposait en compagnie de quelques brochures éparses, une lampe d'étain et une bouteille contenant de l'eau bénite.

Si on considérait cette cellule en tournant à sa gauche, elle n'offrait pas un plus riche aspect. Au milieu du panneau se dressait une table autrefois peinte en gris, et que l'usage, non moins que les coudes des pénitents avaient usée. Elle servait en effet tout à la fois de bureau, de bibliothèque et de prie-Dieu. Un encrier de terre jaune, quelques plumes, rappelaient seuls la première destination. Une petite croix de bronze, un chapelet, quelques médailles, indiquaient la troisième. Quant à la seconde, on la comprenait assez par des livres semés en désordre, les uns droits, les autres couchés, et au milieu, des images, et les petites publications éditées par les conférences de St-Vincent-de-Paul, et qu'il distribuait aux pauvres et aux enfants. Comme vis-à-vis, une chaise semblable à celle des églises formait supplément de la garde-robe, un siége rendait le même office à la bibliothèque ; quelques vieux in-folio reposaient poudreux auprès de la table, et une paire de bas, souvent oubliée sur le dossier, indiquait qu'on n'était pas précisément dans un cabinet de lecture. De l'autre côté, était placée une troisième chaise, aussi simple, moins souvent encombrée, c'était celle qui était réservée aux confrères et aux amis. Plus d'une fois pourtant l'essuie-mains devait changer de position, pour laisser au visiteur la facilité de s'asseoir. Puis, venait l'alcôve à laquelle depuis un an seulement nous avions vu suspendre deux rideaux de calicot, dont les médecins avaient prescrit l'usage, pour préserver M. Plumier de la rigueur du froid, et dont les plis ouvraient à moitié deux chaises placées l'une en face de l'autre. Celle de droite, servait au modeste habitant de cette cellule, et sa place y était gardée par son bréviaire ; celle de gauche, mise à la tête du lit, et surmontée d'une planche non rabotée et qui dépassait des deux côtés, était destinée à tenir lieu de table de nuit.

Nous avons parlé d'un lit: celui de M. Plumier jusqu'à l'année dernière, époque où la nécessité de lui donner des soins réclama un meuble mobile, consistait en trois planches, assujetties à une rainure tracée de chaque côté du mur. Les objets de literie étaient plus que simples: on pouvait faire une étude de coloris sur le couvre-pieds, qui cachait la pauvreté des draps, et sur lequel reposait toujours quelque vieille soutane. Pour compléter la description de cet intérieur, il faut mentionner un bénitier de verre appendu à la muraille, avec un chapelet en olives du Jardin de Gethsémani, et une petite croix de bois dont les bras supportaient un scapulaire et un rameau d'olivier. Vis-à-vis, et aux pieds du lit, un clou supportait l'étole destinée à lui servir quand il entendait les confessions. Cette étole aurait droit aussi à une mention spéciale, si nous ne craignions de ridiculiser un objet que la piété reconnaissante a réclamé et conserve comme une précieuse relique.

Qu'on ne croie pas que nous allions oublier l'endroit dans lequel M. Plumier tenait le plus ordinairement son argent. Le tiroir de la table, qui s'ouvrait avec un simple bouton de bois blanc, et qui n'avait aucune serrure, renfermait son avoir: il y avait place de plus pour ses diplômes, ses lettres d'ordination et les quelques papiers de famille qui pouvaient lui être utiles. M. Plumier n'était pas homme à craindre les voleurs: il ne s'était pas précautionné contr'eux à Salon, il n'eut donc garde de le faire, pendant qu'il habitait dans une maison religieuse. Du reste, nous dirons plus tard pourquoi il pouvait à cet égard, vivre avec sécurité.

C'est dans cet appartement plus que modeste, qui n'était blanchi qu'à la chaux, que M. Plumier entra en 1835, après avoir fini de se rétablir de son atteinte de choléra, chez M. Moutet. Ajoutons que, située au nord, cette chambre était glaciale en hiver, et qu'immédiatement placée sous les toîts, elle était brûlante en été. L'âge qu'avait M. Plumier quand il en prit possession le rendait moins sensible à ces rigueurs atmosphériques, et quand, plus tard, par respect pour ses années, on le conjura d'en accepter une autre, dans sa crainte d'être toujours trop bien logé, il la refusa obstinément.

Pour être juste, nous devons dire qu'une seconde pièce, séparée de la première par plusieurs chambres, fut aussi mise à sa disposition, afin qu'il pût y ranger les livres de théologie qu'il tenait de son oncle, le vicaire de Saint Théodore. Cet appartement avait en son genre un caractère assez semblable à celui que nous avons décrit. Des rayons de bois blanc, partant du sol, sans porte ni vitrage, couvraient à demi-hauteur les trois côtés de la cellule : vis-à-vis, un bureau antique était placé entre deux fenêtres, dont une ne recevait pas de jour. Par-dessus gisaient, couvertes de poussière, des liasses de sermons, qui provenaient probablement des oncles de M. Plumier, et qui lui avaient été donnés quand sa vocation s'était décidée. Du reste il ne se tenait pas dans sa bibliothèque : ordinairement dès qu'il y avait choisi l'ouvrage qu'il désirait, il l'emportait dans sa chambre, où ce volume venait se confondre avec ceux qui encombraient la table et les chaises.

Malgré cette excessive simplicité, il était fort heureux dans sa nouvelle résidence : il y trouvait tout ce que son âme droite avait toujours cherché, la proximité d'une église, une vie retirée, des confrères vertueux, lui offrant à la fois des sujets d'édification et une distraction agréable, avec plus de liberté pour travailler à sauver les âmes ; il n'y rencontrait rien au contraire de ce qu'il avait toujours redouté, l'esprit du monde, le luxe, l'intérêt personnel, le défaut de charité.

Pour reconnaître de son mieux l'hospitalité qu'il recevait dans cet établissement, M. Plumier se mit de suite à la disposition des enfants pour les confesser. Tous n'étaient pas également à même de rechercher comme un bonheur sa direction, et quelques-uns, s'arrêtant aux apparences, souriaient du laisser aller de ses manières et de son défaut de langue ; mais plusieurs, malgré leur jeune âge, devinant en lui le saint, en firent le conseiller de leur conduite, le confident de leurs secrets, le directeur et le juge de leur vocation, et nous en connaissons qui lui ont conservé leur confiance jusqu'au moment de sa mort.

Si son départ de l'Hôtel-Dieu avait pu affaiblir celle que lui témoignait l'évêque de Marseille, son ministère à la Maternité lui avait rendu toute l'estime de ce prélat et de son administration. Aussi quand il fut démontré que son séjour chez les Capucines, en l'obligeant à se mettre en ménage, et en rompant la douce vie à laquelle il s'était habitué au Petit-Séminaire, lui créait des préoccupations trop nouvelles pour lui, habitué *à vivre à la bonne mode*, comme dit Saint François de Sales, et sans mobilier, ni sans linge ; ses supérieurs l'envoyèrent comme remplaçant de M. l'abbé Demore, dans la direction d'un établissement de charité, qui venait d'être providentiellement reconstitué à Marseille sous le nom d'*Œuvre des Orphelines de la Providence.*

Cette œuvre du reste n'était pas complétement nouvelle. Monseigneur de Belzunce, dont le nom se trouve dans toutes les créations charitables de notre ville, en avait jeté les fondements en 1714. Peu d'années après, la terrible peste de 1720 en laissant tant de jeunes filles orphelines de père et de mère, avait montré l'opportunité d'un asile pour recueillir ces infortunées, plus à plaindre encore pour les périls que couraient leurs âmes, que pour la perte de leurs parents ; aussi les échevins, reconnaissants des services rendus par cet établissement pendant le fléau, votèrent-ils la somme de 2,000 francs à perpétuité. La grande révolution avait balayé en 1789 cette fondation si utile qu'il fut donné à la généreuse initiative de Monseigneur de Forbin-Jansin de rétablir en 1820. Cinq ans plus tard, l'administration municipale, digne en cela des précédents échevins, fit l'acquisition d'un grand terrain sur le chemin de St-Charles, et bientôt de vastes constructions s'élevèrent, pouvant abriter près de 200 orphelines. Tel fut l'intéressant troupeau à la tête duquel M. Plumier fut placé en 1837 et dont la mort seulement a pu le séparer. L'aumônier, dans cette maison, avait à exercer un ministère multiple : au point de vue spirituel, il devait veiller à la régularité des offices et du service divin, entendre la confession des enfants, les instruire par le catéchisme et par des exhortations à leur portée, les préparer à recevoir les sacrements d'Eucharistie et d'Extrême-Onction. Il devait aussi les assister dans les dernières angoisses de l'agonie, et les aider à bien mourir. Au point de vue temporel, si le règlement attribuait seulement au directeur le soin de représenter l'œuvre dans les actes civils, la charité faisait à l'aumônier une loi de seconder celui-ci dans ses démarches, et de chercher à améliorer le bien-être des orphelines, de s'occuper des moyens de les mieux loger et vêtir, enfin de s'informer de leurs placements après leur séjour dans la communauté, et de continuer à prendre soin de leurs intérêts matériels, lors de leur rentrée dans le monde. Tout bon aumônier devait avoir ces choses à cœur, comme l'avaient fait le respectable M. Demore, et avant lui, le vénéré M. Giraud-St-Rôme; il est consolant d'étudier maintenant comment M. Plumier comprit et accepta ce ministère, qui a occupé une si longue portion de sa vie.

N'oubliant pas que l'établissement qui lui était confié se soutenait surtout par le travail des enfants, il eut soin, dès le début, d'organiser les exercices religieux de manière à ce que le travail n'eût jamais à en souffrir. Il venait tous les matins avec une régularité et une ponctualité admirables pour célébrer la Sainte Messe, qu'il disait avant sept heures, pour la commodité des orphelines. Plein de respect pour le plus auguste mystère de la religion, il avait désiré que toutes les enfants y assistassent, et dans une circonstance où l'abondance des trousseaux à confectionner nécessitait plus d'économie dans l'emploi du temps, comme il avait été mis en question si on maintiendrait l'usage de l'audition journalière de la messe, avec une sainte hardiesse il répondit que cette maison étant essentiellement fondée par la Providence, et soutenue par elle, c'était bien plus dans la prière que dans les aiguilles des ouvrières qu'il fallait placer sa confiance, et que si l'abondance de l'ouvrage faisait sacrifier en quelque chose les intérêts du bon Dieu, la Providence qui avait béni cette œuvre vengerait ses droits méconnus, en enlevant un travail si fâcheux dans ses résultats.

Ce raisonnement était trop fondé pour n'être pas ponctuellement adopté. La Sainte Messe continua à occuper la place d'honneur dans le règlement de la journée. Utile aux enfants qui participaient ainsi plus immédiatement aux fruits qui en résultent, la Sainte Messe leur révélait plus clairement la vertu de leur aumônier, et par là lui ouvrait leurs cœurs pour la direction de leurs consciences. Rien en effet ne pouvait les édifier davantage que la vue de M. Plumier à l'autel : son recueillement, son absorption en Dieu, quoique l'absence de servant l'obligeât à s'aider lui-même pour les apprêts du sacrifice, étaient une véritable prédication, et nous attribuons sans contredit à cette heureuse influence de l'exemple, la respectueuse attention avec laquelle il est depuis de tradition dans cet établissement d'assister à la Sainte Messe. Il était rare qu'il sortît de ce silencieux commerce avec Dieu, pour adresser la parole aux enfants ; il préférait, même le dimanche, laisser au saint sacrifice toute sa solennité, et ne l'interrompre par aucune exhortation. Des cantiques toujours graves fixaient les orphelines les plus légères et reposaient l'imagination des plus jeunes. A peine dépouillé des vêtements sacrés, M. Plumier revenait devant l'autel, et là, s'agenouillant au milieu du sanctuaire il consacrait un grand quart d'heure à l'action de grâces. Cet enseignement de l'exemple, il l'a donné pendant les vingt-sept années durant lesquelles il a dirigé cette maison ; plus tard, il est vrai, les infirmités ne lui permirent presque plus de demeurer à genoux, mais, une fois assis, il se tenait dans une telle immobilité, et avait pour tout ce qui se passait autour de lui une telle indifférence, il paraissait tellement perdu en Dieu, que, dans cette position plus commode, il n'inspirait pas moins de respect et de vénération que si on l'eût vu prosterné.

Quand il avait donné à la reconnaissance pour son hôte divin le temps habituel, il n'avait point pour cela terminé son entretien avec Dieu. Après la contemplation de l'Eucharistie, il s'occupait immédiatement des souffrances de Notre-Seigneur pour lesquelles il eut toujours une singulière affection ; c'est pourquoi ayant achevé l'action de grâces, il commençait de suite les saints exercices du chemin de la croix. Pendant vingt-sept ans, on l'a vu fidèle chaque matin à suivre ainsi le Sauveur sur la voie douloureuse, n'ayant jamais moins de recueillement pour une pratique que la répétition fréquente aurait pu lui rendre moins intéressante, et y apportant toujours les mêmes dispositions de piété et de componction.

M. Plumier n'ignorait pas combien la dignité du culte

exerce d'influence même sur les enfants, et il s'efforçait, sans recourir à des créations ou à des pratiques nouvelles, d'user de ce moyen d'action sur son petit troupeau. Il trouvait sagement établi tout ce qui l'a été par l'Église, et c'est pourquoi il se plaisait à exalter la majesté et la beauté du chant Grégorien. Mais sans demeurer dans une admiration spéculative, il s'adonnait lui-même au soin de l'enseigner à ses orphelines. Deux fois par semaine il se livrait à cette occupation, à laquelle il attachait une si grande importance, que nous l'avons vu, malgré son respect pour ses confrères et son empressement à les obliger, les faire attendre avant de leur donner audience, pour ne pas abréger sa leçon. Il ne voulait pas que ce chant fût le bien de quelques-unes seulement, car il est une prière, et à l'Église chacun doit prier : aussi les formait-il toutes à cette pieuse psalmodie. La patience qu'il mettait dans cet enseignement était vraiment remarquable. Le dimanche, il faisait répéter par chacune le morceau qu'il leur avait donné à apprendre pendant la semaine précédente, et si quelqu'une avait omis de s'acquitter de ce devoir : « Ah ! tant pis ! tant pis ! disait-il avec sa
« bonté ordinaire, vous n'avez pas travaillé pour le bon
« Dieu, mais j'espère bien que la prochaine fois ce sera
« tout le contraire. » Cette simple parole était plus sensible et plus efficace que les plus grands reproches, et elle produisait toujours son heureux effet. Trouvait-il quelqu'enfant pour laquelle cette science fût plus ingrate, il l'encourageait de son mieux, et pour lui en montrer la facilité, il chantait avec elle, malgré l'hila-

rité que cette complaisance provoquait ordinairement parmi les autres.

On l'a vu, le dimanche qui a précédé sa mort, fidèle à ses habitudes, faire à 72 ans ce qu'il avait commencé en 1837, et qu'il n'avait jamais interrompu, donner la leçon hebdomadaire de plain-chant. Nous ne savons s'il y a exagération à dire que cette régularité dans un ministère peu attrayant par lui-même, est peut-être la preuve la plus frappante que nous ayons rencontrée de l'esprit de foi de M. Plumier, et de son zèle pour le culte divin. Il faut du reste avouer que ses efforts étaient couronnés de succès, et rien n'était touchant et imposant, tout à la fois, comme d'entendre ces cent cinquante voix, de timbres différents, exécutant avec précision, ensemble, et surtout gravité, les prières liturgiques du sacrifice. Cette sollicitude de M. Plumier pour le chant, et l'estime qu'il en avait inspirée autour de lui, eurent pour résultat de faire que les grand' messes chantées, dont la longueur fatigue trop souvent les enfants, étaient devenues l'ornement des plus belles solennités, et l'objet de la joie universelle dans l'établissement. Ce chant majestueux servait aussi aux orphelines à exprimer à leurs bienfaitrices leur reconnaissance, car elles étaient seules à exécuter les messes de *Requiem*, fondées par le règlement pour les associées décédées, et bien des fois de douces larmes ont coulé pendant que ce peuple d'orphelines faisait retentir les tristes gémissements de l'Église, à la mort de celles qui leur avaient servi de secondes mères.

Du chant Grégorien, l'attention de M. Plumier se

portait sur les autres parties du culte, et quoique les apprêts en fussent faits avec un zèle consciencieux par la Sœur sacristine, il descendait encore dans les détails les plus minutieux, et tenait à tout prévoir avant de monter au saint autel : de telle sorte qu'il trouvait toujours quelqu'observation utile à faire ou quelqu'oubli à réparer. Puis, aux époques surtout où l'Église exprime par des cérémonies plus compliquées l'esprit des mystères qu'elle célèbre, il avait soin d'expliquer aux enfants la signification de chacune des actions liturgiques, et le symbolisme qu'elles renferment.

Ces prédications exceptionnelles étaient, comme toutes ses exhortations, empreintes du plus complet abandon, et remplies à chaque instant d'élans d'amour ou de protestation de fidélité envers Notre-Seigneur Jésus-Christ. Laissons parler à cet égard ceux et celles qui en ont été si souvent les auditeurs. « La prédication
« de M. Plumier était surprenante : c'était un supplé-
« ment de sa conversation. Ceux qui l'entendaient
« pour la première fois ouvraient les yeux, se regar-
« daient entr'eux, souriaient légèrement, puis ils en
« retiraient des fruits merveilleux que ne produisent pas
« toujours les discours les plus éloquents. Du reste sa
« parole ne manquait pas de feu : sans prétention au-
« cune il grondait, encourageait avec le pur langage
« de la foi, et s'efforçait de communiquer l'amour de
« Notre-Seigneur et l'esprit habituel de la présence de
« Dieu. Quant à sa méthode, elle était excessivement
« simple : ses entretiens se composaient le plus sou-
« vent d'une maxime de sainteté familièrement propo-

« sée, il y mêlait quelques traits historiques, des pein-
« tures de mœurs, des interpellations sur les défauts
« que pouvaient avoir ses auditeurs ; mais dans ce cas,
« il avait grand soin de ne blesser personne, et de tou-
« jours indiquer le remède à côté du mal qu'il flétris-
« sait. Cette bonhomie de parole n'était pas dépour-
« vue d'une charitable causticité : « Vous vous plaignez,
« s'écriait-il un jour, de ce qu'on ne vous aime pas !
« On a bien raison : on fait comme Dieu qui n'aime que
« ce qui est aimable ! » — En chaire, comme dans sa
« direction, il recommandait continuellement ce qu'il
« y a de plus parfait, et sa conclusion habituelle était
« celle-ci : *Il faut être des Saints.* » « Son ardeur à
« procurer la gloire de Dieu était infatigable, nous écrit
une personne, qui pendant plus de quinze ans a assisté
à ses instructions : il prêchait très-fréquemment, et
« quoiqu'il dit presque toujours les mêmes choses, on
« l'écoutait néanmoins avec plaisir et même avec avi-
« dité, parce qu'on voyait qu'il pratiquait personnelle-
« ment tout ce qu'il enseignait. Sa maxime favorite
« était qu'il fallait aimer les croix, les humiliations et
« la pauvreté. Il se plaisait aussi à répéter que par quel-
« que main que le bien se fît, cela devait être tout à
« fait indifférent pourvu que Dieu fût aimé et glorifié. »

Joignons un fait à l'appui des appréciations si vraies
qui précèdent. Un ecclésiastique, entendant parler de
l'attachement que les orphelines avaient pour leur aumônier, et ne pouvant s'expliquer humainement comment ces jeunes imaginations se contentaient des paroles lentes et sérieuses d'un vieillard, voulut assister en

secret à une de ses prédications, pour juger s'il était vraiment sympathique à son auditoire. A cet effet, il se cacha près de l'autel, et quelle ne fut pas son admiration quand il vit sur tous les visages, avec quel respect, avec quel plaisir était accueillie cette causerie paternelle. M. Plumier expliquait alors l'évangile du jour ; il le faisait avec un tel naturel que l'attention était générale, et les jeunes filles, oubliant le laisser-aller de l'entretien, ne s'occupaient que de la doctrine substantielle qui leur était si saintement distribuée. Dès ce moment l'influence de M. Plumier sur ces âmes ne fut plus une énigme pour le curieux auditeur : c'était celle de la sainteté et de la vérité. Il convient d'y ajouter l'influence non moins incessante, et non moins réelle du dévouement.

Les orphelines n'ignoraient pas en effet combien leurs intérêts spirituels étaient chers à leur digne aumônier ; il ne reculait devant aucune fatigue pour le bien de leurs âmes, et il avait tellement multiplié, pour soutenir leur dévotion, les exercices et les instructions, que lorsqu'il tomba malade pour la première fois, en 1863, les confrères qu'il pria de le remplacer durant le mois de mars, eurent sept entretiens à faire en moins de huit jours. La raison en est que conformément à la méthode des Pères de la Compagnie de Jésus, dont il admirait le pieux savoir-faire et la science des cœurs, il avait divisé la communauté en plusieurs congrégations, afin de créer dans une vie habituellement monotone, les distractions qui naissent des fêtes, et d'établir surtout parmi les âmes une pieuse émulation pour le service de Dieu. A cet effet, il réunissait chaque semaine, sous le protectorat de Notre-Dame de la Présentation, les plus grandes, dont il avait fait le foyer du zèle et de la propagande charitable dans toute la maison. L'esprit qui les animait était si droit et si parfaitement orienté vers Dieu, que perdre son titre de fille de Marie, par un acte d'insubordination, paraissait être le châtiment le plus douloureux, et ces congréganistes étaient vraiment, comme elles le sont encore, l'édification et les modèles de l'établissement. C'est à elles qu'était confié le ministère de la prière, quand il s'agissait de préparer les âmes à la grâce de la Retraite annuelle, ou de la communion pascale : elles étaient les auxiliaires de M. l'aumônier, auprès de leurs compagnes.

Au-dessous d'elles se groupaient, sous le patronage des Saints Anges Gardiens, les plus jeunes qui par leur conduite avaient mérité cette distinction : les unes et les autres avaient des entretiens spéciaux, et sortaient de leurs réunions hebdomadaires, pleines du désir d'aimer et de faire aimer Notre-Seigneur Jésus-Christ. Aux congréganistes des Saints Anges, M. Plumier répétait bien des fois qu'il faut toujours suivre les bonnes inspirations qui nous viennent de ces esprits célestes, et cela, même pour les intérêts purement temporels, car souvent ces divins messagers font éviter de très-grands dangers pour le corps : il citait à l'appui la préservation merveilleuse dont son frère et lui avaient été l'objet, au passage de la Goûle à Saint-Chamas. »

Il y a quelquefois un inconvénient à redouter de la formation de ces congrégations particulières dans un établissement : c'est que l'aumônier, s'il n'y prend garde, témoin plus immédiat de la vertu des congréganistes et de leur correspondance à ses conseils, ne donne moins de soins à la portion de la communauté qui n'a pas été digne d'entrer dans ces associations : le zèle se porte en effet plus volontiers là où il est mieux secondé ; mais le véritable zèle, impatient comme l'est Notre-Seigneur de sanctifier les âmes, se prodigue davantage pour celles qui sont plus négligentes. C'est ce que faisait M. Plumier. Sachant que la dévotion au divin cœur de Jésus et celle au Cœur immaculé de Marie produisent des merveilles, il les avait propagées dans toute la maison, et s'efforçait par des neuvaines de prières, ou par des communions, de rappeler aux orphelines qu'elles obtiendraient tout en invoquant de tels protecteurs : par ses soins, et à sa demande, une main charitable, non contente d'embellir la chapelle d'une grande statue de la Sainte Vierge, en avait enrichi l'autel avec beaucoup de goût, et jamais un office consacré à la Mère Immaculée ne se terminait sans qu'il vînt encenser la pieuse image et chanter une antienne avec toutes les enfants. Toutefois il est une dévotion que M. Plumier tenait presque davantage à inoculer à sa jeune famille, c'était celle à Saint Joseph : il voyait dans la situation précaire dans laquelle avait vécu ce glorieux patriarche, dans les angoisses que lui avait occasionnées l'entretien de l'enfant Jésus, enfin dans son abandon à la Providence, tant de traits de ressemblance avec ces orphelines sans famille, attendant au jour le jour le pain de la charité, et le travail nécessaire

à leur subsistance, qu'il n'avait pas eu de peine à leur faire accepter Saint Joseph comme leur père temporel. C'est à lui qu'il les adressait, alors qu'elles voulaient connaître leur vocation. Était-il effrayé de la prochaine entrée dans le monde de quelqu'une de ses chères enfants, il lui faisait entreprendre une neuvaine à l'humble ouvrier de Nazareth, pour le conjurer ou de guider son inexpérience, ou de venir la chercher et la soustraire à tout danger, par une prompte mort. C'est ainsi que naguère, et presqu'au moment où elle allait retourner auprès de ses parents, on a vu subitement s'affaiblir et s'aliter une pieuse orpheline, qui a attendu avec le sourire sur les lèvres l'heure du trépas. Comme au début de la maladie, on essayait de relever son moral et de fonder sur sa forte constitution de prochaines espérances de guérison : « Non, non, répondait-elle,
« c'est Saint Joseph qui tient parole : le jour de ma
« première communion, M. l'aumônier m'avait enga-
« gée à demander à ce grand Saint de venir me prendre,
« si je devais ne pas persévérer : M. Plumier lui a rap-
« pelé mon désir, et voilà que Saint Joseph vient me
« chercher. » Et la chère enfant s'est endormie avec un calme et une sécurité qui ont édifié toutes ses compagnes. Ces sentiments n'étaient pas propres à quelques-unes, ils étaient généraux dans la communauté, si bien que le vertueux aumônier disait en souriant :
« C'est singulier l'affection que les orphelines ont pour
« Saint Joseph : si on n'y prenait pas garde, elles au-
« raient plus de dévotion pour lui que pour la Sainte
« Vierge et pour Notre-Seigneur. Heureusement, ajou-

« tait-il aimablement, que les Saints ne sont pas jaloux
« entr'eux, et que Saint Joseph, comme il le faisait ici-
« bas, conduit encore à Jésus ceux qui se confient en
« lui. »

Il est juste d'avouer que le grand patriarche a toujours rendu avec abondance à cet établissement l'attachement dont il y est entouré. Nous ne pouvons énumérer combien de fois, dans les circonstances les plus calamiteuses, et quand le travail chômait dans presque toutes les communautés de Marseille, à la fin d'une neuvaine au modeste artisan, l'ouvrage arrivait de suite. C'est à sa protection, M. Plumier nous l'a répété mille fois, qu'il faut attribuer l'état sanitaire des orphelines, état qui ne se ressentit pas des grandes invasions du choléra. C'est au même Saint que plusieurs enfants ont dû les lumières qui ont fixé leur vocation, et les ont fait entrer dans la vie religieuse, au sein de laquelle elles se sanctifient. Tout cela explique pourquoi, dans la chapelle, l'autel de Saint Joseph s'élève vis-à-vis celui de la Sainte Vierge, et comment la même main qui a embelli le second n'a pas négligé d'orner le premier. C'est là que tous les soirs du mois de mars, une courte instruction ranimait dans le cœur des enfants leur dévotion et leur confiance. Il serait impossible de tout raconter sur ce culte de Saint Joseph, dans lequel la piété des suppliantes n'avait d'égale que la libéralité du saint protecteur; mais un trait dira mieux que de longs commentaires si l'abandon était grand d'une part, si la protection était efficace de l'autre.

L'établissement des orphelines, à une époque que la

prudence ne nous permet pas de préciser, traversait une crise financière fort délicate : une quête était peu opportune à cause des sollicitations de toutes sortes que la charité faisait dans Marseille ; il fallait parvenir à ne frapper qu'à une seule porte et à obtenir une offrande considérable. **M.** Plumier mit la communauté en prières, et comme toujours on s'adressa à Saint Joseph. Au dernier jour de la neuvaine une pensée subite rappelle à l'une des demoiselles du conseil, que par suite d'arrangements de famille, une personne fort riche peut disposer de quelques sommes pour des bonnes œuvres. Mais il s'agissait de trouver un prétexte pour arriver jusqu'au détenteur ; il fallait surtout de l'éloquence dans le plaidoyer pour attirer sur les orphelines la bienveillance de celui-ci : la situation était difficile, toutefois avec Saint Joseph elle pouvait s'éclaircir. A cet effet, **M.** Plumier bénit une médaille du père adoptif de l'Enfant-Dieu, la remet à l'une des conseillères, en lui disant avec conviction de ne rien craindre, et que sa démarche réussira certainement. Quelle ne fut pas la joie de l'aumônier et de la trésorière, quand on revint avec la somme de douze mille francs ! Aussitôt **M.** Plumier convoque la communauté et récite avec elle devant l'autel du Saint une prière d'action de grâces, qu'entrecoupe souvent son émotion..., puis, pour exalter la puissance de ce grand Saint, il sollicite avec l'empressement d'un enfant, la permission de raconter ce fait à ses amis, afin de les porter, par leurs prières, à partager avec lui la dette de la reconnaissance.

Cette dévotion si tendre envers l'artisan de Nazareth, il ne la réservait pas aux plus âgées de la maison, il s'en faisait aussi un moyen de stimuler les aspirantes à la première communion, en leur proposant les rapports de Joseph avec Jésus, comme le modèle de ceux qu'allait leur procurer la Sainte-Eucharistie. Plein de cette pensée, il terminait rarement un catéchisme sans faire intervenir le nom et l'exemple du chaste époux de Marie.

Tous les vrais serviteurs de Dieu ont considéré l'explication du catéchisme comme l'une des œuvres les plus utiles : c'était bien la pensée de M. Plumier qui s'y dévouait avec une infatigable sollicitude. Pour rappeler aux enfants l'estime qu'il faut faire de cette étude, qui n'est autre que la parole même de Dieu, malgré le petit nombre d'aspirantes qu'il avait quelquefois à préparer, il faisait toujours le catéchisme : après s'être revêtu du surplis, il réunissait les enfants dans la petite chapelle de la congrégation de la Sainte Vierge, et assis sur un fauteuil, à une certaine distance d'elles, il leur parlait avec autant de simplicité que de bonté. Il faut n'avoir jamais rempli ce ministère, pour ignorer tout ce qu'il contient de déceptions et d'aridités : la légèreté des enfants d'une part, la mémoire ingrate de quelques autres, le défaut d'intelligence de plusieurs qui se ressentent de l'influence maladive qui leur a prématurément enlevé leurs parents, et dont les facultés semblent avoir été engourdies par le malheur, augmentaient pour lui les ennuis de cet apostolat : c'était à ses yeux une raison de plus pour l'aimer davantage, et pour y multiplier ses soins. On l'a vu avec une patience angélique faire le siége de certains esprits plus revêches, et n'être content que quand il les avait initiés à la science religieuse. Tour à tour excitant l'émulation par des distributions de gravures, soutenant l'intérêt par le récit de quelques anecdotes empruntées à la vie des Saints, et par des interpellations vives, des comparaisons familières, il maintenait l'attention de son jeune auditoire, et ne se laissait décourager par aucune difficulté. On va du reste mieux en juger par le fait suivant.

Une certaine année, parmi les enfants que leur âge appelait à la Table Sainte, il se trouva une orpheline du nom de Maria, tellement simple d'esprit que, malgré les efforts des religieuses, et malgré les soins incessants de l'aumônier, il fut impossible de l'admettre avec les autres au banquet de l'Eucharistie. La mémoire de la pauvre Maria était tellement courte qu'elle oubliait avant la fin de la réunion l'explication que le catéchiste lui avait donnée. Sa lenteur à comprendre retardait ses compagnes, et le grand jour passa sans que Maria pût avoir part au bonheur commun. Ce n'était certes pas que M. Plumier voulût l'abandonner, il se proposait au contraire de l'instruire avec plus de clarté et tout à loisir. Il se mit à l'œuvre avec une patience inaltérable, et à force de descendre au niveau de cette intelligence, il parvint à y fixer les vérités fondamentales de la religion. Quelques mois plus tard, il jugea son élève assez instruite pour être admise à la première communion. Mais si les exercices solennels qui accompagnent d'habitude la retraite préparatoire sont utiles pour fixer la légèreté des enfants, et impressionner leur imagination, n'était-il pas regrettable que Maria, qui en avait plus besoin qu'une autre, en fût privée. Le charitable aumônier y pourvut avec son esprit de foi ordinaire. Il lui donna à cet effet une retraite pour elle seule, comme il l'avait donnée à ses compagnes, lui prêchant un sermon le matin et un le soir, avec le même feu et la même ardeur que s'il y avait eu cent personnes pour les entendre. On le trouva un jour, dans la chapelle de la congrégation, vêtu du surplis, assis sur le fauteuil traditionnel. De temps en temps il interrompait son discours pour demander à Maria, assise à distance devant lui, si elle comprenait, puis il poursuivait son entretien. Ce fait, mieux que bien d'autres, témoigne quel respect M. Plumier avait pour chaque âme, parce qu'il voyait Jésus vivant en elle. Non content de prêcher à ses communiantes pendant les dernières semaines qui précédaient leur jour de bonheur, il venait quêter des prières pour elles auprès de tous les prêtres ses amis, afin qu'elles s'acquittassent dignement de cette grande action.

Sa sollicitude se révélait dans la célébration des saints offices, par le soin qu'il apportait à instruire et à catéchiser ; hâtons-nous d'ajouter que rien n'en donnait une idée plus vraie que son assiduité à entendre les confessions avec une bonté paternelle. Bref et clair dans sa direction, il habituait les enfants à aller largement et joyeusement dans le service de Dieu : il combattait chez quelques-unes cette étroitesse d'esprit, qui fait voir le mal partout, et qui, par des angoisses continuelles est le plus grand obstacle à l'avancement de l'âme. Loyal dans sa piété, il ne pouvait souffrir la dissimulation dans les rapports avec Dieu, et pénétré de la doctrine de Saint Liguori, pour lequel il a toujours eu un profond respect, il estimait que la sainte communion est plus un remède contre les faiblesses qu'une récompense pour le mérite, et dès lors, tout en condamnant une fâcheuse routine, il faisait de la fréquente communion le moyen le plus efficace de diriger la communauté. Il était rare qu'il passât un seul jour sans venir entendre celles qui désiraient se réconcilier. La liberté la plus grande existait à cet égard, et sous la conduite de maîtresses intelligentes, qui savent combien les jeunes filles ont besoin de n'être pas gênées dans la conduite de leur conscience, les orphelines venaient à lui avec simplicité. Sa vigilance lui faisait bientôt découvrir celles qui se laissaient attarder pour l'accomplissement de ce devoir. Or, instruit par l'expérience, et sachant que cette paresse spirituelle cache trop souvent un germe de découragement, et que le découragement est la pierre d'achoppement de ces sortes d'âmes, il allait lui-même en classe, les avertissait avec charité, ou bien il prévenait la Sœur, lui disant depuis combien de temps telle enfant ne s'était pas confessée, et il n'avait de repos que quand la retardataire s'était présentée au Saint Tribunal.

La pensée que quelques-unes pourraient n'être pas libres ou manquer de confiance avec l'aumônier, qui était le seul prêtre avec lequel elles étaient en rapport, lui fit toujours considérer comme un temps précieux celui des retraites. Il conjurait alors le prédicateur de

confesser toutes celles qui le désiraient, et il exprimait aux enfants le plaisir qu'il aurait à les voir profiter de cette précieuse occasion, et par conséquent combien peu serait fondée la crainte de le contrarier en s'adressant à son confrère. Il considérait à cet égard la liberté des consciences comme si nécessaire, que, quoiqu'il se mêlât fort peu d'ordinaire du choix que le conseil faisait du prédicateur, il intervint une fois avec une humilité charmante pour exprimer le désir que l'on ne s'adressât pas toujours au même pour donner les exercices de la Retraite, disant que les enfants n'avaient que cette époque pour changer de directeur, et que leur donner plusieurs années le même serait exposer les timides aux mêmes dangers de dissimulation. Cette pensée à l'égard de la liberté des âmes a été une de ses dernières préoccupations, et dans sa crainte que quelqu'enfant pût ne pas être sincère en confession, il se demandait peu de temps avant sa mort s'il n'y aurait pas avantage à avoir pour les orphelines, comme pour les Religieuses, un confesseur extraordinaire quatre fois par an. « L'Église, qui est toujours fort
« sage dans ses lois, disait-il à cet égard, a établi l'obli-
« gation de ce confesseur extraordinaire en faveur des
« Religieuses, dont la vie est ordinairement sainte, et
« qui sont comme cloîtrées dans leur établissement.
« Que faut-il donc penser des enfants qui vivent dans la
« même clôture que leurs maîtresses, et qui n'ont ni le
« même jugement, ni surtout la même vertu ? »

Nous ne saurions en quelques paroles résumer sa direction au Saint Tribunal; mais on peut dire que la simplicité, la douceur, la charité, la fermeté furent sa politique pour réussir. C'était toute sa diplomatie : il avait aussi la science de se taire, et d'attendre sans se plaindre l'heure de la grâce. Sa paternelle bienveillance ouvrait les cœurs à toutes les orphelines, et elles venaient à lui avec un abandon filial. M. Plumier le méritait : car, pour le bien de leurs âmes, non-seulement il n'écoutait pas sa fatigue, quand vinrent les infirmités, mais il sut, pour ne point les quitter, s'imposer quelquefois des sacrifices vraiment héroïques.

Le plus remarquable est sans doute celui que nous allons raconter.

Dans un temps de Jubilé, il avait une première fois confessé toutes les enfants, et n'avait plus qu'à leur donner la sainte absolution ; il avait ajourné de le faire jusqu'à la fin de la semaine, qui était la dernière de ce temps précieux. Or, ce jour-là même lui arrive la nouvelle que son père agonisant désire le voir avant de mourir. Un violent combat s'élève dans le cœur si aimant de M. Plumier : il hésite entre la volonté de son père mourant et ses chères orphelines, qui seront privées de la grâce attendue ou obligées de recommencer leur accusation à un autre. Dans cette cruelle perplexité il ne voit d'autre porte pour en sortir que celle de l'obéissance. Il se rend donc chez Monseigneur Charles-Eugène de Mazenod, lui expose sa situation et ses angoisses. Le vertueux prélat le rassure et lui énumère toutes les raisons théologiques qui lui permettent de s'absenter : « Monseigneur, reprend M. Plumier, « ce n'est pas ce que je désire, je veux savoir ce qu'il

« y a de plus parfait...— Ah ! dit le Pontife, si c'est là
« ce que vous demandez, c'est différent : le plus parfait
« est de rester...—Monseigneur c'est ce que je voulais
« connaître, je vous remercie bien de votre décision,
« dont je suis fort reconnaissant. » A peine sorti du
palais épiscopal, le courageux serviteur de Dieu écrit à
Saint-Chamas pour adresser ses adieux à son bon père,
et le prier d'excuser son absence : puis, courant de communautés en communautés, il sollicite des prières pour lui, et, le devoir de la piété filiale ainsi accompli, il s'installe avec calme dans le confessionnal, offrant pour la sanctification du mourant la grandeur de son sacrifice.

Ce trait donne une idée du dévouement avec lequel il avait adopté les orphelines, les regardant comme sa propre famille ; mais pour être mieux fixé à cet égard, c'était auprès des malades qu'il fallait surtout le considérer. Empressé à distraire pour elles les longues heures de la maladie, il leur procurait des livres instructifs et amusants, la vie des Saintes qui avaient souffert avec joie leurs infirmités, quelques numéros des *Petites Lectures*. Il se faisait même, lui ordinairement si discret pour demander, quêteur en faveur des convalescentes. Si au Petit-Séminaire il y avait quelque repas de réjouissance, et qu'on mît sur table un plat de friandise, il priait de vouloir bien songer à ses enfants, et il venait tout joyeux leur distribuer les sucreries qu'on lui avait données. Sa tendresse pour ses chères orphelines lui faisait trouver le moyen de rendre ces occasions fréquentes. Allait-il confesser dans quelque communauté religieuse, lui qui, pour sauvegarder son indépendance dans ce ministère, ne voulut jamais recevoir de rétribution, avant de quitter le couvent, disait à la Supérieure ou à la Sœur tourière : « Ma « Sœur, n'avez-vous pas de ces petites poires si dou- « ces? j'ai de petites enfants à qui elles font bien plai- « sir ! » Acceptait-il à dîner dans quelqu'un de ces monastères, il demandait la permission d'emporter son dessert pour les convalescentes, et on comprend avec quel contentement on se prêtait à sa charité.

Dès qu'il savait qu'une enfant était à l'infirmerie, il allait la voir le matin, aussitôt que la Sainte Messe était terminée, et le soir, malgré la rigueur de la saison ou les mauvais chemins, il revenait la visiter lors même que son état ne fût pas dangereux. Il s'étudiait à lui procurer tout ce qui pouvait lui être agréable, et la longueur du mal ne l'a jamais fait manquer à la régularité de ses visites.

L'âme de ses malades, est-il besoin de le dire, le préoccupait bien plus que la situation de leurs corps, et il ne négligeait rien pour disposer celles qui étaient en danger au grand voyage de l'éternité. Il avait tellement habitué les orphelines à considérer la terre comme un exil, et le ciel comme une patrie infiniment désirable, que, malgré les soins dont elles étaient entourées, la plupart des enfants habitant l'infirmerie appelaient la mort comme un bonheur ; elle leur apparaissait en effet, comme le moyen certain de posséder Dieu, de retrouver leurs parents, et d'éviter les périls de ce monde que M. l'aumônier leur avait souvent dépeints sous de tristes couleurs. Ordinaire-

ment avec prudence, mais aussi avec une sainte hardiesse, il faisait faire à la malade le sacrifice de la vie, sachant les grâces insignes qui sont attachées à cette pratique. Il aimait à leur faire recevoir les derniers sacrements le plus tôt possible. Lorsqu'il y avait doute sur la possibilité de les faire communier, il tâchait de s'en assurer avec grand soin, puis n'eût-il rencontré qu'une demie intelligence, il disait avec une sainte joie : « Donnons quelque chose à la confiance. » A mesure que le péril approchait, il les faisait s'abandonner complétement à la volonté de Dieu, soit qu'il plût au Seigneur de les appeler à lui, soit qu'il daignât les guérir : il leur montrait la mort comme un grand acte d'obéissance, et leur parlait avec amour de la douceur de se réveiller au ciel, et d'y jouir de la sainte présence de Dieu. Il les confessait très-souvent afin qu'elles fussent complétement libres de toute peine d'esprit, et ne leur faisait pas une seule visite, sans leur demander si elles étaient tranquilles et si elles n'avaient rien à lui dire. Il tenait essentiellement à les entretenir dans un saint contentement, si bien qu'une vertueuse personne, témoin plusieurs fois du calme des orphelines en face de la mort, s'écria :
« Que m'importe ma famille, si chrétienne qu'elle
« soit ! quand je serai malade, je me ferai transpor-
« ter à l'infirmerie de la Providence, puisqu'il est si
« doux d'y mourir. » Quand l'heure suprême arrivait, M. Plumier ne quittait plus ses chères enfants : il les aidait de ses prières jusqu'à leur dernier soupir, et leur appliquait toutes les indulgences qui étaient en son

pouvoir. Pour augmenter le nombre de ces faveurs spirituelles, outre la permission de donner l'indulgence *in articulo mortis*, il avait obtenu de Rome l'autorisation de revêtir du scapulaire du Mont-Carmel, de celui de l'Immaculée-Conception, et de celui du précieux Sang.

La mort de ses enfants ne faisait que changer la nature de sa sollicitude pour elles, et non content de les recommander aux prières de leurs compagnes et de leurs maîtresses, il sollicitait pour elles les *Memento* et les suffrages de tous les amis de la maison et de ses confrères. Quelques jours avant sa mort, nous en eûmes une touchante preuve que nous n'oublierons jamais. Comme nous allions le quitter, il nous rappelle : « Priez bien, nous dit-il pour les orphelines « qui sont mortes!... » Et comme nous lui demandions la raison de cette recommandation plus instante que de coutume : — « Il y en a deux, nous répondit-« il, que nous avons perdues, il y a peu de temps ; « j'ai prié pour elles, mais je l'ai moins fait que d'ha-« bitude : vous savez, il y a des moments où on a des « messes promises, et alors on ne peut pas les appli-« quer pour qui on voudrait. » — Et comme nous nous engagions à accomplir son désir : « Ah! reprit-il, il « faut bien que leurs amis et leurs bienfaiteurs prient « pour elles, puisqu'elles n'ont pas de familles : elles « n'auraient personne pour leur rendre ce service. » Cette parole que nous avons considérée comme le testament de la charité de M. Plumier pour les orphelines, est la dernière que nous ayons recueillie de lui ;

elle le peint tout entier. Quinze jours plus tard il allait retrouver au ciel la meilleure part de sa chère communauté.

On aurait tort de croire que son intérêt pour les enfants se bornait au soin de leurs âmes : M. Plumier était véritablement devenu le protecteur et le bienfaiteur de cette maison de la Providence. L'origine de ses ressources a toujours été un secret ; mais ses libéralités sont connues de tous. Où donc trouvait-il à les alimenter avec un traitement s'élevant à six cents francs ? Dieu seul le sait ; toujours est-il que dans une circonstance, ayant vu les demoiselles du conseil fort en peine pour atteindre avec les revenus ordinaires la fin de l'année, il les engagea à ne pas se décourager et à recourir à la prière. Quelques jours après, on le vit portant dans un mouchoir une somme de six cents francs : la manière dont elle était composée en indiquait assez la provenance ; elle consistait surtout en écus et en pièces de toutes sortes, qui trahissaient le produit d'une quête, et le sacrifice de ses honoraires de messes. En remettant cet argent, il s'excusa tout humblement de ne pouvoir en donner davantage et conjura de taire son nom. Dans une autre occasion non moins difficile, Dieu bénissant davantage les pieuses industries de sa charité, il vint tout joyeux remettre deux mille francs, en répétant plusieurs fois : « Je vous disais bien que cette mai-
« son est celle de la Providence, et qu'il ne faut
« jamais désespérer. » Il est impossible de raconter tous les traits de cette nature, dont la plupart du

reste ont soigneusement disparu, grâce aux désirs du donateur. Tout porte à croire, que non-seulement il se dépouillait dans ces circonstances de tout son avoir personnel, mais encore qu'il intéressait à la détresse de ses chères enfants les personnes riches placées sous sa direction, et dont la bienfaisance, nous en sommes convaincu, ne tarira pas par la perte de celui qui en était le canal. A l'époque où la prudence conseilla de faire reconnaître par le gouvernement l'OEuvre des orphelines, on le vit, aidant de ses prières ces formalités toujours fort longues, et ne craignant pas, malgré son grand âge, de multiplier les visites aux extrémités de la ville, pour porter les actes nécessaires, pour rafraîchir la mémoire des oublieux, et pour venir remercier au nom des orphelines des moindres nouvelles reçues à cet égard. Le dévouement de M. Plumier à leurs intérêts matériels, le porta à solliciter pour elles auprès du conseil d'administration, la substitution du pain de première qualité, à celui qui avait été servi jusqu'alors, et le même sentiment le fit intervenir souvent pour demander un peu de repos pour les jeunes ouvrières, dont le travail continu l'alarmait.

Ce serait une erreur de croire que son attachement pour sa petite famille ne sortît pas de l'enceinte de l'établissement. Outre que les parents des orphelines, quand ils étaient dans le besoin, étaient toujours assurés de trouver auprès de lui un gracieux accueil, il cherchait surtout, dans l'occasion, à faire du bien à leurs âmes. Nous terminerons ce chapitre en en citant une preuve choisie entre beaucoup d'autres.

La mort presque simultanée de son père et de sa mère rendit orpheline une jeune fille appartenant au culte protestant : sans asile et sans appui à Marseille, elle fut présentée à la maison de la Providence et malgré la différence de religion, elle y fut admise. Peu de jours après, le beau-père de cette fille étant revenu de voyage, apprit le parti adopté au sujet de l'enfant et vint la réclamer. Comme l'intérieur de sa maison n'offrait pas des garanties suffisantes de moralité, on crut devoir la lui refuser. Fort mauvais catholique, et n'ayant rien pu obtenir des conseillères, il s'adressa à M. Plumier, et dès les premiers mots, vomit contre lui les plus grossières invectives; puis passant aux menaces, il dit qu'il allait saisir de l'affaire le Procureur du Roi, et se faire rendre justice; il accompagna cette annonce d'affreux blasphèmes contre la religion. L'aumônier supporta tout sans se plaindre, répondit avec une suave douceur, mais persista dans la résolution de ne pas donner l'orpheline. Cet homme partit écumant de rage, et jurant de se venger : il se trompait, c'était à M. Plumier que devait échoir le triomphe de la vengeance chrétienne. En effet, quelque temps après ce malheureux tombe gravement malade : les voisins, connaissant son hostilité contre les prêtres, n'osent point lui proposer les derniers sacrements : le mal empire, tout espoir est perdu, il va mourir en réprouvé. Sur ces entrefaites, M. Plumier apprend ce qui se passe, il arrive hardiment auprès de l'agonisant, lui parle avec tant de charité, lui demande si humblement pardon de l'avoir contrarié, qu'il le réconcilie avec Dieu, et a la consolation de le voir finir en bon chrétien une méchante vie.

Quelque charme qu'on puisse trouver à suivre M. Plumier dans son ministère chez les orphelines, le besoin de nous borner, nous appelle sur un nouveau terrain, témoin d'une charité non moins admirable.

CHAPITRE DOUZIÈME.

M. Plumier devient le fondateur d'une pieuse association de filles, dans la paroisse de Grans. — Vertus qu'on pratique dans cette réunion. — Épreuves qu'ont à subir les associées. — Correspondance de M. Plumier avec ces âmes privilégiées. — Excellence de la doctrine contenue dans ces lettres. — Dieu se sert de l'association pour améliorer le pays. — Sainte mort de la Supérieure.

C'est une vérité élémentaire que peu importe à Dieu les instruments dont il se sert pour établir son règne : plus ils sont faibles et humbles en apparence, plus ils sont à même de seconder l'action de la Providence ; il semble même que l'élévation du rang, les avantages de la fortune, les dons de l'intelligence détournent ses regards, et que, vérifiant réellement son nom de Dieu jaloux, il se retire quand on pourrait attribuer à une autre influence qu'à la sienne les progrès accomplis, le bien réalisé. Au contraire, quand il rencontre une âme humble et simple qui se donne à lui, il ne tarde pas à en faire un vase d'élection ; car son action divine apparaît alors d'une manière plus évidente, et comme le cristal reçoit le rayon du soleil sans rien garder pour lui de sa chaleur, cette âme en rapport avec Dieu communique aux autres la grâce, sans s'attribuer à elle-même aucune espèce de mérite ; *humilibus autem dat gratiam*. Ces sortes d'âmes se laissent pétrir par la main de l'obéissance et prennent la forme qu'elle veut leur donner; elles perdent en quelque façon leur volonté propre, et lorsqu'elles sont saintement dirigées, elles deviennent apôtres, et, à leur insu, celui qui les sanctifie parle par leur bouche. M. Plumier était à coup sûr une de ces natures privilégiées; sa confiance entière en la Providence était la seule explication des succès qu'il avait partout obtenus : Dieu lui réservait le soin de faire à une autre personne ce qui avait été opéré en lui-même, c'est-à-dire de la pousser dans la voie de l'abandon le plus complet, dans la mort à elle-même et de la rendre ainsi un sujet d'édification pour son entourage.

Cette page de la vie de M. Plumier est trop intéressante et trop peu connue pour qu'on ne s'arrête pas volontiers à la lire. Il est en effet extrêmement utile d'étudier l'opération de la grâce dans la formation d'un cœur qui prend Jésus-Christ pour exemplaire : on aime à le suivre pas à pas dans le chemin de tous les renoncements, commençant par les sacrifices les plus simples en apparence, pour en arriver à réaliser les plus sublimes.

Rien ne pouvait, au premier aspect, laisser comprendre les desseins de Dieu sur la personne qui nous occupe. Tout au contraire annonçait en elle des tendances vers le monde, bien plutôt que vers la perfection. Issue d'une famille d'honnêtes cultivateurs de Grans, petit village situé près de Salon, Virginie Jauffret avait eu en partage une remarquable beauté. L'élégance du costume provençal ajoutait encore à la bonne grâce de cette enfant, qui n'était point indifférente aux sourires et aux félicitations qu'elle recevait. Toutefois la vanité ne l'absorbait pas tellement, qu'elle ne trouvât de sérieuses pensées pour se préparer à sa première communion. Quand arriva le grand jour, la fraîcheur et l'éclat de Virginie disparurent sous la modestie de son maintien et son profond recueillement ; elle avait saintement reçu son Dieu, elle ne devait pas tarder à en être récompensée.

Peu de temps après ce grand acte, Mme de Sainte Estève, personne d'un certain âge, et dont les propriétés étaient situées à Grans, conjura la famille Jauffret de lui confier Virginie, bien moins comme domestique que comme compagne, promettant d'ailleurs que la séparation ne serait pas longue, et qu'outre la saison d'été qui se passerait toujours à Grans, la jeune enfant viendrait de temps en temps voir ses parents. On ne pouvait rien refuser à la bonne Mme de Sainte Estève : la contrarier sur ce point c'était tarir sa bienveillance, et puis Virginie semblait fort désireuse d'aller un peu courir le monde, et visiter la grande ville de Marseille. On pleura donc quelque peu, et la gracieuse enfant, ayant dit adieu à sa famille, vint demeurer avec sa protectrice.

L'habitation de Mme de Sainte Estève n'était pas précisément dans la ville de Marseille : située au-dessus de la propriété de la Blancarde, elle dépendait de la paroisse Saint-Barnabé. C'est là que la pieuse dame allait avec une régularité fort édifiante assister aux offices, sa jeune domestique l'y accompagnait, et l'originalité de son costume l'avait bientôt signalée à l'attention des villageois. Le bon curé en conçut quelqu'ombrage pour sa persévérance, et profitant de l'ascendant que son titre de confesseur lui donnait sur elle, il lui enjoignit de supprimer son turban et sa coiffure coquette, sous peine de n'être pas admise au Saint Tribunal. C'était pour Virginie un sacrifice héroïque, elle tâcha de l'éluder en partie, sans toutefois désobéir complétement. Elle conserva au dehors et chez sa protectrice son costume ordinaire, puis quand elle venait à l'Église, faisant une habile substitution, elle tirait de dessous son tablier un bonnet vulgaire et en couvrait promptement ses cheveux. Mais à peine était-elle réconciliée que le turban reparaissait avec sa grâce habituelle, et le bonnet allait attendre, suspendu à la garderobe, la quinzaine suivante. Si ingénieux que fût ce stratagème inventé par la vanité, Virginie n'en était pas contente, et peu à peu elle trouva plus simple de retarder ses confessions. Sa maîtresse le lui reprochait avec bonté, et l'avait maintes fois engagée à accorder à la voix de Dieu tout ce qu'elle demandait : l'enfant y paraissait toujours moins décidée. Alors Mme de Sainte Estève lui conseilla de s'adresser à M. Plumier, comme elle le faisait elle-même. Ce nom n'était pas nouveau pour Virginie : pendant son enfance elle avait entendu parler avec respect du vertueux vicaire de Salon ; elle se rappelait même sa personne, car il était venu quelquefois visiter Mme de Sainte Estève : il lui était au contraire trop connu. « Ah ! Madame, y pensez-vous, répondait-elle aux propositions de sa bonne maîtresse, moi, me confesser à M. Plumier, qui a tant combattu le luxe à Salon ! il voudrait comme aux congréganistes, me faire porter un habit tout noir de religieuse... » Et si celle-ci insistait : « Oh ! tenez, Madame, reprenait-elle, rien que de voir ses soutanes crasseuses et rapées, cela me dégoûte : comment voulez-vous qu'un si saint homme soit assez indulgent pour confesser une jeune fille. Ah ! par exemple, s'il exigeait lui aussi le sacrifice du turban, ce serait bien fini pour toujours, et je ne me confesserais plus ! »

M. Plumier fut consulté, il promit de respecter ce hochet de la vanité, et Virginie, un peu moins tremblante, vint mettre sa conscience sous sa conduite. On a vu les travers de cette jeune fille, il est bon de faire connaissance maintenant avec ses précieuses qualités. Virginie joignait à une certaine indépendance de caractère un grand amour de l'obéissance : se sachant faible, elle comprenait qu'une volonté étrangère lui était indispensable pour la retenir, et elle était remplie de vénération et de reconnaissance pour l'autorité qui la gouvernait. Son âme ardente était excessivement sensible et s'attachait jusqu'au dévouement aux personnes qu'elle voyait lui porter de l'intérêt. Enfin, sous les dehors d'une légèreté excessive, elle cachait des sentiments solidement chrétiens, un grand amour pour la Sainte Vierge, de la détermination dans les choses difficiles, et de la générosité quand il fallait accepter une privation. Toutes ces dispositions heureusement dirigées par le Saint-Esprit, dont M. Plumier devint l'interprète, ne tardèrent pas à produire les fruits de vie qu'on va admirer.

Il en est de quelques âmes comme de certains chevaux rétifs, si on veut les dompter subitement on les voit se cabrer ; si au contraire on sait les prendre avec adresse pour les conduire où l'on veut, on les assouplit et on en obtient des merveilles. Telle fut la méthode de M. Plumier. Avec son tact exquis pour la direction des consciences, il vit de suite dans celle-ci ce qu'il fallait provisoirement tolérer ; mais aussi ce qu'il pourrait hardiment demander. La vanité était évidemment le point délicat, il était habile de la ménager d'abord ; on aimait la piété, il n'y avait donc pas d'inconvénient à fermer les yeux sur un travers, et à l'amender petit à petit par des prières, par des confessions, et par des communions multipliées. Saint Augustin n'a-t-il pas dit : « *Aimez et faites tout ce que vous voudrez*, et Saint François de Sales n'a-t-il pas écrit : De même que quand
« le feu est dans la maison on jette tout par la fenêtre,
« ainsi le cœur qui sera rempli des flammes de la sainte
« dilection, jettera une à une toutes ses misères, jus-
« qu'à ce que Jésus soit le seul maître de ce cœur em-
« brasé ? »

Plein de ces pensées, M. Plumier s'efforça d'attirer Virginie à la Sainte Table, et de lui faire pratiquer des actes de renoncement. Puis ayant acquis sur son esprit un incontestable empire, il se mit à lui infuser sa doctrine sur les charmes de l'humilité, l'amour des croix, et le bonheur des souffrances. Ces enseignements entraient peu à peu dans cette âme avide du bien et la transfiguraient. Sous les mêmes dehors qu'autrefois, Virginie était devenue une jeune fille grave et sensée, dont la modestie édifiait tous les habitants du village. Son service était toujours si ponctuel et si empressé que jamais sa digne maîtresse n'avait un reproche à lui adresser : les premiers instants de la matinée étaient consacrés à l'oraison : il était rare qu'elle fût privée du bonheur d'assister à la Sainte Messe, et vers le soir elle venait de nouveau à l'église, visiter Jésus-Christ dans son tabernacle. Elle ne prenait pas le repos de la nuit sans avoir fait un examen attentif des misères survenues pendant la journée. On conçoit combien était calme le sommeil pris après de pareils exercices ! Virginie faisait de rapides progrès dans la vertu, son directeur pouvait désormais lui parler ouvertement, et demander tous les sacrifices, elle était de force à les accepter tous : elle était surtout devenue d'une profonde humilité, et l'on peut dire que, dans elle, M. Plumier avait reproduit d'une manière parfaite chacune de ses vertus favorites : l'abjection, l'obéissance, la mort à soi-même, la simplicité. Quant au zèle des âmes, la Providence allait lui permettre de l'exercer en marchant aussi sur les traces de son vénéré père, et voici dans quelles circonstances.

Les infirmités de Mme de Sainte-Estève lui apprirent qu'elle ne pouvait plus songer à ses voyages annuels à Grans, et qu'il était d'ailleurs fâcheux de priver une

jeune fille de sa famille pour la rendre infirmière d'une personne âgée. Cette bonne dame songea donc à passer ses vieux jours dans l'établissement des *Dames réunies*, auprès desquelles elle trouverait tous les soins désirables, et n'ayant plus besoin de sa chère compagne, elle l'engagea à retourner dans son pays. Ce qui à une toute autre époque eût été une grande joie pour Virginie, lui devenait un grand sujet de sacrifice : il lui fallait tout à la fois quitter une excellente maîtresse, et abandonner la sage direction du père spirituel qui lui avait été si utile. La pauvre enfant vint tout en larmes s'agenouiller aux pieds de M. Plumier, lui demander de l'éclairer sur son avenir, et de lui accorder sa bénédiction. Que se passa-t-il dans ce touchant entretien? Dieu seul le sait ! Mais il paraît, comme les événements suivants en font foi, qu'à cette heure M. Plumier eut comme un secret pressentiment du bien que Dieu attendait de cette âme, et qu'il l'embrasa du zèle de l'apostolat parmi les compagnes qu'elle allait retrouver. « Il me dit, » racontait plus tard Virginie, « que je devais en quelque sorte me consi-
« dérer comme le vicaire de M. le curé de Grans parmi
« les jeunes filles, pour leur faire aimer la sainte mo-
« destie et les attirer à l'amour de Notre-Seigneur Jé-
« sus-Christ. Et comme je prétextais mon impuissance,
« il me promit que Dieu serait avec moi, et que lui-
« même de temps en temps par de pieuses lettres sou-
« tiendrait mon inexpérience. Puis, entrant davantage
« dans le détail, il m'engagea, dès que j'aurai conquis
« l'amitié de quelques compagnes, à former avec elles
« une petite association, sous le patronage de la Sainte

« Vierge, afin de nous exciter les unes les autres à la
« vertu, au service de Dieu et au renoncement au
« monde. » Après avoir adressé à cette sainte âme ces
conseils véritablement inspirés, il bénit une dernière
fois la pieuse Virginie, et la chrétienne obéissante
revint dans son pays, en partie consolée des amertumes
de la séparation par l'espérance de gagner des âmes à
Jésus-Christ.

Cette espérance ne tarda pas à se réaliser, et du reste
Virginie était assez ardente pour en faire naître l'occasion. Avant peu de temps elle eut fait la connaissance
d'une modeste ouvrière, à peine âgée de quinze ans, et
chez laquelle elle remarqua un grand désir de se sanctifier : les âmes prédestinées se comprennent vite, et
avant quelques semaines celles qui nous occupent eurent deviné les liens de la chaste amitié qui devait toujours les unir, et faire d'elles les bases de la petite
association dont on va lire l'histoire.

Dès que Virginie a acquis la certitude qu'elle peut
compter sur sa compagne, elle se hâte d'en écrire à son
vénéré Père : « Nous sommes deux, toutes disposées à
« vous obéir en tout, voulant procurer de notre mieux
« la gloire de Jésus-Christ, et conformément à votre dé-
« sir, et malgré notre petit nombre, nous nous réunis-
« sons déjà en association comme si nous étions beau-
« coup, et nous parlons ensemble de Dieu et du bonheur
« du ciel. Tous les dimanches, après les Vêpres, nous
« montons dans ma petite chambre, là nous lisons un
« chapitre de quelque bon livre, puis nous nous com-
« muniquons nos réflexions, et nous terminons en ré-

« citant un *Pater* et un *Ave* pour le succès de notre
« petite association. C'est le 8 mars 1840 que nous
« nous sommes assemblées pour la première fois. Priez
« Dieu de bénir nos efforts et de nous multiplier.

« Le jour où notre association a commencé, je me
« suis de nouveau consacrée à Jésus-Christ : vous m'a-
« viez dit de le faire pour six mois, mon confesseur
« me l'a permis. O mon Père, vous voyez ce que je dois
« à Dieu ! Rendez-lui des actions de grâces pour moi,
« car je suis incapable de le faire moi-même. Est-il
« possible que malgré mes misères et mon indignité
« Jésus-Christ ait voulu me mettre au nombre de ses
« épouses ! On m'a permis de faire la Sainte Commu-
« nion deux fois la semaine et le dimanche pendant le
« Carême, et cela, sans que je l'aie demandé. Vous
« voyez, mon Père, que je ne dois plus vivre pour le
« monde, mais pour Dieu seul. Mon cœur est prêt,
« disait le Roi-Prophète ; je devrais bien dire la même
« chose, moi qui reçois si souvent le vin sacré qui fait
« germer les vierges. Je me trouve excessivement con-
« tente et je désire ardemment avancer dans la per-
« fection : j'espère y parvenir avec la grâce de Dieu :
« mes progrès sont bien petits; il me semble pourtant
« que je ne m'embarrasse plus de la crainte de dé-
« plaire au monde, ni du désir de lui plaire. Il n'est
« plus rien pour moi ; Dieu seul m'est tout et je ne
« crains rien. »

Cette nouvelle devait être trop agréable à M. Plumier, et les sentiments exprimés par celle qui la lui donnait le réjouissaient trop pour qu'il fît longtemps attendre de témoigner toute la joie qu'il en éprouvait, et aussi les espérances qu'il fondait sur cette institution. Assez heureux pour avoir retrouvé cette précieuse correspondance, nous préférons laisser parler celui qui l'a rédigée, nous bornant quelquefois à l'abréger, pour éviter des répétitions, ou à donner les explications que pourront exiger le cours des événements et les allusions que renferment ces écrits. Tous ceux qui les liront attentivement seront émerveillés de l'esprit de foi qui les a dictés, de la connaissance des âmes qu'ils renferment, et du degré d'héroïsme auquel une direction intelligente peut faire parvenir des natures ordinaires. Mais ce qui sera particulièrement intéressant à examiner, c'est l'accroissement progressif que va subir cette petite association conduite de loin par un prêtre presqu'inconnu, et que la calomnie était venue flétrir jusque dans ce village ; association, composée à son début de deux personnes, et qui huit ans plus tard deviendra l'âme et la régénération de toute la jeunesse du pays. Mais laissons parler M. Plumier : avril 1840.

« Tout pour la plus grande gloire de Dieu et de Marie-
« Immaculée.

« Ma chère fille en J.-Ch.,

« Que la paix, la grâce et la joie du Saint Esprit
« soient avec vous, avec Marie votre jeune sœur, et
« avec toutes celles qui doivent s'associer à vous deux.
« Vos saintes et bonnes dispositions ainsi que celles de
« Marie me remplissent le cœur de joie. C'est le Saint
« Esprit, de qui vient tout don excellent, qui vous ins-

« pire de pareils sentiments ; vous ne manquerez pas
« d'en profiter et de beaucoup vous humilier en pen-
« sant à votre bassesse et à votre néant. Je remercie-
« rai bien avec vous le Seigneur de tant de grâces
« qu'il vous accorde, et soyez persuadées qu'en y
« correspondant vous aurez le bonheur d'imiter les
« Saints et ces vierges des premiers siècles de l'Église
« qui étaient pour ainsi dire d'autres Jésus-Christ ; de
« mon côté, malgré mon impuissance, je ferai tout
« mon possible et par mes prières au Seigneur, et par
« de saints avis, pour vous porter à une grande perfec-
« tion et sainteté ; vous y arriverez avec la grâce de
« Dieu, en vous mettant plus basses que la terre. Je
« me suis toujours aperçu que les personnes qui veu-
« lent être obéissantes aux avis qu'on leur donne, font
« de rapides progrès dans la vertu, et je vois que,
« par la grâce de Dieu, je vous ferai devenir comme je
« voudrai, pourvu que vous obéissiez bien aux conseils
« de votre père. Ayez bon courage, ma chère fille en
« Jésus-Christ : le bien se fait toujours au milieu des
« peines et des contradictions ; mais par la patience,
« vous viendrez à bout de former cette association qui
« réjouira le cœur de Dieu. Ne prenez que des per-
« sonnes de bonne volonté ; portez-les beaucoup à la
« simplicité chrétienne, rendez-les semblables à de
« petits enfants. Éprouvez leur obéissance par des
« choses qui selon le monde paraîtront ridicules : si
« elles les font sans raisonner, aveuglément, elles
« deviendront des saintes. Pour vous, je vous recom-
« mande pour une fois seulement un acte de simpli-

« cité, ce sera de vous rendre à votre maison par le
« chemin le plus long. J'ai dit, selon votre désir, la
« Sainte Messe le 8 mars, à votre intention. Soyez
« bien pénétrée de ce que vous m'avez écrit, que
« vous ne voulez plus craindre le monde : c'est un
« point très-important ; vous seriez toujours dans la
« gêne et dans la peine, si vous redoutiez ce monde
« pervers : que la prudence chrétienne et que l'amour
« de Dieu vous guident seulement dans vos actions.
« Quelques mots à présent de la sainte virginité : je les
« tire de Saint Augustin. La sainte virginité, dit-il, est
« un don de Dieu, et il est très-grand ; il faut le con-
« server avec humilité. En parlant de la virginité, que
« Jésus-Christ fils de la Vierge et l'époux des vierges
« nous aide. Les vierges chantent dans le ciel un can-
« tique nouveau, que les autres Saints ne peuvent pas
« chanter. Elles suivent l'Agneau en quelqu'endroit
« qu'il aille. Où les conduit-il ? A des joies très-gran-
« des, bien différentes de celles de ce siècle qui sont
« vaines, folles, et remplies de mensonges ; mais à des
« joies célestes qui sont d'un genre tout particulier, et
« que les autres Saints ne goûteront pas. La joie des
« Vierges de Jésus-Christ, c'est de se réjouir de Jésus-
« Christ, en Jésus-Christ, avec Jésus-Christ, après Jé-
« sus-Christ, par Jésus-Christ, à cause de Jésus-Christ !
« Suivre l'Agneau, parce que la chair de l'Agneau est
« vierge. C'est une chose divine et très-excellente de
« parler de la virginité. Vous êtes dans un chemin de
« grandeur, marchez-y avec humilité : l'époux vous crie :
« *Apprenez de moi que je suis doux et humble de cœur.* »

« Aimez de toute votre âme le plus beau des enfants des
« hommes: il est égal à son Père, il domine dans le ciel;
« il a tout créé. Regardez avec les yeux de l'esprit ses
« plaies, ses cicatrices, son sang ! Que les Vierges pen-
« sent à tout cela avec un cœur brûlant, et que tout
« ce qu'elles ont d'amour, elles le donnent à ce divin
« époux. Attachez-le donc dans tout votre cœur, Celui
« qui a été attaché pour vous sur la croix ! Attachez-le
« dans tout votre esprit : il ne vous est pas permis de
« l'aimer peu !... Je vous exhorte, ma chère fille, avec
« Saint Paul, de ne pas recevoir en vain la grâce du
« Seigneur ; celles qu'il vous a données sont bien gran-
« des. Votre état est bien préférable à celui d'une
« reine. Vous êtes l'épouse de Jésus-Christ: il est votre
« partage, votre héritage, dit Saint Ambroise, pesez
« mûrement toutes ces paroles. Que votre bonheur est
« grand ! Que cette lettre vous rende toute céleste !
« Qu'elle vous embrase de l'amour du divin époux !
« Qu'elle vous porte à devenir semblable à lui, c'est-à-
« dire toute crucifiée depuis les pieds jusqu'à la tête !
« Comprenez bien ces mots... Vous recevrez bientôt
« les livres... Tâchez d'attirer à Dieu une fille dont m'a
« parlé Magdeleine : je commencerai demain une neu-
« vaine pour elle. Je prie toujours pour vous à la Sainte
« Messe.

« Je suis votre dévoué père en Jésus-Christ. »

Cette lettre révèle combien, malgré la distance, M. Plumier était au milieu de cette famille naissante : il suppléait à l'éloignement par l'envoi des œuvres de Boudon et de Saint Jean-de-la-Croix; il fortifiait ses chè-

res filles par la prière incessante; il soutenait leur courage en leur disant toute la sublimité de leur vocation; il stimulait leur zèle, en leur indiquant des âmes à sauver; enfin il les façonnait à son moule avec une sainte liberté. Ce genre de correspondance était d'ailleurs ce que désiraient les modestes Sœurs de la petite association. Virginie lui répond qu'elle est toute honteuse, après les belles choses qu'il leur a écrites, de se sentir appelée à un état aussi parfait, qu'elle ne voit pas ce qu'elle a fait pour mériter cette faveur, que, quant à sa sœur Marie, elle en est tout embrasée, qu'elle ne peut parler de Dieu qu'avec des larmes, et qu'elle a obtenu de son Directeur la permission de se vouer à Dieu par une perpétuelle virginité. Elle ajoute une nouvelle qui ne doit pas moins réjouir leur Père vénéré: c'est qu'une Sœur de plus est venue se joindre à elles, et qu'elle est animée des meilleurs sentiments. Les prières ont donc porté leur fruit. Mais plus la fondation devient sérieuse, plus il est nécessaire que la discipline s'y établisse, que l'obéissance en soit la base, que la charité en forme le lien, et que celle qu'il en a établie la Supérieure devienne véritablement le modèle des autres par sa parfaite simplicité et son admirable modestie. Jusqu'ici M. Plumier a respecté le petit faible qui entraînait cette âme à la vanité, et dont elle n'était pas encore corrigée, ainsi qu'elle-même le lui avoue en ces termes : « Il faut
« maintenant que je vous dise une chose qui m'humi-
« lie beaucoup : vous verrez par là ce que je suis en-
« core. Vous savez, mon cher Père, qu'étant à Marseille
« j'avais eu la malheureuse coutume de me regarder

« au miroir, plus qu'il ne faut. Cela m'est encore arrivé
« dernièrement. J'ai besoin de l'assistance de vos priè-
« res pour pouvoir résister aux tentations que le démon
« me livre sans cesse : avec le secours de la grâce j'es-
« père que cela ne m'arrivera plus. » A la lecture de
cet aveu, M. Plumier comprend qu'au nom de Dieu il
peut tout conseiller et tout demander, et voici comment
il s'en explique :

« Que la paix et la force du Saint-Esprit soient avec
« vous. Je n'ai pas pu trouver encore l'image que vous
« désirez. J'ai bien prié pour vous le jour du Saint Ro-
« saire. Je souhaite ardemment que vous deveniez une
« grande sainte. Pour cela, n'oubliez pas de bien obéir
« à tout ce que je vous ai dit, et à tout ce que je vous
« dirai. Je pense que vous avez quitté *ce vain ornement*
« *que vous savez*, et si vous ne l'avez pas fait, faites-le de
« suite. Quand vous vous serez entièrement détachée de
« ce misérable corps de mort et de péché, que vous le
« haïrez, et que vous le mépriserez bien, vous irez en
« courant dans le chemin de la vertu ; mais sans cela
« vous ne feriez aucun progrès. Mettez-vous profondé-
« ment cela dans l'esprit. Voyez la haine que les Saints
« ont eue pour leur corps. Que la chose que vous haïs-
« siez le plus soit votre corps, c'est en effet le plus dan-
« gereux ennemi. Quittez une fois pour toutes le vieil
« homme: prenez l'esprit de votre divin époux dans
« toute sa perfection. Combattez avec un courage de
« fer tout ce qui est imparfait en vous : jetez bien loin
« votre volonté propre ; mettez-vous dans un détache-
« ment universel. Ma chère fille, méprisez bien votre

« corps, je vous le répète, méprisez bien votre corps :
« vous ne deviendrez sainte que par ce moyen, aussi
« je désire que vous disiez toutes chaque jour, en te-
« nant les bras en croix, un *Pater* et un *Ave* au Cœur
« immaculé de Marie, pour obtenir de Dieu une grande
« haine et un grand mépris de vous-mêmes. Quand
« vous serez assemblées, vous direz cette prière en
« commun. Je désire aussi que, quand vous donnez un
« avis à quelqu'une de vos Sœurs, ou que vous lui faites
« la correction, elle reçoive cela à genoux, et qu'elle
« vous remercie. Qu'on vous obéisse aveuglément, sans
« vouloir en connaître la raison... Si vous pouviez vous
« passer *de ce que je vous ai dit, ce serait bien* ; mais enfin
« que ce ne soit que par nécessité, et souvenez-vous de
« ce que dit Saint Ambroise, que le miroir d'une fille
« chrétienne, c'est la Sainte Vierge. Faites assez sou-
« vent votre méditation sur le mépris de vous-même,
« et transportez-vous en esprit dans le cimetière, vous
« y apprendrez une profonde sagesse. Tous les bons
« sentiments que je tâche de vous inspirer s'adressent
« aussi à vos compagnes. »

Quoiqu'exprimée à demi-mots, sa volonté était assez comprise, et Virginie n'était pas fille à reculer : elle ne tarde pas à écrire qu'elle accepte de grand cœur le sacrifice proposé et qu'elle a du reste déjà consommé : il lui sera difficile à la vérité d'abandonner le miroir, les embarras et les détails du costume de son pays le rendant presqu'indispensable ; toutefois elle y recourra le moins possible. Elle veut bien mortifier son corps, et même, malgré la rigueur de la saison, elle a renoncé complétement à se chauffer ; mais, craignant à cause de la faiblesse de sa santé quelque retour de sa maladie, elle demande très-humblement, pour ce cas seulement, la permission d'allumer du feu, d'autant plus que la chambre qu'elle habite est située au nord, et dès lors excessivement froide. D'ailleurs elle est disposée à faire tout ce qu'on lui dira, et conjure son digne Père de parler toujours avec une entière liberté. Avec de semblables sentiments le commandement est aisé et les progrès sont rapides.

Mais à mesure que l'accroissement dans le bien était sensible, à mesure que la petite association se multipliait par des réceptions qui étaient toujours soumises au directeur, les épreuves allaient commencer pour ce troupeau fidèle dont M. Plumier, quoique résidant à Marseille, est constamment l'âme et le conseil : tous les choix lui sont soumis : la Supérieure lui envoie de temps en temps le nom de celles qui postulent, et elle y joint un rapide aperçu des qualités et des défauts de la suppliante, s'excusant d'être ainsi obligée par sa position de juger des compagnes qui, à coup sûr, l'emportent sur elle en vertus. M. Plumier la tranquillise à cet égard et répond : « Depuis hier, jour de la Tous-
« saint, Magdeleine est de l'association... Marguerite
« est bien contente d'en faire partie... Vous pouvez re-
« cevoir les deux Sœurs dont vous me parlez, puis-
« qu'elles promettent de bien obéir, et que vous leur
« trouvez l'esprit nécessaire à des filles de Marie-Imma-
« culée. J'apprends toujours avec un nouveau plaisir
« les progrès que les Sœurs font dans la vertu. Deve-

« nez sainte afin de sanctifier les autres. D'après ce que
« vous me dites vous avez bien fait de ne pas prendre
« Marie N... »

Fidèle à les diriger dans le choix de leurs nouvelles compagnes, il ne l'est pas moins à les prémunir contre les assauts du démon. Or, le premier que ces chères Sœurs rencontrent dans la pratique du bien, ce sont les peines de l'esprit, la tendance au scrupule, et le découragement à la pensée qu'elles ne sont pas à la hauteur des desseins que Dieu a sur elles, aussitôt leur charitable Père leur écrit :

« Le saint jour du Jeudi-Saint.

« Il faut nous humilier dans toutes nos peines, diffi-
« cultés et tentations, implorer l'assistance du Saint-
« Esprit, ne jamais perdre courage, et le Seigneur, bien
« sûr, vous aidera et vous donnera de vives lumiè-
« res. Ce qui vous fera pratiquer de grandes vertus, et
« vous conduira à la perfection, ce sera un profond mé-
« pris de votre corps : pour l'amour de Jésus-Christ
« et de sa sainte Mère, faites-le. Ayez bien la haine de
« vous-mêmes quand le démon vous tente contre tout
« ce que je puis vous dire pour votre salut. C'est tout
« là, de mourir à nous-mêmes, à nos idées, pour suivre
« la sainte voie de l'obéissance. Votre divin époux
« a été obéissant jusqu'à la mort de la croix, et il a
« obéi bien volontiers pour notre amour : il faut qu'il
« en soit de même de nous, que nous obéissions avec
« plaisir dans tout ce qu'il demande de nous. Tous
« les manquements des Sœurs N... et N... résultent de
« l'orgueil et du défaut d'obéissance à vos ordres :

« toutes leurs peines d'esprit viennent de là, et de ce
« qu'elles ne veulent pas faire en tout la volonté de
« Dieu. J'espère que la première deviendra un bon
« sujet, mais à la condition qu'elle obéira aveuglé-
« ment, autrement elle vous nuirait : il faut qu'elle
« méprise ses peines d'esprit, et qu'elle ne se confesse
« pas plus souvent que vous autres. Que la seconde voie
« Dieu dans le confesseur ; qu'elle s'appuie entièrement
« sur ce Dieu si bon, ainsi elle sera contente, et elle rece-
« vra de grandes lumières. J'espère cependant qu'elles
« avanceront beaucoup dans la vertu, parce qu'elles
« feront bien volontiers tout ce que je leur dis : je prie
« Dieu pour elles tous les jours à la Sainte Messe, et je
« me sens une extrême charité pour elles, ainsi que
« pour vous toutes. J'apprends avec plaisir tous les
« bons sentiments de vos autres Sœurs : je souhaite que
« le bon Dieu les comble de grâces et de bénédictions.
« Je pense que vous devez avoir connu que les diffé-
« rentes peines dans lesquelles vous vous trouvez, sont
« la récompense du peu de bien que nous pouvons
« faire. Soyez donc tranquilles, et réjouissez-vous plu-
« tôt : c'est votre père qui vous le dit au nom de Jésus-
« Christ. Faites par avance tous les sacrifices que Dieu
« pourra demander de vous : pour être ses enfants il
« faut faire sa volonté en tout, mais bien volontiers.
« Ayons la foi ; la mort ne nous sépare que pour un
« moment. Pénétrons-nous bien du bonheur du ciel,
« et nous verrons les choses d'un autre œil que le
« monde ne les considère. Devenez toutes des saintes
« et que la joie du Saint-Esprit se répande dans vos

« âmes. Ressuscitez toutes avec Jésus-Christ. Devenez
« toutes célestes. Vous passerez un quart d'heure de-
« vant le crucifix pour lui demander une obéissance
« entière et une grande haine de votre corps. Que la
« Sœur N... se tienne tranquille. Ou souffrir ou mou-
« rir ! Mettez bien cela dans vos esprits et dans vos
« cœurs. Que vous ayez toutes le courage d'un lion !
« Souvenez-vous de ce que dit le Saint-Esprit : *Heu-
« reux l'homme qui est tenté !...* Soyez fidèles à vos
« exercices de piété ; n'y manquez que par nécessité.
« Soyez recueillies, intérieures, et entièrement déta-
« chées de tout ce qui est créé. Quoiqu'il arrive, dites
« toujours : Il faut que je devienne une Sainte; il faut
« que je ne me décourage jamais. Demandez souvent à
« Dieu la charité parfaite et l'amour de la perfection.
« Préférez un moment de conversation avec Dieu à tout
« l'univers entier ; priez beaucoup pour l'Église et la
« France ; faites tout le bien que vous pourrez ; livrez-
« vous une guerre continuelle si vous voulez arriver à
« la perfection. Que Dieu répande ses grâces et ses bé-
« nédictions sur vous et sur vos compagnes ! Vive
« Jésus, et vive Marie-Immaculée ! »

A l'épreuve des aridités et des sécheresses de l'âme, il opposait la toute puissance de l'obéissance, à laquelle le Saint-Esprit a promis de rapides victoires ; mais cette doctrine sublime était lente à pénétrer, à cause de son amertume, dans des cœurs pourtant bien disposés, et on ne pouvait lui taire que si, en la recevant, le cri de la grâce était : Cette parole est une parole de vie, le cri de la nature avait été : Cet enseignement est dur, et qui

pourra le goûter : *Durus est hic sermo et quis potest cum audire.* (S. Jean. VI. 61.) « Nous comprenons mainte-
« nant que vous avez raison, et que la force est dans
« l'obéissance ; mais au premier moment cela nous
« avait découragées. » Le serviteur de Dieu leur
« répond :

« J'apprends avec un grand plaisir que vous persé-
« vérez toutes et que vous ne voulez pas quitter la route
« de la perfection : cependant humiliez-vous beaucoup
« de ce que vous m'avez dit, surtout après une lettre
« qui aurait dû augmenter votre courage. Faites quel-
« ques pénitences pour cela. Pourtant je vous remercie
« bien de me l'avoir avoué. Continuez toujours à me
« dire tout, et croyez que ma charité envers vous est
« toujours la même. Il paraît que Marguerite veut obéir
« aveuglément : elle a profité de mes avis ! A la coulpe,
« félicitez toutes celles qui auront souffert quelque
« chose ; vous pourriez dire toutes ensemble et à ge-
« noux un *Pater* et un *Ave* ce jour là, pour remercier
« le bon Dieu d'une si grande grâce !... Le démon ne
« dort pas, il est enragé contre vous ; résistez-lui bien ;
« faites-vous une guerre continuelle, vous deviendrez
« des Saintes : plus vous vous ferez violence, plus vous
« avancerez dans la vertu !... Mon plus grand désir
« est que vous ne perdiez jamais la paix de l'âme. »

Puisqu'aux peines de l'esprit M. Plumier opposait comme remède souverain l'obéissance, il n'est pas inutile de dire ce qu'il entendait par cette vertu, et en faveur de qui il la réclamait : pour le comprendre il suffit de jeter un coup d'œil sur la petite association dont malheureusement le règlement complet a été perdu.

Tous les dimanches, à l'issue des vêpres, et après avoir édifié la paroisse par leur présence aux offices de la journée, les Sœurs de Marie-Immaculée se réunissaient dans la chambre de leur Supérieure à l'heure à laquelle leurs compagnes couraient à la promenade publique. Cette chambre était une véritable cellule de cénobite : elle renfermait deux chaises, parce qu'elle était trop petite pour en contenir davantage, et une commode qui servait d'autel, et sur laquelle s'élevait une grossière statue de la Très-Sainte-Vierge projetant son ombre sur la serviette destinée à couvrir le miroir, objet du sacrifice de Virginie. Ce linge suspendu était comme l'ex-voto parlant de l'obéissance. Quand le moment de l'assemblée était venu, on empruntait deux chaises à la chambre voisine, la malle tirée de dessous le lit formait un siége de plus, quant à la Supérieure, elle s'asseyait sur le bord de son lit, qui remplissait pour ce jour l'office de canapé. La réunion commençait par le *Veni Sancte Spiritus* : on saluait ensuite la Sainte-Vierge, en récitant le petit office de l'Immaculée-Conception. Les livres qui le contenaient avaient aux yeux de leurs propriétaires un double mérite : ils parlaient de Marie, et ils étaient un don de M. Plumier, leur vertueux fondateur. Quand la pieuse psalmodie était terminée, la Supérieure lisait, si elle en avait reçu quelqu'une, les lettres de celui-ci : on écoutait ces paroles avec le même respect, la même avidité que si le Saint-Esprit se fût manifesté au milieu d'elles. Si la correspondance était muette, on lisait quelques pages des œuvres ascétiques de Saint Liguori ou des écrits de Sainte Thérèse. Chaque Sœur était alors admise à raconter naïvement et simplement, pour le profit de toutes, les inspirations que cette lecture lui avait suggérées. Puis, c'était le tour de la Supérieure. Dieu semblait lui avoir donné pour remplir ses fonctions, une délicatesse d'âme et une sensibilité excessives. Jamais la parole ne tarissait sur ses lèvres, et elle parlait de Dieu avec un tel feu, de l'humilité avec une si profonde conviction, de la sainte pauvreté avec un si touchant enthousiasme, que le règlement seul pouvait interrompre de pareils entretiens. A cet exercice, qui embaumait pour une semaine les cœurs des assistantes, succédait celui de la coulpe. C'était la pratique de l'humilité, suivant de près la doctrine qui en avait été donnée. Chacune, avec une simplicité entière, exposait alors les infidélités dont elle s'était rendue coupable et qui l'avaient fait décheoir de la perfection nécessaire à une fille de Marie, elle en demandait humblement pardon, puis elle attendait à genoux que la Supérieure l'en eût reprise, et lui eût infligé une petite pénitence : elle ne se relevait qu'après avoir remercié la chère Sœur de sa charité. Quand toutes avaient accompli cet acte d'obéissance et de mort à soi-même, la petite confrérie s'agenouillait et récitait avec gravité le *Pater* et l'*Ave*, en union avec son vénéré directeur, pour remercier Dieu des épreuves de la semaine, et lui demander la grâce de mépriser toujours davantage la voix de la nature. Une pieuse invocation à Marie-Immaculée finissait cette modeste séance.

Le premier dimanche de chaque mois, la réunion offrait un caractère plus sérieux : c'était le jour de la retraite mensuelle ; la première assemblée avait lieu après la messe du prône ; on faisait une lecture sur les fins de l'homme ; on se promettait de passer plus saintement cette journée en la présence de Dieu. On demeurait à l'église tout le temps que les soins de la famille laissaient loisible. Le soir, la réunion se terminait par la préparation à la mort et par la consécration à Saint Joseph. Puis, par esprit de détachement et de pauvreté volontaire, chacune disait à haute voix les objets qui lui seraient nécessaires pour sa toilette, ou pour son travail, et sollicitait la permission de les acheter, afin que tout se fît toujours, même dans les choses les plus ordinaires, par renoncement et par obéissance. C'était aussi le jour auquel on relisait ensemble le règlement de l'association, et on se ranimait dans le désir de le suivre avec fidélité. Dans l'impossibilité de donner en entier ce règlement qui s'est égaré, nous reproduisons celui que M. Plumier envoya à l'une des chères Sœurs, et qui sans contredit renferme en substance, quoiqu'avec moins de détails, ce que contenait le premier.

« A la plus grande gloire de Dieu et de la Sainte
« Vierge.

« Avoir son coucher et son lever réglés, autant que
« cela peut se faire : fixer de même, s'il est posssible,
« ses heures de repas, ses exercices spirituels ;

« Entendre tous les jours la Sainte Messe ;

« Se confesser toutes les semaines ;

« Faire la retraite le premier dimanche de chaque
« mois ;
« Faire tous les matins la méditation ;
« Dire tous les jours le chapelet, et en le récitant
« penser aux mystères ;
« Faire tous les jours une lecture de piété, l'examen
« de sa conscience à midi et le soir. Le matin, après
« la prière, prendre la résolution de se corriger, dans
« la journée, de ses défauts : à midi, si on le peut,
« examiner soit en marchant, soit en travaillant, si on
« y a été fidèle ;
« Quand il y a impossibilité de faire ses exercices
« spirituels, on doit ne pas s'en troubler ; mais il faut
« ne pas manquer la méditation et l'examen de cons-
« cience ;
« Dans le jour, penser souvent à Dieu qui est par-
« tout ; à son Ange gardien ; fuir avec soin les filles qui
« ont l'esprit du monde ;
« Éviter la mondanité dans ses habillements, et avoir
« pour se sauver beaucoup de fermeté et de courage ;
« Ne pas se laisser entraîner par les mauvais exem-
« ples, car c'est le plus grand nombre parmi les chré-
« tiens, qui se perd : on est dans un âge avancé ce
« qu'on a été étant jeune ;
« Pour être heureux sur la terre il faut servir Dieu ;
« La jeunesse passe comme une fleur ;
« Agir en tout avec réflexion ;
« Tout n'est que vanité et folie, excepté d'aimer
« Dieu ;
« Celui qui aime trop son corps, se perdra.

« Que ne voudrait-on pas avoir fait à l'heure de la
« mort ? Elle avance à grands pas ! La vie est une om-
« bre qui passe ;

« Se rappeler souvent les avis du confesseur ;

« Être grandement dévote à la Sainte Vierge ;

« Bien examiner sa vocation, sans se troubler. Ne
« pas craindre le monde, mais Dieu et le péché ;

« Gagner souvent des indulgences ;

« Faire de temps en temps le chemin de la croix ;

« Avoir un grand détachement pour toutes les choses
« de la terre, et un grand désir du ciel ;

« Visiter tous les soirs, si c'est possible, le Saint Sa-
« crement de l'autel, se souvenant que le même Jésus-
« Christ, qui était autrefois vivant sur la terre, est là
« réellement présent ;

« Lire ce règlement tous les dimanches ;

« Faire toutes ses actions toujours pour l'amour de
« Dieu, le dire en se levant et le répéter souvent durant
« le jour ;

« Celui, ma chère Sœur en Jésus-Christ, qui vous
« donne ce règlement, souhaite de tout son cœur que
« vous deveniez une Sainte ; il prie pour vous tous les
« jours à la Sainte Messe, et désire que la paix de Dieu
« et sa crainte soient constamment dans votre cœur ! »

La pieuse fille à laquelle s'adressaient ces lignes ne connaissait pourtant pas de vue celui qui les avait écrites, et cette confiance réciproque n'en est que plus édifiante. Il est vrai, un instant le petit troupeau à laquelle elle appartenait avait espéré voir son charitable pasteur, et recueillir de ses lèvres ces précieux enseignements ;

on s'en était fait une fête; on avait réservé pour ce jour bien des consultations et des confidences; on comptait faire connaître entièrement ses peines intérieures, et recevoir des lumières pour les dissiper : à cet effet, il était convenu, pour ne porter ombrage à personne, qu'on se réunirait à Saint-Chamas, où M. Plumier devait aller voir sa famille, et où nul ne songerait à incriminer sa présence ; mais Dieu qui sanctifiait ces âmes leur fit pratiquer excellemment le renoncement à cette satisfaction bien légitime. Leur directeur leur explique ce contre-temps :

« Je n'ai pu partir pour Saint-Chamas, la voiture, par
« extraordinaire, n'étant pas venue. Je ne m'y rendrai
« que mardi prochain : il faudra dès lors y venir mer-
« credi ou jeudi, parce que je retournerai le vendredi :
« méprisez-vous bien et devenez une grande Sainte. »

Dieu rend encore ce projet irréalisable : le bon prêtre s'en console et console ses chères filles, en s'exprimant en ces termes qui révèlent sa résignation habituelle :

« Quant à moi, je ne puis pas aller à Saint-Chamas,
« par rapport à des occupations : cela vous sera très-
« utile à toutes, si vous faites bien la volonté de Dieu,
« ainsi que vous désirez la faire. Dieu ne le veut pas,
« c'est tout dire, et en faisant la volonté de Dieu nous
« devenons des saints.

« La retraite pour les prêtres commence le 19 de ce
« mois : vous prierez pour tous les autres prêtres et
« pour moi ! »

Ce changement de détermination fut accepté avec foi

par la petite association, mais néanmoins il bouleversait tous les projets, et il affaiblissait tous les courages, qui s'étaient jusque là soutenus par l'espérance de s'ouvrir à M. Plumier : une des Sœurs, celle-là même à laquelle le règlement qu'on vient de lire avait été envoyé, plus maîtresse de son temps, que ne l'étaient ses compagnes, entreprit le voyage de Marseille, et fut le porte-paroles de toute l'assemblée. M. Plumier la reçut avec une joie toute surnaturelle, et s'efforça de la rassurer et de la sanctifier pour qu'elle affermît les autres associées. A cet effet, il lui donna dans la chapelle de la congrégation des orphelines une retraite spéciale, dont le souvenir arrachait récemment encore des larmes de reconnaissance à cette pieuse fille. Puis il la renvoya dans son village, et il écrivit à la Supérieure :
« J'ai vu avec un vif plaisir Marie, elle a bien fait sa re-
« traite : écoutez bien tout ce qu'elle vous dira de ma
« part : je pense qu'elle répandra parmi vous la bonne
« odeur de Jésus-Christ : votre retraite à vous sera bien
« faite, si vous devenez des Saintes ; or, dit Saint Tho-
« mas, si on le veut, on le devient. Si nous sommes tous
« si imparfaits c'est que nous n'avons pas la volonté
« d'être meilleurs : ayez toutes cette bonne volonté, et
« je vous promets que vous deviendrez des Saintes. Je
« le demande tous les jours pour vous à Dieu, pendant
« la Sainte Messe, et d'une manière toute particu-
« lière. »

Le retour de cette chère Sœur était certes bien opportun dans ce moment: car tandis qu'elle rapportait des maximes propres à relever le courage, et à surmonter les peines intérieures, Dieu envoyait à la petite association une épreuve de nature à l'ébranler bien davantage : une des Sœurs les plus dévouées était tombée malade, et sa mort allait réduire le nombre déjà si restreint de cette famille naissante : M. Plumier répond à l'annonce qu'on lui fait des appréhensions qu'inspire cette santé si chère :

« J'apprends avec peine la maladie de la Sœur, et ses
« pieux sentiments me remplissent le cœur de joie
« et de consolation. Je prends bien part à toutes ses
« douleurs ; mais d'un autre côté il n'y a de bon que la
« volonté de Dieu. Nous devons nous souvenir que le
« plus grand bonheur, pour un chrétien, est de mourir,
« et ceux qui sont dans le ciel nous aident bien plus
« que s'ils étaient sur la terre. Rien n'est capable de
« décourager quand on voit Dieu dans les événements
« de cette vie : que vous soyez en grand nombre, ou en
« petit nombre, voyez en tout sa sainte volonté ; mais
« soyons fidèles à la grâce et sachons y correspondre.
« J'ai déjà commencé à prier pour la chère Sœur en
« Jésus-Christ ; vous lui direz que je lui souhaite toutes
« sortes de grâces et bénédictions, et que je penserai
« toujours à elle devant Dieu, soit qu'elle vive, soit
« qu'elle vienne à mourir. Que l'amour infini de Jésus-
« Christ envers nous vous touche, vous enflamme,
« vous pousse à la plus grande perfection ! Il est mort
« d'amour pour vous et vous nourrit sans cesse de
« lui-même ! Donnons-nous entièrement à Dieu, et
« faisons pour acquérir la perfection les plus grands
« sacrifices. »

C'en était un en effet que de perdre cette Sœur dont la gaîté était le soutien des autres, et qui avait si bien compris la doctrine du renoncement qu'elle mourut au milieu de la pauvreté volontaire la plus absolue. M. Plumier, en apprenant cet événement, s'empresse d'écrire :

« La mort précieuse et sainte de votre chère Sœur
« m'a bien édifié : elle était morte, à présent elle vit.
« Réjouissez-vous, elle vous obtiendra de grandes
« grâces : j'ai dit la Sainte Messe pour elle, et je lui ai
« appliqué pendant plusieurs jours des indulgences
« plénières. Travaillez toutes à mourir à vous-mêmes,
« à vous mettre plus bas que terre ; c'est l'humilité
« qui nous rend Saints. Menez en tout la vie de Jésus-
« Christ ; en toutes choses, dites : Comment Jésus-
« Christ faisait-il en cela ? Quel bonheur de mener la
« vie de ce divin Sauveur ! Aspirez à la plus haute per-
« fection qui consiste à ne vouloir que le bon plaisir
« de Dieu, et à acquérir les vertus des Saints. Que le
« Seigneur vous accorde à toutes ces grâces pour cette
« nouvelle année. »

Pour souhaits de nouvel an il désirait à ses filles spirituelles des mépris, à l'exemple de ceux endurés par Jésus-Christ. Cette prière ne tarda pas à être exaucée : la pieuse mort de la Sœur G** avait répandu quelque faveur sur la petite association à laquelle elle appartenait, et avait inspiré à quelques-unes de ses compagnes de travail la pensée d'imiter sa vie. Le démon vint bientôt troubler cette innocente famille par des dénonciations pleines de ruse et par de lâches défections.

Qui ne sait que les meilleures choses, selon la manière dont on les présente, peuvent apparaître sous un jour fâcheux et souvent équivoque : les intentions si pures et si droites de Saint Paul ne furent-elles pas incriminées ? Or, si l'apôtre ne put échapper au glaive de la calomnie, les filles de Marie-Immaculée purent bien aussi en être atteintes. On taxa leur piété de rigorisme, leur obéissance d'affectation, et leur pauvreté volontaire de faux orgueil : le trait était d'autant plus aigu qu'il partait de la main d'une de leurs Sœurs : la désolation se répandit parmi toutes les associées, si ouvertement signalées aux sarcasmes de tout le village.

« Qui a Jésus a tout, leur écrit de suite M. Plumier,
« Jésus dans notre cœur, Jésus dans notre esprit, Jésus
« dans tout nous-mêmes ! quel bonheur ! quelle per-
« fection ! Je ne serais pas du tout étonné que cette
« Sœur vous abandonnât ; je doute qu'elle ait la tête
« bien solide, et un esprit semblable ne saurait rester
« dans une association ! Encouragez-la pourtant, et
« quoi qu'il arrive, bénissez le Seigneur de tout, et faites
« sa sainte volonté, qui est toute votre perfection sur
« la terre. Une personne qui raisonne et qui est bien
« affamée de la perfection discerne de suite que c'est
« le démon qui agit dans les circonstances que vous
« traversez : il est facile de voir où se trouve la vérité :
« il ne vous restera que celles qui veulent réellement
« devenir des saintes... Celles qui vous quittent ou qui
« se troublent n'ont pas de grandes vertus. » « Je
« pense, écrivait-il un autre jour, que vous êtes dans
« une grande joie, car les persécutions produisent cela,

« quand on les prend comme il faut. J'espère que vous
« avez compris le bonheur qu'il y a à souffrir. J'ignore
« si d'autres vous ont abandonnées ; mais que rien ne
« vous trouble. Pour faire l'œuvre de Dieu il faut des
« personnes d'un grand courage et d'une grande vertu.
« Dieu éloigne ce qui pourrait être un obstacle à vos
« desseins..... » « La personne dont vous me parlez,
« leur disait-il encore, agit par un mauvais esprit :
« c'est une épreuve bien grande que le bon Dieu vous
« envoie : le démon la fait agir pour empêcher le bien :
« elle peut être de bonne foi : rendez-lui le bien pour
« le mal, réjouissez-vous de souffrir pour la justice ;
« mais méfiez-vous d'elle. »

On le voit, c'est toujours la même prudence, jointe à la même charité, et à la même joie d'être tourmenté pour Jésus-Christ.

La petite association se remettait à peine de cette secousse relativement importante, lorsqu'une croix d'un tout autre genre vint jeter la perplexité dans les cœurs : Dieu lui-même semblait condamner M. Plumier par ses propres principes : il avait dit maintes fois qu'il fallait voir dans le confesseur un interprète divin, et lui obéir en tout. Or, par des raisons qui seraient déplacées dans ce récit, le confesseur de la plupart de ces filles trouvant leur vie trop sublime pour la condition dans laquelle la Providence les avait établies, croyait devoir apporter des modifications considérables à cette existence de renoncement et de mort à soi-même, et voyant de la part de quelques-unes des répugnances à se soumettre, il pensa opportun de leur défendre toute correspondance avec ce prêtre inconnu, qui de loin exerçait une si grande influence dans sa paroisse. C'était ravir du même coup à ces bonnes âmes les conseils d'un Père dévoué, et abandonner leurs consciences à l'anxiété la plus vive. Le confesseur local était indispensable pour absoudre et pour admettre à la Sainte Table, il fallait donc lui obéir, d'autre part comment renoncer à l'homme vertueux dont le ciel avait fait leur guide, et qui avait assuré leurs progrès dans la vertu. Désobéir, c'était résister à la grâce, mais quitter les conseils de M. Plumier, n'était-ce pas payer d'ingratitude le Saint-Esprit, qui si souvent avait parlé par sa plume? Dans l'ignorance complète de ce qu'il fallait faire, la Supérieure lui expose les angoisses communes. La réponse à donner à une semblable consultation était délicate; condamner un confrère c'était mentir à l'humilité habituelle dont il avait toujours fait preuve; rompre tout rapport avec cette association, c'était beaucoup moins sacrifier une fondation chère à son cœur que détruire un puissant élément de sanctification pour tout le village. M. Plumier, toujours défiant de lui-même, mais toujours ferme sur les principes qui lui paraissaient vrais, s'exprime en ces termes :

« Après avoir consulté le Saint-Esprit, je réponds à
« votre lettre par manière de sentences : je vous parle-
« rai d'après les Saints, l'expérience et les hommes de
« mérite : je ne veux parler de personne, ni juger
« personne, faites-y bien attention, je vais parler en
« général.

« Des solitaires étant venus trouver Saint Antoine,

« on lui demanda des conseils, il répondit : « Que
« faut-il faire pour être sauvé ? — L'un dit : Il faut être
« humble, — l'autre : Il faut faire pénitence : chacun
« donnait son avis. Le Saint reprit : Vous vous trompez
« tous, s'il n'y a que cela on se perd : pour aller au
« ciel il faut être discret, prudent ; il n'y a point de
« vertus sans la prudence ; sans elle on peut faire un
« mal extraordinaire.

« Il y a une grande différence entre un confesseur et
« un directeur ; confondre l'un avec l'autre, c'est se
« tromper. Une âme peut se jeter dans de grandes pei-
« nes en parlant de son intérieur à tout confesseur.
« Celui qui consulte beaucoup ordinairement manque
« de simplicité, et se mettra l'esprit dans de grands em-
« barras : c'est la marque d'un esprit faible et sans ca-
« ractère. L'Église ne défend pas, tant s'en faut, de
« consulter, mais elle veut qu'on le fasse avec pru-
« dence, qu'on implore l'assistance du Saint-Esprit,
« que l'on considère les inconvénients qui quelquefois
« pourraient s'ensuivre. Saint François de Sales nous
« dit de chercher un conseiller entre mille. Le Saint-
« Esprit affirme que les bons conseils sont très-rares.
« Soyez simples comme la colombe, s'écrie Jésus-Christ,
« et prudents comme les serpents. Les hommes se
« conduisent le plus souvent par imagination ; mais
« l'imagination peut conduire à de grandes illusions,
« à de grandes erreurs : on connaît la volonté de Dieu
« en mettant son âme dans la paix, en priant et en ne
« rien précipitant. Quelqu'une, par exemple, voit un
« prêtre à l'autel, en chaire, de suite son imagination

« se monte : voilà, dit-elle, le confesseur que je dois
« prendre et consulter, et elle le prend sans demander
« à Dieu ses lumières, sans donner le calme à son es-
« prit, c'est pourquoi le Seigneur nous dit de nous
« méfier de notre imagination. »

« On doit juger de tout et agir en tout par les lumiè-
« res de la foi, s'appuyer en tout sur Dieu, attendre
« tout de lui, se conduire en tout avec simplicité, ne
« pas craindre les hommes : celui qui craint les hom-
« mes, dit le Saint-Esprit, tombera. On doit soutenir
« jusqu'à la mort la vérité qui est Dieu lui-même. »

« Quand votre âme demande que vous écriviez, que
« le Saint-Esprit vous y pousse, ou que vous le voyez
« nécessaire, il ne faut pas balancer de le faire : *le*
« *prêtre* se fera un plaisir et un devoir de vous ré-
« pondre. »

« Voici la Toussaint ! quel sujet, mon Dieu, de mé-
« ditation ! Ils étaient des hommes comme nous, mais
« ils avaient meilleure volonté que nous. Priez afin que
« je fasse moi-même ce que je vous dis dans cette
« lettre : »

« Confiance, force, pauvreté, obéissance, victimes,
« esprit intérieur, amour des croix, détachement uni-
« versel, zèle du salut des âmes, folie de la croix, rebut
« du monde. »

Il était difficile, on le voit, de répondre avec plus de
sens, et en se conformant mieux aux enseignements de
l'Église et de l'expérience : cette lettre qui dissipait les
objections les plus spécieuses fut pourtant attaquée :
à la distinction établie entre le directeur et le confes-

seur, on répondit que l'autorité de ce dernier était sans appel, qu'il fallait lui obéir aveuglément, vînt-il à demander de quitter le directeur, et que cette obéissance devait être telle, qu'en supposant qu'on découvrît clairement que son jugement était fautif et conduisait au péché mortel, il fallait encore se soumettre. Cette consultation rigoriste est à peine arrivée à Marseille que M. Plumier la réfute victorieusement par la lettre suivante :

« Malgré tout ce que je vous ai dit dernièrement, qui
« était bien capable de vous fortifier toutes, cependant
« la charité m'oblige à vous fortifier et à vous consoler
« de nouveau, et chaque fois que vous aurez besoin de
« mes conseils, je me ferai un plaisir et un devoir de
« vous satisfaire. »

« Tout ce qui vous arrive à vous toutes, est une ten-
« tation et une épreuve : il est bien sûr que la chose
« est facile à deviner. Rappelez-vous les persécutions
« que subirent les filles de Salon : les vôtres ne sont
« rien en comparaison des leurs ! Le démon était en-
« ragé contr'elles, parce qu'il voyait tout le bien
« qu'elles pouvaient faire : il se passa même un temps
« où on ne voulait plus les confesser ! »

« Tout ce qu'on vous dit, que vous êtes dans l'erreur,
« dans l'illusion, on l'a dit de Jésus-Christ, de tous les
« Saints : on reprochait au divin Sauveur d'être pos-
« sédé du démon, d'être un séducteur, de troubler le
« monde, d'être un blasphémateur ! On voulait empri-
« sonner Sainte Thérèse, sous prétexte qu'elle était
« dans l'illusion, et Saint Ignace, je crois l'avoir lu,

16

« faillit subir le même châtiment, pour le même motif.
« Enfin c'est l'histoire de tous les Saints de souffrir
« pour la justice, et les persécutions viennent quel-
« quefois de tous les côtés. Si les filles de Salon et les
« Saints avaient cédé à la persécution, ils n'auraient
« pas fait le bien, ils auraient risqué de se damner, et
« on se serait moqué d'eux. Souvenez-vous que le
« monde même respecte les âmes fortes et qu'il mé-
« prise celles qui sont lâches et timides. Malheur aux
« timides, dit le Saint-Esprit : il les met au nombre des
« réprouvés. C'est inutile, le caractère du Christianisme
« et de tous les Saints est un caractère de force. Tenez-
« vous tranquilles pour celles qui veulent vous aban-
« donner. Dieu fait tout pour notre bien : elles vous
« auraient peut-être donné de l'inquiétude dans la
« suite. »

« Quel est celui qui ayant tant soit peu l'esprit du
« bon Dieu ne verra pas le démon dans les choses qui
« vous arrivent et dans les conseils qu'on vous donne?

. . . .
. . . .
. . . .

« Quelle horreur si on soutenait qu'il faut obéir au
« confesseur, quand même il commanderait le mal ! »

« Pour tout ce qu'on vous dit d'engageant pour vous
« faire quitter la route de la perfection, écoutez Saint
« Paul parlant à tous les Chrétiens : *Ne vous laissez pas
« aller à tout vent de doctrine* ; prenez garde à ceux qui
« séduisent les cœurs des simples par des paroles dou-
« ces et flatteuses ! Notre-Seigneur et les Apôtres ont

« tant recommandé de ne pas écouter toutes sortes de
« discours : les bons conseils ont toujours été rares ;
« mais surtout dans ce siècle-ci ! Je dis hardiment
« qu'une personne qui se laisse gagner tantôt par l'un,
« tantôt par l'autre, est un petit esprit, même aux yeux
« du monde, et ne fera jamais rien de grand. »

« Souvenez-vous de tout ce que je vous ai dit qu'il
« vous arriverait si vous vouliez devenir des Saintes.
« Au reste c'est Jésus-Christ qui l'a prédit : si vous
« avez bien l'esprit de Dieu, les persécutions, à l'exem-
« ple des Saints, au lieu de vous décourager, vous en-
« courageront : le Seigneur les envoie tout exprès pour
« votre avancement spirituel. *Quand vous devriez rester*
« *seule de l'association*, ayez l'esprit du Christianisme,
« soyez ferme, le bon Dieu vous bénira. Lisez cette
« lettre aux chères Sœurs, auxquelles je souhaite mille
« bénédictions. »

L'énergie calme de cette réponse n'aura échappé à personne, et on y aura vu aussi M. Plumier avouant pour la première fois les épreuves dont sa direction à Salon avait été l'occasion pour les âmes confiées à ses soins ; mais ce qui est remarquable, c'est qu'en faisant allusion à ce fait, il ne se laisse aller à aucune récrimination, il maintient intact le principe : quant aux ennuis qu'il a éprouvés dans la lutte, il n'en parle pas.

Non content d'affermir dans cette situation si délicate les membres de la petite association, par les lettres que nous avons citées, il veut leur mettre sous les yeux un modèle permanent de l'amour des souffrances et de la joie à avoir au milieu des tribulations : à cet effet, il leur expédie une relique de Sainte Catherine de Sienne, relique qu'il avait sollicitée de Rome dès le début du conflit: en la leur transmettant, il leur dit :

« J'ai reçu de Rome la relique de Sainte Catherine
« de Sienne ; ce Dieu si bon semble vous la faire parve-
« nir à présent pour vous consoler et vous fortifier par
« l'exemple de cette grande Sainte, dont je vous envoie
« la relique : la voilà au milieu de vous ! Vous allez
« recevoir de grandes vertus par son intercession !
« Vous ferez toutes une neuvaine en son honneur,
« et avec une grande ferveur : Conservez cet objet
« précieusement, et rappelez-vous que cette Sainte avait
« une âme forte. »

La doctrine explicite de M. Plumier apporta quelqu'allégement aux hésitations des filles de Marie, mais, si elle leur traçait la voie à suivre, elle laissait subsister la souffrance morale qui devait naturellement résulter pour des âmes droites de ce tiraillement entre deux serviteurs de Dieu. Par suite de cette perplexité, le démon, que Saint François de Sales a si bien caractérisé en disant qu'il pêche dans l'eau trouble, leur avait rendu toutes leurs peines intérieures.

« L'état de dégoût et de sécheresse où vous êtes
« presque toutes, leur écrit M. Plumier, est une voie de
« purgation, qui conduit à de hautes vertus; c'est
« ainsi, et non par des consolations, que l'âme s'unit à
« Dieu, se détache d'elle-même, pour ne vouloir
« que Dieu seul ! C'est l'état dans lequel tous les Saints
« se sont trouvés, car leurs peines intérieures ont été
« épouvantables. Préférons la croix à tout autre état,

« dit l'Imitation de Jésus-Christ, nous sommes alors
« plus conformes à Jésus.

« Pour la confession, examinez bien : votre conduite
« vient de l'orgueil. Vous craignez encore les hom-
« mes, c'est-à-dire, un peu de terre et de poussière :
« or, un chrétien ne doit redouter que Dieu..... Votre
« retraite m'a causé une grande joie; elle vous atti-
« rera à toutes d'abondantes grâces, je vous le répète,
« détachez-vous bien de toute chose, *même des objets*
« *de dévotion*, agissez en tout pour Dieu seul. Mes chè-
« res filles, pour l'amour de Dieu, tuez toutes le vieil
« homme pendant ce carême; renoncez à votre pro-
« pre volonté, à votre jugement... Ayez horreur de
« vous-mêmes, votre chair est une chair de péché,
« de malédiction. Ma mère m'a conçu dans l'iniquité,
« dit le prophète; enterrez toutes votre volonté, re-
« vêtez-vous de l'esprit de Jésus-Christ, méditez sou-
« vent, surtout pendant la sainte quarantaine, la vie
« de Jésus-Christ, devenez comme lui humbles, pa-
« tientes, charitables, affamées de souffrances, rem-
« plies de courage; il est mort pour nous sur la croix,
« quel courage de sa part ! Voilà, mes chères filles,
« le remède à toutes nos misères, c'est de tuer
« l'homme de péché; qui sait combien de fois je prie
« Dieu pour que vous fassiez ce que je viens de vous
« dire ! Que ces jours vous donnent la force des pre-
« miers chrétiens : je vous recommande beaucoup le
« silence et la retenue de tous vos sens. Oh ! si une
« fois, cet esprit de Jésus-Christ, que je tâche de met-
« tre dans mes lettres, s'empare de vous toutes, oh !

« que vous deviendrez saintes ! oh ! quel zèle, quelle
« ardeur vous aurez alors pour la perfection la plus
« grande ! »

Un des reproches que l'on faisait le plus souvent à l'association des Filles de Marie était de n'avoir point de but précis, et de concentrer entre quelques personnes une piété qui aurait gagné à se répandre, telle était en partie la cause de l'opposition qu'elle rencontrait : M. Plumier le savait bien, mais il n'ignorait pas que si on ne lance les soldats à la guerre qu'après les avoir disciplinés dans les camps, on ne pouvait faire des filles de Marie des instruments de conversion et de zèle que quand elles se seraient pénétrées de l'esprit qu'il leur inoculait lentement. Comme tous les Saints, il n'était pas pressé pour son œuvre, il attendait le moment de la Providence, et formait de son mieux les personnes sur lesquelles Dieu avait des desseins encore inconnus. Dans cette pensée, tandis qu'il les portait aux vertus les plus héroïques, il les engageait à demeurer ce qu'elles étaient, sans entrer dans d'autres confréries, et à demander au Seigneur de leur révéler sa volonté :

« Saint François a établi le Tiers-Ordre afin que
« les personnes du monde puissent vivre pour ainsi
« dire, comme en communauté ; mais, vous autres,
« vous êtes déjà en communauté, pourquoi donc vous
« mettre dans une autre ? Ce serait aller contre l'es-
« prit de Saint François. Je pense entièrement comme
« vous sur tous les inconvénients qui pourraient en
« résulter. Priez pour que le bon Dieu vous fasse con-

« naître ce qu'il demande de vous autres... Ayez un
« grand détachement de toutes choses, alors la volonté
« de Dieu se manifestera... Vous feriez bien de
« faire à cet effet une retraite de huit jours ; chacune
« ferait en son particulier ce qu'elle pourrait. Désirez
« de procurer la gloire de Dieu, de ce Dieu si bon,
« si aimable... Priez toutes souvent les Cœurs de Jésus
« et de Marie, pour savoir si vous devez former une
« Communauté, et qu'elle elle pourrait être »... « Je
« ne vous oublierai pas, leur écrivait-il une autre fois,
« pendant votre retraite; demandez à Dieu de vous
« bien faire connaître ce qu'il demande de vous : qui
« sait s'il ne vous appellerait pas à aller soigner les
« malades à domicile? Dites-moi à cet égard, ce que
« le Saint Esprit aura pu vous inspirer. J'apprends
« avec plaisir que vous êtes contentes: sans cela on
« ne peut pas faire de progrès dans la vertu. Évitez
« la tristesse, comme étant la peste de l'âme. Quoi
« qu'il arrive, soyez toujours dans la joie. La volonté
« de Dieu nous fait trouver ici-bas un paradis anticipé.
« Que le bon Dieu vous rende bien obéissantes, hum-
« bles, pauvres, charitables ! Qu'il vous remplisse
« l'âme de sainteté, et le cœur, d'amour pour tout ce
« qui coûte à la nature »..... « Si jusqu'à présent,
« Dieu se tait sur votre future vocation, répondait-il
« plus tard à une consultation sur ce sujet, cela vient
« peut-être de ce qu'on ne fait pas tous les progrès
« dans la vertu qu'il faudrait faire, et qu'on n'est pas
« encore détachées de tout. Voilà, ma chère fille, le
« conseil qu'une grande charité envers vous m'en-
« gage à vous donner. »

Pour aider l'intervention de la Providence, et se souvenant combien à la naissance de l'Institut du St-Nom-de-Jésus, il avait regretté que quelques postulantes ne sussent pas lire, après avoir poussé ses chères filles de Marie à une grande perfection afin qu'elles fussent prêtes à tout entreprendre, il s'efforce de remédier à l'obstacle qui pourrait résulter plus tard du défaut d'études :

« Vous pouvez envoyer les Sœurs prendre des le-
« çons, si c'est possible, mais à condition que jamais
« un homme ne donnera ces leçons, et que la plus
« grande prudence soit gardée en toutes choses.....
« J'approuve beaucoup que vous preniez des leçons de
« grammaire... »

Mais il tient bien plus à la science religieuse qu'à une instruction profane; il insiste pour qu'on soit fidèle à la retraite de chaque mois, et à celle de chaque année. C'est Virginie Jauffret qui en donne les exercices avec une simplicité admirable. Matin et soir, elle prend un livre pour édifier ses Sœurs; mais bien souvent l'amour de Dieu qui l'anime lui rend cette lecture trop froide, elle s'abandonne alors à tous les élans de son cœur, elle sanglote en parlant des chastes joies de servir Jésus-Christ, et chacune de ses compagnes partage bientôt l'émotion de la Supérieure. Cet état habituel d'union avec Jésus-Christ explique même le grand besoin qu'éprouvent ces âmes de souffrir et de se mortifier, pour témoigner leur dévouement au divin Sauveur: à cet effet, elles écrivent pour savoir quelles pénitences elles peuvent pratiquer pour crucifier la nature; pour y joindre le mérite de l'obéissance, elles viendront les recevoir de la bouche de la Supérieure. On leur répond par la liste suivante :

« Faire une croix à terre avec la langue ;

« Se rendre à sa demeure par le chemin le plus
« long ;

« Demander pardon devant toutes les Sœurs, en
« ayant les bras en croix ;

« Ne pas manger hors des repas ;

« Demander pardon à son père, à sa mère ;

« Peigner une pauvre femme ;

« Baiser les mains à une pauvre ;

« Se lever pendant la nuit pour réciter un *Pater* et
« un *Ave* ;

« Rester pendant un quart d'heure en méditation, en
« se tenant immobile ;

« Aller visiter le cimetière ;

« Regarder le ciel avec les bras en croix et dire :
« Vous qui m'avez créé, ayez pitié de moi ;

« Se mépriser au pied du crucifix, et penser à son
« néant ;

« Par humilité, porter les jours de fêtes des vête-
« ments usés ;

« Demander un morceau de pain par charité ;

« Mettre une plante en terre avec les racines en l'air,
« et l'arroser ;

« Chanter par obéissance, quand on n'est pas con-
« tent ;

« Ne parler que lorsque la sainte obéissance le de-
« mande ;

« Par obéissance, renoncer à ses peines d'esprit;

« Mettre de la cendre dans quelques-uns de ses
« aliments;

« Dire un acte d'amour ou de contrition, en met-
« tant les lèvres sur les pieds du crucifix;

« Passer un quart d'heure en adoration devant le
« Très-Saint Sacrement; »

Ces diverses pratiques pourront paraître étranges à ceux qui ignorent que tous les moyens semblent précieux aux serviteurs de Dieu pour détruire le vieil homme avec ses convoitises. Mais quelques jugements divers qu'on en puisse porter, tout le monde s'accordera à dire que des filles de la campagne qui en étaient arrivées, sous la direction d'un prêtre inconnu de la plupart d'entr'elles, à pratiquer des actes pareils, et à y trouver un véritable bonheur, avaient grandement avancé dans le chemin de la vertu. Tout à coup, et tandis que la petite association commençait à jouir à Grans d'une estime universelle, après avoir triomphé de tous les faux rapports, par la régularité des Sœurs; tandis que les peines d'esprit avaient fait place à une joie générale, un événement imprévu vint subitement menacer l'existence des filles de Marie, et jeter parmi elles la désolation.

Leur Supérieure, on se le rappelle, appartenait à une famille honnête, mais sans ressources; au contraire, une des sœurs de sa mère avait une certaine aisance et avait fait entrevoir aux parents de Virginie que si celle-ci consentait à prendre soin de sa vieillesse, elle la constituerait son héritière universelle. Rien ne pouvait leur sourire davantage ; mais rien non plus n'était plus opposé aux pensées de leur fille. Pleine de mépris pour les richesses, s'étant habituée à la plus stricte pauvreté, elle ne pouvait considérer comme une joie de devenir riche, et ce sacrifice, qu'elle eût peut-être accepté par obéissance et par égard pour sa famille, si sa tante eût habité le village de Grans, lui devenait bien plus onéreux par l'obligation de quitter les siens, et surtout ses chères compagnes, pour aller se fixer à Lançon avec sa bienfaitrice. Ce projet plusieurs fois mis en avant et à demi-mots fut enfin proposé formellement à Virgine, et comme on le suppose, on accompagna cette communication des instances les plus vives. Cette nouvelle fut un coup de foudre pour les filles de Marie, qui se mirent de suite en prières, pour connaître sur ce point la volonté de Dieu, car elles étaient partagées entre le désir d'obéir à la Providence, et celui de conserver leur Supérieure ; celle-ci était en effet pour elles plus qu'une compagne, elle était un véritable conseiller, dont les avis soutenaient le courage de la communauté, à laquelle les persécutions incessantes n'avaient pas donné le temps de s'organiser complétement. D'autre part la famille Jauffret était dans une telle situation qu'on ne pouvait par des considérations personnelles, engager Virginie à renoncer à un parti qui améliorerait le sort de ses parents. La prière était le seul moyen de sortir de cette perplexité, et quand la neuvaine fut finie, on écrivit à M. Plumier, bien résolues à accepter, comme venant de Dieu, tout ce que ce bon prêtre déciderait ; la solution ne se fit pas attendre ; elle était dictée par le même esprit qui avait formé l'enfance de Virginie, et qui dirigea toujours M. Plumier.

« Ce qui vous arrive, ma chère fille en Jésus-Christ,
« est une grande tentation, et c'est facile à le voir !
« En quittant Grans, pour aller à Lançon, vous quit-
« teriez Dieu pour la créature. Pour nous décider en
« quelque chose, il faut toujours choisir ce qui plaira
« le plus au bon Dieu ; mais, ici, ce qui lui plaira
« davantage est aisé à trouver. En allant à Lançon,
« vous vous éloigneriez de la route où il vous a mise ;
« vous risqueriez d'éprouver de grandes peines ; en-
« suite, à vous dire vrai, je craindrais même pour
« votre salut. Regardons les avantages temporels
« comme de la boue et une pure vanité ; ne cherchons
« que la perfection, et désirons de mener une vie pau-
« vre, afin d'imiter un Dieu pauvre ainsi que tous les
« Saints. Vous direz à votre tante que la médiocrité de
« votre position ne vous permet pas d'aller rester avec
« elle. Vous avez raison de dire que votre ancienne
« maîtresse s'en offusquerait beaucoup, je le pense
« comme vous ; au reste, dans l'oraison, vous allez
« voir clair comme le jour la vérité de tout ce que je
« vous dis. Après avoir accompli dans vous ce sacrifice
« pour le Seigneur, vous allez, je n'en doute pas, faire
« de rapides progrès dans la vertu. Je me suis étendu
« un peu sur cet article, il me semble pourtant que
« quand même je ne vous aurais dit que ces paroles :
« N'y allez pas, vous auriez obéi volontiers sans deman-

« der aucune raison. Saint Ignace, en écrivant à Saint
« François-Xavier pour le faire revenir des Indes, ne
« lui dit que ce mot I, qui signifie, en latin, Venez...

« Que vos Sœurs se rappellent sans cesse qu'elles doi-
« vent obéir entièrement; qu'elles restent peu en con-
« fession, je le recommande à toutes, excepté pour le
« jour de la direction, qui revient, je crois, une fois par
« mois. »

« Dans vos plus grandes occupations, n'oubliez jamais
« la méditation ; faites-la au moins dans le courant de
« la journée, si vous ne l'avez pas pu le matin. Soyez
« tout embrasée de zèle pour le salut des âmes. Vous
« n'oublierez pas de penser souvent à vos paroles :
« J'aimerais mieux abandonner tous les biens que de
« me séparer de mes Sœurs... J'apprends toujours avec
« bonheur les progrès qu'elles font dans la vertu.
« Voyez s'il ne serait pas possible que la Sœur Marie
« quittât ses vains ornements, malgré la persécution ;
« cependant c'est à vous de le décider. Continuez votre
« lecture, je l'approuve fort. »

« J'aurais envie que votre congrégation portât le
« nom de l'Immaculée-Conception, pourtant la Pré-
« sentation de la Sainte Vierge serait toujours votre fête
« principale ; au reste, je vous laisse libre en cela. »

Cette lettre mettait un terme à toutes les anxiétés:
Virginie refusa; mais la seule probabilité de son départ
avait fait sortir les Sœurs de leur calme ordinaire. M.
Plumier sent le besoin d'apaiser leur agitation, et il le
fait ainsi :

« J'ai reçu avec une sainte joie votre lettre ; tenez-

« vous toutes tranquilles : votre Mère ne désire pas
« aller à Lançon, parce qu'elle veut la volonté de Dieu,
« et ce Dieu si bon ne le veut pas ; mais cependant si
« vous vous étiez troublées et découragées, et si vous
« aviez un peu perdu la confiance en Dieu, humiliez-
« vous toutes devant Dieu, et demandez à votre Mère de
« vous imposer quelques pénitences. J'ai appris avec
« un grand plaisir que vous aviez toutes le désir géné-
« reux de devenir des Saintes. Le Seigneur vous laissant
« votre Mère, vous profiterez de cette grâce en avan-
« çant dans la vertu. Remerciez bien le bon Dieu de
« ce que vous endurez dans votre maison : faites à cet
« effet une communion en actions de grâces. Heureux
« ceux qui souffrent persécution pour la justice, a dit
« Jésus-Christ. Quel bonheur d'être l'épouse de Jésus-
« Christ ! »

Celle à laquelle il écrivit en ces termes devint peu de jours après la cause involontaire de nouvelles angoisses pour la petite communauté : une maladie sérieuse se déclara, et dès le début mit ses jours en péril : à cette époque les filles de Marie étaient déjà dix, et la malade était l'amie et le modèle de toutes : on se hâta de la recommander aux prières de M. Plumier, qui avait pour elle une estime singulière, car plusieurs fois il lui avait donné des retraites à Marseille ; il témoigna le chagrin qu'il éprouvait de cette nouvelle :

« J'ai appris avec la plus grande peine la maladie de
« la Sœur Marie : je prie pour elle, et je fais prier :
« je suis édifié de tous ses bons sentiments : tâchez de
« lui faire produire souvent des actes de contrition par-

« faite et de désirs du ciel ; mais sans qu'elle parle
« pourtant. Faites-la entrer dans un grand mépris de
« son corps : toutes les fois qu'on baise un crucifix et
« qu'on prononce le Saint Nom de Jésus, on gagne
« des indulgences particulières. Faites en sorte qu'elle
« aime les souffrances, et qu'elle en remercie bien le
« bon Dieu : faites-lui gagner les indulgences plénières
« du Sacré-Cœur, du scapulaire et celle que je vous ai
« donnée à toutes. On s'excite pour cela à la douleur
« de ses fautes, on accepte la volonté divine, on souffre
« pour expier ses fautes, on désire le ciel, et on baise
« le crucifix. Pour vous, tenez-vous tranquilles. Dieu
« fait tout pour notre plus grand bien, et souvenez-
« vous que la mort est une vie. Ayons une foi vive.
« Prions beaucoup pour l'Église, pour la France, et
« ayons une grande confiance.

« Dites à la chère Sœur que je lui souhaite mille
« grâces et bénédictions, que je l'ai mise dans les Cœurs
« de Jésus et de Marie, et que je ne l'oublierai jamais,
« soit vive, soit morte ; mais cependant espérons que le
« mal pourra passer. Donnez-moi de ses nouvelles.
« Ayez toutes l'esprit de sacrifice. »

Dieu ne demanda pas aux filles de Marie le sacrifice
de leur compagne bien aimée : elle ne tarda pas à recouvrer la santé, et son rétablissement coïncida avec
le développement rapide de la petite association et la
fin de ses épreuves. Un nouveau curé venait d'être appelé à Grans : la vertu des jeunes filles qu'il recevait
au Saint Tribunal le frappa, leur esprit de pénitence et
d'obéissance aveugle lui parut une énigme au milieu

des campagnes. Il voulut en connaître la cause ; on lui présenta le règlement, qu'il lut avec bonheur, et quelle ne fut pas sa joie, quand il apprit qu'il était l'œuvre de M. Plumier, son ancien élève et son pénitent. Cet ecclésiastique avait conservé du serviteur de Dieu l'impression qu'il était un Saint. Il étudia de plus près les dispositions de chacune de ses pénitentes, et ne tarda pas de leur dire qu'il avait trouvé à quoi la Providence les préparait depuis longtemps.

Depuis la mission de 1816, qui avait été prêchée avec tant de succès par le digne Père de Mazenod et les PP. Leduc et Moraud, une congrégation avait été formée à Grans ; mais avec le départ des missionnaires la ferveur première s'était attiédie, les congréganistes venaient encore, mais la mondanité était entrée dans leurs rangs. M. le curé considéra les filles de Marie comme de puissants modèles à proposer à celles de la congrégation : divisant celles-ci par dizaines, il confia la direction de chaque dizaine à une fille de Marie, et, avant peu, l'esprit de M. Plumier se répandit parmi ces cent congréganistes, et y produisit les résultats les plus consolants.

Or, chose admirable, et qui est le triomphe de l'humilité, quand la petite association eut ainsi trouvé une voie providentiellement ouverte, quand elle eut rencontré un protecteur, celui qui de loin en avait été l'âme et le fondateur, heureux de voir continuer son œuvre, plus heureux de rentrer au plus tôt dans l'ombre et de laisser à un autre le mérite de ce qu'il avait semé, mit un terme à une correspondance qui n'était plus qu'une consolation pour son cœur, sans être une nécessité pour ses chères filles, et, dès l'année 1848, les pieuses lettres qui nous ont édifiés furent interrompues.

Mais s'il les leur retirait, il leur conservait toutes ses sympathies et toutes ses prières. Il était leur conseil, quand elles venaient à Marseille, il partageait toutes leurs tristesses, comme aussi toutes leurs joies. Il porta au saint autel les noms de cinq d'entr'elles qui moururent, les unes en ayant gardé intact le lys de la chasteté, les autres après avoir goûté les épreuves et les mérites qui accompagnent le mariage. Il facilita à deux de ces pieuses associées leur admission dans le couvent du Saint-Nom-de-Jésus, tandis que son paternel souvenir bénissait de loin celles qui à Grans continuaient à répandre le zèle. Il y a six ans à peine, on put voir combien cette assemblée de saintes filles lui tenait au cœur, à l'émotion que lui causa la mort de Virginie Jauffret.

Cette âme, avide de croix et de souffrances, fut exaucée dans ses désirs. Après avoir soigné pendant huit ans sa mère estropiée, elle devint garde-malade de son père, qui mourut quelques temps après. La calomnie vint alors lui disputer la gloire de la vertu qui lui avait toujours été si chère, et pour laquelle elle avait tout sacrifié. Elle fut chercher un abri en se plaçant au service chez un vénérable ecclésiastique ; mais son frère étant devenu infirme, elle quitta de nouveau cette position tranquille pour se dévouer à le soigner, et elle le fit avec une telle abnégation que l'estime publique ne tarda pas à démentir les propos de quelques méchants.

Toutefois sa constitution avait été usée par les austérités et par les épreuves de toutes sortes ; les infirmités vinrent la visiter à son tour : elle perdit un à un tous ses sens, et ne conserva que la parole dont elle se servait pour édifier ceux qui l'entouraient, et pour porter les âmes à Dieu : jamais ses lèvres n'articulèrent une plainte ; on venait admirer sa gaîté, et pourtant son corps commençait à se dissoudre lentement. Enfin le 15 août, par une coïncidence que tout le village remarqua, et que Virginie Jauffret considéra comme une récompense, elle rendit son âme à Dieu : la fille de Marie-Immaculée s'endormait, et se réveillait sans doute au ciel, le même jour que sa mère bien-aimée. Ses obsèques furent un deuil et un triomphe, les larmes étaient dans tous les yeux, et pourtant chacun se reprochait de pleurer une prédestinée. En chaire, son exemple fut proposé comme modèle à la jeunesse des environs, et le nom de M. Plumier se confondit avec celui de Virginie, dans les éloges du peuple. Quelques jours après une main amie faisait graver sur la tombe qui renferme les restes de cette humble ouvrière, la gracieuse inscription suivante :

Veni Sponsa Christi, accipe coronam.
Ci-gît
Virginie Jauffret,
L'édification de la paroisse de Grans.

Elle recueille dans la joie
Ce qu'elle a semé dans les larmes !

Décédée à l'âge de 46 ans !

CHAPITRE TREIZIÈME.

La charité de M. Plumier le porte à favoriser l'établissement définitif du noviciat des Frères de Saint-Gabriel, aux Mées. — Il contribue puissamment à l'arrivée des Petites Sœurs des Pauvres, à Marseille. — Histoire providentielle de cette fondation. — Sollicitude de M. Plumier pour les anciennes orphelines ; il établit pour elles une réunion mensuelle. — Les heureux résultats qu'il en obtient lui font désirer l'érection d'une maison spéciale pour les abriter. — Charitable activité avec laquelle il poursuit ce projet. — Sa confiance en la Providence.

Il en est de la charité comme du soleil, elle se donne à toutes les misères, à tous les besoins, et ne s'épuise jamais : le même rayon échappé à l'astre du jour fait germer le brin d'herbe, et éclaire aussi le sommet des montagnes ; ainsi la charité qu'anime un véritable esprit chrétien s'occupe avec non moins de sollicitude et des âmes qui se trouvent à ses côtés, et des œuvres qui se fondent et s'organisent sur les points les plus éloignés : pour ceux qui voient tout en Dieu, les distances disparaissent, et, dans le frère à secourir, quel qu'il soit, ils reconnaissent toujours Notre-Seigneur Jésus-Christ. Tels étaient les sentiments de M. Plumier, et ils expliquent tout à la fois ce que nous avons étudié de sa vie, et ce qui nous reste à en raconter. Plein de prévenances et de dévouement pour le ministère humble et caché qu'il exerçait parmi les Orphelines de la Providence; nous venons de le voir, travaillant à gagner à Dieu des âmes qu'il n'avait jamais connues, et éprouvant pour elles, selon l'admirable expression de l'apôtre, toutes les angoisses et toutes les tendresses de la maternité. Là ne devait pas se borner sa charité, et on peut dire que partout où surgissait une œuvre utile, de nature à procurer la gloire de Dieu, ses prières la secondaient de suite, tandis que ses aumônes abondantes venaient la soutenir. Mais c'est surtout quand il s'agissait d'une fondation pour les pauvres que son cœur compatissant s'ouvrait, et que lui, ordinairement si oublié et si timide, ne craignait plus de multiplier ses démarches pour grossir ses revenus. Cette tendance se manifesta dans trois circonstances plus importantes, et dont on va suivre avec intérêt les détails.

Pendant les débuts de son vicariat à Salon, M. Plumier avait montré combien l'éducation de la jeunesse lui était chère, et il avait puissamment contribué à l'arrivée des Sœurs de la Présentation, et à celle des Frères de l'Instruction Chrétienne, dont la maison-mère est située à Saint-Laurent-sur-Sèvres, dans la Vendée : il avait apprécié de près l'excellent esprit dont M. Deshayes, le respectable fondateur de cette congrégation, avait animé ses fils spirituels, et ce qui n'avait pu qu'ajouter à l'estime que ce corps enseignant lui inspirait, c'était la sage prévision faite par le règlement, dans le but de mettre l'enseignement religieux à la portée de tous, qui autorisait les Frères à accepter la direction d'une école rurale, lors même que la commune ne pourrait agréer qu'un seul instituteur. Cette association devenait donc accessible aux besoins de tous les villages, les religieux pouvant aller sans être accompagnés par un confrère : à ce titre elle devait être spécialement aimée de M. Plumier, puisqu'elle prenait les intérêts des villageois les plus pauvres.

Or, depuis que M. Plumier avait fait la connaissance de ces instituteurs dévoués, et que leur première maison avait été fondée en 1825 à Salon, pour rayonner de là sur toute la Provence, leur institut avait été providentiellement béni de Dieu et encouragé par NN. SS. les Évêques. Monseigneur Miollis venait de les appeler dans son diocèse, l'un de ceux dans lesquels l'enseignement religieux et populaire pouvait être le plus utile. Le vénéré prélat, si connu pour son amour des malheureux, n'hésita point à fixer au milieu des montagnes des Alpes ces généreux Vendéens qui ne reculaient ni devant la rigueur du climat, ni devant les ennuis plus pénibles de l'isolement : il fut secondé dans cette entreprise par deux prêtres également dignes de son zèle et d'une œuvre aussi importante : M. l'abbé Terrasson, et M. l'abbé Jordany, aujourd'hui évêque de Fréjus.

Le premier était curé dans la petite paroisse de Banon en 1827, et ayant appris le bien que faisaient parmi les enfants de la campagne les Frères alors appelés du Saint-Esprit, qui avaient leur noviciat à Salon, se mit en rapport avec M. Plumier, pour lui servir d'intermédiaire dans la demande de quelques instituteurs pour son peuple. Celui-ci, encore vicaire dans cette ville, s'empressa d'écrire ce qu'il pensait de flatteur sur cette congrégation, et sur le bien qu'elle était appelée à produire, et d'après ces renseignements deux Frères furent envoyés à Banon, où ils commencèrent avec succès à s'occuper de la jeunesse. Tandis que cette fondation se faisait au prix de grands sacrifices, par des causes trop longues à étudier, et peut-être parce qu'avec le départ de M. Plumier tarissait la source des aumônes qui alimentaient la maison d'école de Salon, le noviciat fut retiré de cette ville en 1829, et réuni naturellement à Banon au seul établissement de l'ordre qui existât en Provence ; la Providence permettait ainsi que ce fût au milieu même des campagnes où devrait s'exercer leur action, que les novices vinssent s'affermir dans leur sainte vocation. M. l'abbé Terrasson, avec son inépuisable charité, fit le plus gracieux accueil à cette pieuse colonie, sans se dissimuler toutefois que sa paroisse était trop peu fortunée pour soutenir une maison de cette importance ; mais heureux d'ouvrir l'accès au grain de senevé, qui, déplacé peu après pour la dernière fois, allait faire germer dans les Alpes une foule d'écoles précieuses. Il écrivit de suite à M. Plumier pour lui annoncer l'arrivée des novices, sachant combien était vif l'intérêt que celui-ci portait à cette fondation, et il terminait sa lettre en le conjurant d'aviser avec lui et le respectable abbé Deshayes, supérieur-général, au transfert de cette communauté sur un point plus central. La réponse se fit attendre, Dieu voulant laisser au vertueux curé de Banon le mérite presqu'incroyable de suffire avec de modestes revenus à une création qui lui tenait tant à cœur, et cela pendant plusieurs années.

Tandis que M. l'abbé Terrasson se prodiguait pour assurer le nécessaire aux novices instituteurs, de son côté, M. Plumier, effrayé à la pensée de voir périr une maison dont le bien était pour lui si évident, s'étudiait à rassembler des aumônes pour venir en aide à son excellent confrère, et ne craignait pas de tenter dans ce but les démarches qui étaient les plus antipathiques à son caractère et à ses habitudes. C'est alors, si nos renseignements sont exacts, qu'on le vit écrire à un riche propriétaire qu'il ne connaissait que de réputation et dont il avait entendu louer la bienfaisance. Il lui représentait que l'intérêt des âmes demandait le maintien du noviciat de Banon, et que c'était aux heureux du siècle à avoir la gloire de devenir les économes des pauvres et de la Providence. Un premier envoi de dix mille francs lui prouva qu'il avait eu raison de compter sur la charité d'un homme qui devint peu après le principal bienfaiteur de cette fondation.

Nous nous trompons : à côté de l'argent qui se donne, il y a le dévouement qui se sacrifie, qui prend en main la cause des malheureux et qui n'a de repos que quand il les a soulagés ; si un donateur qui désire demeurer inconnu arrivait à propos au secours du Noviciat, Dieu envoyait aux bons Frères un protecteur éclairé et infatigable, dans la personne de M. l'abbé Jordany, curé de la paroisse des Mées dans le diocèse de Digne. Ce respectable ecclésiastique, dont l'activité était déjà proverbiale, obtint de Mgr Miollis la permission d'appeler le nouvel institut à côté de son presbytère. Avec l'intelligence et la persévérance qui le distinguent, il intéressa la commune des Mées à cette fondation, et ne recula devant aucune privation pour l'y établir d'une manière solide et définitive. Son confrère et ami, M. Terrasson, heureux de voir s'affermir en de telles mains une création dont il avait eu la première pensée, lui remit les sommes qui lui étaient parvenues de Marseille et d'ailleurs. Avant peu, la maison fut convenablement installée, et le 21 décembre 1836, M. le curé des Mées annonçait aux catholiques de France cette bonne nouvelle, en sollicitant leur charité en faveur d'une œuvre si visiblement bénie de Dieu. Pour cela, il écrivait à M. le directeur du journal l'*Univers*:

« J'aime à vous faire savoir que le vœu exprimé
« dans votre numéro du 12 courant, de voir s'établir
« des maisons de Noviciat pour former des instituteurs
« religieux aux petites communes, est réalisé depuis
« quelque temps dans notre diocèse. Mgr l'Évêque
« vient d'appeler trois Frères de l'*Instruction Chré-*
« *tienne* de la maison de St-Laurent-sur-Sèvres (Vendée)
« pour diriger le Noviciat qu'il fonde en ce moment,
« dans notre petite ville des Mées. C'est le premier éta-
« blissement de ce genre, dans le Midi. Nous allons
« faire un appel à toute la Province pour avoir des
« secours et des novices. L'importance, et je le dirai,
« la nécessité de cette œuvre est trop vivement sen-

« tie, pour que le succès puisse en être douteux. C'est
« sur la demande du Conseil Municipal de notre ville,
« et en considération d'une allocation, qui avec le
« produit des souscriptions s'élève à dix mille francs,
« que cet établissement nous a été accordé. Un vaste
« local, très-bien situé, se prépare pour le recevoir.
« Le prix de la pension des novices est de 250 fr. par
« an ; on ne les admet pas avant l'âge de 16 ans ; la
« durée du Noviciat est de deux ans, on ne le prolonge
« que quand il y a lieu.

« Les communes qui nous aideront de leurs secours,
« seront servies les premières, et selon l'importance
« de leur quotité.

« Veuillez, Monsieur, dans l'intérêt du bien immense
« que cet établissement peut et doit produire, si Dieu
« le bénit, lui consacrer quelques lignes dans votre
« journal, et le recommander aux personnes que le
« zèle pour les bonnes et grandes œuvres de la religion
« anime, et qui aiment à y concourir par leur généro-
« sité et par leurs prières. »

Cet appel fut entendu de divers côtés, il le fut surtout par M. Plumier qui, plein de joie de l'établissement des Mées, devint à Marseille solliciteur actif, intéressant tous ses amis à son succès, et recueillant pour cette maison des sommes importantes. Quand il eut réalisé tout ce que la charité publique lui donna, acceptant un mode nouveau de fournir des fonds à cette maison, il glana dans notre ville des honoraires de messes, qu'appliquaient des ecclésiastiques vertueux du diocèse de Digne, afin d'aider ce Noviciat ;

mais écoutons à cet égard parler une voix plus autorisée que la nôtre, et dont chaque parole est un éloge pour M. Plumier. Le saint et digne curé des Mées, devenu aujourd'hui évêque de Fréjus et Toulon, a daigné nous écrire relativement à ce fait:

« J'ai eu en effet, pendant quelques années des rela-
« tions assez fréquentes avec le saint prêtre dont vous
« me parlez. Trés-dévoué à la fondation d'un Noviciat
« de Frères de St-Gabriel, que j'avais commencée aux
« Mées, il m'envoyait souvent des intentions de messes,
« que je faisais acquitter pour cette œuvre, par nos bons
« prêtres du diocèse de Digne. J'ai pu ainsi apprécier le
« grand esprit de foi, le zèle sacerdotal et la charité du
« bon M. Plumier. Je ne l'ai plus revu depuis cette épo-
« que, mais j'ai conservé pour lui une grande vénéra-
« tion, et je ne doute pas qu'il n'ait déjà reçu dans le
« ciel la récompense méritée par toute une vie de dé-
« vouement aux bonnes œuvres. Je suis heureux d'ap-
« prendre que vous en recueilliez les actes..... »

Quelques soins que mît M. Plumier à dissimuler la part active qu'il prenait à cette pieuse création, on ne s'y trompait pas: aussi le considérait-on comme l'ami et le bienfaiteur de l'Institut, et à ce titre on lui communiquait les secrets de famille.

« Notre petite société, lui disait le Frère Siméon,
« devenu supérieur-général, après avoir été bien
« éprouvée non-seulement en Provence, mais encore
« dans nos contrées, a néanmoins continué, à pas
« lents, il est vrai, mais cependant sans arrêter sa
« marche vers le progrès. A la mort de notre bon et

« vénéré Père Deshayes, nous étions, hélas! pres-
« que abandonnés de tout le monde, couverts de det-
« tes, et sans chapelle ni logement; mais depuis qu'il
« est au ciel, nous avons tellement prospéré, que
« non-seulement nous avons bâti une modeste cha-
« pelle, mais encore un logement pour 300 person-
« nes. Ceux qui ne croient pas à la Providence peu-
« vent venir ici, ils auront des preuves palpables de
« son existence... Nous avons 92 établissements hors
« de St-Laurent, et plusieurs sont considérables; nous
« sommes au nombre de 450 à 500 religieux. C'est
« bien peu, mais si seulement nous étions tels que le
« désirait notre bon P. Deshayes, avec ce petit nom-
« bre, nous pourrions faire quelque bien. »

« J'ose vous prier, M. l'abbé, de vouloir bien conti-
« nuer à nous aider dans vos contrées, où il parait que
« Dieu nous veut, car en ce moment, NN.-SS. les
« Évêques de Digne et de Fréjus nous donnent une
« vaste maison située aux Mées, à la condition expresse
« que nous y aurons toujours un Noviciat. »

M. Plumier méritait certainement la confiance qu'on lui témoignait dans ces circonstances, car il avait fait de cette congrégation sa propre famille adoptive. La mort de M. Deshayes avait déterminé les religieux à substituer au nom de Frères de l'Instruction Chrétienne, celui de St-Gabriel, patron de leur fondateur: ce changement était aussi motivé par leur séparation d'avec les Missionnaires du St-Esprit, avec lesquels leur dénomination primitive les faisait confondre ainsi qu'avec les Sœurs de la Sagesse. Hâtons-nous de dire que ce changement de nom, n'avait en rien modifié la sainteté et la simplicité de leur esprit; la preuve en fut que peu après cette fondation si laborieusement effectuée aux Mées, le gouvernement de 1830 effrayé de l'ascendant que ces vertueux instituteurs obtenaient sur la population des campagnes, prononça leur dissolution, au nom sans doute des grandes libertés promises par la charte constitutionnelle.

Leur départ fut une vive douleur pour toute la contrée; elle fut une désolante nouvelle pour M. Plumier. Toutefois celui-ci était du nombre de ces chrétiens qu'un quart d'heure d'abandon à la Providence rassure et console : il pensa avec quelque raison, qu'un pouvoir tyrannique pourrait bien à son tour être renversé par le vent des révolutions, et que le même souffle qui balayerait le persécuteur, pourrait aussi rendre aux Mées leurs instituteurs chéris. Il ne se trompait pas : avec 1848, l'institut de St-Gabriel reparut pour moraliser le peuple des campagnes, rapportant comme vengeance au sol qui les avait dispersés, le bienfait d'un enseignement chrétien destiné à pacifier les esprits dans les campagnes. Cette association se montra avec une autorisation régulière du pouvoir, et ne tarda pas à se multiplier partout. Mais sa disparution avait momentanément entravé la fondation des Mées, et avait créé d'impérieux besoins d'argent, il fallait des secours pour la rendre stable : les Frères s'adressèrent donc comme toujours à M. Plumier, heureux de leur retour, plus heureux encore de leur redevenir utile. Dans ce but, il organisa un mode de souscription en leur faveur : li distribua abondamment une circulaire qu'on répandit dans Marseille, et, aux noms des signataires, tous ses amis ou ses pénitents, il est facile de reconnaître combien il s'intéressait à cette publicité. Nous croyons intéressant de reproduire en partie ce document, qui était presqu'une prophétie du bien que réalisent aujourd'hui les Frères de St-Gabriel.

> « Établissement d'un Noviciat de Frères, destiné
> « à donner des instituteurs primaires aux peti-
> « tes communes du Midi de la France.
>
> « Il n'y a aujourd'hui qu'une voix en France pour
> « donner aux Frères des Écoles Chrétiennes l'éloge
> « que méritent les services rendus par eux aux famil-
> « les du peuple, dont ils élèvent et instruisent les en-
> « fants avec autant de dévouement que de sagesse.
> « Cet éloge est résumé par les paroles remarquables
> « que nous lisons cette année dans un rapport sur les
> « Frères, travail fait par M. Rendu, membre du Con-
> « seil de l'Instruction publique, chargé de ce qui
> « concerne l'Instruction primaire :
>
> « Ils sont infiniment respectables et précieux à l'hu-
> « manité, ces hommes qui, renonçant avec bonheur
> « à tous les plaisirs de la vie, se passionnant pour l'hu-
> « milité, ne demandant qu'un grossier vêtement et
> « le pain de chaque jour, dédaignant la terre et ré-
> « servant pour le ciel toutes leurs espérances, consu-
> « ment obscurément leurs monotones journées dans
> « l'enceinte de nos écoles, et du reste, y distribuent
> « sans faste et sans bruit, d'un bout de la France à l'au-
> « tre, une instruction au moins égale à tout ce que

« veut la loi, à tout ce que demande la société, à tout
« ce que donnent les méthodes les plus vantées et les
« maîtres les plus habiles. »

« Les Frères des Écoles Chrétiennes ne peuvent rendre
« ces services qu'aux grandes communes, leurs règles
« ne permettant pas de détacher les instituteurs deux
« à deux, ou surtout d'en fournir un seul aux petites
« localités. Là où ils ne peuvent aller, les enfants
« du peuple ou sont privés du bienfait de l'instruc-
« tion, ou sont livrés à des instituteurs primaires qui
« ne satisfont pas toujours aux exigences les plus rai-
« sonnables des pères de famille. Car, leur profession
« n'est bien souvent qu'un moyen d'existence plein
« de difficultés et d'amertumes. Or, il n'est pas donné
« à l'homme quel qu'il soit d'affectionner une position
« qui ne le rend pas heureux.

« Il faut donc à cet enseignement, professé par
« besoin, un autre enseignement puisé à une source
« plus élevée : cet enseignement, les Frères des Éco-
« les Chrétiennes ne peuvent le donner qu'aux enfants
« du peuple dans les grandes villes. Remercions la
« Providence qui a inspiré à l'ancien Évêque de Digne,
« d'établir aux Mées, ville de son diocèse, un Noviciat
« d'une institution de Frères qui pourront suppléer
« au bien que les enfants de M. de la Salle ne peuvent
« faire eux-mêmes. Ces Frères sont destinés à toutes
« les petites paroisses du Midi; ils pourront aller deux
« à deux, et même seuls, et remplir leur mission,
« n'ayant que la charité pour mobile.

« Cet établissement ne peut se maintenir sans le

« secours d'abondantes aumônes; on les réclame avec
« instance de tous ceux qui s'intéressent à l'éducation
« religieuse de cette classe de la société, à qui elle est
« si nécessaire. Les personnes à qui le présent pros-
« pectus parviendra, sont priées de le communiquer
« aux gens de leur connaissance qui pourraient con-
« tribuer à la bonne œuvre: elles augmenteront par
« là leurs mérites devant Dieu. »

Au bas de cette circulaire se trouvait au milieu des noms de MM. Bicheron et Moutet, celui de M. Plumier, aumônier des Orphelines : c'est, croyons-nous, la seule fois que le vénéré serviteur de Dieu l'ait livré à la publicité, ce qui indique assez combien cette œuvre lui était chère. L'honorabilité des signataires détermina, comme il fallait s'y attendre, de généreuses offrandes, et quoique nous ne puissions pas en préciser le chiffre, nous savons qu'il fut cependant considérable. Mais une Congrégation naissante a non-seulement besoin d'argent, il lui faut surtout des sujets : à cet égard encore M. Plumier était l'infatigable recruteur du Noviciat des Mées, nous en avons une preuve entr'autres dans quelques lignes que lui écrivait un Frère résidant à St-Laurent-sur-Sèvres :

« J'ai bien à cœur, lui disait-il, en lui envoyant la
« vie du vénérable Louis de Montfort, de vous prou-
« ver, par ce petit envoi, ma profonde gratitude pour
« les services que vous avez rendus à notre Institut et
« à moi en particulier. Vous vous rappelez peut-être
« encore d'avoir fait recevoir dans le Petit-Séminaire
« que vous habitez toujours, un Frère de St-Gabriel,

« pour qu'il se formât à l'étude du dessin : ce Frère,
« c'est moi-même, je suis heureux de trouver cette
« occasion de vous en remercier, et je regrette de ne
« pouvoir le faire d'une manière plus satisfaisante. »

La sollicitude de M. Plumier et des protecteurs du Noviciat n'était point stérile. « J'apprends, lui disait le
« Supérieur-général, avec une bien douce satisfaction,
« les succès qu'obtiennent nos chers Frères dans le
« Midi de la France. Espérons que ces succès iront
« toujours croissants pour la plus grande gloire de
« Dieu : c'est le vœu le plus ardent de mon cœur. »
Aujourd'hui, et M. Plumier a eu la consolation de l'apprendre avant de mourir, une vaste maison, construite sous la surveillance et d'après les ordres de Monseigneur Jordany, sert tout à la fois de noviciat et d'école primaire. Les soins les plus dévoués et les plus affectueux sont prodigués aux cent élèves, qui y vivent sous une discipline paternelle et un ordre admirable : la réussite dans les études n'y est égalée que par les progrès dans la piété, et fait espérer que le local qui pourrait recevoir encore cent pensionnaires, sera bientôt insuffisant. Tandis que les enfants privilégiés des Hautes et des Basses-Alpes sont journellement formés au bien dans cet établissement, au loin et dans tous les villages, les Frères de Saint-Gabriel viennent instruire les plus pauvres en leur faisant l'école. Or le bien qu'ils opèrent et par lequel ont été régénérés ces pays, a eu pour auteurs le pieux curé de Forcalquier, heureux maintenant de ses efforts d'autrefois que rien n'a pu lui faire interrompre; le saint évêque de Fréjus, dont

le cœur est toujours, malgré ses nouvelles dignités, demeuré au milieu des montagnes, premiers témoins de son zèle d'apôtre, et l'humble prêtre dont nous écrivons la vie ! Admirable dévouement que celui qu'enfante la charité ! Il cherche le bien et non pas les louanges ! Qui connaît aujourd'hui l'intervention de M. Plumier dans cette admirable fondation destinée à civiliser les campagnes ? et pourtant le petit enfant qui vient apprendre son catéchisme à l'école lui doit indirectement le bonheur d'étudier, sous l'œil d'un maître chrétien, la science de la foi !

Les enfants ne sont pas les seuls qui ignorent les bienfaits dont ils sont redevables à M. Plumier. Plus d'un vieillard qu'abrite la vaste maison hospitalière des Petites Sœurs des pauvres, ne se doute pas qu'il est l'obligé de ce digne prêtre pour les soins maternels dont il est entouré durant les dernières années de son existence. Pourtant c'est un fait certain que M. Plumier a eu une large part dans la fondation de cet établissement charitable à Marseille, et nous pouvons le dire d'autant plus hardiment, que celui qui en est généralement, et non sans quelque raison, réputé le créateur, avec une humilité qui l'honore et qui ne surprendra personne, nous a affirmé qu'à M. Plumier seul il faut attribuer la première idée de cette œuvre à Marseille, et voici comment de ses lèvres nous avons reçu ce récit :

M. Plumier entendit fortuitement parler de M. Le Pailleur et de l'admirable pensée qui lui avait inspiré la fondation des Petites Sœurs des Pauvres : il sut avec quelle sollicitude M. Dupont était devenu le protecteur

de cette famille naissante : aussitôt, avec l'ardeur de charité qui lui était familière, il demanda qu'on le mît en rapports avec lui. Tout l'émerveilla dans cette conception, deux fois frappée au coin divin, et par le dévouement qu'elle pratique, et par la singulière humilité qu'elle professe. Du reste elle répondait à l'un de ses plus anciens désirs. On l'a vu, en effet, pendant son séjour à Salon, rempli de respect pour les vieillards et gémissant sur l'état d'abandon dans lequel trop souvent ils tombaient ; on l'a vu conseillant aux filles de Marie de baiser les mains d'une vieille femme, de peigner une personne âgée, et la correspondance que renferme le chapitre précédent montre que son âme toujours compatissante songeait à établir quelque association pour soigner les infirmes et les malades, c'était la pensée qui longtemps auparavant lui avait fait seconder l'arrivée des Frères Hospitaliers de Saint-Jean-de-Dieu, à Salon, institut auquel il a conservé jusqu'à la mort sa vénération et ses aumônes, et dont il fut, lors de son érection à Marseille, l'un des premiers bienfaiteurs. Tous ces motifs lui firent donc apprécier promptement la congrégation des Petites Sœurs, et il écrivit pour savoir si la maison-mère aurait des sujets disponibles à diriger sur Marseille. La réponse fut affirmative, elle disait : « Nous ne demandons pas de traite-
« ment pour venir, moins encore nous faut-il une *belle*
« *maison*. Servantes des pauvres par vocation, nous
« aurons toujours assez, si on nous ouvre un local dans
« lequel nous puissions abriter nos vieillards bien-
« aimés : la Providence fera le reste. »

Après s'être assuré du consentement de la communauté et avoir acquis la certitude que Marseille pourrait avoir ses Petites Sœurs, deux choses également difficiles restaient à faire : solliciter des supérieurs ecclésiastiques l'autorisation, et recueillir une somme suffisante pour prendre à loyer une maison propice. M. Plumier ne recula devant aucune de ces difficultés.

A première vue la permission diocésaine semblait aisée à obtenir. Monseigneur de Mazenod, sincèrement ami des pauvres, toujours disposé à encourager les entreprises qui devaient les soulager, non moins actif pour apporter par des créations nouvelles un adoucissement à leur sort, ne pouvait qu'approuver la venue des saintes filles vouées au bien-être de la vieillesse. Mais d'un autre côté, avec toute la légitimité de ses préférences et de sa sollicitude paternelle, le digne évêque se regardant à bon droit comme le protecteur né de toutes les œuvres qui fonctionnaient dans son diocèse, faisait quelques objections pour admettre des congrégations étrangères : en venant solliciter à leur tour la charité marseillaise, ne risqueraient-elles pas d'en tarir la source pour les établissements locaux ? Cette pensée le préoccupait d'autant plus qu'à l'époque à laquelle correspond notre récit, venait de naître, sous les efforts d'un homme de Dieu, l'Institut de Notre-Dame-de-Compassion ; pour les soins à donner aux servantes et aux filles en condition. Cette institution, appelée à rendre de si grands services à notre population, et surtout aux filles des campagnes, n'avait qu'une existence précaire : il fallait incessamment recourir à des quêtes, et, parce que son but n'était pas encore assez compris, ces collectes étaient peu productives, malgré les recommandations dont ne manquait pas de les accompagner notre premier pasteur. Ouvrir dans ces circonstances les bras à une autre association dont la vocation était de vivre d'aumônes, c'était aux yeux de Monseigneur un essai téméraire, et qui pouvait être nuisible aux Sœurs de Notre-Dame-de-Compassion. Dès lors, malgré la singulière estime qu'il avait pour les vertus et pour la sagesse de M. Plumier, quand celui-ci vint porter à l'évêché la cause des Petites Sœurs, il lui opposa une impossibilité absolue, et refusa formellement, en motivant avec bonté, mais aussi avec fermeté, son refus. Dieu permettait cette première contradiction pour faire mûrir davantage le projet de fondation dans la prière, et exercer la confiance de ceux qui devaient s'en occuper.

M. Plumier fut attristé de cet obstacle auquel il ne s'attendait pas, mais il n'en fut point découragé, et l'attribuant seulement à sa gaucherie et à son ignorance complète dans l'art de s'exprimer, il communiqua son désir à une pieuse demoiselle, et ne lui laissa point de repos qu'elle ne fût allée intercéder auprès de Sa Grandeur : les raisons étant les mêmes, la charitable intermédiaire rapporta la même décision. Chose étonnante ! tandis que toute volonté des Supérieurs avait toujours été pour M. Plumier un motif de s'abstenir de nouvelles démarches, tant il les considérait comme les interprètes de Dieu ; cette fois un secret pressentiment lui dit qu'il devait insister dans l'intérêt des pauvres et des malheureux. Il fit part de son projet au fils de M. Moutet, son ami. Formé par de vertueux parents, celui-ci avait été appelé par Dieu à l'état ecclésiastique, et faisait apprécier dans la paroisse de Saint-Vincent de Paul, à laquelle il était attaché comme vicaire, toute l'aménité de son caractère, en même temps que la sagesse de son jugement. Un jeune confrère, depuis lors devenu curé de la paroisse St-Victor, M. l'abbé Payan, partageait le zèle de M. l'abbé Moutet, et l'intimité qui les unissait leur ayant rendu communs leurs amis, M. Plumier était également considéré à ce titre par l'un comme par l'autre. L'estime et l'influence dont ils jouissaient dans leur paroisse, sembla à M. Plumier d'un heureux augure pour faire aboutir la fondation tant désirée : il leur en parla avec prudence, mais aussi avec une conviction qui paraissait tenir de l'inspiration. Un désir de sa part, pour tout autre sujet, eut été un ordre à leurs yeux, ils crurent cependant devoir décliner toute initiative dans cette affaire, se fondant d'une part sur la volonté de l'évêque, et de l'autre sur la réserve que commande la situation nécessairement dépendante des vicaires. Ces raisons, pourtant si sensées, ne modifièrent en rien les intentions de leur vénérable ami, et pendant un an il ne cessa de leur représenter cette œuvre des Petites Sœurs comme leur étant recommandée par la Providence.

Sur ces entrefaites, M. l'abbé Payan fut désigné pour remplacer dans la cure de Saint-Victor le saint abbé Billon, qui venait de mourir : les regrets en même temps que les félicitations des paroissiens de St-Vincent

l'accompagnèrent dans cette nouvelle paroisse où sa famille spirituelle lui fit le plus gracieux accueil. Presqu'au lendemain de cet heureux événement, le jeune curé reçut la visite de M. Plumier : allant droit au but, celui-ci lui dit que si sa promotion au rectorat était la récompense de ses mérites, Dieu, en l'investissant de plus d'autorité, était en droit d'attendre de lui plus d'audace pour entreprendre ce qui pouvait soulager les pauvres, et que les raisons qu'il avait opposées à son immixtion dans l'établissement des Petites Sœurs tombaient d'elles-mêmes devant ses fonctions actuelles. Vainement le bon curé objecta-t-il combien, nouvellement arrivé dans une paroisse, son temps serait absorbé par d'autres occupations, combien il serait peu habile de commencer ses relations avec ses paroissiens par une demande d'argent, étrangère aux œuvres paroissiales, combien surtout l'opinion publique jugerait sévèrement le plus jeune des curés se créant ainsi une responsabilité qu'il pouvait en ce moment décliner ; à tout M. Plumier répondit : « Dieu le demande, il bé-
« nira votre ministère si vous l'inaugurez par l'amour
« des pauvres ; il faut faire cela ! il faut faire cela ! »

La prudence est une grande vertu morale ; mais chez les âmes généreuses elle est souvent remplacée avec succès par une charité entreprenante et par un entier abandon en la Providence. M. le curé de Saint-Victor le comprit, et cédant avec une touchante simplicité aux exhortations de M. Plumier, il lui dit : « Que faut-
« il que je fasse ! » Ce qu'il fallait, c'était d'avoir l'autorisation d'abord, de l'argent ensuite, et surtout un

local favorable. Le bon curé se rendit de suite chez Monseigneur de Mazenod : la Providence avait préparé l'entrevue. M. de Boisgelin était auprès de son oncle au moment où la cause des Petites Sœurs fut de nouveau présentée, et comme le prélat semblait maintenir sa résolution : « Ah ! s'écria son neveu, mon oncle, si « vous connaissiez cet admirable institut, vous si cha- « ritable et si bon, vous voudriez l'avoir dans votre « diocèse avant la fin du mois. » Puis M. le marquis racontant ce dont il avait été le témoin, exposa le bien que faisaient partout les saintes filles devenues par charité les sœurs des vieillards : il rappela leurs quêtes à domicile, leur renoncement poussé jusqu'à se nourrir des restes des infirmes, il montra l'âne traditionnel festoyé dans tous les marchés et sur les places publiques, et étant au milieu des villes comme la réclame permanente de la charité. Il n'y avait pas besoin de tant de détails, déjà la cause était gagnée, et le saint évêque pleurait d'attendrissement. « Écrivez, dit-il à « son vénéré curé, écrivez qu'on nous envoie bien vite « ces anges de la bienfaisance, et que je les bénis de « toute mon âme. »

La joie de l'habile négociateur n'eut d'égale que celle qu'éprouva M. Plumier en recevant cette nouvelle : il remercia Dieu par de ferventes prières, tandis qu'on faisait savoir à Rennes que, tous les obstacles étant aplanis, on attendait avec impatience la colonie promise. En même temps M. le curé louait sur le boulevard de la Corderie une vaste maison, bien humble sans doute, mais spacieuse pour recevoir les Petites Sœurs. Avec

quelles ressources cette location fut-elle faite ? Les paroissiens de Saint-Victor peuvent revendiquer une bonne part de cette œuvre ; mais combien de charitables personnes, devenues quêteuses d'après les conseils de M. Plumier, ne versèrent-elles pas des sommes importantes ? Quant à lui, on le vit venir portant dans un mouchoir deux cents francs, formés de toutes sortes de monnaies, et les remettant à M. Payan : « Tenez, lui
« dit-il, vous voyez bien que Dieu s'en mêle, puisque
« le pauvre M. Plumier a su trouver de l'argent ! ayez
« confiance, vous réussirez : il faut confier cette affaire
« à Saint Joseph, il enverra le nécessaire... »

Peu après et le 9 janvier 1853, deux Petites Sœurs arrivèrent dans notre ville, possédant pour toute ressource une statuette de Saint Joseph, et *vingt francs* qu'elles avaient pu économiser sur les frais du voyage. Elles prirent possession du local de la Corderie : une infirme les y attendait qui prit elle aussi possession de la maison au nom des Pauvres. Après trois mois, quarante vieillards venaient y oublier les tristesses de l'âge dans la vie tranquille que leur procurait un dévouement sans égal. Quant aux aumônes, elles n'ont jamais fait défaut depuis lors aux servantes des malheureux. Toutes les conditions ont confondu leurs offrandes, et souvent le petit âne a eu peine à rapporter au logis, entassés sur un même chariot les générosités du riche et les dons des revendeuses de nos marchés. Près de deux cents vieillards reçoivent aujourd'hui l'hospitalité dans un nouvel édifice spacieux, aéré, qui a été construit sur le chemin des Chartreux pour les Petites Sœurs et pour *leur famille*, et nous savons que dans cette construction, élevée par la foi à la vieillesse souffrante, se trouve plus d'une pierre payée par les libéralités de M. Plumier, et par celles des bonnes âmes qu'il sut intéresser à cette OEuvre. Quand l'établissement fut solidement fondé, fidèle à ses habitudes, lui qui avait soufflé le zèle de la charité, qui avait soutenu le courage des négociateurs, laissant à d'autres la consolation de jouir du bien qui se fait dans cet asile, rentra dans le silence et l'humilité, se contentant par des aumônes portées de temps en temps, de prouver que, s'il vivait à l'écart par vertu, il ne cessait point pour cela d'aimer la demeure des pauvres. Plus d'une fois on l'a vu venant solliciter humblement l'admission d'un vieillard dans cet hospice, implorant cette grâce comme une faveur, et se gardant bien de dire jamais les droits qu'il pouvait y avoir. Mais ce que la modestie a voulu taire, la reconnaissance le proclame, et le nom de M. Plumier sera inscrit non pas sur le marbre, la maison est trop simple pour cela, mais, ce qui vaut mieux, dans le cœur de tous les hôtes de ce pieux asile.

Sa charité, qu'on se garde de le croire, n'était point inconstante et capricieuse, elle était au contraire incessante, ne négligeant jamais ses premières œuvres, et surtout celles auxquelles il était lié par sa position et par son ministère. Bien loin de ressembler à ces personnes qui, en accueillant avec empressement les fondations nouvelles, abandonnent celles qu'elles protégeaient, et ne font en réalité que déplacer leur bienfaisance sans en augmenter l'importance véritable, il applaudissait aux institutions créées pour les pauvres, il s'y dévouait, mais sans rien enlever pour cela de son activité et de son affection aux entreprises qu'il avait primitivement secourues. Cette vérité ressort d'une manière évidente, des soins qu'il a donnés et de l'intérêt qu'il a pris jusqu'à sa mort à la maison des Orphelines de la Providence. Il pouvait bien sans doute s'occuper à rendre l'enseignement plus accessible aux enfants des villages, travailler par tous les moyens à former un abri pour les vieillards, mais ce qu'il ne pouvait faire, c'était d'oublier ses chères Orphelines, dont il se regardait à bon droit comme le père. Rien de ce qui les concernait ne le trouvait indifférent, et il cherchait en tout les occasions de les rendre heureuses et de leur procurer des bienfaitrices.

On put juger, il y a quelques années, de la sympathie qu'il avait pour cet établissement, à sa tristesse en apprenant que le conseil municipal avait l'intention d'exproprier le local actuel, à cause de sa proximité avec le chemin de fer dont il rétrécissait les abords. La valeur du sol, considérablement accrue depuis l'acquisition, paraissait à quelques conseillères un dédommagement aux ennuis inséparables d'un déplacement. Cette nécessité à leurs yeux avait même un avantage : avec le prix que l'on toucherait on pourrait faire hors la ville une construction plus vaste, plus riche, et la part qui ne serait pas consacrée en bâtisses, placée en rentes sur l'État, produirait des revenus fixes à cette institution, qui jusque-là ne vivait que de charité, et

d'une manière précaire. Bien plus, ces ressources certaines permettraient de supprimer la quête annuelle à domicile, qui occasionnait de grands dérangements aux solliciteuses, et qui n'apportait pas des résultats en rapport avec la peine qu'elle leur donnait. Cette manière de raisonner, si sage au point de vue humain, désolait M. Plumier, et malgré son habitude de se taire quand il n'était pas consulté, il crut devoir exprimer clairement son avis à cet égard. Il le fit dans le sein du conseil :
« Ce qu'on désirait, dit-il, était contraire aux Orpheli-
« nes, et plus contraire encore à la reconnaissance et
« à la confiance qu'on devait avoir pour la Providence :
« contraire aux Orphelines, appartenant toutes à des
« familles pauvres, et pour lesquelles dès lors le temps
« vaut de l'argent. Obliger les parents à venir à la cam-
« pagne pour voir leurs enfants, ce serait déranger
« ces bonnes gens, et du reste, dans une maison qui
« ne vivait que par l'aiguille, était-on sûr, avec le nom-
« bre de couvents qui subsistent de la même manière,
« que le travail serait remis aussi abondamment que
« jusqu'à ce jour, et les pratiques consentiraient-elles
« à conserver leur confiance et à la porter si loin,
« tandis qu'auprès de leurs demeures elles auraient
« des ouvrières bien autrement accessibles. Or, si le
« travail manquait un jour, que deviendrait la maison ?
« On disait bien : Avec l'argent placé nous capitaliserons,
« et les revenus suppléeront à l'aiguille ; mais outre
« que le travail était plus nécessaire encore à l'âme des
« Orphelines, pour les occuper, qu'à leurs corps, pour-
« quoi établir une œuvre fondée par la Providence,

« dont elle portait le nom, sur des bases complète-
« ment nouvelles ? Elle avait bien marché jusqu'ici,
« parce qu'on avait tout attendu de la Providence, qui
« n'avait jamais permis qu'on fût privé du nécessaire,
« l'ouvrage avait toujours été envoyé par Elle, comme
« par miracle ; n'était-ce pas de l'ingratitude désor-
« mais de mettre sa confiance en ses revenus, au lieu
« de tout attendre de Dieu ? Quand vous aurez placé
« vos fonds, ajoutait-il, votre maison ne sera plus une
« OEuvre, ce sera une société de secours, comme celles
« du gouvernement : on n'y priera plus avec tant de
« ferveur, le pauvre ne demande plus le pain qu'il est
« certain de recevoir ; or, quelles ardentes prières le
« besoin n'avait-il pas fait adresser à Dieu mille fois !
« Si les calculs de la prudence humaine entrent dans
« cette œuvre, *nous sommes perdus, nous sommes perdus !*
« *il faudra lui enlever son nom, ce ne sera plus la maison*
« *de la Providence !...* » Cette crainte, qui respire la
foi, le préoccupait tellement qu'il la communiqua
aux communautés religieuses et aux prêtres qu'il dirigeait, les conjurant de détourner par leurs saintes supplications un semblable malheur qui serait la ruine de
la maison ; « car, ajoutait-il, si trop de luxe et de bien-
« être pénétrait ici, le relâchement ne tarderait pas d'y
« venir, et avec lui la perte des âmes : dans la rési-
« dence actuelle, au contraire, tout le monde est
« heureux et bien portant ; que faut-il désirer da-
« vantage ? » Heureusement les appréhensions de M.
Plumier ne se sont pas réalisées, et la maison de la
Providence continue à tout attendre de Celui qui donne

au jour le jour le grain de millet à l'oiseau de la campagne, et le brin d'herbe à l'insecte de la prairie.

Peu de temps après, une autre circonstance mit en relief son attachement pour les Orphelines et son entier abandon en la Providence en même temps que son rare esprit de conciliation. Un dissentiment s'éleva dans le sein du conseil, pour une affaire majeure; et par suite d'explications un peu vives, certains froissements se produisirent, et les rapports devinrent plus difficiles. La situation était délicate pour l'aumônier, qui recevait de part et d'autre les plaintes inspirées par le mécontentement. Comme cette petite crise se prolongeait, il crut devoir y mettre un terme, et à cet effet il adressa quelques paroles à la fin de la réunion, sur la force qui résultait de l'union des cœurs, il montra comment cela avait toujours assuré les progrès de l'œuvre, et sans faire aucune sorte d'allusion, il conclut en disant qu'il fallait faire une neuvaine à Saint Joseph pour le remercier de la bonne entente qui avait toujours régné dans le conseil, et lui demander de l'y conserver sans cesse. Toutes les assistantes admirèrent la pieuse ruse de M. Plumier. Qui pouvait refuser de prendre part à une neuvaine? et une fois réunies par une commune prière, pouvait-on encore se diviser pour des questions de détail? chacun sourit, la neuvaine se commença, et avant qu'elle fût à son milieu tous les visages étaient déridés, et on avait perdu jusqu'au souvenir d'un dissentiment passager.

Ce qui donnera une idée bien plus complète de la charité qui animait M. Plumier pour les Orphelines,

c'est la manière dont il leur conservait son intérêt, même quand elles avaient quitté l'établissement. Non-seulement, avant leur rentrée dans le monde, il s'assurait si dans leurs familles elles ne rencontreraient aucun danger, se faisait indiquer quels seraient leurs moyens d'existence, si la maison qu'elles devaient habiter n'était louée qu'à des gens honnêtes ; mais il avait encore pour elles une sollicitude de tous les instants. On peut dire sans exagération qu'il devenait à leur égard comme un entrepreneur de placements, choisissant pour chacune un emploi selon son aptitude, et surtout selon son caractère et les besoins de son âme. Celle qui avait à gagner sous une surveillance attentive, pour combattre la légèreté de l'âge, il l'introduisait comme domestique dans une famille chrétienne, et bien grand est aujourd'hui le nombre de celles qui grâces à ce choix lui doivent leur persévérance. A celles qui réclamaient plus de liberté et d'indépendance, il procurait des journées de repassage ou de travail à l'aiguille, chez des personnes recommandables. Quelqu'une venait-elle à être dans le besoin, il soldait avec délicatesse le prix du loyer, et si l'on s'en défendait : « Gardez vos
« économies pour plus tard, répondait-il, vous aurez
« bien assez besoin d'argent pour vous soigner pen-
« dant votre convalescence ; moi, je n'ai rien à faire de
« cet argent. »

Des intérêts matériels, son attention se portait surtout vers les intérêts spirituels de ses chères enfants : il les recevait à toute heure au Saint Tribunal, bien convaincu que la persévérance n'est possible que par la fréquentation des sacrements : il leur parlait alors avec une telle bonté qu'il ouvrait le cœur même aux plus taciturnes, aux moins expansives, et on ne tardait pas à lui raconter tous les incidents de la nouvelle position qu'on avait embrassée au sortir de la maison. Si quelqu'une s'attardait pour la confession, il lui faisait exprimer par une compagne le désir qu'il aurait de la recevoir, et ce désir était cru si sincère que la négligente ne différait pas de se montrer : il leur signalait avec fermeté les amies à éviter, s'efforçait de les maintenir dans l'amour de la modestie et de la simplicité pour les vêtements. Que de fois, pour adoucir la rigueur d'un conseil qu'il avait cru nécessaire, ne donnait-il pas à sa pénitente un livre de piété, un scapulaire, un chapelet ? La bonté du procédé faisait taire l'amour-propre, et laissait apparaître tout entière la tendresse du père, qui ne reprenait qu'à son cœur défendant.

Sur le nombre de près de deux cents orphelines qui sont rentrées dans le monde, si la presque totalité a édifié et édifie encore par sa bonne conduite, il est cependant vrai de dire que quelques-unes, excusables par leur jeune âge, qui exclut l'expérience, et surtout par l'isolement dans lequel les avait jetées la perte de leurs parents, ont pu faire quelques fautes. Leurs écarts n'étaient pas pour M. Plumier un motif de découragement, il ne se souvenait que de son titre de Père, et quand il pouvait les atteindre, il leur facilitait le chemin vers le repentir ; il leur montrait la réhabilitation aisée et la joie qu'elles goûteraient à entrer dans une maison de refuge : les avait-il décidées, il négociait avec empressement leur admission et quand elles étaient dans le couvent il venait très-souvent les visiter, comme si leurs fautes n'avaient en rien amoindri l'estime qu'il leur portait. Les Sœurs qui étaient témoins de ses entretiens au parloir, émerveillées de tant de bonté, se répétaient : « C'est un Saint ! c'est un Saint ! » On se rappellera longtemps la profonde tristesse qu'il témoigna en apprenant la mort d'une jeune orpheline qui pendant longtemps s'était conservée fort sage, et dont la vertu était venue faire naufrage devant la malice d'un libertin. M. Plumier ne se consolait pas que la mort l'eût saisie, sans lui donner le temps de revenir à Dieu : tout en gardant la plus grande charité dans l'appréciation qu'il faisait de la coupable, il citait cet exemple et en tirait d'amples matières à avertissement pour celles qui désiraient rentrer dans le monde.

L'orpheline, à quelque moment de sa vie qu'elle fût arrivée, quelle que fût sa position, le trouvait toujours veillant sur elle, et venant lui donner d'utiles conseils. Après les avoir soignées pendant leur vie, il les entourait de plus de dévouement quand elles allaient quitter la terre. On l'a vu venant plusieurs fois, malgré son grand âge, les visiter à pieds à l'Hôtel-Dieu ou à l'Hôpital de la Conception : rien n'était alors édifiant comme de l'entendre les disposant à aller rejoindre avec confiance et amour leur Père du ciel.

Tous ces soins isolés ne répondaient encore qu'imparfaitement à ce que sa charité rêvait pour assurer leur persévérance. Depuis trente ans, il avait vu se succéder dans l'établissement de nombreuses orphelines, et il avait remarqué divers dangers pour leur innocence, dangers auxquels l'organisation actuelle semblait ne pas avoir pensé, et qui naissaient de la position même de ces enfants. C'était l'absence de bonnes compagnes dont l'amitié aurait prévenu des liaisons coupables, c'était l'absence du bon exemple qu'auraient donné des sœurs aînées restées fidèles, au milieu du monde, aux enseignements jadis reçus; c'était la privation de tout conseil intelligent pour combattre en elles la présomption ou le découragement. Une fois sorties de l'Orphelinat, il y avait quelques inconvénients à les admettre encore parmi leurs plus jeunes compagnes, auxquelles elles rendraient peut-être le séjour de la maison moins attrayant, en leur parlant de la liberté dont elles jouissaient : une conversation imprudente suffirait pour troubler le calme et l'innocence de celles qui demeuraient dans l'établissement, et on pouvait bien le redouter, tant le mal s'apprend vite quand on fréquente le monde. La situation était donc fort compliquée : la persévérance des unes demandait qu'elles ne rompissent pas leurs rapports avec l'asile qui avait abrité leur enfance, avec les maîtresses qui avaient formé leurs cœurs; d'un autre côté, la préservation des autres exigeait qu'on ne les rendît pas trop accessibles à leurs amies d'autrefois. Il s'agissait de trouver un moyen ingénieux de concilier ces divers intérêts, et d'attirer les premières sans que leur contact pût en rien affaiblir la discipline. Le Saint-Esprit inspira alors à M. Plumier une création qui se complète à cette heure, et dont les débuts furent lents, comme tout ce qui vient de Dieu ; mais dans laquelle il est aisé de reconnaître toute la tendresse et toute la charité du fondateur.

Après avoir pris conseil auprès de tous ses amis et des principaux bienfaiteurs de l'OEuvre, il annonça sa résolution de réunir une fois par mois en assemblée intime les orphelines placées en ville, soit dans les ateliers comme ouvrières, soit dans les familles comme servantes : le parloir de la maison de la Providence fut affecté à cet entretien. Le premier dimanche du mois, les anciennes venaient à loisir visiter leurs maîtresses et leurs jeunes amies ; elles parlaient avec toute la prudence qu'inspiraient la vue de la clôture et la surveillance des Sœurs, et rafraîchissaient ainsi dans leurs cœurs les sentiments du passé, en entendant raconter comment le règlement était encore suivi, et ce qui se faisait dans l'établissement. Pendant ces causeries, les compagnes du dehors arrivaient : séparées par leur travail et par les distances qui sont si considérables à Marseille, elles avaient un grand plaisir à se revoir et à retrouver des Sœurs bien-aimées. On se parlait de sa situation respective, de ses peines comme de ses joies ; à demi-mots on révélait à son ancienne maîtresse les dangers que l'on redoutait, on recevait d'elle des conseils empreints d'une maternelle charité : la gaîté devenait bientôt générale, la joie de la réunion faisait promptement oublier les ennuis survenus pendant le mois, et l'on causait fraternellement en s'édifiant entre soi. A cinq heures, les voix devenaient moins bruyantes; peu à peu le silence se faisait ; des yeux curieux interrogeaient de temps en temps la porte qui ne tardait pas à s'ouvrir pour laisser passer M. Plumier. Rien ne saurait rendre l'expression de sérénité qui animait toujours son visage, le sourire gracieux qu'il échangeait avec son auditoire, le frémissement de plaisir que sa présence occasionnait à ses anciennes enfants. Toutes cependant n'avaient pas continué à être ses pénitentes; mais toutes sans exception avaient pour lui une vénération profonde, et proclamaient à l'envi son dévouement pour elles. La réunion souvent composée de plus de trente filles, un peu de tous les âges, commençait par la prière d'invocation, puis M. Plumier en surplis, s'asseyant au milieu d'elles, leur faisait une instruction aussi familière que possible, sur les dangers inhérents à leur position. Sachant combien il est nécessaire d'intéresser les jeunes filles déjà un peu habituées à la liberté, afin qu'elles se décident à venir entendre un sermon, il donnait à son entretien la forme et l'entrain d'une causerie : volontiers il l'entremêlait de paroles plaisantes pour réveiller l'attention; il aimait parfois à attaquer leurs défauts par quelque trait emprunté à la vie des Saints, et dont il faisait une heureuse et délicate application à son auditoire; mais ce en quoi il excellait, c'était la bonhommie avec laquelle il se riait de la vanité qui commençait à poindre dans leurs coiffures ou sur leurs vêtements. La conférence ne se concluait pas sans quelque bonne et solide pensée, qui pût servir d'aliment spirituel pendant tout le mois. On achevait en invoquant Marie, Mère des Orphelines. Cette assemblée mensuelle était pour lui le moyen de réchauffer la ferveur, de former entre les anciennes les liens d'une solide amitié, de les précautionner contre les dangers de leur inexpérience, et de leur rappeler les principales fêtes qui seraient célébrées, et qui les convoqueraient à la Sainte Table.

Quand tout était terminé, M. Plumier n'avait fait que la moitié de son travail : après la prédication commune, il donnait les avertissements privés, signalant à chacune ce qu'il avait appris de répréhensible ou de périlleux à son sujet. Mais surtout, il recevait avec une patience inaltérable les demandes de celles qui, se plaignant de leurs maîtres, sollicitaient une autre place, ou les désirs de celles qui souhaitaient avoir du travail à domicile ou à la journée ; à chacune il répondait par la promesse de s'occuper de leurs affaires, et elles savaient par expérience que cette assurance n'était pas trompeuse, et qu'elle était avant peu suivie d'un résultat favorable.

L'œuvre entreprise avait réussi au-delà de toute espérance : avant peu, presque toutes les enfants élevées à la Providence, ayant appris qu'on leur offrait un enseignement religieux spécial, se rendirent aux réunions du premier dimanche, et on en compta jusqu'à cinquante, chiffre considérable, si on observe qu'il ne sort que cinq ou six orphelines par an, et que, parmi celles-ci, les unes quittent Marseille et les autres sont enlevées par la mort. Ces jeunes filles, heureuses des soins dont elles étaient l'objet, enchantées de se revoir et d'être reçues dans la maison qui leur rappelait de si doux souvenirs, commençaient pourtant à être à l'étroit dans le parloir : pour leur donner une salle plus spacieuse, il eût fallu les introduire dans l'établissement, et alors revenaient les inconvénients précédemment signalés. Cet état de choses montrait la nécessité de se procurer un local, et tout portait à le choisir contigu à celui occupé par les Sœurs, pour qu'elles pussent exercer leur salutaire influence sur les visiteuses du dimanche. D'autre part, dans leurs rapports avec leurs maîtresses et avec M. Plumier, les anciennes, qui gagnaient présentement leur vie comme ouvrières à la journée, n'avaient pas dissimulé combien la cherté toujours croissante des loyers grevait leurs pauvres économies, et combien surtout il leur était difficile de trouver, pour se loger, des maisons entièrement bien habitées, et dans lesquelles le séjour d'une jeune fille sans protecteur, sans défense, ne fût sujet à aucun danger, ou tout au moins à aucun soupçon. Un seul moyen apparaissait comme pouvant remédier à cet état de choses, c'était d'affecter pour elles un emplacement qui devînt hôtellerie pour les unes, infirmerie pour les autres, maison d'attente pour celles qui seraient provisoirement déplacées de leur service, lieu de réunion pour toutes ; mais qui pouvait songer sérieusement à un pareil projet ? La dépense d'une location serait considérable, l'Orphelinat était trop obéré pour accepter une semblable charge, et les enfants intéressées n'étaient nullement en mesure de contribuer à cette fondation : il fallait que la charité vînt à leur secours, c'est ce qui eut lieu, et comme toujours M. Plumier devint pour elles la vivante personnification de la Providence.

Dans le sein du Conseil, il se rendit l'avocat des chères orphelines, il exposa que, « faute de leur offrir
« un abri, on pouvait voir compromis en un instant
« tout le bien qu'on leur avait fait pendant longtemps ;
« il raconta combien il avait été péniblement ému d'al-
« ler assister à l'Hôpital des orphelines qui y mouru-
« rent isolées, sans avoir la consolation de s'endor-
« mir auprès de celles que la charité leur avait don-
« nées pour sœurs et pour mères ; il représenta qu'a-
« près avoir remplacé auprès des enfants la famille
« éteinte, il fallait sous peine de mentir à toute ten-
« dresse véritable, se montrer mères jusqu'au bout,
« et les accompagner jusque dans le sein de Dieu ;
« il acheva en disant que cette création d'un asile
« pour les anciennes était le complément de l'OEu-
« vre des Orphelines, et que le bien des âmes et
« l'honneur des bienfaitrices y étant intéressés, il fal-
« lait s'abandonner à Dieu, et faire une fondation en
« leur faveur. »

Les objections ne manquaient pas pour répondre à ce chaleureux plaidoyer, mais la plus forte de toutes se résumait, comme il n'arrive que trop souvent, en une question d'argent et une impossibilité financière. Les hommes qui s'appuient uniquement sur Dieu, ne reculent jamais devant un semblable obstacle : leur foi, et surtout leur expérience leur disent qu'il fait bon se reposer sur l'oreiller de la divine Providence, comme le proteste Saint François de Sales. M. Plumier répondit que quand le Seigneur voulait une chose, il multipliait les prodiges, que chaque pierre de la maison des Orphelines était comme un *ex-voto* de cette vérité ; que si à chaque agrandissement de l'établissement on avait agi avec les idées humaines, on ne lui aurait jamais donné l'importance qu'il avait aujourd'hui, et que finalement on en serait quitte pour se remuer davantage, afin de trouver des ressources.

Ce langage était celui d'un Saint: toutefois, depuis surtout que l'OEuvre était légalement reconnue, il était difficile de le faire accepter au gouvernement, pour obtenir de lui l'autorisation de bâtir. Depuis longtemps les gouvernements se sont habitués à ne plus guères conserver le nom de Dieu que comme un en-tête de leurs protocoles, et à tout attendre de la force des armes, ou de l'importance des sommes recueillies. On s'explique dès lors, comment plusieurs membres du Conseil, prévoyant de ce côté des obstacles, tout en partageant les sympathies de M. Plumier, étaient plus portés à s'appuyer sur les calculs de la sagesse humaine. Ce qu'il n'avait pu obtenir en assemblée, il s'efforça pourtant de le gagner par une influence tout individuelle; il visita les charitables conseillères, et leur exposa son rêve avec tant de persuasion et d'entraînement qu'il obtint d'elles un demi consentement.

A cette époque, la Ville qui avait projeté le percement du jardin des Orphelines, pour prolonger la rue du Muguet jusqu'au boulevard National, fit savoir qu'elle renonçait à ce plan onéreux pour la Communauté. Aux yeux de M. Plumier, ce désistement était providentiel: il indiquait que le temps était venu de réaliser la pensée de bâtir un asile pour les Orphelines sorties de la maison, et qu'il fallait employer à cette construction, la valeur représentée par le sol, dont il aurait fallu faire l'abandon à l'administration municipale. La question d'argent restait tout entière, il la résolut, en promettant le concours efficace de Saint Joseph, et en ajoutant qu'on prierait beaucoup, et qu'il quêterait pour cette Œuvre : une vieille expérience avait appris depuis longtemps qu'avec Saint Joseph pour protecteur, et M. Plumier pour quêteur, on pouvait s'avancer sûrement; les objections cédèrent, et M. l'abbé Guiol, vicaire-général et directeur de l'Établissement, joignit son adhésion à celle du Conseil; mieux que d'autres il savait que le zèle d'un saint prêtre, et l'activité qui a l'amour des âmes pour mobile, ouvrent les bourses et réalisent les œuvres les plus dispendieuses. Il proposa l'organisation d'une souscription à adresser aux Catholiques Marseillais, et le premier il porta de généreuses offrandes.

Pendant que les infatigables conseillères se répandaient dans Marseille pour tendre la main au nom des orphelines dont elles avaient accepté de devenir les mères, les travaux se commençaient pour déblayer le terrain destiné à la *Maison des anciennes*. Que de fois les voyageurs descendant de notre gare du chemin de fer, n'ont-ils pas pu voir un prêtre déjà âgé, qui encourageait de la voix et du geste les terrassiers affectés à ce travail! A son gré, ces apprêts ne se terminaient pas assez tôt; tout en subissant avec sa gaîté ordinaire les vicissitudes atmosphériques, quand il faisait mau-

vais temps, on l'entendait dire : « Ah ! tant pis, au-
« jourd'hui, on n'avancera pas le terrain pour la
« bâtisse. »

Après des lenteurs qu'il est inutile de rapporter ici, le sol fut enfin en état de recevoir les fondements de l'édifice si ardemment attendu, Dieu avait sans doute différé cet événement pour augmenter la confiance de M. Plumier. Le jour après lequel il avait tant soupiré était arrivé ; il voulut donner à cette cérémonie toute la pompe possible. Mgr O'Cruice, vint répandre sur la première pierre comme les prémices de ses bénédictions, en récitant les prières liturgiques, et tandis qu'avec la truelle d'argent, le Prélat allait sceller cette assise, objet de tant de désirs, on vit M. Plumier, s'approcher de la pierre avec une émotion profonde, et y verser ce que contenait sa main, et qui produisit en tombant un bruit de monnaies...
« Que mettez-vous donc là, M. l'aumônier, lui de-
« manda-t-on avec surprise ?... — Ce sont, dit-il, des
« médailles de Saint Joseph : » puis, avec bonhomie, il ajouta : « Quand les rois font bâtir des palais, ils pla-
« cent dans la pierre des monnaies frappées à leur
« effigie : or, faut-il bien mettre ici les médailles du
« saint patriarche, car c'est lui seul qui peut cons-
« truire cette maison !! » Chacun sourit de cette naïve confiance, et peu de jours après, les rieuses recevaient de lui, et en diverses fois, des sommes qui se sont élevées à plus de cinq mille francs, et qui ont prouvé une fois de plus, combien il fait bon de s'abandonner au glorieux Joseph pour la réussite des affaires temporelles.

Comme il avait activé le déblayement du sol avec un intérêt tout paternel, M. Plumier ne cessait de visiter les travaux de la nouvelle construction : il en souhaitait l'achèvement avec tant d'impatience qu'on aurait pu croire qu'il avait un pressentiment de sa fin prochaine. Il avait promis de contribuer largement à en solder les frais, et la dépense étant considérable, il ne pouvait se dissimuler les sommes qui étaient encore nécessaires. C'est pourquoi après avoir sollicité avec beaucoup de tact des souscriptions de la part des personnes qu'il connaissait, il se mit à prier avec ardeur, pour que la Providence ne fît pas défaut à cette nouvelle fondation dont il s'était rendu garant. Bien des fois on l'a vu longeant le chantier, le chapelet à la main, et invoquant en faveur de leur nouvelle demeure la Mère des Orphelines.

Un soir, le temps était fort mauvais, et un vent violent avait obligé depuis plusieurs jours de suspendre les travaux ; les promeneurs étaient rares à cette heure, le froid intense, et les personnes affairées affrontaient seules en courant cette inclémente température. Seul, un vénérable ecclésiastique, le chapeau enfoncé sur la tête, le visage couvert par le col redressé de sa houpelande, arpentait à pas lents l'emplacement où s'élève aujourd'hui la *maison des anciennes* : à son air recueilli, il était aisé de voir qu'il était en prières. Un passant qui l'a reconnu l'aborde : « Eh « quoi ! M. Plumier, que faites-vous donc à cette heure « et par ce mauvais temps ? Vous priez, je crois !... — « Oui, répondit-il, je demande à St-Jérôme Émilien

« de venir au secours de cette nouvelle maison qu'on
« bâtit pour les Orphelines : lui qui aimait tant les
« Orphelines, et qui a fondé tant d'asiles pour les re-
« cevoir, ne pourra que comprendre ma supplique ! »
L'interlocuteur se retira avec un respect plein d'admiration, et quand, peu de jours après, on apporta 300
francs à M. Plumier, le promeneur s'écria : « C'est
« Saint Jérôme Émilien qui a entendu les soupirs de
« M. l'aumônier ! » Quant à celui-ci, il fut si convaincu que cette aumône n'avait pas d'autre source,
qu'il en témoigna à ce Saint toute sa reconnaissance,
et voulut, depuis ce jour, que les Orphelines célébras-
sent sa fête aussi solennellement que possible... Il n'a
pas pu voir achevée la maison qui l'avait tant occupé,
mais il n'y a qu'une voix pour dire que si Saint Joseph
et Saint Jérôme y ont travaillé, les démarches et surtout l'esprit de prière de M. Plumier ont puissamment contribué à sa construction. Aussi quand il y a
quelques mois à peine, on se réunissait dans ce local
nouveau pour assister à la bénédiction qui en était
faite, son nom était dans tous les cœurs ; quand M.
le vicaire-général Giraud Saint-Rôme, visiblement ému
en présence de cette création de la charité, a cherché les bienfaiteurs pour les remercier au nom de
Dieu et au nom des enfants que cet asile doit abriter,
chacun pensait à M. Plumier, avant que son ami
d'autrefois, et son prédécesseur dans l'aumônerie des
Orphelines, dont il est aujourd'hui le directeur,
ne l'eût désigné dans un langage plein de cœur, et
qu'il le montrât du haut du ciel, à la droite de Saint

Joseph, bénissant cette maison rêvée par son zèle et que son intercession aidera sans doute à payer promptement.

Mais ce n'est pas encore au ciel que nous devons suivre M. Plumier : si l'ordre et l'enchaînement des événements nous ont amené à parler de la dernière préoccupation de sa charité, il est consolant de considérer en arrière, pour étudier à côté de l'homme actif et dévoué aux OEuvres, le pacifique directeur des âmes, se prodiguant pour chacune comme il se multipliait pour ses diverses fondations. Un regard plus attentif nous fera connaître l'homme de l'intimité avec ses vertus secrètes et privées, mais toujours inspirées par le même amour du prochain et par le même esprit de foi !...

CHAPITRE QUATORZIÈME.

M. Plumier dans ses rapports avec le clergé. — Sa science théologique. — Droiture de son jugement en fait de science et de discipline ecclésiastiques. — Sa fermeté doctrinale. — Son attachement au Saint-Siége et aux enseignements de Saint Liguori. — Sagesse et perfection de sa direction par rapport aux ecclésiastiques. — M. Plumier dans ses rapports avec les communautés religieuses, par le Saint Tribunal. — Analyse de l'un de ses discours donné dans un monastère.

La puissance et la sagesse de Dieu n'apparaissent pas seulement dans l'harmonie du vaste univers: les moindres atomes de la création révèlent son doigt créateur; mais c'est surtout la beauté de l'âme qui redit toute sa puissance, et on a eu raison d'appeler l'homme *un monde en miniature*, tant l'ordre qui règne dans son organisation a demandé d'intelligence au divin artisan. De même, ce n'est pas uniquement dans les œuvres extérieures et grandioses que l'on découvre le zèle de l'ouvrier évangélique, il ressort quelquefois davantage des soins qu'il apporte à sanctifier un cœur, et c'est dans ce sens que Saint François de Sales s'écriait : « Former une âme à la vertu est quelque chose de si « beau, que si ce bonheur m'était accordé une fois, je « m'estimerais le mortel le plus fortuné ! » Puis donc que Dieu a la sollicitude des détails comme il a celle de l'ensemble, il est utile d'examiner dans la vie de ses serviteurs à côté de leur existence publique et connue d'un grand nombre, le soin qu'ils ont apporté aux moindres actes de leur vie cachée ; là on ne peut soupçonner l'amour-propre de les avoir inspirés, et tout ce qu'ils ont opéré de bien, on sait qu'ils l'ont accompli sans autre but que de plaire au Seigneur.

Dans ce qui précède on a vu comment M. Plumier acceptait avec empressement toutes les créations de la charité et secondait personnellement toutes les œuvres; mais ce qu'on ne saurait assez dire, c'est le dévouement incessant, respectueux qu'il portait au travail des âmes.

Deux paroles nous semblent avoir dirigé sa vie privée, d'abord celle de Notre-Seigneur Jésus-Christ : *Pro eis sanctifico meipsum* : Mon Père, je me sanctifie pour ceux que vous m'avez confiés ! et celle d'un Docteur de l'Église : *Esto concha, non canalis* ! Prêtre, soyez un réservoir de science et de vertu, et non pas seulement un canal qui ne sert qu'à transmettre les eaux : nécessité de donner aux autres la vérité, mais dès lors, et avant tout, obligation de s'affermir soi-même dans cette vérité par l'étude. Tels furent toujours la persuasion intime de M. Plumier et le sentiment qui l'a guidé sans cesse dans ses lectures historiques et théologiques.

On l'a vu au début de cette histoire, il était par naturel peu porté vers l'étude, pour laquelle il éprouvait quelque répugnance, à cause de la lenteur de son es-

prit ; mais il est une preuve de plus, qu'un travail soutenu peut suppléer à l'ingratitude de la nature, et faire produire à l'intelligence ce dont elle eût été par elle-même incapable. En effet, et dès ses premières années à Salon, par une application soutenue à la théologie, il répara ce qui avait pu être incomplet durant son séjour au Grand-Séminaire, et nous avons entendu M. Toche, s'écrier après M. Turles, juge si compétent en cette matière : « Quoique bien jeune, M. Plumier est
« un excellent théologien : il en sait plus long que
« moi. » Sa science provenait de deux sources également précieuses, et qui avec son énergie de caractère ne pouvaient tarir : l'étude et le jugement : l'une est le fruit de la volonté individuelle, l'autre est un don de Dieu, et il lui avait été fait avec largesse. « Sa droiture
« de cœur, disait avec beaucoup de raison un docteur
« en théologie, lui fait deviner la vérité sur des ques-
« tions théologiques qu'il n'a pas étudiées. » On peut dire qu'il était le *Vir justus, simplex, rectus ac timens Deum*, dont parle l'Écriture. Cette rectitude provenait chez lui de l'Esprit de Dieu : il était plein de foi, et admettait toutes les conséquences de la foi, sans jamais raisonner d'après aucun autre principe. Cet esprit lui donnait horreur de toute altération et de tout mélange de la vérité ; aussi était-il très-difficile pour les ouvrages qu'il lisait ; dès qu'il y rencontrait la moindre tâche en fait de doctrine, il les laissait en disant : « Comment
« pourrais-je avoir confiance en cet homme-là ! » On comprend comment avec une pareille délicatesse pour le choix des auteurs, il a pu amasser des connaissances

si profondes, alors qu'il avait fait de la lecture une des principales occupations de sa vie : semblable à l'abeille intelligente, qui au dire du Saint-Esprit n'emporte que le parfum et le suc de la fleur, *sicut apis argumentosa*, il prenait dans chaque volume de quoi meubler son esprit et former son jugement. Faute de faire ce discernement, on perd trop souvent un temps précieux, et on sature son âme d'inutilités ; pour lui, il n'en emportait que la plus pure substance et y trouvait un aliment merveilleux, qu'il savait adapter ensuite aux besoins de chacun, et à ses propres besoins.

S'il avait une préférence pour quelques ouvrages, c'était surtout pour ceux des deux derniers siècles : il se plaisait à dire qu'ils étaient plus remplis de l'esprit de Dieu, parce qu'à cette époque on réfléchissait davantage et on aimait mieux. « C'est singulier, répétait-il
« souvent, comme dans les anciens on trouve tout ce
« qu'on veut, tandis que dans les œuvres d'aujourd'hui
« on ne rencontre que des doctrines hasardées, souvent
« rendues avec des mots nouveaux et qui n'expriment
« nullement la signification qu'on y attache. » Il gémissait sur la façon exagérée dont le style sentimental et presque élégiaque a envahi les livres de piété, et ne pouvait assez condamner certaines tournures empruntées aux écrits périodiques et légers, qui ont fait place au langage plus sévère, mais aussi plus clair de la scholastique. Au milieu du déluge de livres qu'à produit notre temps, il préférait conserver la place d'honneur pour le P. St-Jure, pour Louis de Grenade, pour le B. Grignon de Montfort, pour le P. Lejeune et

quelques auteurs ascétiques. « On ne connaît pas ce « qu'il y a dans ces livres, disait-il encore, sans quoi « tout le monde voudrait les lire!... » On ne saurait compter quelle quantité de bons ouvrages ont passé par ses mains : peu de prêtres ont fait autant de lectures théologiques que lui. Quand il rencontrait un volume écrit selon ses idées, c'était pour lui une véritable découverte, et il en éprouvait une joie enfantine. Il y a quelques années, la Bibliographie catholique annonça un écrit qui, sous le titre *Hier et aujourd'hui*, montrait et condamnait l'étrange confusion qui s'est introduite dans le langage de la chaire, et qui, par contre, a fait passer sous la plume de nos pamphlétaires et de nos romanciers, nos expressions sacrées les plus dignes de respect. Il voulut de suite se le procurer, il le lut avec avidité, regrettant que l'écrivain n'eût pas poussé plus loin cette croisade qu'il croyait conforme à l'esprit chrétien, et qu'il n'eût pas su échapper lui-même aux néologismes qu'il signalait. Peu de temps auparavant M. Plumier, qui allait assez souvent consulter à la bibliothèque de la ville les auteurs théologiques que ses minces revenus ne lui permettaient pas d'acheter, y éprouva une satisfaction inattendue. Ses mains tombèrent sur un vieux livre, petit in-12, admirablement imprimé, et qui renfermait en quelques centaines de pages, tout l'abrégé de la Théologie morale. Le nom de l'auteur illumina d'un sourire la figure ordinairement calme de M. Plumier, et il sollicita la permission d'emporter pour quelques jours ce précieux volume, couvert d'une poussière presque séculaire, permission qui lui fut accordée. Qui l'eût rencontré se rendant au Petit-Séminaire ce jour-là, n'aurait certes pas compris la cause de la joyeuse humeur qui ne le quitta pas : il était nanti d'un opuscule dont le Jansénisme avait fait une pierre d'achoppement contre l'admirable Compagnie de Jésus, et autour duquel elle avait fait prévaloir le ridicule : le petit livre qui avait fait surgir de grandes tempêtes, semblait à tout jamais anéanti sous le poids de toutes les malédictions universitaires et sous les coups si spirituels du grand Pascal, et c'est pourquoi M. Plumier le portait avec soin, heureux d'avoir trouvé cette occasion de s'instruire, en interrogeant lui-même cet ouvrage sans prétention, qui était devenu un brandon de discorde. Le modeste théologien lut avec une attention soutenue le traité qu'il avait en mains ; à côté de lui, sur sa table, il avait ouvert la théologie de Saint Liguori, et confrontait article par article la doctrine du saint évêque avec celle du docteur anathématisé. « C'est singulier, répétait-il de « temps en temps, comme on fait les réputations *au* « *monde* ! Saint Liguori, qui passe pour exact, est bien « plus tolérant, et moins rigoriste ! » Il acheva cette lecture et conserva la conviction que l'auteur, de tout point inattaquable, avait été berné par le Jansénisme, et n'avait eu d'autre tort que d'appartenir à un ordre religieux que sa saine doctrine rendait peu agréable aux dévôts de Port-Royal. Peu de jours après il écrivait à un habile bouquiniste de Paris pour lui demander cet ouvrage, et sur ces entrefaites, nous ayant rencontré :

« Figurez-vous, nous dit-il, la découverte que j'ai faite !

« Devinez quel est le meilleur abrégé de Théologie ?
— Nous citons le P. Gury, Busembaüm et quelques autres... M. Plumier se met à rire : « Vous n'y êtes
« pas ; mais n'allez pas le dire, cela pourrait scanda-
« liser. » — Toujours rendu plus curieux nous le conjurons de nous l'indiquer : « C'est, répondit-il, le
« *Compendium Theologiæ, à R. P. Escobardo editum.* »
— Au nom d'Escobard nous nous récrions : « Com-
« ment ! comment ! Que voulez-vous dire ? — « Oui,
« le P. Escobard, vertueux jésuite que la clarté de sa
« doctrine a rendu fort redoutable aux Jansénistes, de
« sorte qu'ils s'en sont vengés en le ridiculisant. Je
« vous déclare, ajouta-t-il, que jamais je n'ai lu une
« théologie plus exacte, plus méthodique, et dont celle
« de Saint Liguori semble avoir reproduit le plan. Ah !
« ce serait une bonne chose pour les étudiants, si les
« Pères Jésuites réhabilitaient la mémoire de leur
« confrère, en faisant réimprimer son travail. Ce serait
« la meilleure leçon à donner aux injustes clameurs
« des Jansénistes. » Cette petite anecdote montre combien M. Plumier était indépendant en matière d'opinions. Cette indépendance, il la laissait aux autres, et dans tout ce qui est abandonné à la discussion, il voulait que chacun conservât son entière liberté.

Toutefois s'il est une doctrine qui ait paru influencer la sienne, à coup sûr c'est celle de Saint Liguori : il répétait souvent que l'Église avait approuvé entièrement cet auteur, et c'est ce qu'il répondit quand, à Salon, on lui reprocha d'admettre trop facilement à la Sainte Table les âmes qu'il dirigeait. « Je me trouve,

écrivait-il à cette époque, « dans un grand embarras :
« Monseigneur ne m'a fait aucun reproche, mais il m'a
« dit de suivre en tout ce que me prescrirait M. le Supé-
« rieur du Grand-Séminaire, que son grand âge fait
« quelquefois varier dans ses opinions. Or, M. le Su-
« périeur veut que je suive au Saint-Tribunal une
« marche réprouvée par un bon nombre de prêtres
« pieux et fort instruits, marche opposée à la doctrine
« du Bienheureux Liguori. En suivant cette voie, il est
« très-sûr qu'on fait peu de bien dans les âmes et dans
« les paroisses : aussi, n'ai-je rien promis, et je ne puis
« accepter la route qu'on veut me tracer. Quand je
« serai de nouveau en paroisse, s'il plaît à Dieu que
« cela arrive, on s'informera si je conserve toujours les
« mêmes principes, et si cela est, je serai de nouveau
« dans l'embarras. » Il fallait que l'enseignement de
M. Plumier se fût bien assimilé à celui du saint docteur,
pour que lui, toujours si obéissant, crut devoir maintenir une direction opposée à celle de ses supérieurs,
uniquement parce qu'il l'avait puisée dans les œuvres
de Saint Liguori, dont il admirait la singulière expérience et la profonde piété.

Puisée à une semblable source, sa morale était exacte
sans être sévère, et quand un confrère le consultait, il
répondait de suite : « Saint Liguori pense qu'on peut
« agir de telle manière. »

Quand au dogme, il croyait tout ce que propose l'É-
glise, et ne supportait pas que l'on regardât encore
comme sujets à controverse des points sur lesquels elle
avait prononcé, soit par les décisions directes du Saint-

Siége, soit par les décrets des Sacrées Congrégations. Il lui suffisait qu'une opinion fût simplement favorisée par Rome, pour que de suite il l'acceptât. On le vit, à cet égard, et dans les débuts de son ministère, abdiquant subitement l'enseignement formel reçu au Séminaire, ne pas inquiéter la conscience de ceux qui exigeaient l'intérêt de l'argent au cinq pour cent, pratique qui fut alors si bruyamment controversée. Une seconde décision de la cour pontificale venant condamner M. de Lamennais, mit fin, à cette époque, à de nombreux démêlés théologiques ; mais M. Plumier était trop profondément humble pour avoir jamais soutenu, contrairement à la doctrine reçue, les exagérations de M. de Lamennais sur la prétendue impuissance de la raison individuelle.

Pour la discipline, il avait suivi avec bonheur le mouvement qui nous a rapprochés plus intimement du Saint-Siége, regardant cette union comme l'événement le plus heureux de notre siècle. « Les méchants « savent bien s'entendre, disait-il, il faut que les enfants « de lumières les imitent dans leur sagesse. » Il tenait beaucoup au Bréviaire romain, et une de ses dernières tristesses fut d'apprendre les répugnances que certains ecclésiastiques opposaient à l'adoption d'une prière commune pour les enfants d'une même Église.

Il se conformait autant qu'il le pouvait aux réponses de la Congrégation des Rites, et ne pouvait concevoir que quelques prêtres en plaisantassent, ou n'en tinssent pas compte. Il se montrait fort éloigné des doctrines du Catholicisme libéral, il en gémissait, et les regardait comme un grand danger pour l'Église ; pour parler ainsi, il s'appuyait sur les actes ou sur les paroles venant de Rome et favorisant les idées anciennes. Apprenait-il qu'un mandement venait de paraître, censurant ce libéralisme menteur, il en recherchait avec soin la lecture, et l'annonçait à ses amis comme un grand événement. Au contraire, la vue d'un livre portant quelque trace de ces idées modernes lui était insupportable, il le fermait bien vite, en disant : « Si « l'on avait une grande piété, on n'aurait pas des idées « comme celles-là ! »

Est-il besoin de dire que son attachement filial à l'Église l'empêchait d'être Gallican ; mais cependant il n'était pas injuste envers tant de prêtres et tant d'évêques vénérables de l'ancien clergé de France, si dévoués au St-Siége malgré leur adhésion aux opinions qui avaient cours alors. C'est en parlant d'eux qu'il se plaisait à répéter un mot attribué à Grégoire XVI : « *Gallican de langue, mais pas de cœur ;* » il avait la plus haute estime pour la dignité, la noblesse de sentiments, la politesse, les vertus de ces vétérans du sanctuaire, demeurés fidèles jusqu'à l'effusion de leur sang. Il regrettait de ne plus trouver ces vieilles traditions suffisamment conservées.

Son affection pour le Saint Père était si vive, qu'il avait fait des infortunes de Pie IX, ses propres infortunes ; son visage reflétait les préoccupations de son cœur, et quand les journaux apportaient la nouvelle de quelque complication politique avec Rome, on le voyait sensiblement bouleversé, il répondait souvent :

« Les malheureux ! les malheureux ! » Puis il allait s'agenouiller devant le Saint Sacrement, en disant : « Il faut beaucoup prier ! Il n'y a que la prière qui « puisse arranger tout cela ! On ne prie pas assez pour « la France, et pour ceux qui sont élevés en dignités, « voilà pourquoi ceux qui commandent se trom- « pent !... » Plein de ces pensées, non-seulement il les répandait dans le cercle de l'intimité, mais encore il terminait toutes ses lettres par ces mots : « Prions « pour l'Église et pour la France ! » Au milieu des communautés religieuses ou auprès des Orphelines, il venait verser son cœur rempli de ces filiales tristesses. A mesure qu'on attaquait l'autorité du Pape par des pamphlets astucieux, dans des instructions faciles il vengeait ce pouvoir tout paternel, et une de ses dernières occupations fut de placer dans la sacristie de la maison des Orphelines, une belle gravure représentant Pie IX, et sous laquelle il avait fait écrire au milieu du cadre d'or, les paroles suivantes sur l'autorité pontificale, afin que chacun en les voyant pût s'en pénétrer :

« L'Église et le Pape, c'est tout un !

« Nous définissons que le Souverain Pontife est le « successeur de Saint Pierre, prince des Apôtres, le « vrai vicaire de Jésus-Christ, le chef de toute l'Église, « le père et le docteur de tous les chrétiens, et qu'il « a reçu de Jésus-Christ dans la personne de Saint « Pierre, le plein pouvoir de paître, de régir, et de « gouverner l'Église universelle. (Concile général de « Florence). »

Son attachement ne se bornait pas à des sentiments, il se traduisait en actes touchants, si on a égard à la modicité de ses ressources. L'année même que fut établi le Denier de St-Pierre, il versa une somme de deux cents francs, entre les mains du trésorier de l'OEuvre. Ne pouvant donner davantage, il se faisait un bonheur de devenir l'intermédiaire des offrandes des autres, et avait ainsi une part au mérite de l'aumône, en la portant à destination. Quand la loterie Pontificale fut émise, il fut des premiers à demander des billets, et à en faciliter le placement. Il fallait bien du reste que son dévouement au Saint Père fût connu, pour qu'on l'ait rendu témoin du fait que nous allons citer. Pendant l'exil de Pie IX à Gaëte, les Évêques du monde firent entendre à tous les fidèles un grand cri en faveur du Père commun ; les aumônes des riches et celles des pauvres se confondirent, et l'on vit alors des sacrifices dignes des premiers temps du Christianisme. Or, à cette époque, une vertueuse cuisinière, qui savait l'intérêt que M. Plumier prenait aux malheurs du Saint-Siége, l'aborde pendant qu'il faisait sa promenade de chaque jour, et lui demande avec timidité, s'il voudrait bien se charger de faire parvenir son offrande au Pape. Il y consent de grand cœur, et l'humble servante lui remet alors un billet de banque de cinq cents francs. — Grande exclamation de M. Plumier : il croit à une méprise et veut rendre la somme. « Non, non, je sais ce que je « fais, vous pouvez bien l'envoyer. » — Ému jusqu'aux larmes, le serviteur de Dieu, craint que la générosité

n'impose à cette fille un sacrifice trop onéreux, il la conjure de réfléchir : — « Ah ! lui dit-elle, c'est tout
« réfléchi ! J'avais économisé cet argent sur mes gages,
« pour l'époque de ma vieillesse, et je l'avais caché
« dans une paire de bas ; mais outre qu'il ne me sert
« à rien maintenant, je puis travailler encore et en
« gagner d'autre tandis que le Pape en a besoin !... »
Et comme M. Plumier hésitait encore devant un tel désintéressement et de pareils sentiments de foi : « Eh !
« bien, ajouta-t-elle, quand même ce serait un sacri-
« fice, est-ce qu'il ne faut pas que des enfants en fas-
« sent, quand leur père est malheureux ! » A cette parole sublime, on ne pouvait que répondre par les remercîments les plus affectueux, et les promesses les plus chaleureuses que Dieu bénirait la charitable donatrice. Joyeux, comme on peut le croire, M. Plumier alla compter cette somme à M. le Trésorier de l'OEuvre.

Les malheurs de l'Église l'avaient tout naturellement conduit à conserver pour la famille de Bourbon l'affection que ses parents lui avaient transmise pour les défenseurs séculaires de la Papauté. Il leur était attaché par un respect profond et par une grande tendresse de cœur. Cet attachement inébranlable était chez lui le résultat d'un principe de foi, et de la rectitude de sa raison. Il regardait la chute des héritiers de Saint Louis comme un irréparable malheur, et comme une insigne violation des lois de la justice. Il y voyait une question de conscience, et il s'était difficilement fait à trouver de bons chrétiens la regarder autrement que lui ; et il montrait souvent combien cette conviction naissait de son amour pour la religion. « Si le Prince en revenant en France, « devait ne pas défendre le Pape, disait-il, il vaudrait « mieux qu'il restât en exil... Mais nous ne sommes « pas assez sages pour le mériter ! On ne prie pas « assez. » Ces sentiments sont toujours consolants à considérer, quelqu'opinion qu'on ait d'ailleurs à part soi : car, pour lui, toujours tolérant envers les personnes, ils provenaient de la souveraine droiture de son âme, demeurée étrangère aux influences de temps. Il avait ainsi conservé, non par aucune circonstance de position, mais par amour de l'équité, les nobles traditions de son enfance, traditions dont nos révolutions si multipliées ont presque fini par faire perdre même l'intelligence à nos contemporains.

Du reste, la droiture qu'il apportait en théologie et en politique, il voulait qu'on en fît preuve en tout. Il aimait l'honnêteté, la probité, dans toutes les relations de la vie ; il ne pouvait s'expliquer que l'on séparât ces vertus d'avec la piété, et que, selon le mot gracieux de Saint François de Sales, on prétendît être *bon ange*, sans être en même temps *bon homme*! Il ne comprenait pas davantage que les principes dussent fléchir devant les intérêts privés, et il voulait que l'on fût chrétien avant tout.

Cette rectitude naturelle, jointe à l'expérience d'une longue vie, et à des études approfondies et continuelles, avait fait de M. Plumier le conseil et le directeur d'un grand nombre d'ecclésiastiques du diocèse de

Marseille. A une époque où des faits surprenants s'accomplirent dans une communauté religieuse, il ne s'y laissa pas prendre un seul instant et il fut l'un des plus perspicaces à découvrir l'illusion. Mais, ce que nous ne saurions dire, c'est le nombre considérable de religieux et de prêtres qui venaient faire appel à ses lumières. Pour avoir son sentiment, il fallait bien se garder de lui adresser quelques paroles d'éloges sur sa sagesse : il se repliait alors dans sa modestie et refusait d'en sortir. Pour les choses compliquées, il préférait renvoyer à d'autres. Si l'on voulait avoir son avis, il fallait prendre d'ordinaire sa première réponse qui était presqu'instantannée, et qu'il appuyait d'habitude de l'opinion de quelque grand théologien. Mais si on discutait, sa défiance de lui-même était telle qu'on lui faisait facilement abandonner la lumière de son bon sens et celle du St-Esprit, et son interlocuteur, abusant de son humilité et de sa candeur, pouvait aisément obtenir de lui une réponse plus conforme à ses propres vues. Il alléguait rarement l'autorité du St-Esprit dans ses réponses : le St-Esprit ne l'en éclairait pas moins de temps en temps d'une manière plus forte : « Je sens là, dans « ma poitrine, disait-il quelquefois, ce que je vous « dis ! » Mais cela était bien rare. Plus rarement encore lui arrivait-il de se tromper dans ses décisions ; que si on lui avait opposé l'autorité de quelque théologien, quand il vous revoyait, il vous disait : « Pour la chose de « l'autre jour, c'est singulier, Saint Thomas ou Suarez « ne dit pas la même chose que votre auteur ! » Avec ce seul petit mot : *C'est singulier !* il vous ramenait à la vérité, et cela sans jamais blesser le moins du monde.

L'art de donner des conseils se manifeste surtout au Saint Tribunal, et ici, il faudrait entendre les nombreux et vertueux ecclésiastiques qui lui avaient confié la direction de leurs consciences, et qui le pleureront longtemps comme un père tendre et un guide éclairé. Dans l'impossibilité de dépeindre cette part de la vie laborieuse de M. Plumier, qui a peut-être été la plus fructueuse, nous nous bornerons à dire sommairement quelques mots de sa méthode de direction.

Elle était ronde et simple. Il recommandait toujours le plus parfait. Il était très-bref en confession. Pour ce qui n'était ni péché, ni occasion de péché, il laissait ses pénitents tranquilles et ne donnait de conseils que ceux qu'on lui demandait. Il n'aimait pas les doctrines spirituelles, subtiles, et se tenait éloigné de tout ce qui sentait de loin les restes du quiétisme, dont plusieurs livres en renom portent encore la trace. Il a pu faire dans sa vie quelques actes extraordinaires de mortification, il a pu en permettre quelques-uns de temps en temps, lorsqu'il a cru qu'ils étaient demandés par Dieu, mais sa direction était tout opposée à ce qui sort de la voie commune ; il n'admettait pas vite la réalité des influences extraordinaires, soit du St-Esprit, soit du démon ; il tenait à ce qu'on ne fit pas d'imprudences pouvant compromettre la santé, et il reprochait presque comme un péché mortel, les désobéissances à cet égard.

Cette direction large et prudente rend bien peu vraisemblable ce que quelques personnes mal informées ont pu dire des mortifications qu'il conseillait. Nous ignorons à quelle source on aurait pu recueillir de pareils renseignements, ce que nous affirmons c'est que, parmi les prêtres qu'il dirigeait, aucun n'a voulu avouer le moindre rigorisme dans l'enseignement ascétique de M. Plumier, et bien moins encore le moindre germe d'exaltation. Homme d'un sens droit et d'un jugement éclairé, il n'aurait pas pu pousser les autres dans une voie qui n'était pas la sienne. Or, jamais, ni dans ses écrits intimes, ni dans sa conversation, on ne l'a entendu favoriser les voies extraordinaires. Il faut avouer cependant que quelques-uns, peu habitués aux conseils évangéliques et à leur sublimité, ont pu en les trouvant sur les lèvres de M. Plumier les taxer d'exagération ; mais, comme nous l'écrivait à ce sujet le vénérable Père Tempier : « Pour parler de cette sorte, il faut ne rien « entendre du tout à la vie intérieure et à la conduite « des âmes. » Les prédications de Saint Paul furent aux yeux du sensualisme païen une folie, comme la doctrine des Saints est un pieux rigorisme pour les chrétiens dégénérés. Tout, en fait d'appréciation de doctrines, dépend du point de vue auquel on se place. On va juger par la citation suivante, qui résume en quelques lignes l'enseignement de M. Plumier au Saint Tribunal, que si sa doctrine était relevée et d'une pratique pénible pour la nature, elle avait pour elle l'autorité de tous les maîtres de la vie spirituelle :

TABLEAU DES RÉJOUISSANCES SPIRITUELLES.

Réjouissez-vous :

Si vous êtes inconnu ; — si vous êtes banni du cœur des hommes ; — si vous êtes ignoré de toutes les créatures ; — si vous êtes mal pourvu des perfections naturelles, soit du corps, soit de l'esprit ; — si vous n'avez point d'accès auprès des personnes de condition ;

Réjouissez-vous :

Si, ayant de grands talents, ils ne sont pas considérés ; — si vous êtes pauvre ;

Réjouissez-vous :

Si on ne sait pas même que vous êtes au monde ; — si on ne pense pas à vous ; — si on ne vous considère pas ; — si on vous laisse comme inutile ; — si on ne se sert pas de vous ; — si on vous met au rebut ; — si on ne vous appelle point aux assemblées ; — si on ne demande pas votre avis ; — si on ne prend pas conseil de vous ; — si on n'a point en vous de confiance ; — si on se cache de vous ; — si on vous fuit ; — si on ne vous rend aucune visite ; — si on ne vous regarde pas dans les compagnies ; — si on vous laisse sans vous parler ; — si on ne vous répond pas ; — si on se sépare de vous ; — si on vous met à la dernière place ; — si on ne vous fait point d'honneur ; — si on vous traite en homme de néant ; — si on ne vous rend point de civilités ; — si on ne vous dit rien des affaires dans lesquelles vous êtes entendu ;

Réjouissez-vous :

Si ces choses vous arrivent de la part des domestiques et des serviteurs ;

Car Jésus-Christ a dit :

« Vous serez bienheureux lorsqu'à mon sujet on
« vous aura fait des affronts, on vous aura persécuté,
« on aura dit faussement toute sorte de mal contre
« vous ; Réjouissez-vous alors et faites éclater votre
« joie, parce qu'une grande récompense vous attend
« dans le ciel. » (S. Math. 5. v. 11-12.)

« Lorsque les hommes vous haïront, qu'ils vous re-
« jetteront d'avec eux, qu'ils vous traiteront avec op-
« probres, et qu'ils auront votre nom en horreur à
« cause du Fils de l'homme, vous serez bienheureux ;
« Réjouissez-vous alors et soyez remplis de joie, car je
« vous déclare qu'une grande récompense vous attend
« dans le ciel. » (S. Luc. 6. v. 22-23.)

SIX POINTS DE PERFECTION QUI CONDUISENT A UNE GRANDE

SAINTETÉ :

Ne tenir à rien ; — aimer l'abandon ; — souffrir en silence ; — vivre sans choisir sa position ; — désirer les croix ; — se conformer en tout à la volonté de Dieu.

CERTAINS ACTES PARTICULIERS A L'AMOUR-PROPRE :

1º S'excuser quand on est repris ;
2º Se plaindre quand on est maltraité ;

3º Se chagriner quand les choses ne vont pas à notre gré ;

4º Être content quand on a ce qu'on désirait.

Que la petite feuille qui contient cette doctrine, et que M. Plumier distribuait avec une sainte profusion, fût tombée dans un salon, elle y aurait à coup sûr rencontré le mépris, et chacun aurait estimé que celui qui l'avait rédigée était un insensé ; au contraire, ce court abrégé de la vie chrétienne était reçu avec reconnaissance par les pieux laïques, par les religieuses, et surtout par les prêtres, et en le méditant chacun répétait : « Quel homme ! Quelle doctrine ! Elle est pourtant irréfutable ! Un Saint peut seul écrire de semblables choses ! »

Après avoir lu ces lignes, on s'explique à quel degré de renoncement il conduisait les âmes qui se confiaient à lui : il en est des maximes évangéliques pour l'avancement spirituel, comme de certains consommés pour les malades : en peu de temps, grâce aux sucs qu'ils contiennent, ils doublent les forces et réparent bien vite l'épuisement résultant d'une longue maladie : les conseils évangéliques, résumant ce que l'enseignement catholique a de plus parfait, communiquent avant peu à ceux qui les acceptent, une ardeur pour le bien et un amour pour le sacrifice, qui les conduisent jusqu'à l'héroïsme.

Le clergé ne fut point seul à profiter de la science de M. Plumier, pour la direction des âmes. Monseigneur de Mazenod, qui avait une tendresse si paternelle pour les communautés religieuses de son diocèse, crut ne

pouvoir leur donner de meilleure preuve de son attachement, qu'en envoyant ce saint prêtre à plusieurs d'entr'elles, soit comme confesseur ordinaire, soit comme confesseur extraordinaire ; aussi la mort de M. Plumier a-t-elle été un deuil pour nos monastères comme elle l'a été pour le clergé. Ce deuil, toutefois, fut adouci par les espérances que laissait à tous sa sainteté bien connue, et partout on disait ce que nous a écrit une respectable Supérieure : « Nous sommes bien heu-
« reuses de penser que les quelques rapports que nous
« avons eus avec lui sur cette triste terre, nous pro-
« cureront son précieux souvenir dans la céleste patrie,
« où toutes nous le croyons déjà parvenu. »

Au milieu de ces âmes, vouées par vocation à l'abnégation et au sacrifice, il se sentait plus à l'aise pour parler de perfection ; mais toujours en entourant sa doctrine des ménagements que conseille la prudence. Il s'efforçait surtout de leur faire aimer la vie cachée, l'obéissance et le ciel. Il leur montrait que leur existence de renoncement, sans le ciel comme perspective, serait une anomalie, et que la routine, dans la sainteté habituelle de leurs œuvres, était un piége employé par le démon pour les stériliser. Rien ne le préoccupait plus que le danger que courait l'humilité de ces saintes filles quand le monde les prenait en faveur et leur décernait des éloges en public. Un article laudatif dans un journal lui paraissait un véritable affront pour une vertu qui aime l'obscurité, et il disait souvent à cet égard la parole de Saint Paul : « *Si je viens à plaire aux*
« *hommes, il est bien à craindre que ce soit au détriment*

« *de l'amour que me porte Jésus-Christ et que je sois moins
« son serviteur : Si hominibus placerem, Christi servus
« non essem !...* Ça me fait peur, ajoutait-il quelquefois,
« quand j'entends dire : Ces Sœurs sont à la mode, tel or-
« dre a la vogue ! Les communautés sont fondées sur
« des principes tout opposés à ceux du siècle, et si le
« monde aime celles-ci ou celles-là, toujours je redoute
« que ce soit un symptôme, qu'on a fait dans ce cou-
« vent quelques concessions à l'esprit du monde !!!

Venait-il dans quelque monastère, au lendemain d'un de ces légers froissements que les âmes les plus saintes ne peuvent éviter, et qui sont une suite de l'infirmité de notre nature, à la personne qui se plaignait à lui d'un défaut de procédé, il répondait avec une pieuse gaîté : « Ah ! pour le coup, vous êtes bienheureuse que
« cette contrariété vous arrive ! C'est une preuve que
« le bon Dieu vous aime beaucoup, remerciez-le gran-
« dement de cette grâce, et tâchez par votre contente-
« ment de vous rendre digne d'un tel bienfait. » Il excellait surtout dans l'art de vaincre les décourage-ments par lesquels le démon cherche trop souvent à troubler des âmes sur lesquelles il n'a plus aucun autre empire. « Quand il vous avait parlé, disait une Sœur, pendant longtemps placée sous sa direction,
« outre que tous les obstacles qui s'étaient offerts à l'i-
« magination s'évanouissaient d'eux-mêmes, il sem-
« blait de plus que rien n'était aisé comme de devenir une
« grande Sainte : il avait le secret de vous rendre la
« voie du ciel attrayante et facile, et quand il s'entre-te-
« nait de cette future patrie, il le faisait avec tant de

« conviction, qu'on était ensuite désappointée de se
« trouver encore sur la terre, pour laquelle il vous
« avait inspiré le plus grand mépris. » Il reprochait
de ne pas assez y penser. Pour rémédier à cet oubli,
qu'il regardait comme la cause de toutes nos défaillances, il donnait souvent pour pénitence de répéter
plusieurs fois de suite avec lenteur et conviction ces
simples paroles : « Mon Dieu, je veux être une Sainte !
« Mon Dieu, faites que je devienne une grande Sainte ! »
Il procédait de même pour rendre plus présent à la
mémoire le souvenir du ciel, et à cet effet il terminait
maintes fois la confession par ces mots : « Pour votre
« pénitence, quand le soleil sera sur le point de se
« coucher, vous tiendrez les bras en croix et vous re-
« garderez le ciel, en pensant que c'est votre pays, et
« vous vous écrierez avec amour : Faites, ô mon Dieu,
« que je devienne vite une Sainte, pour aller au ciel !!! »

Par une parole douce, mais ferme, il triomphait des
doutes de quelques âmes scrupuleuses, et ne cessait de
leur rappeler la nécessité de l'obéissance: bien différent
de certains guides, qui, par des décisions compliquées,
laissent deviner de l'hésitation dans leurs opinions,
il répondait constamment avec clarté et de manière à
rendre toute équivoque impossible : aussi n'aimait-il pas
qu'on lui parlât de nouveau de peines intérieures qu'il
avait dit de mépriser : « C'est l'orgueil qui vous dit
« cela, reprenait-il : l'obéissance vous tiendrait un tout
« autre langage. »

Sa charité pour les personnes confiées à sa direction
égalait la pureté de son enseignement : il entrait dis-

crètement en part dans les épreuves de chacun, et par une phrase toute céleste, il ranimait les forces abattues :
« Il vous console, disait quelqu'un, par une sen-
« tence qu'on s'étonne de n'avoir pas trouvée soi-
« même, et qui est un baume pour le cœur : on croirait
« qu'il est allé la chercher au ciel, tant il vous fait sentir
« le bonheur d'être malheureux !!! »

Du reste, tout ce que nous pourrions dire de nous-même de la direction de M. Plumier dans les communautés religieuses, sera toujours incomplet, les pures âmes qui y habitent se faisant une loi d'envelopper dans le silence de l'humilité une foule de détails qui ne sauraient révéler l'habileté du directeur, sans mettre en même temps en lumière la vertu des personnes dirigées. La Providence, qui nous a si à propos fourni des renseignements sur l'apostolat de M. Plumier parmi les jeunes filles, a pris soin, sans doute pour l'édification commune, de faire arriver jusqu'à nous un document de nature à manifester sa méthode d'enseignement au milieu des congrégations religieuses.

Nous voulons parler d'un sermon prononcé par lui dans un couvent, le 31 mars 1862, et que le Saint-Esprit donna la pensée à une bonne Sœur de reproduire presque textuellement. En comparant cet entretien tenu par un ancien du sacerdoce, alors âgé de 69 ans, avec le premier discours débité à Salon par le jeune vicaire à peine âgé de 23 ans, on aperçoit sans doute de grandes différences dans le style, qui n'avait plus guère d'oratoire que la force de la conviction ; mais on y retrouve à chaque instant la même doctrine, qui a inspiré toutes ses actions. Les personnes pieuses nous sauront gré de reproduire en entier cette conférence, qui fera bien ressortir le genre apostolique du bon prêtre dont nous écrivons la vie :

« Mes très-chères Sœurs,

« Notre-Seigneur Jésus-Christ nous dit : « Soyez par-
« faits comme votre Père céleste est parfait. » Il le dit
« aux prêtres et à tous les chrétiens ; mais il vous le dit
« tout particulièrement à vous. C'est une folie de croire
« qu'il ne faut pas parler des conseils évangéliques aux
« séculiers, c'est comme si on leur disait : N'ayez pas
« un grand amour pour Notre-Seigneur ; car qu'est-ce
« que suivre les conseils évangéliques, sinon avoir un
« ardent amour pour Jésus-Christ ? J'ai toujours re-
« marqué que les prêtres qui prêchent les conseils
« évangéliques obtiennent plus de fruits que les autres ;
« ils forment de bons chrétiens qui pratiquent les ver-
« tus solides : par conséquent, ces conseils sont pour
« tout le monde. Mais Notre-Seigneur vous adresse à
« vous autres plus spécialement ces paroles : « Soyez
« parfaits comme votre Père céleste est parfait, » car
« faites attention que vous êtes dans un état de sain-
« teté. Il ne faut pas dire : « Moi, je ne fais pas de pé-
« chés véniels, je veux être une bonne religieuse, cela
« me suffit. » Non ! vous êtes venues ici pour avancer
« sans cesse dans la perfection, pour être des Saintes,
« des Bienheureuses ! »

« Mais vous me dites au contraire : Je veux être une

« Sainte, une Bienheureuse... Ah ! c'est fini, quoi qu'il
« m'en coûte, je le veux, seulement indiquez-moi un
« moyen, donnez-moi un remède, quelqu'amer qu'il
« soit je le prendrai, dût-il m'en coûter la vie, (ce qui
« ne vous arrivera pas, parce qu'au contraire on ne se
« porte jamais mieux que quand on se fait beaucoup
« de violences !) — Ce remède vous le connaissez..;
« mais enfin pour vous en indiquer un je vais vous le
« redire.

« Eh ! bien, le remède c'est de vouloir ! Oui, si vous le
« voulez, vous deviendrez des Saintes, voilà le moyen !

« Il y avait une personne pieuse qui était grande-
« ment, très-grandement troublée, à un tel point qu'un
« jour elle vint trouver le Supérieur de N... et lui dit :
« Mon Père, je suis damnée !... C'est lui-même qui
« nous le racontait. (Si parmi vous il y en avait quel-
« qu'une qui fût troublée, je vais la consoler : je ne
« dis pas que cela soit, tant s'en faut, mais enfin cela
« pourrait être.) Cette personne ayant dit : « Mon
« Père, je suis damnée !... » le Supérieur la guérit à
« l'instant, dans le moment même, en lui répondant
« sans doute par l'inspiration du Saint-Esprit : Ma fille,
« voulez-vous être sauvée ? — Oui mon Père, je le
« veux de tout mon cœur. — Le voulez-vous bien sin-
« cèrement ? — Oui mon Père. — Eh bien ! vous le se-
« rez, je vous le promets. — Et cette personne fut
« guérie sur le champ.

« Nous aussi nous serons des Saints, si nous le vou-
« lons ! C'est là la condition.

« Vous me dites : Je le veux bien ; j'en prends tou-

« jours la résolution, et puis je ne le fais pas ! — Ah !
« c'est le courage qui manque ! Il faut du courage, un
« grand courage. Avouons-le, c'est toujours le courage
« qui nous fait défaut. Il n'y a pas moyen de nous arra-
« cher à notre paresse spirituelle : nous n'avons point
« de générosité, et pour devenir des Saints il faut du
« dévouement, il faut tout abandonner. Il y avait un
« homme qui faisait beaucoup d'aumônes, c'était un
« saint homme, et comme on lui disait : Vous donnez
« beaucoup, vous donnez toujours. — Je n'ai encore
« rien donné, répondit-il. — Comment n'avez-vous rien
« donné ? Vous distribuez de l'argent, vous remettez à
« celui-ci, vous accordez à celui-là, et vous dites que
« vous ne donnez rien ? — Qu'ai-je donné, reprit-il ? Ai-
« je donné mon sang ? Ai-je donné ma vie comme Notre-
« Seigneur Jésus-Christ ? Qu'ai-je donné ? Rien, en
« comparaison de ce que je devrais !!! — Et nous qu'a-
« vons-nous donné à Jésus-Christ ? Quelle humiliation
« avons-nous soufferte ? Qu'avons-nous enduré ? Avons-
« nous sacrifié notre sang, notre vie, comme Notre-
« Seigneur Jésus-Christ ? Un rien nous abat, un
« rien nous trouble ! Oh ! vraiment, vraiment, nous
« sommes des lâches ! des lâches ! et si le bon Dieu
« nous disait : Vous êtes des lâches, qu'aurions-nous à
« répondre ? Nous serions sans doute bien humiliés !
« des lâches ! Ce mot seul, quand on le dit à quelqu'un
« dans le monde, humilie beaucoup : Vous êtes un lâ-
« che ! Voilà qui dénote beaucoup de mauvais défauts,
« et cependant Dieu nous le dit sans cesse par les re-
« proches de notre conscience. Il faut prendre cou-

« rage, et dès aujourd'hui commencer à être des Saints.
« Il ne faut pas dire : Oh ! je le ferai ! Non, il faut, à
« partir de ce moment, commencer à le devenir.

« Il ne faut jamais nous décourager, quelques diffi-
« cultés que nous rencontrions, à cause de notre fai-
« blesse, parce que c'est l'orgueil qui porte au décou-
« ragement. Il faut alors nous humilier et dire : J'en
« viendrai à bout peu à peu, avec la grâce : pourquoi
« ne le ferais-je pas ? d'autres l'ont accompli. Les
« Saints l'ont fait, des enfants l'ont pu, combien d'en-
« fants sont devenus des Saints, et nous, nous ne fe-
« rions pas ce que des enfants ont fait ! Oui nous le
« ferons, *si nous le voulons*. Que sommes-nous venues
« faire ici ? — Nous sommes venues pour y devenir
« des Saintes, des Bienheureuses, pour devenir comme
« des victimes devant Dieu. Victimes ! Victimes ! Qu'est-
« ce que cela ? Victime ou Saint, c'est la même chose,
« car pour être Saint il faut se faire violence, et en se
« faisant violence on devient une victime , en aimant
« tout ce qui nous humilie, tout ce qui nous contrarie,
« tout ce qui nous fait souffrir ! Ah ! c'est à ce signe
« que nous reconnaîtrons si nous voulons être des
« Saints, si lorsqu'il nous arrive quelque chose de pé-
« nible, une humiliation, n'importe quoi de désagréa-
« ble, nous nous écrions : *Bon ! tant mieux !* Je suis
« une victime ! Ah ! alors, nous voudrons vraiment
« être des Saints. Il me vient à ce sujet une histoire à
« l'esprit.

« C'était un portefaix : en se levant, il eut la pensée
« de devenir un Saint, un Bienheureux ! Sans doute,

« c'était l'Esprit de Dieu qui la lui donnait, il ne le
« laissa point passer, et il fit bien, car Saint Paul a
« dit : Je crains Jésus qui passe ! Souvent nous faisons
« la sourde oreille, lorsque le St-Esprit nous parle,
« mais quand il est passé, le plus souvent ces belles
« occasions ne se présentent plus. Enfin, il se dit en
« lui-même : C'est une belle chose de devenir un Saint,
« pourquoi ne le ferais-je pas? Tout est possible avec
« la grâce; seulement, je ne sais pas ce qu'il faut
« faire. Mais voici ce que je ferai; il y a dans Rome
« un saint homme, Philippe de Néri, il me dira com-
« ment je dois m'y prendre.

« Il s'en va, arrive à la porte, il frappe, et Saint
« Philippe vient lui ouvrir, lui disant : Que voulez-
« vous ? — Mon Père, j'ai eu la pensée de devenir un
« Saint. — Oh! la belle pensée ! Qu'y a-t-il de plus
« beau que la sainteté? Tout, à côté de cette pensée :
« *Être un Saint*, n'est rien que de la boue ! — Mais,
« je ne sais ce qu'il faut faire; je viens pour que vous
« me l'indiquiez. — Ah! tenez-vous tranquille; je
« vais vous le dire : Allez dans telle rue de Rome,
« chez tel libraire, vous achèterez un petit livre qu'on
« appelle l'*Évangile*, vous le lirez, et vous ferez tout
« ce qu'il vous dira. — Et je serai un Saint? — Oui,
« si vous agissez ainsi, vous serez un Saint. »

« Notre homme s'en va donc tout de suite, il ne dit
« pas : J'irai, mais il y va immédiatement, il achète
« son livre, il commence à le lire, puis il en lit un
« peu, puis il le lit en entier, il lit la Passion, tout
« enfin !... Ah! c'est à l'épreuve que je vous attends;

« par elle on connaîtra si nous voulons devenir des
« Saints ; si quand on nous humilie, nous remercions,
« si lorsqu'on nous reprend, nous montrons un visage
« content qui engage à nous reprendre de nouveau,
« oh ! alors nous serons dans le chemin de la sain-
« teté ! Mais revenons à notre histoire. »

« Cet homme étant portefaix, avait dès lors à por-
« ter du bois, des faix, des objets ; écoutez donc ce
« qui lui arriva :

« Il avait une monture pour aller chercher du bois ;
« il chargea sa pauvre bête de fagots, et en passant
« par la ville, ses fagots vinrent s'embarrasser avec la
« voiture d'un *Monsieur* : Ce Monsieur se met en co-
« lère, il descend de voiture et frappe notre homme
« à coups de bâton. Celui-ci ne disait rien et se lais-
« sait bien faire. Quand il fut rentré chez lui, il pansa
« et banda ses plaies, se coucha et ne fit enten-
« dre aucune plainte. Saint Philippe de Néri, après
« la première entrevue, lui avait dit : Dans quinze
« jours, vous reviendrez me trouver ; mais il ne put
« le faire, ses plaies n'étant pas encore suffisamment
« guéries. Dès qu'il fut mieux, il alla vers le Saint,
« ayant encore le visage bandé et défiguré. — Que vous
« est-il donc arrivé, lui dit Saint Philippe ? — Ah !
« mon Père, vous m'aviez dit de revenir dans quinze
« jours, mais je ne l'ai pas pu, parce qu'il m'est ar-
« rivé des choses un peu fâcheuses, un peu pénibles
« pour la nature, et il lui raconta l'affaire. — Parlez
« franchement, reprit Saint Philippe, que disiez-vous,
« que faisiez-vous pendant que cet homme frappait

« ainsi ? — Je ne disais rien, mon Père, mais j'avais
« une immense envie de lui rendre ses coups... J'avais
« bonne envie de me mettre en colère... Ah! mon
« cœur bouillonnait!... — Mais enfin, à quoi pensiez-
« vous ? — Mon Père, vous m'avez dit de faire tout
« ce que l'Évangile m'enseignerait, et j'y ai lu que
« lorsqu'on flagellait Notre-Seigneur il ne disait rien,
« au contraire, il était bien content de souffrir pour
« expier nos péchés; c'est à quoi je pensais pendant
« cette scène, j'étais heureux à mon tour d'avoir quel-
« que chose à offrir à Notre-Seigneur, et je l'en re-
« merciais de tout mon cœur. — Mon ami, ajouta
« Saint Philippe, si vous vous y prenez de cette sorte,
« si vous y allez de ce pas, vous deviendrez un Saint,
« continuez, continuez! »

« Voici un autre puissant moyen pour arriver à la
« sainteté : c'est l'obéissance, l'obéissance aveugle!

« Ah! c'est le mal de ce siècle : personne ne veut
« plus obéir ; tout le monde raisonne, on raisonne
« avec le Pape, on raisonne avec les Cardinaux, on
« raisonne avec les Évêques, avec les Supérieurs, avec
« tout le monde, et chacun raisonne. Quand la Su-
« périeure commande quelque chose, on veut en con-
« naître la raison, et on désire qu'elle rende compte
« de son ordre. S'il fallait que la pauvre Supérieure
« rendît raison à chacun de chaque chose, quel souci,
« quel ennui pour elle, je vous le demande? — L'o-
« béissance aveugle, c'est là le moyen de parvenir
« à une grande sainteté : sans doute il y en a bien
« d'autres, mais celui-ci en est un, et avec celui-ci

« quand on le suit, tous les autres viennent à la fois.
« Bien souvent, si nous avons des tentations, c'est
« notre faute, car nous les cherchons. Je ne veux
« pas dire qu'il faille n'être pas tenté, je ne dis pas
« que *cela marque mal* d'être tenté, au contraire, le
« St-Esprit s'écrie : Bienheureux ceux qui sont tentés et
« qui combattent, mais je veux dire que nous cherchons
« les tentations, et que nous y donnons occasion. Tenez,
« lorsqu'on nous a commandé quelque chose, si nous
« avons discuté, nous nous disons ensuite : Tu n'au-
« rais pas dû dire cela, et voilà une peine qui nous
« trouble et quelquefois beaucoup. Voyez jusqu'à
« quel point cela peut aller, voyez où cela nous mène.
« Je ne dis pas que vous soyez comme cela, mais nous
« y sommes tous portés. Entendez le saint roi David :
« Ma mère m'a conçu dans le péché. Dans ce siècle
« surtout où personne ne veut obéir, nous nous en
« ressentons aussi un peu, c'est pourquoi si nous
« voulons arriver à la sainteté, montrons une obéis-
« sance aveugle, aveugle ! Otez la volonté propre et
« le jugement propre, et il n'y aura plus d'enfer. »

« L'obéissance doit être telle que, dans le doute,
« la présomption soit pour l'obéissance. La théolo-
« gie enseigne que dans le doute il faut obéir ; que
« nous importe ! Ce que le Supérieur nous commande
« est toujours pour nous la volonté de Dieu. Pensez
« aussi à ces belles paroles que vous direz tout à
« l'heure dans l'office : *Hodie, si vocem ejus audieritis,*
« *nolite obdurare corda vestra : Aujourd'hui, si vous en-*
« *tendez la voix du Seigneur, n'endurcissez pas davan-*

« *tage vos cœurs, n'endurcissez pas davantage vos cœurs.*
« Je ne dis pas que vous soyez endurcies comme on
« l'est dans le monde, au point de ne pas croire les
« vérités de la religion, mais pour la perfection nous
« sommes endurcies ! Depuis si longtemps qu'on nous
« reproche tel ou tel défaut, comme notre lâcheté,
« comme notre paresse spirituelle nous y enchaînent !
« Il n'y a pas moyen de nous en arracher. Ah ! si
« vous entendez la voix du Seigneur, n'endurcissez
« pas davantage votre cœur, profitez de ce Carême et
« des belles semaines dans lesquelles nous allons
« entrer. Qu'est-ce que faire son Carême ? C'est deve-
« nir des Saints et se corriger de ses défauts. Mais c'est
« toujours le courage qui nous manque, la générosité
« qui nous échappe !

« Notre-Seigneur a-t-il été généreux ? L'a-t-il été,
« je vous le demande ? Il a tout donné, sa vie, son
« sang, son corps, son âme, sa divinité, tout ! et
« nous n'avons rien fait pour lui !... Mais il ne faut pas
« nous décourager ; il est toujours temps de réparer,
« il faut que dès ce jour nous commencions à nous
« sanctifier, à être Saints, et si nous le voulons, nous
« le serons, pas tout d'un coup, à moins d'une chose
« extraordinaire, mais peu à peu, et avant notre mort
« nous serons des Saints, et nous mourrons dans la
« confiance en Dieu.

« Saint Thomas disait à sa sœur qui lui demandait
« ce qu'il fallait accomplir pour devenir une Sainte :
« Ma sœur, si vous le voulez, vous le serez ; il faut
« le vouloir... Si nous le voulons nous le serons, et

« par ce moyen nous serons des âmes de prières,
« nous attirerons les bénédictions de Dieu sur les peu-
« ples, sur l'Église et sur la communauté: car une
« seule âme qui s'applique à marcher de tout son
« cœur dans la voie de la perfection, glorifie beaucoup
« le bon Dieu, elle est capable d'apaiser sa colère ir-
« ritée sur tout un peuple. Voyez Moïse ! C'est pour-
« quoi le diable craint tant les âmes qui travaillent à
« devenir des saintes ! Il les craint beaucoup, il les a
« en horreur ! Il les tuerait s'il le pouvait, oui, il les
« tuerait, mais il ne le peut pas !... *Mais c'est vrai*
« *ça !...* Nous travaillerons donc à devenir des Bien-
« heureux, des Saints, c'est la grâce que je vous sou-
« haite. *Amen !* »

Nous n'avons pas craint de prolonger cette citation, elle donne une idée exacte et complète de la direction que M. Plumier imprimait aux âmes pour les conduire sur la route du sacrifice et pour leur faire désirer le ciel. Jamais peut-être la sublimité de sa méthode et son heureuse efficacité ne se sont mieux montrées que quelques jours avant sa maladie.

Depuis bien des années, il était le conseil et le père d'un ecclésiastique que la mort a frappé au milieu des travaux de son zèle et des sympathies d'une paroisse créée par ses soins: M. l'abbé Blanc, curé de l'église des Saints Apôtres Pierre et Paul, avait largement puisé dans ses rapports intimes avec M. Plumier, un amour ardent de mourir à soi-même et de souffrir pour Dieu. Le Seigneur, entendant une semblable prière, lui avait envoyé avec abondance et les peines du corps, et les épreuves du cœur, et les angoisses de l'esprit. Comme chez toutes les âmes simples et pures, la conscience du vertueux prêtre était si limpide, que le moindre souffle lui faisait craindre de la voir troubler, et ce ne fut pas un travail facile pour son directeur de rendre par la sagesse de ses conseils, la paix à une âme qui avait trop de droiture pour ne pas aller à Dieu avec confiance. Triomphant au nom de l'obéissance, des répugnances et des objections de celui-ci, M. Plumier lui imposa plus tard l'acceptation d'une charge lourde pour tout autre, mais qui devait avoir pour résultat d'étouffer dans l'activité du dévouement, toutes les terreurs de l'imagination, et, par son ordre, quand l'autorité diocésaine eut parlé, M. Blanc consentit à prendre la direction d'une paroisse qui n'existait pas, et à laquelle il a donné en quelques mois, une vie presqu'égale à celle des plus florissantes du diocèse. Mais ce laborieux ministère avait en peu de temps achevé d'user une santé déjà ébranlée, et, vers la fin de juin, des symptômes alarmants firent craindre aux paroissiens de St-Pierre et de St-Paul la plus déchirante de toutes les séparations. Averti de la maladie de son cher confrère, M. Plumier, qui n'avait d'autre désir que celui de voir Dieu, qui lui avait sans cesse répété : « Travaillons pour le ciel ! Ici nous ne sommes pas « dans notre pays, la patrie c'est le ciel ! » M. Plumier accourt : devançant les pronostics de la science médicale, il parle au pieux curé avec une franchise tout apostolique, et sans autre préambule : « Mon fils, lui

« dit-il, Dieu vous appelle à lui, il vous veut au ciel,
« votre patrie, et vous irez bientôt; » puis lui faisant
faire un à un le sacrifice de tous les liens que le ministère pastoral lui avait fait contracter, il commence avec lui un entretien merveilleux sur le bonheur des Bienheureux, sur le prix des souffrances qui achètent un semblable séjour; il lui montre la Sainte Vierge qui l'attend, les patrons de sa paroisse qui tressent la couronne due aux saints désirs... Cette exhortation touchante émeut l'assistance; tous pleurent autour de ce lit d'agonie, excepté le digne mourant, qui goûte dans le calme de la mort la récompense de ses travaux, et de la délicatesse de son cœur, et M. Plumier qui paraît radieux en songeant qu'il envoie au ciel un ami. Interrompant enfin cette conférence toute céleste: « Je
« vais solliciter une grâce, ajouta-t-il, promettez-moi
« de ne pas me la refuser; puisque vous allez au ciel,
« demandez à Dieu de m'appeler bientôt à lui: Dites-
« lui que je languis de me joindre à lui; que depuis
« longtemps je n'ai pas d'autre désir que de le voir,
« et de le posséder! Il faut que vous me le promet-
« tiez. — Oui, répondit l'agonisant avec le sourire de
« la reconnaissance, oui, mon Père, je vous le pro-
« mets, » — et moins de trois semaines après, la prière du fils avait fait exaucer par Dieu la prière du Père: c'est ainsi que se comprennent les âmes vertueuses !

Mais avant d'assister aux adieux de M. Plumier à la vie, et de raconter les courts incidents de sa maladie, il nous reste, après avoir fait connaître l'homme

public, si nous pouvons parler ainsi pour celui qui s'est caché toujours, après avoir montré l'homme de l'action, du dévouement, et du saint tribunal, à révéler autant que possible l'homme privé, en surprenant comme à la dérobée quelques-uns des traits échappés dans son intimité. Résumons auparavant ce chapitre sur sa direction par ces quelques lignes d'une personne qui l'a bien connu. « Sa simplicité était telle
« qu'elle vous charmait; il suffisait de le voir pour se
« sentir porté à la dévotion et au respect. Sur tous ses
« traits, rayonnait une paix qui faisait envie et qui
« était un reflet de celle de son âme. Toutes les per-
« sonnes qui l'ont eu pour directeur, s'accordent à
« dire qu'il suffisait de l'entendre pour ressentir soi-
« même cette paix qu'il avait le secret de vous com-
« muniquer par des paroles ferventes, en vous fai-
« sant comme goûter Dieu et le bonheur de le servir. »

CHAPITRE QUINZIÈME.

Etude sur M. Plumier considéré dans sa vie intime. — Ses vertus privées. — Sa singulière pauvreté. — Sa condescendance. — Sa constante affabilité. — Empressement de sa part à obliger, à donner, à consoler. — Charmes de sa conversation. — Sa piété ; influence qu'elle exerce souvent sur les promeneurs. — Maladie de M. Plumier. — Il reçoit les derniers sacrements. — Sa mort. — Regrets universels qu'elle occasionne.

Qui n'a connu à Marseille ce prêtre âgé, à figure vénérable, qui, tous les jours, aux mêmes heures, et quelque temps qu'il fît, se promenait à pas graves et lents, sur le Boulevard du Nord jusqu'au Boulevard de la Gare, et qui terminait à quatre heures sa promenade, en rentrant au Petit-Séminaire. Plus d'un voyageur, en descendant du chemin de fer, et en en explorant les abords, considéra avec un respect mêlé d'étonnement ce vétéran du sacerdoce, qui, sans détourner les yeux, voyait également passer, et les omnibus qui jettent sans cesse dans la ville de nouveaux éléments d'activité commerciale, et les voitures funèbres qui plusieurs fois le jour rendent au calme du tombeau des vies usées dans l'agitation des affaires. Combien de personnes parmi celles qui accompagnent les convois au cimetière ne se sont-elles pas demandées avec intérêt quel était ce pauvre ecclésiastique qui arpentait toujours les mêmes lieux, sans pourtant qu'il eût l'air désœuvré. Les soldats, qui venaient aux pieds de la statue élevée en l'honneur de la Vierge Immaculée s'exercer au maniement des armes, s'étaient peu à peu familiarisés avec la présence du *vieux curé*, qui semblait n'être troublé, ni par le cri des commandements, ni par le roulement du tambour, ni par le son criard du clairon : ce promeneur habituel, on le devine, n'était autre que l'abbé Plumier.

Le front couvert d'un chapeau déformé, dont le poil avait plus disparu sous la main qui le prenait que sous les efforts de la brosse, il bravait également le soleil, le mistral, et souvent même la pluie, à moins qu'elle ne fût torrentielle : sa coiffure du reste, se ressentait des diverses influences atmosphériques auxquelles elle avait été exposée, elle était couverte tout à la fois de poussière et de l'empreinte de larges gouttes d'eau, qui en s'évaporant avaient laissé les traces de leur passage ; la sueur avait achevé de la décolorer, et nous nous souvenons que, dans notre enfance, la couleur nouvelle qui était sortie de ces divers accidents était quelquefois désignée par les séminaristes comme l'opposé de la propreté, et on savait à quoi s'en tenir, quand on parlait entre condisciples d'un vêtement ou d'un objet *couleur du chapeau de M. Plumier*.

La houpelande qu'ombrageaient les larges ailes du tricorne pouvait aussi revendiquer quelques droits à ajouter une nuance de plus à toutes celles connues. Primitivement confectionnée en drap brun, et terminée par un col de velours, elle ne révélait sa première origine que par les fils trop apparents du tissu. Des taches de toutes sortes et de toutes provenances ne permettaient plus guère que de discerner à la doublure, la couleur véritable de ce vêtement. Le velours, sous le frottement continuel de la chevelure, avait pris un tout autre miroitement que celui qui lui est propre : le long de la houpelande des boutons mal posés, des boutonnières déchirées et béantes attestaient à leur tour l'antiquité de cet habit.

Le croirait-on pourtant, c'était presque le vêtement de luxe, car la soutane qu'il était destiné à dissimuler avait grand besoin de n'être vue qu'à travers cette épaisse enveloppe : nous savons que cette soutane était noire, en principe ; le temps et quelques accidents avaient altéré considérablement la teinte, et cela était plus sensible encore quand une large pièce de drap neuf, venait par le lustre du tissu faire un singulier contraste avec le reste de l'habillement ; les manches, plus longues que celles de la houpelande, étaient rabattues par dessus, et opposaient ainsi un noir sans nom à un brun décoloré.

La chaussure du promeneur complétait à merveille son accoutrement ; les pieds reposaient dans des souliers toujours fort larges, et auxquels des trous survenus par l'usage et par-dessous et par côté faisaient arriver plus d'air qu'on en eût désiré. Par manque de temps sans doute ou par crainte peut-être que le cuir ne cédât à l'action de la brosse, le cirage venait rarement les couvrir. Les bas se ressentaient d'un contact trop immédiat avec les cailloux du boulevard, et le soleil, non moins que leur antiquité, leur avait communiqué une teinte peu dissemblable de celle de la chaussure.

On le voit, des pieds à la tête, tout respirait la pauvreté dans la personne de M. Plumier, et maintes fois, touchés d'un pareil dénûment, et croyant avoir affaire avec un prêtre proscrit et sans ressource, les passants venaient déposer dans ses mains une aumône, qu'il recevait avec une admirable humilité, et sans jamais s'en défendre; heureux de rencontrer ainsi le sujet de s'humilier. Beaucoup de personnes du peuple, touchées de son état misérable, réservaient pour lui les modiques honoraires de messes, dont elles pouvaient disposer, et il les en remerciait toujours avec bonne grâce. D'autres fois, il est vrai, cette pauvreté excessive lui valait de la part des promeneurs, peu accoutumés à le voir, des lazzis et des sarcasmes inconvenants; à ses yeux, c'était le meilleur profit de sa promenade. Un jour, trois jeunes gens plus tapageurs que d'habitude, ayant remarqué sa misère, vinrent s'adresser au concierge du Petit-Séminaire, pour savoir quel était ce prêtre, et ayant appris qu'il était au-dessus du besoin, et qu'il agissait ainsi par vertu, ils sortirent en le raillant, et s'éloignèrent en riant: leur démarche n'avait pas échappé à M. Plumier, et s'approchant à son tour du portier: « Que vous demandaient ces Messieurs, et « qu'ont-ils dit en partant? — Le concierge hésite. — « Ah! vous pouvez bien ne pas vous gêner! — Ils ont « dit que vous étiez un pauvre ignorant. — Ah! pour

« le coup ; ils sont tombés juste ! Comme ils ont rai-
« son ! Ignorant ! je le suis depuis longtemps ; je ne
« sais rien ! Pauvre ! je l'ai toujours été, puis se met-
« tant à rire : Mais ce n'est pas ma faute ; pourquoi
« les riches ne me portent-ils rien, et les pauvres me
« demandent-ils toujours ?... »

Si, pour les passants, il était un pauvre vulgaire, dans l'intimité et parmi ses amis on savait que ce dénûment prenait sa source dans un mépris profond des choses de ce monde, sans que pourtant il y mît la moindre affectation, et on se racontait des uns aux autres quelques anecdotes, qui toutes prouvaient que la pauvreté était bien plus encore dans le cœur que sur les vêtements du saint prêtre. Nous citons au hazard quelques-uns de ces traits, qui se sont mille fois reproduits avec des circonstances différentes peut-être, mais dont le fonds était toujours le même. Ils apprendront quels étaient ses vrais sentiments sur la pauvreté.

Un charitable Monsieur, ému de compassion à la vue des vêtements en loques de M. Plumier, s'informe qui il est, et ayant appris que s'il venait à son secours par de l'argent, les pauvres en bénéficieraient seuls, il lui envoie par un tailleur une soutane neuve et une ceinture. L'aumônier commence par refuser l'envoi, protestant qu'il n'a rien commandé de pareil, et comme on insiste, en lui disant que c'est un don, il se met à pleurer, et pour ne pas offenser le donateur il accepte et remercie... Mais la soutane neuve ne paraissait pas, et craignant de manquer à l'esprit de détachement, il la laissait dans sa chambre, attendant l'occasion de la donner à un nécessiteux : pour la lui faire endosser, il fallut lui expliquer que c'était une aumône qu'on avait prétendu lui faire, et que dès lors la pauvreté n'aurait point à souffrir de l'en voir revêtu.

Il redoutait surtout de se montrer trop *vêtu à neuf*, et cette crainte parut sensiblement dans une circonstance assez récente : les demoiselles de l'OEuvre des Orphelines, ayant bien souvent remarqué l'état de délabrement d'une vieille houpelande, eurent la pensée de lui en offrir une autre : la réalisation de ce désir n'était pas chose facile ; on dut recourir à la ruse ; on lui persuada que la sienne était fort peu décente, que les passants s'écriaient en en voyant les trous, s'il n'y avait donc aucune âme assez charitable pour la raccommoder, et que refuser plus longtemps de se prêter à cette réparation serait faire mal penser de la Maison. Il répond que son vêtement est encore bon, et demande si un tailleur ne pourrait pas en fermer les déchirures. On se hâte de lui assurer que oui, et de lui donner l'adresse d'un marchand drapier, avec lequel on s'était entendu. Dès que M. Plumier se présente, le tailleur feint d'examiner la houpelande, et profite pour prendre les mesures nécessaires au travail que les demoiselles lui ont commandé : peu de jours après il vient lui remettre une douillette neuve, en lui disant, ce qui du reste était d'une vérité palpable, que le drap ancien se refusait à recevoir toute réparation, à cause de sa vétusté. M. Plumier témoigne son mécontentement : « Vous « vous êtes trompé, dit-il au marchand, cela est le « costume d'un Grand-Vicaire et non le mien. Eh !

« que penseraient de moi les gens ? ils se scandalise-
« raient et ils riraient en disant : Voyez-vous ce vieux
« prêtre ! il s'est tenu jusqu'à présent dans la simpli-
« cité et maintenant il suit la mode !... » La pensée
seule de contrister les bienveillantes donatrices le détermina à recevoir ce vêtement, et pendant plusieurs
mois, aux personnes qui lui témoignaient le plaisir
que leur causait cette transformation dans sa mise, il
avouait avec humilité qu'on lui en avait fait la charité.

Dans une autre circonstance, par une substitution
presque semblable, on parvint à faire mettre de côté une
soutane qui pendait en lambeaux : ce fut un spectacle
curieux de voir M. Plumier tout habillé de neuf :
il en était véritablement honteux, et l'on remarqua
qu'il passait volontairement le long des murailles pour
faire perdre à son costume l'apprêt de la nouveauté :
il était tout embarrassé de sa belle houpelande, de sa
belle soutane, de son beau chapeau, et il avait l'air de
demander pardon à ses amis de cet excès de luxe, et
aux plaisanteries qu'on lui adressait, il répondait en
rougissant, en s'excusant à demi, et en souriant agréa-
blement.

Si on voulait qu'il eût quelque chose de bon, il fallait employer les mêmes stratagèmes que pour les vêtements : tantôt on substituait à des chaussures défor-
mées, des souliers neufs, tantôt on remplaçait le feutre
incolore qui lui servait de chapeau, par un chapeau
nouveau : « Ah! c'est singulier, dit-il un jour, en sortant
« du confessionnal, et en ne retrouvant plus son igno-

« ble tricorne, il parait qu'un prêtre se sera trompé et
« aura laissé le sien à la place du mien. Il n'aura pas
« gagné à cet échange. » Il fallut lui persuader qu'aucun confrère n'était venu, et que ce chapeau qu'on avait brossé avec soin était véritablement à lui. Il se chargea du reste avant peu de lui donner le même aspect qu'avait le précédent. « On a beau enlever à M.
« Plumier ses vieilleries, disait une de ses bienfaitri-
« ces, il semble qu'elles renaissent sur son dos, et on
« croit toujours le voir couvert des mêmes hardes
« qu'on a fait disparaître la veille. »

Il y avait pourtant des jours où il s'occupait de sa toilette, et il était véritablement à peindre. Tantôt en allant confesser dans une communauté religieuse, il s'apercevait à l'hilarité de la Sœur tourrière de quelqu'événement survenu dans sa mise, et il présentait alors son coude percé pour qu'on eût la charité d'y mettre *un petit point* ; tantôt il demandait un simple bout de fil pour fermer les énormes déchirures de sa douillette. Que de fois n'est-il pas venu avec une bonne grâce ravissante, prier le concierge du Séminaire de fermer *un peu* l'ouverture de ses souliers, alors que le cuir s'en était crevé de toutes parts, et si on lui représentait que la réparation était impossible, tant le morceau était mauvais, il rendait toute objection superflue par un sourire qu'il accompagnait de ces mots : « Eh bien!
« raccommodez encore un peu, je vous prie : en acheter
« d'autres, ce serait autant d'enlevé aux pauvres : pour
« moi, ils sont bien assez bons ! »

Quelques soins qu'il pût prendre à de certaines époques pour paraître en moins mauvais état, par égard pour les personnes qu'il visitait, on voyait toujours apparaître son entière indifférence et son amour pour la pauvreté. M. Plumier en toilette était aussi peu lui-même que le geai paré des plumes du paon ; il y avait toujours quelque chose pour rappeler à l'improviste ses vieilles habitudes.

Le jour de l'an ramenait tout le clergé auprès du vertueux évêque qui gouvernait alors avec tant de piété notre diocèse : chacun avait mis quelque temps à revêtir une soutane plus convenable pour aller à l'évêché ; M. Plumier, par respect pour son supérieur, n'y avait pas manqué, et il venait d'en endosser une revenue la veille de chez la tailleuse. Grands éclats de rire de toute l'assistance, quand il s'adjoint au cortége des professeurs qui descendaient tout gantés, habillés proprement et les épaules couvertes du manteau long ; sur la route, même hilarité de la part des passants : évidemment le vêtement de M. Plumier occasionnait cette ovation : il en demande la cause et s'informe si par hazard le trou qu'il avait fait raccommoder subsiste encore, on lui répond en lui montrant tout le devant de sa soutane sur lequel s'étalait, à la place de la déchirure en question, un énorme morceau de drap neuf, dont l'éclat contrastait singulièrement avec l'étoffe rapée à laquelle on l'avait grossièrement uni : l'effet de cette réparation était pire que le trou lui-même. Néanmoins l'humble aumônier continue sa route vers l'évêché, convaincu qu'il en sera quitte pour se tenir davantage à l'écart, et que nul, dans cette réception officielle, ne songera à lui. Il se trompait : Monseigneur de Mazenod appréciait trop les vertus de son prêtre pour le laisser inaperçu dans un salon, et à peine M. le Supérieur avait-il présenté au prélat ses dignes collaborateurs et leurs vœux, que le prélat fendant la foule et se dirigeant vers M. Plumier : « Laissez-moi, « dit-il, laissez-moi embrasser mon bon ami Plumier ! » La pauvreté des habits n'enlève donc rien à l'estime des gens de bien.

A quelque temps de là, cette histoire ayant couru Marseille, les demoiselles de l'Œuvre des Orphelines envoyèrent à leur aumônier une soutane, lui faisant dire qu'elles avaient été fort humiliées de ce qui s'était passé à l'évêché, et qu'elles le conjuraient la semaine suivante de mettre ce vêtement neuf, Monseigneur devant confirmer les enfants. Il le promet : le jour venu, il arrive avec une soutane trouée de toutes parts; Monseigneur, voyant la contrariété qu'en éprouvent les conseillères, lui en adresse d'amicales remontrances : « Vous avez raison, Monseigneur, » se contente-t-il de répondre, puis jetant sur lui un regard : « Ah ! c'est singulier, je croyais avoir passé la bonne ! « il paraît que je me suis trompé ! » Le mécontentement de Monseigneur, comme celui du conseil, se termina, on le comprend sans peine, par le plus franc éclat de rire, et chacun demeura persuadé que voir M. Plumier en toilette ce serait ne plus le reconnaître.

Nous l'avons dit déjà, chez lui, ce laisser aller était le résultat du plus complet détachement des choses de ce monde : il aimait la pauvreté, comme d'autres aiment passionnément la richesse, et il redoutait la possession des biens d'ici-bas, comme quelques-uns redoutent la misère. Une main bienveillante lui ayant un jour lavé et restauré une enveloppe de bréviaire, qui était dans un état effroyable, il en parut un peu peiné, et ce fut le seul nuage de tristesse qu'on aperçut sur son visage, pendant une dizaine d'années qu'il fréquenta la maison dans laquelle ce fait se produisit.

Le détachement des biens créés était poussé par lui à un tel point que, sous le prétexte qu'il n'avait pas de meuble à serrure, mais en réalité parce qu'il avait horreur de garder de l'argent, il avait établi un digne et vénéré confrère, son économe et le gardien de ses modestes revenus. Il vivait donc lui-même dans le plus absolu dénûment, et ne voulait à aucun prix qu'on essayât de l'en faire sortir.

Quand l'âge l'eût épuisé par des infirmités, il fallut presqu'à son insu faire les démarches nécessaires pour lui obtenir du Gouvernement une pension, en qualité de prêtre âgé et infirme. Il avait peur de commettre une injustice en la recevant, et d'en priver quelque confrère plus nécessiteux que lui. Quand il eut su que les fonds dont disposait l'État, pour payer ces allocations, provenaient des biens de la famille d'Orléans, quoiqu'il n'eût jamais eu aucune affection pour la branche cadette qui avait occupé le trône de France, il s'imagina ne pouvoir participer à sa spoliation, et il fallut des décisions formelles pour tranquilliser sa conscience à cet égard. Cet accroissement de revenus ne devait en rien modifier ses habitudes pauvres : les malheureux, comme nous le dirons bientôt, y gagnèrent seuls de plus abondantes aumônes. Ainsi arriva-t-il, il y a quelques années, quand le conseil des Orphelines voulut porter à mille francs le traitement de l'aumônier, qui n'était jusqu'à ce jour que de six cents francs : « Ah ! pour le coup, s'écria-t-il en en apprenant la nou« velle, ce serait une chose singulière ! Quand j'étais « plus jeune, et que j'étais encore bon à quelque cho« se, j'avais bien assez de six cents francs, et mainte« nant que je suis vieux, et que déjà on fait beaucoup « de me supporter par charité, on songerait à doubler « mon argent? Eh ! qu'est-ce qu'on veut que j'en fasse ? » Le conseil n'ayant pas cru devoir reculer devant ces répugnances, M. Plumier vint de suite remettre intégralement la différence à la Supérieure, en lui disant : « Tenez, gardez cela pour les Orphelines, elles en ont « plus besoin que moi ! Je ne sais pas à quoi ont pensé « les demoiselles de m'augmenter !... » De cette sorte, il rendit d'une main ce que la politesse et la charité lui faisaient accepter de l'autre, et il a toujours continué à agir de cette sorte.

Il estimait comme un bonheur l'hospitalité qu'il recevait au Petit-Séminaire, heureux d'éviter par cette vie commune tous les embarras d'un ménage à organiser. Son renoncement était tel qu'on ne l'a jamais vu tenir à un livre, à une médaille, ni à quoi que ce soit. Son cœur était trop libre pour se laisser fixer par des chaînes naturelles.

Nous avons trouvé dans sa correspondance la trace

de deux héritages qui lui étaient venus de sa famille : guidé par son détachement habituel, il abandonna complétement à ses parents ses droits sur le premier, parce qu'il y avait quelque chose à recevoir, et pour le second, il en paya intégralement les frais qui dépassèrent de 11 fr. 50 l'avoir de la succession. De son vivant il se dessaisit en faveur des siens de quelques parcelles de terrain, et s'il a pu laisser douze cents francs par testament, c'est qu'il avait hérité, deux ans seulement avant sa mort, par suite du décès de sa sœur, de la terre représentant cette valeur.

Les liens matériels ne sont pas ceux qui enlacent le plus fortement le cœur : l'amitié, surtout pour la famille, est souvent le sujet d'attachements légitimes ; mais qui quelquefois entravent la liberté d'action. Son cœur était trop admirablement détaché pour connaître cette captivité. Plein d'estime et de sincère affection pour ses parents, il a toujours cherché à faire à chacun d'eux le plus de bien possible, mais en conservant toutefois son entière indépendance.

« Il avait l'air de nous laisser », disait une de ses parentes, à son lit de mort ; « mais quelque chose nous
« attirait à lui. C'était un Saint que nous avions. Nous
« allons maintenant sentir l'immensité de notre perte. »

« Je désire bien vivement, lui écrivait l'année dernière un autre de ses alliés, que Dieu vous accorde
« des jours longs et heureux, et je vous dirai que pour
« beaucoup de raisons, je souhaite que l'heure de votre
« mort n'arrive que quand la mienne aura sonné, car
« j'ai bien besoin de vous, qui me tenez lieu de père. »

Détaché de la famille, M. Plumier ne l'était pas moins de l'estime des autres : il était ami tendre, affectueux ; mais sa véritable affection était pour la souffrance et pour les croix : il les subissait en silence, sans en parler jamais, et l'un de ses plus dévoués confrères, qui a vécu quatorze ans dans son intimité, n'a jamais rien recueilli dans ses discours qui fît allusion à ses épreuves d'autrefois.

La pauvreté et le détachement n'étaient pas les seules vertus qui apparussent en M. Plumier : et même les regards les moins attentifs constataient avec non moins d'admiration sa singulière simplicité. Quand en effet on ne tient ni à son jugement, ni à celui des autres, l'âme s'en va droit à son but, sans se préoccuper du *qu'en dira-t-on*, et l'on marche sans aucune espèce de respect humain. La vie de M. Plumier nous a paru réaliser admirablement ce vœu de Saint Charles Borromée : « Mon Dieu, faites que je me conduise toujours « comme si j'étais seul dans le monde, et qu'il n'y eût « d'autre œil ouvert que le vôtre pour me regarder ! » Aussi tout son être allait sans détours à ce qui lui paraissait bon, sans arrière-pensée, et c'est ce qui explique comment il a tant osé en fait de charité, parce qu'il se portait là où le conduisait la rectitude de sa raison, et qu'il s'abandonnait entièrement à Dieu, sans s'égarer jamais cependant des règles de la prudence.

La simplicité et l'humilité se complètent, l'une conduit à l'autre, et la seconde perfectionne et élève la première ; dès lors est-il besoin de dire quelle estime il avait de l'humilité ? Il aimait à passer pour fort ignorant, et vivant dans un établissement d'éducation, il était heureux quand il pouvait donner à quelqu'élève avancé dans ses classes une pauvre idée de sa science : « Je n'oublierai jamais, nous disait l'un d'entr'eux, « quel effet me produisit, à moi, jeune humaniste, in- « fatué de ce que je venais d'apprendre sur les bancs, « ce prêtre qui, en prenant le volume de Massillon que « j'avais en mains, parut ne pas connaître du tout ce « célèbre orateur chrétien. — Que lisez-vous là, me dit- « il ? — Un sermon de Massillon. — Massillon ? Mas- « sillon ? reprit-il, qu'est-ce que c'est *que ça* ? — Et « lui ayant répondu avec quelque fierté : Comment « vous ignorez que c'est une des gloires de notre épis- « copat et de notre littérature française ? il me remer- « cia fort poliment et me laissa dans la conviction que « j'avais à faire à un ecclésiastique fort ignorant. Plus « tard, quand je sus quelle était l'avidité des Saints « pour les humiliations, je me blâmais moi-même de « ma suffisance, j'admirais la vertu de M. Plumier, et « je trouvais plus utile pour mon âme la leçon d'hu- « milité qu'il m'avait donnée, que toutes les notions « d'éloquence que j'avais péniblement acquises. »

Il portait en tous lieux cet amour de la simplicité et de l'humilité : s'étant rendu une fois à une procession générale avec un surplis peu propre, le maître des cérémonies qui ne le connaissait pas, lui reprocha en termes assez vifs la négligence et le mauvais état de son habit de chœur, et l'engagea même à se retirer. M. Plumier reçut cet affront en présence de tout le clergé, qui, sachant sa vertu, commençait à murmurer qu'elle

fût ainsi méconnue : « On a raison, dit-il, à ceux qui
« venaient lui exprimer leurs regrets de cet incident,
« on a raison, j'aurais dû prendre un surplis plus
« propre ; » et sans témoigner la moindre humeur, ce
prêtre déjà blanchi par l'âge revint au Séminaire aussi
docilement que l'aurait pu faire un écolier mis en pénitence.

Jamais homme ne vécut plus que lui en dehors des
besoins de publicité et de réclame qui s'introduisent
aujourd'hui dans la dévotion et quelquefois même dans
le sanctuaire. Les idées de se rendre recommandable,
d'arriver à un poste plus élevé, n'ont jamais trouvé
place dans son esprit : il n'avait d'autre ambition que
celle d'être ignoré, et communiquant le plus possible
aux autres cette sainte ambition, il allait au-devant de
ses amis en leur disant : « *Ama nesciri et pro nihilo repu-*
« *tari* : il faut ne pas l'oublier. » Du reste, si grande
que fût son humilité, elle n'avait rien de vil, ni de rampant : les bassesses et les flatteries le révoltaient, et il
aimait les gens de caractère.

Le trait qui nous a peut-être le mieux révélé la profonde humilité de M. Plumier, est celui que nous allons
dire, et que Monseigneur de Mazenod se plaisait à
citer à la louange du pieux aumônier. A la suite d'une
longue conférence dans laquelle ce prélat avait plusieurs fois admiré les rares qualités du pieux aumônier,
changeant brusquement de sujet : « M. Plumier, main-
« tenant que nous sommes seuls, racontez-moi donc ce
« qui s'est passé autrefois à Salon : voici trente ans que
« vous êtes l'édification de mon diocèse, il est évident

« que vous avez été calomnié, du reste votre princi-
« pal détracteur me l'a avoué. — M. Plumier garde le
« silence : Vous ne répondez-rien, reprend l'évêque,
« voudriez-vous donc me faire croire que tout ce qu'on
« a dit de vous, de vos excentricités, est fondé ? — Eh !
« Monseigneur, répond-il alors humblement, est-ce
« qu'on n'est pas capable de tout en ce monde ?.. » Ce
refus de se justifier fut pour le vénérable évêque le pa-
négyrique le plus sublime de l'ancien vicaire de Salon.

Comme la pauvreté de M. Plumier apparaissait dans
sa mise, sa simplicité dans sa conduite et sa démarche, sa piété et sa charité n'étaient pas davantage un
secret pour les personnes qui le rencontraient dans
sa promenade. La piété se trahissait par le recueillement avec lequel il récitait tantôt le saint office et tantôt le chapelet le long des murs du Séminaire ; rien
ne pouvait alors le distraire, il ne se servait de ses
yeux absolument que pour diriger ses pas, mais il
était facile de voir que son cœur tout entier était dans
le ciel; souvent les passants s'arrêtaient, se disant à
demi-voix : « Oh ! comme ce prêtre prie avec ferveur ! »
Nous ne pouvons redire tous les bons exemples qu'il
donna ainsi, car son humilité avait soin d'en laisser
ignorer la trace ; mais nous pouvons assez les deviner
par une petite anecdocte que l'originalité du fait le
porta à raconter. C'était au moment de la guerre de
Crimée, époque à laquelle les plaisanteries usitées
dans l'armée contre la confession, cédaient devant
l'imminence du péril. Pendant sa promenade habituelle, M. Plumier est accosté par un officier, qui,

depuis plusieurs jours, avait surveillé et admiré la modestie du promeneur, et allant droit en affaire, celui-ci lui expose que sur le point de s'embarquer il désire se confesser, et qu'il lui a semblé que la bénédiction d'un si saint homme lui porterait bonheur... Tout étonné, l'aumônier lui propose de l'accompagner au clergé de la paroisse, mais le bon militaire ayant répondu que c'est lui qui a sa confiance et non pas un autre, M. Plumier l'engage à venir à la chapelle. « Eh! pourquoi pas ici, lui dit l'officier, est-ce
« donc un déshonneur de se confesser, pour qu'il soit
« besoin de se cacher?... » Le vertueux ecclésiastique eut de la peine à faire comprendre à ce brave que si ce n'était point une honte, il était pourtant inutile de s'exposer aux railleries des passants, et ce disant, il vint le réconcilier dans la chapelle. Plus tard il citait ce trait pour confondre le respect humain, et c'est ainsi que la connaissance nous en est arrivée.

Mais pour quiconque a vu son recueillement pendant la promenade, il n'est pas douteux que bien des personnes ont dû être aussi subjuguées par l'exemple, et le faire le dépositaire de leurs secrets et de leur conscience ; pourtant sa piété n'avait rien d'exagéré, ni de maniéré. Il faisait exactement ses exercices accoutumés : l'action de grâces était de sa part l'objet d'un recueillement plus profond. Il ne parlait jamais de Notre-Seigneur familièrement, se gardant bien de l'appeler simplement *Jésus*, mais il disait respectueusement *Notre-Seigneur Jésus-Christ*, en articulant avec une exactitude et une pénétration sensibles : il se découvrait la tête chaque fois qu'il prononçait ce nom adorable, et lorsqu'il rencontrait ses amis il les abordait en leur disant : « Loué soit Jésus-Christ ! » Il récitait régulièrement le chapelet, allait volontiers adorer Notre-Seigneur solennellement exposé. Le jour de la Portioncule il passait d'ordinaire toute la matinée dans la chapelle des Capucines : lorsqu'il en sortait après chaque visite, il se tenait assis, loin du monde, dans un corridor retiré, parlant néanmoins gracieusement à ceux qui l'approchaient. Hors de cela il n'avait pas beaucoup de *petites pratiques* de piété : il approuvait, il est vrai, tout ce qui est bon dans ce genre; mais il ne s'en surchargeait pas. Sa dévotion n'était onéreuse pour personne. Il ne parlait jamais de lui, ni de son âme. Il était facile de voir qu'il vivait habituellement en la présence de Dieu. Ce qu'on pouvait deviner de son cœur montrait en lui une admirable conformité au vouloir divin, un amour profond, établi dans la raison et dans la volonté bien plus que dans le sentiment, pour les humiliations et les souffrances de Notre-Seigneur qu'il regardait comme la source où il faut tout puiser.

Il avait une grande confiance en la Sainte Vierge et envers Saint Joseph, et comme l'année qui précéda sa mort il garda le lit le jour de la fête du glorieux patriarche et ne put offrir le Saint Sacrifice : « Ah ! dit-il,
« Saint Joseph m'a refusé pour sa fête ce que j'aime
« davantage : il ne m'était jamais arrivé de manquer
« la Sainte Messe ce jour-là. Je tâcherai à la place de
« l'honorer de mon mieux par mes souffrances ! »

Les souffrances, il les aimait tellement, qu'un de ses amis lui ayant dit : « M. Plumier, que feriez-vous s'il « vous fallait retourner à Salon ? il répondit : S'il « fallait retourner à Salon, j'irais plus volontiers encore « que la première fois, puisqu'au bien à faire se join-« drait le bien plus grand encore d'être méprisé. »

Nous avons parlé de sa charité, et, à ce sujet, un de ses amis nous écrit cette parole pleine de vérité : « Pour « la connaître il faudrait, s'il était possible, interroger « tous les arbres du boulevard du Nord, seuls témoins « après Dieu de ses nombreuses aumônes, soit spiri-« tuelles, soit surtout corporelles, et qui se renouve-« laient chaque jour. »

Peu habitué à porter sur lui de l'argent, quand pendant sa promenade quelque malheureux lui demandait l'aumône, il le conduisait gracieusement et avec un grand respect vers le portier du Séminaire, duquel il sollicitait quelques fonds pour ce pauvre, et ces largesses se reproduisaient si souvent, que, quand ce charitable concierge allait retirer chez le payeur le trimestre de la pension accordée par le gouvernement, il se trouvait toujours en avance d'une soixantaine de francs distribués au nom de M. Plumier, et dont il se remboursait alors. Quant à celui-ci, il considérait tellement son argent comme le bien des pauvres, qu'il ne pouvait souffrir à sa disposition une somme un peu forte : « Combien avez-vous d'argent à moi, demandait-« il un jour au confrère devenu son dépositaire ? — Deux « cents francs. — C'est beaucoup. » Et bientôt il eut mis bon ordre à cette surabondance.

A bout de ressources personnelles, il proposait à ses compagnons de repas des emprunts dans lesquels on le laissait volontiers s'engager, sachant bien qu'il ne pourrait pas les solder ; mais parce qu'on était heureux de partager sa charité. Ces emprunts étaient ordinairement destinés aux pauvres honteux, auxquels il faut toujours donner avec plus de largesse qu'aux autres. Que de fois le parloir du Séminaire a vu entrer des familles repoussées de partout ailleurs, ou qui n'osaient pas raconter à des personnes connues leurs misères, et qui, dès la première visite, étaient efficacement soulagées. La crainte d'être trompé ne tarissait pas sa libéralité, et un ami lui ayant fait un jour remarquer qu'on abusait de sa bonté, il le remercia et ajouta : « Mais j'aime mieux me tromper que de pen-
« ser qu'il y a quelqu'un qui souffre, par ma faute, ou
« par mon refus. »

Quand l'argent venait à lui manquer, son modeste vestiaire suppléait à l'insuffisance de sa bourse, et il donnait un à un ses linges et ses vêtements. Heureusement sa sœur venait de temps en temps remplacer dans la petite armoire ce dont les pauvres avaient bénéficié. Mais sa généreuse complice étant morte, le trousseau de M. Plumier fut réduit à presque rien, sans que pour cela il modifiât ses habitudes. La blanchisseuse alla prévenir une parente du saint prêtre de ce complet dénûment : il lui restait alors deux mouchoirs de poche ; car tandis qu'il rencontrait un pauvre, n'ayant rien à lui donner, et ne se sentant pas le courage de refuser, il sortait son mouchoir et disait au solliciteur : « Je n'ai

« que cela, voyez si vous pourrez en tirer quelque
« profit, » et, joyeux, il s'en dessaisissait, car on sait
que les pauvres n'ont guère l'habitude de refuser quelqu'objet qu'on leur présente.

C'est au moment où il accomplissait un acte de ce genre, qu'un bon paysan, constatant son identité à ce signe, l'aborde avec tout le sans-gêne habituel au provençal, et s'écrie dans l'idiôme du pays : « Bonjour, M.
« Plumier. — Tiens, lui dit celui-ci, et vous me con-
« naissez donc ? — Ah ! répond le paysan, comment
« voulez-vous que je ne connaisse pas *le simple* M. Plu-
« mier ? — Et où donc m'avez-vous connu ? — A Salon,
« quand au détour d'un chemin vous ôtates vos sou-
« liers pour les donner à un pauvre. — Bah ! reprend
l'aumônier, tout honteux de penser que son compagnon de promenade aura ainsi bonne opinion de lui, et essayant de rendre le récit ridicule et d'en détruire l'effet : — « Eh ! comment ai-je pu faire alors pour re-
« tourner à l'église ? — Vous revîntes pieds nus ! »
C'est ainsi que les Saints se trahissent toujours eux-mêmes.

La parente dont nous avons parlé n'étant pas très à son aise, crut en remplaçant le linge qui lui manquait devoir lui adresser respectueusement un conseil :
« Voilà, lui dit-elle, des mouchoirs : ne les donnez
« plus, car je suis trop pauvre moi-même pour vous en
« fournir de nouveaux. » Il s'y engagea, et la mort, survenue quinze jours après, lui a épargné la tentation de manquer à sa promesse.

Ce qu'il faisait pour ses mouchoirs, il le faisait aussi

pour ses autres vêtements : nous nous rappellerons toujours qu'à l'époque où un enfant auquel il s'intéressait devait faire sa première communion, il vint nous demander quelques nippes, et comme nous le priions de préciser ce qui était nécessaire : « Oh ! pour
« la veste, dit-il, c'est inutile, ayant deux soutanes, j'ai
« promis d'en donner une : moi avec une j'en ai assez,
« et de l'autre on fera un vêtement. — Ah ! répondî-
« mes-nous en riant, autant vaudrait pour cet enfant
« une blouse ! Vous figurez-vous quel parti on va tirer
« d'une vieille soutane de M. Plumier ? Heureusement
« nous sommes en été, et les trous de la veste n'enrhu-
« meront pas le communiant. — Il est vrai, reprit-il
« en riant à son tour, qu'elle a quelques déchirures,
« mais les femmes avec leurs ciseaux savent couper le
« mauvais ! »

Quelque chose qui nous a paru vraiment caractéristique dans la charité de M. Plumier, c'est que loin de redouter les demandes des indigents, elle les prévenait, évitant ainsi à plusieurs la peine de tendre la main. Dès qu'il rencontrait quelqu'employé sans travail, et qui lui exposait sa misère, il multipliait les démarches pour lui procurer un emploi : tantôt il offrait à ses amis un instituteur, tantôt un homme de confiance, le plus souvent des concierges, et quand, pour seconder ses désirs, on lui demandait des renseignements sur tel ou tel de ses protégés, il répondait : « Je
« le crois honnête, à en juger sur son air, *après ça* si
« on le prend il faudra chercher d'autres détails que les
« miens. » La même charité le portait à accepter avec

une infatigable complaisance toutes les commissions dont on le chargeait, même celles qui avaient le moins de rapport avec son ministère. Nous avons vu par les lettres qui nous sont tombées entre les mains que pour obliger ses compatriotes de Saint-Chamas et ses anciens paroissiens de Salon, il était presque devenu courtier d'huiles et d'olives fraîches, cherchant à intéresser les communautés qu'il fréquentait en faveur des producteurs de son pays. Du reste la libéralité était chez lui un véritable besoin, et nous nous souviendrons toujours avec quel empressement, au lendemain des massacres de Syrie, il nous remit son aumône, s'excusant avec émotion de ce que ses ressources l'empêchaient de la faire plus abondante. Depuis lors, et de temps en temps dans l'année, il apportait quelqu'argent pour les chrétientés orientales, réclamant toujours l'anonyme pour son offrande. Les autres œuvres avaient la même part à ses largesses ; la Propagation de la Foi, la Sainte-Enfance lui étaient chères, et chaque fois qu'une loterie s'organisait, il sollicitait de lui-même plusieurs billets pour son compte. Tout cela se faisait sans affectation aucune, il prenait au contraire le plus de soins possible pour cacher la main qui donnait.

Peu d'années avant sa mort, comme il se rendait à Saint-Chamas par le chemin de fer, un accident l'oblige à s'arrêter un peu dans une gare intermédiaire : il en profite pour aller visiter Notre-Seigneur Jésus-Christ à la paroisse du village ; mais quelle n'est pas sa tristesse quand, parvenu à l'église, il voit que la porte est dans un état de délabrement pitoyable, et qu'à en

21

juger par les apparences, on la prendrait bien plus pour l'ouverture d'une écurie que pour l'accès de la maison de Dieu : plein de ces pensées, il s'agenouille devant le sanctuaire, et là, sans doute, tandis qu'il prie en amende honorable, le divin captif du tabernacle lui inspire une généreuse résolution. Revenu à Marseille il raconte à ses amis la pauvreté de ce temple et l'impression pénible qu'il a ressentie en y entrant pour la première fois ; il expose son désir de réaliser une petite somme pour fournir à la fabrique le moyen de remplacer cette fermeture inconvenante, et peu après le bon curé du village recevait avec non moins de joie que d'étonnement une offrande importante pour son église, et pouvait réaliser le souhait du pieux donateur.

L'aumône matérielle n'était pas la seule qu'il se plût à faire : dès qu'il croyait son ministère utile quelque part, sans prétexter que tel ou tel service sortait de ses attributions, il était empressé à s'offrir. Il avait connu en 1844 une protestante malheureuse qui demeurait dans une maison fort mal habitée, et à laquelle il venait largement en aide. Cette personne étant tombée malade, M. Plumier s'effraye à la pensée que le dénûment rendra son rétablissement plus difficile, et ne voyant plus paraître sa pensionnaire, sans se laisser arrêter par le mauvais renom de la rue et de la maison, il accourt avec de l'argent : sa générosité ouvre le cœur à la mourante, elle avoue que sans être mariée elle est déjà deux fois mère et qu'elle n'a pas la force de rompre des liens criminels. Le bon prêtre s'assure si le complice de cette infortunée consentirait à l'épouser, et il l'y détermine. La vue de tant de dévouement touche la malade : elle sollicite le bonheur d'embrasser une religion qui inspire de pareils sentiments. M. Plumier l'instruit avec bonté, et quelques jours plus tard, en l'absence de Monseigneur l'évêque de Marseille, l'archevêque de Lyon, de passage dans notre ville, montait dans cette méchante mansarde pour y administrer à la fois sept sacrements, car non-seulement la mère abjura entre ses mains le protestantisme et se maria, mais encore ayant reçu sa première communion en viatique, et fortifiée par la Confirmation et l'Extrême-Onction, elle voulut voir ses enfants partager sa nouvelle foi, en leur faisant recevoir le Saint-Baptême.

Si, pour les promeneurs et les habitués, *le vieux prêtre* du Boulevard du Nord était la personnification du détachement, de la pauvreté et de la charité, nous devons dire que, pour les personnes qui vivaient avec lui, il était le type le plus accompli de l'affabilité, de la condescendance, de l'égalité d'humeur et surtout de l'intéressante causerie. Pour reproduire M. Plumier sous ce second aspect, il nous faudrait la mémoire de quelqu'un de ces dignes prêtres qui ont passé avec lui près de trente ans de leur vie autour d'une même table frugale et dans un commun réfectoire, et, pour que le tableau fût complet, à sa photographie nous devrions joindre celle de tous ses compagnons de repas.

Qu'on se représente ces quinze prêtres aussi recommandables par la science que par la vertu, qui ont, avec un désintéressement au-dessus de tout éloge, employé et usé leur vie pour l'enseignement de l'enfance. La monotonie d'une existence toujours la même, la fatigue inséparable d'un laborieux professorat, l'espèce de captivité morale qu'engendre la surveillance d'un établissement auquel on s'est dévoué, l'existence circonscrite aux étroites barrières d'une cour et de longs corridors, sembleraient devoir exercer quelqu'influence sur le caractère et le rendre difficile. On a dit que pendant une longue traversée, la vie commune à bord ne tarde pas à produire l'aigreur parmi les convives, et bientôt le silence le plus triste. Il en était tout autrement au Petit-Séminaire, devenu plus tard Collége Catholique; il en est tout autrement aussi à l'École Belzunce, qui a remplacé ces deux établissements : c'est en effet le secret de cette maison de changer de destination et de nom, sans perdre rien de la douce joie et de la familière intimité qui y a toujours rendu également heureux les professeurs et les élèves. Le repas étant au contraire le seul moment de la journée auquel tous les maîtres se trouvent réunis, car ils ont momentanément laissé leur sollicitude à MM. les surveillants, il s'établit parmi ces ecclésiastiques, animés des mêmes sentiments, aspirant au même but, la plus étroite amitié. Après que la lecture sévère du Nouveau Testament a élevé les pensées vers Celui qui récompensera au centuple le dévouement pour l'enfance, et que l'on a écouté quelque trait touchant d'une vie de Saint, ou quelque passage instructif de l'histoire de France, tandis que les écoliers vont en récréation, au réfectoire des professeurs, les esprits se détendent. Les maîtres laïques viennent prendre leur part à ces assauts d'esprit, de joyeuses saillies et de paroles édifiantes : la vie de famille avec tout son abandon succède à la gravité de l'existence officielle, on cesse pour un instant d'être professeurs pour devenir frères au même titre : le philosophe écoute avec intérêt l'observation du maître d'orthographe, et le mathématicien sourit finement aux épigrammes inoffensives de l'humaniste. La gaîté du discours fait oublier la frugalité et la périodicité du menu, et l'on rit bien souvent en se voyant rappeler des hauteurs de la politique ou de la métaphysique à la réalité de la vie, par un plat de pommes de terre ou par quelque légume affadi.

C'est autour de cette table que, depuis 1835, M. Plumier venait régulièrement s'asseoir, portant à ce rendez-vous fraternel, qui fut toujours sa consolation la plus douce, avec un appétit que sa simplicité excessive ne sut jamais dissimuler, toute la maturité de son jugement ainsi que l'à-propos de fines reparties.

L'exactitude à table était pour lui une telle habitude qu'un retard de quelques minutes faisait de suite craindre qu'il ne fût malade : très-sobre à accepter des invitations en ville, il était peut-être le plus fidèle de tous les convives, et bien des années se sont passées sans qu'il se soit absenté une seule fois des repas. Les caprices de son estomac et le mauvais état de ses dents lui faisaient prolonger souvent sa réfection, pour laquelle on se plaisait quelquefois à lui faire accepter un aliment pour un autre ; mais il s'en doutait si peu qu'on voyait que la nourriture était pour lui un besoin et jamais un plaisir. Le sans gêne qu'il y mettait mon-

trait assez le même homme qui avait écrit : « Méprisez
« bien votre corps et ne lui donnez que le nécessaire,
« autrement il se révolterait. »

A la fin du repas, ordinairement on lui laissait
commencer la conversation par ces mots traditionnels :
« Eh bien ! qu'est-ce qu'il y a de nouveau pour la poli-
« tique ?... » S'il s'occupait du sort des états, c'était
parce que, depuis 1830, leurs intérêts se sont singulièrement mêlés avec ceux de l'Église, et l'Église était
l'objet constant de ses préoccupations : on le savait
bien, et feignant quelquefois une sinistre prophétie,
on signalait des nuages à l'horizon : le saint homme,
ordinairement si pacifique, s'exaltait alors, et quand il
opposait aux efforts des méchants la sagesse de l'Autri-
che, par exemple, qui venait de signer avec Rome un
glorieux concordat trop tôt hélas méconnu, et qu'on
discutait le bon vouloir de cette puissance, il disait avec
découragement : « Enfin il faut bien prier ! C'est le
« bon Dieu qui mène les choses ! Il rangera *tout ça* si
« on est sage ! »

Qu'on se garde de croire cependant que la politique
fût chez lui un faible ou une manie. Pendant plus de
vingt ans, nous ne l'avons jamais trouvé ayant en mains
un journal : il aimait à entendre faire le résumé des
feuilles catholiques par ceux qui les avaient lues, et
ne poussait pas plus loin sa curiosité. Le secret de sa
conversation était de se prêter admirablement à la plaisanterie : que de fois n'a-t-il pas égayé les autres convives par ses reparties avec le vénéré abbé Carrier ?

Un jour, vint prendre place au réfectoire commun

un archimandrite de l'Église schismatique de Constantinople : attiré par les clartés de la foi catholique, le bon Père Macarios fut faire à Rome son abjuration entre les mains du Souverain Pontife. En embrassant le catholicisme, le vicaire du Patriarche de Sainte-Sophie acceptait une pauvreté volontaire : Grégoire XVI y pourvut en recommandant le nouveau converti à l'évêque de Marseille, qui lui ouvrit un asile au Petit-Séminaire. Dès ce jour M. Plumier devint l'ami et le confident du P. Macarios, amitié d'autant plus méritoire que celui-ci n'entendait rien à la langue française, et savait à peine quelques mots d'italien qu'il défigurait. Le vertueux aumônier lui témoigna le plus fraternel attachement, lui donna quelques leçons de français, le rappela avec une charité admirable à l'observance des prescriptions liturgiques dont le schisme se soucie fort peu, lui procura d'abondants honoraires de messes, et se constitua, à table surtout, son obligeant interprète. Aussi avons-nous été peu étonné de trouver une lettre venue de Constantinople, où le P. Macarios retourna plus tard, et qui remercie M. Plumier de toute sa bienveillance à son égard.

Ce qu'il y avait de particulier dans le laisser aller de ces causeries après le repas, c'était l'à-propos avec lequel il savait toujours glisser un mot du bon Dieu. Après une discussion amicale, mais dans laquelle on paraissait des deux côtés tenir à son avis, il faisait incliner au silence par une réflexion à moitié sérieuse et à moitié plaisante. « Rien ne nous remplacera, disait un de ses commensaux, le petit mot de M. Plumier :

« quand il nous quittait, il résumait les plus longs dé-
« bats en une seule parole, et ce seul mot suffisait
« pour donner à méditer jusqu'au lendemain. Ce n'é-
« tait pas un sermon, c'était un trait, une phrase :
« Au ciel, par exemple, nous verrons qui avait rai-
« son. » Une autre fois : « On dépense beaucoup pour
« amuser *le monde*, et on fait bien peu pour sauver les
« âmes. » Ou bien encore : « Ce qui importe, ce n'est
« pas de savoir ce que l'empereur de Russie ou du
« Mexique en pense, mais de bien connaître comment
« Dieu juge les choses de son côté. » On conçoit avec
quel respect ces élans d'une âme pieuse et universellement estimée étaient toujours accueillis.

Son affabilité n'était point circonscrite à l'enceinte
du réfectoire : c'est une précieuse qualité qu'il portait
partout. D'un abord toujours gracieux pour les personnes qui venaient réclamer de lui quelque service,
ou le prier de recevoir leur confession, il était surtout
d'une amabilité joignant à la politesse antique tout le
sans gêne de la charité quand il fallait accueillir un
confrère ou un pauvre. « Quand je le consulte, racon-
« tait un saint religieux, il paraît si attentif à écouter
« mes paroles, si humble à s'expliquer, qu'on dirait
« que je suis, moi, le docteur, et que c'est lui qui cher-
« che à s'instruire. » — « Je suis allé le questionner
« une fois pour une affaire fort épineuse, dit à son tour
« un bon prêtre, nous ne nous étions jamais vus, et
« néanmoins son accueil a été si affectueux que je l'ai
« quitté comme si je le connaissais depuis vingt ans. »

Cette affabilité il la laissait paraître au chevet des

malades, et il est des familles dans lesquelles la bonhomie et le défaut de tournure de M. Plumier suscitaient souvent au premier moment l'hilarité des serviteurs ; mais quand ceux-ci voyaient cet ecclésiastique vénérable leur parler avec bonté, tenant toujours le chapeau à la main, au sourire succédait bien vite l'admiration la plus sincère. Il ne pouvait donner constamment aux pauvres ; mais la bonne grâce de son salut, qui respirait quelque chose de respectueux, témoignait aux malheureux que, s'il n'était pas présentement en mesure d'être leur bienfaiteur, du plus intime de son âme il était leur ami.

« L'aménité de son langage, écrit quelqu'un qui a
« vécu douze ans près de lui, était son plus puissant
« moyen d'action : la perfection de sa doctrine ne plai-
« sait pas également à tous : quelques-uns en plaisan-
« taient, d'autres feignaient de ne pas la comprendre ;
« mais quand avec son amabilité et sa douceur ordi-
« naires il s'avançait et abordait les railleurs, les pré-
« jugés tombaient à l'instant, et beaucoup ont dû leur
« salut à cette bienveillance dans ses discours. » Si on ne se convertissait pas toujours, du moins demeurait-on pénétré de vénération pour lui.

Pendant les plus mauvais jours de l'hiver 1863, il revenait vers le soir, au milieu de l'obscurité, de donner la bénédiction dans la chapelle des Orphelines. A cette heure, le chemin qui sépare la maison de la Providence du Collége Catholique est solitaire, triste et sombre. Un vent violent était venu ajouter ce jour-là aux difficultés de la route : M. Plumier s'en allait, tenant avec

peine son chapeau sur la tête, et essayant de se prémunir de son mieux contre le froid. Au moment où il passait devant la grille du chemin de fer dans un état qui eût touché de compassion tout promeneur bien élevé, un ouvrier descendant de la gare le rencontre, et la vue d'un prêtre réveillant en son cœur les plus mauvaises passions, il commence par faire entendre les plus ignobles blasphêmes; puis, furieux du silence et de la placidité du vieillard, il ralentit sa marche, s'attache à ses pas, et passant des injures contre Dieu à des propos abjects contre ses ministres, il se demande : « Quand donc on en aura fini avec la *vile prêtraille?*
« *Jusques à quand les curés mangeront le pain des pau-*
« *vres, et feront les hypocrites?...* » Toujours impassible, M. Plumier était arrivé devant une vaste tranchée que les travaux du canal avaient nécessitée : soudain il s'arrête, et venant au devant de l'insulteur il se découvre avec bonté et lui dit : « Prenez bien garde, mon
« ami, il y a ici un mauvais endroit qui est fort mal
« éclairé, et il pourrait arriver un malheur. Peut-être
« êtes-vous étranger à notre ville, et venez-vous du
« chemin de fer : je vous demande bien pardon de vous
« avoir abordé ; mais c'était pour vous prévenir par
« crainte d'un accident. » Touché de cette prévenance de la part de celui qu'il insulte depuis un moment, l'ouvrier devient tout tremblant, et ôtant son chapeau il lui exprime avec émotion sa reconnaissance pour son attention, et s'en va en disant à haute voix : « Voilà
« comment on a tort de juger *les curés* sans les connaître! Je n'oublierai jamais ceci de ma vie, et c'est

« une bonne leçon pour l'avenir. » Quant au charitable aumônier, il ne raconta ce petit trait que pour montrer combien la douceur dans l'accueil triomphe en un instant des plus mauvaises natures.

L'affabilité est sœur de la condescendance, et ceux qui ont la première de ces qualités possèdent toujours la seconde à un haut degré. M. Plumier en est une nouvelle preuve. Il suffisait que quelqu'un lui fît une observation pour que de suite il y conformât sa conduite, sans discuter le rang ou le droit de la personne qui lui parlait. On l'a vu souvent plein de déférence pour le sentiment d'un domestique ou de la lingère. Pendant son ministère chez les Orphelines, cette vertu parut plusieurs fois d'une manière frappante. Tantôt c'était certains ménagements à prendre pour mieux conserver les ornements, tantôt un changement d'heure à apporter aux exercices religieux, tantôt une remarque sur les défauts d'une enfant qu'il voulait admettre à la Congrégation. Dans toutes ces circonstances il remerciait de la façon la plus cordiale, et faisait ce qu'on lui avait recommandé avec la docilité d'un enfant.

Un certain dimanche, malgré un enrouement considérable, il voulut prêcher selon l'habitude ; mais il ne le pouvait faire qu'avec une peine extrême ; une Sœur s'approcha alors de lui au milieu du sermon et lui dit :
« Monsieur, dans votre état, cela vous fatigue de parler.
« — Oh ! non, je puis continuer, » reprit-il avec bonté ; mais la Sœur ayant ajouté : « Je crois qu'il serait mieux
« que Monsieur ne poursuivît pas son instruction, » immédiatement il se lève en disant : « Je vous suis bien

« obligé ; » il prend sa montre et se retire sans finir la phrase. Toute la communauté fut bien plus édifiée de cet acte de soumission qu'elle n'eût pu l'être du plus remarquable discours.

Cette condescendance à la volonté des autres est peut-être le trait le plus saillant de vertu que M. Plumier ait donné avant de mourir. Le changement de destination du Collége-Catholique, qui allait être remplacé par l'École Belzunce, ayant fait craindre à l'autorité diocésaine que les chambres vinssent à manquer, on pria les Messieurs étrangers à l'administration du nouvel établissement, de vouloir bien fixer autre part leur domicile. Parmi ceux que cette mesure devait atteindre, il n'était certainement personne à qui elle dût être plus difficile à exécuter qu'à lui. Essentiellement étranger aux soucis de la terre, vivant depuis son enfance en communauté, sans avoir jamais connu les préoccupations du ménage, M. Plumier trouvait dans l'absence de tout linge et de tout meuble, un obstacle considérable à se créer un intérieur. La question d'un loyer à payer était une charge impossible pour une bourse toujours vide, l'acquisition des meubles présentait la même difficulté, et d'ailleurs rien ne semblait plus étrange que la pensée de le voir ayant une chambre autre que sa cellule, un salon autre que le parloir : c'était un dérangement complet dans ses habitudes, ce qui pour un vieillard de 72 ans était plus que fâcheux. Cette notification lui fut certainement sensible ; mais plein de déférence pour l'autorité, loin de la juger en rien, il approuva ses motifs et ne voulut point permettre que l'on vînt solliciter en sa faveur auprès de Monseigneur une dispense qui eût été sans doute gracieusement accordée. Dieu conduisait ainsi providentiellement les événements, pour que son serviteur, qui avait toujours désiré d'être le mépris et le rebut des autres, quittât la terre avec un détachement plus complet, et sans savoir où il trouverait un abri; mais le Seigneur, qui prend soin des âmes qui s'abandonnent à lui, avait préparé à son serviteur une demeure au ciel, et lui épargnait les ennuis d'un déménagement en l'appelant à la quiétude éternelle.

C'est en effet dans la nuit du 25 au 26 juillet, jour de Sainte Anne, la douce compagne du glorieux St-Joseph, envers qui M. Plumier avait toujours eu une dévotion si tendre et un abandon si complet, qu'il fut saisi inopinément par une congestion cérébrale, offrant tous les caractères de l'apoplexie. Au mois de mars précédent, un rhume catarrhal, supporté avec une patience parfaite, avait déjà ébranlé sa robuste constitution et avait révélé en lui les ravages des années.

Le mardi 26 au matin, vers six heures, la congestion eut lieu avec une telle intensité qu'elle renversa à bas du lit le vénérable vieillard, sans doute au moment où se sentant mal il voulait réclamer du secours. Les premiers mouvements qu'il fit furent trop faibles pour qu'on pût deviner l'état dans lequel il se trouvait; mais quelques coups plus distincts qu'il put donner sur le plancher firent accourir vers lui, et on le trouva baigné dans son sang, chose que les médecins ont déclaré fort heureuse, et dans laquelle il est bien permis de voir la permission divine. En tombant il se blessa au poignet avec les débris d'un verre, entraîné dans sa chûte, et cette saignée naturelle empêcha l'apoplexie d'être instantanée et le cerveau de se prendre. C'est à cet événement, on aime à le croire, qu'il a dû la consolation de recevoir les derniers sacrements. Quand on le releva, tout un côté du corps était paralysé, et la langue n'articulait plus qu'avec une grande difficulté, plusieurs mots étaient même inintelligibles ; mais quand on lui disait qu'on priait pour lui, comme s'il pouvait mieux diriger alors sa parole, il répondait très-distinctement : *Je remercie*, et il prononçait assez bien les noms de Jésus, Marie et Joseph.

La veille, il avait confessé les Orphelines, pour les préparer à fêter dignement Sainte Anne par une fervente communion. Dès que le calme revint au malade, il put faire entendre ces paroles avec un sentiment de douleur résignée : « Si quelqu'un pouvait leur dire la « Sainte Messe à ma place ;... mais elles n'auront per- « sonne pour les prêcher ce soir. » N'est-il pas édifiant de voir cette vie, tout entière de dévouement, s'éteindre dans l'acte et dans les pensées du dévouement ? Sa dernière œuvre fut la confession de ses chères filles, et leur instruction religieuse fut presque son dernier désir !

Tout dans son état annonçait une fin prochaine, ses traits s'altéraient sans cesse, sa langue paraissait s'embarrasser davantage, on courut donc chercher son confesseur, et, grâce à une erreur, un de ses plus tendres fils spirituels que l'on croyait le guide de cette belle âme, fut ainsi prévenu du danger, et put se trouver au chevet de son agonie. Les apprêts nécessaires au St Viatique furent promptement achevés. La première proposition qui lui fut faite de le recevoir le surprit : malade depuis deux heures à peine, il ne pouvait croire à un vrai péril, et il manifesta avec une humilité sincère la crainte qu'on dérangeât inutilement Notre-Seigneur pour venir le visiter ; mais son directeur lui ayant dit que dans une maison ecclésiastique il convenait de donner le bon exemple, et de prouver qu'on appelle Jésus-Christ aussi vite que les médecins, il répondit qu'on avait bien raison, et il se prépara avec un recueillement parfait.

La Providence, qui disposait tous les événements pour la sanctification du mourant, permit que M. l'abbé Guiol, vicaire-général, se trouvât dans l'établissement à cette heure. Avec l'esprit de foi qui le caractérise, il estima une consolation d'administrer lui-même ce vétéran du sacerdoce, dont comme directeur de la maison des Orphelines il avait pu depuis deux ans étudier de plus près le jugement et la singulière vertu, et il lui porta les derniers sacrements. C'était un touchant et solennel spectacle que ce cortége qui parcourait gravement les longs corridors de la maison. Messieurs les professeurs et les plus grands jeunes gens, accompagnaient avec respect le divin maître qui venait récompenser, par le pain du voyage, son serviteur fidèle, et chacun, par une prière fervente, demandait au Dieu de l'Eucharistie un miracle, afin qu'une vie encore utile à tant d'âmes pût échapper aux sinistres progrès du mal. Dans la petite chambre de M. Plumier l'existence entière du vertueux aumônier semblait s'être comme par hasard résumée dans les quelques personnes agenouillées avec tristesse auprès de son lit. D'un côté la trésorière et la présidente des Orphelines représentaient l'intéressante famille qui avait eu une si large part de son dévouement. M. le Supérieur du Collége-Catholique, héritier du respect et des attentions que son prédécesseur lui avait légués pour ce bon prêtre, était par sa douleur l'interprète de tous les dignes professeurs, de tous les élèves que, pendant trente ans, il avait édifiés par la régularité de sa vie. Un pieux religieux, également l'ami et le conseil de toutes les communautés que M. Plumier avait dirigées, était là pour pouvoir leur redire comment, après s'être saintement préparé à la mort, il l'avait vue venir sans effroi. La Supérieure d'un institut voué à l'enseignement des enfants pauvres, payait par ses larmes un tribut de regrets au propagateur des petites écoles, au fondateur des Sœurs de la doctrine chrétienne, au bienfaiteur des Frères de St-Gabriel. Un ecclésiastique vénéré, économe de ses largesses, se trouvait providentiellement auprès de son lit, au nom du clergé dont le mourant avait été le conseil, au nom des pauvres, dont il n'avait jamais cessé d'être le protecteur et l'ami.

C'est au milieu de cette assemblée tout à fait intime, que Notre-Seigneur entra : le malade le salua avec respect, avec amour. Un vomissement survenu pendant que le pieux cortége montait l'escalier fit craindre un instant qu'on ne pût pas le communier.

Pendant qu'on lui administrait l'Extrême-Onction, il

crut qu'on avait oublié les prières ordonnées par le Rituel, et son obéissance pour les prescriptions liturgiques se réveillant, il demanda *les prières du Rituel*. Il reçut l'Extrême-Onction avec un recueillement qui ne surprit personne, mais qui était au-dessus de la nature, vu l'état d'abattement que devait lui occasionner l'intensité du mal. M. le vicaire-général lui annonça ensuite que l'accident qui venait de se produire empêchait de lui donner le Saint Viatique, que Notre-Seigneur allait seulement le bénir, et que la communion lui serait portée plus tard. Cette nouvelle l'émut vivement, il retrouva assez de forces pour dire : « Je sens « que je puis communier ; je ferai tous mes efforts. » M. l'abbé Guiol n'hésita pas à lui donner alors une portion de la sainte hostie. Au moment de la recevoir M. Plumier réclama instamment son chapelet, que sa main ne pouvait plus saisir, puis, en présence de Notre-Seigneur, il dit assez distinctement: « Je demande bien « pardon à Dieu et aux hommes. » On entendit ensuite les mots *de scandales* et *de mauvais exemples*, dont sans doute son excessive humilité croyait avoir à s'accuser, puis sentant que sa langue ne pouvait parler plus longuement, il ajouta d'un ton plein de résignation : « Quand on est bien malade on ne dit pas tout ce qu'on « veut; mais... le sentiment y est ! »

Ce sentiment, chacun le lisait sur ses traits, dans l'adoration qui l'occupait, dans la joie que la Sainte Eucharistie lui causa. Notre-Seigneur avait déjà quitté la chambre du malade pour retourner au Saint Tabernacle, et lui s'entretenait encore avec son hôte divin :

la paralysie peut bien atteindre la langue des Saints, elle ne peut roidir leur cœur, et quand chez eux le cœur ne peut plus aimer, c'est que l'heure dernière a sonné : c'est l'agonie qui commence.

Celle de M. Plumier ne tarda pas à se manifester avec des symptômes lents, mais infaillibles, dès le lendemain matin, mercredi : il est vrai qu'il conserva la connaissance jusqu'au soir, s'efforçant de répondre au moins par un geste aux paroles de piété qu'on lui suggérait et serrant volontiers la main à ses amis. Il n'eut plus la force de le faire quand, vers onze heures, M. l'abbé Moutet vint lui témoigner sa triste sympathie ; il voulut pourtant au nom de cet ami, qui lui rappelait les plus douces heures de sa vie, sortir son bras déjà engourdi ; mais ne l'ayant pu, il essaya un sourire, et comme on l'engageait à se recommander à Saint Joseph, et qu'on le priait de donner une part à ses souffrances aux personnes qui s'intéressaient à lui, il désira montrer par une parole qu'il y consentait de grand cœur, et la langue s'étant encore refusée à transmettre sa pensée, il y suppléa par plusieurs inclinations de tête.

Il fallut pendant le jour toute la rigueur d'une consigne sévèrement donnée par les médecins pour empêcher la plupart des membres du clergé d'entrer dans sa chambre, et de contempler encore une fois, sur son visage déformé par le mal, le calme et la paix que la souffrance n'avait pu lui ravir. Le mercredi au soir il perdit connaissance, ou du moins il n'en donna plus aucun signe.

Le jeudi matin le râle commença de bonne heure, et avec assez de force ; mais la figure demeura paisible et gracieuse ; l'agonie se prolongea et MM. les docteurs Bernard et Villeneuve, tous deux ses amis, l'étant venus voir une fois encore pour disputer par leur science médicale ce cher malade à la mort, le dernier dit ces paroles remarquables : « Ses organes sont si purs qu'ils « retiennent la vie avec ténacité et qu'ils ne la lâche- « ront que lorsqu'ils ne pourront plus faire autre- « ment. » Tandis que l'art rendait hommage à la sain- teté de cette admirable vie, une de ses nièces proclamait la pureté parfaite des sentiments de son oncle. Cette pieuse femme, déjà âgée, prenant avec respect la main à demi-glacée de l'agonisant, soupira : « Jamais, pas « même au jour de l'an, il n'avait voulu permettre que « je lui touchasse la main : il faut qu'il soit dans cet « état pour que je puisse le faire. »

La veille, et avant qu'il perdît ses sens, quelqu'un s'aperçut que, par mégarde, en changeant ses linges au moment de l'attaque, on avait oublié de lui remettre son scapulaire ; on se hâta de le lui rendre, et il le reçut avec beaucoup de reconnaissance, car peu de jours auparavant, dans une conversation, il disait : « Le diable « fait tout ce qu'il peut pour ôter le scapulaire aux « malades ; c'est à ceux qui les soignent qu'il appar- « tient de bien y veiller. » Pour lui, on le voit, la Pro- vidence y fut attentive.

Vers dix heures du matin le râle devint moins stri- dent, peu à peu il s'affaiblit encore et vers dix heures et demie le malade expira si doucement que M. l'abbé

Magnan, supérieur du Collége-Catholique, qui avait voulu assister jusqu'à la fin ce vertueux serviteur de Dieu, répéta plusieurs fois avec ceux qui l'entouraient la prière du moment du décès : *Subvenite Sancti Dei*, ne pouvant savoir quel avait été l'instant précis de la mort.

Une crise de deux jours avait donc suffi pour détruire cette robuste et belle nature ; mais qui ne sait que, quand le fruit est mûr, le moindre vent le détache de la tige qui le portait ? La cause de la mort de M. Plumier, c'est qu'il était depuis longtemps prêt pour le ciel ; et pour le bien des âmes qu'il dirigeait, Dieu ne pouvait toujours le condamner à l'exil de la terre, dont la longueur lui était à charge. M. Blanc, l'ancien curé de Saint Pierre et St Paul, avait tenu parole, il était venu chercher pour la gloire celui aux conseils duquel il devait maintenant un bonheur infini.

Avons-nous besoin de dire que la mort de M. Plumier fut un deuil général ? On se rappellera longtemps l'affluence des prêtres venant prier auprès de son corps, la désolation des Orphelines, étonnées de pouvoir dans leur vie éprouver la douleur de perdre une seconde fois leur père, et réclamant la consolation de vénérer un instant ses traits. Mais ce qu'on ne saurait redire, c'est l'empressement mis de toutes parts à rendre les devoirs funèbres à ces chères dépouilles : les malheureux se pressaient près d'elles dans un commun hommage avec plusieurs personnes distinguées de notre ville et la moitié du clergé marseillais, et quand l'éloignement du cimetière obligeant à finir les obsèques à la plaine St-Michel, le cercueil passa devant toutes les enfants de la

Providence, la douleur devint si universelle et si bruyante que les passants étonnés se demandaient quel était le sujet de cette désolation. Les pauvres étaient là pour répondre, ils savaient eux aussi qui ils perdaient et combien étaient légitimes les regrets, et quand le char funèbre prit un pas plus rapide on vit au loin des personnes en pleurs qui suivaient : c'était la reconnaissance faisant cortége à la charité.

Arrivé au cimetière de Saint Pierre une tombe s'ouvrit, c'était celle de la famille Moutet. Noble et généreuse famille ! Après avoir offert l'hospitalité à M. Plumier pendant sa vie, elle avait voulu sanctifier davantage encore la cendre de ceux qu'elle pleure en mettant dans un même caveau sa dépouille ; la mort n'avait donc pu séparer, même pour un temps, ceux qu'une chaste amitié avait unis : *Etiam in morte non sunt divisi...* On entendit auprès de la tombe des sanglots étouffés, et l'œil découvrit bien vite la plupart des anciennes Orphelines, et dont la présence à cette heure était le plus bel éloge de celui qui leur était ravi. Puis, après les dernières prières, on dépouilla le corps de tout ce qui pouvait être pour l'amitié un précieux souvenir, et c'est devant la croix que nous avons disputée à la terre que ces lignes ont été tracées. Du reste, dépouiller M. Plumier après son décès, n'était-ce pas lui faire pratiquer encore même dans son sépulcre, la vertu de détachement qui lui fut toujours si chère ?

La pierre du tombeau vint bientôt recouvrir celui que nous avions aimé, et que nous chérirons toujours; mais en ensevelissant ses traits elle n'a pu ensevelir sa mémoire, qui sera pour longtemps encore vivante dans notre ville : en quittant le champ du repos on se disait des uns aux autres, comme consolation à cette perte cruelle : « Il est au ciel, il priera pour nous... » « Mais qui donc, reprenaient ses enfants désolées, qui « donc nous le remplacera jamais? » En même temps quelques-uns de ses amis se communiquaient à voix basse, comme une preuve de plus de la sainteté et de l'humilité de son âme, les paroles qui terminaient son testament : « Puisse mon âme en quittant sa dépouille « mortelle, trouver dans le Cœur de Jésus la pureté « dont elle doit être revêtue pour arriver à la fin pour « laquelle Dieu l'a créée : je lui demande cette grâce, « non par mes mérites, mais par les souffrances et la « mort de mon divin Rédempteur, et par les mérites de « la Sainte Vierge et de tous les Saints qui jouissent du « bonheur céleste. Je prie mes légataires, héritiers, et « toutes les personnes qui me sont unies par les liens « de la charité, de se joindre à moi pour obtenir cette « grande grâce. »

Deux mois plus tard, à la fin de la retraite pastorale, Monseigneur O'Cruice, évêque de Marseille, annonçait cette mort à son clergé comme un triste événement pour l'Église fondée par Lazare, et il invitait ses vertueux collaborateurs à demander au divin cœur de Jésus une étincelle de cette foi ardente, de cette charité incessante, de cette obéissance parfaite qui enfantent les Saints et qui avaient signalé aux yeux de tous M. l'abbé Plumier comme le type et le modèle du prêtre vraiment conforme à Notre-Seigneur Jésus-Christ!...

FIN.

TABLE.

Préface, Page 1

CHAPITRE Ier.

Famille et enfance de M. Plumier. — Étourderies de Cyprien. — Sa conversion. — Sa charité envers les pauvres. — Sa première communion. — Débuts de sa vocation. — Ses premières études. 7

CHAPITRE II.

M. Plumier entre au Petit-Séminaire de Ste-Croix, à Salon, puis au Grand-Séminaire d'Aix. — Vertus qu'il y pratique. — Son attachement à l'Église. — Fermeté qu'il montre pendant la vacance du siége archiépiscopal d'Aix. — Sa promotion aux ordres mineurs, au sous-diaconat, au diaconat. 22

CHAPITRE III.

Au lendemain de son ordination au diaconat, M. Plumier est nommé vicaire à Salon. — Qualités qu'il rencontre chez M. Turles, curé de cette paroisse. — Celui-ci lui confie la direction de la Maîtrise et les catéchismes. — Succès que M. Plumier obtient dans ces divers ministères. — M. Mic lui est adjoint comme vicaire. 46

CHAPITRE IV.

M. Plumier est ordonné prêtre. — Ses premières prédications. — Conversions éclatantes qu'il opère. — Soins qu'il prend des malades. — On lui confie les prisonniers. — Il en accompagne trois sur l'échafaud. — Piété de M. Plumier. — Sa pauvreté. — Son amour pour les indigents. — Sa profonde humilité.   64

CHAPITRE V.

Fondation de la Congrégation des filles à Salon. — La direction en est confiée à M. Plumier. — Obstacles qu'il rencontre pour l'affermir, et dont il triomphe complétement. — Il y établit l'esprit de simplicité, de détachement et d'amour de la souffrance. — Sa scrupuleuse observation du règlement. — Influence qu'exercent les congréganistes sur toute la population.   105

CHAPITRE VI.

M. Plumier favorise l'établissement à Salon des Frères de St-Jean-de-Dieu. — Il contribue à l'installation des Frères enseignants de l'Instruction-Chrétienne. — Perfection de la doctrine qu'il donne au Saint Tribunal ; heureux effets qu'elle produit. — Origine de l'Institut des Sœurs des Sts-Noms-de-Jésus-et-de-Marie. — Rapports de M. Plumier avec la future Supérieure. — Premières vocations. — Soins avec lesquels il les cultive.   132

CHAPITRE VII.

Excellents rapports de M. Plumier avec M. Turles, son curé ; son obéissance, sa modestie, sa générosité pour pardonner. — Étude de la doctrine de M. Plumier au saint tribunal : ce qu'il pense des plaisirs du monde, de la vanité, de la mortification, de la communion fréquente. — Tribulations que lui suscite cet enseignement. — Mort de M. Turles : changement qu'entraîne cet événement dans la vie de M. Plumier. — Il quitte Salon où il est bientôt rappelé. — Accroissement de l'Institut fondé par lui.   169

CHAPITRE VIII.

Nouveaux ennuis qu'éprouve M. Plumier à Salon. — Il se décide à quitter cette ville, et se retire à St-Chamas, dans sa famille. — Il garde le silence à l'égard de ses détracteurs. — Progrès qu'il fait dans la vertu, par suite de ses tribulations. — Il évite les visites de ses anciens paroissiens. — Il prêche à Miramas et travaille à la sanctification de quelques âmes privilégiées. — Mort de M. Nay. — Résignation de M. Plumier en recevant cette nouvelle.   202

CHAPITRE IX.

Intimité de M. Plumier avec la famille de M. Moutet. — Il y reçoit l'hospitalité par suite d'une grave maladie qui le fixe inopinément à Marseille. — Son absence de St-Chamas est mal interprétée. — Patience avec laquelle il supporte cette épreuve. — Intervention de la Providence pour justifier M. Plumier. — Il songe à aller rejoindre M. Mie chez les Oblats, et obtient son dimissoire. — Il est nommé aumônier du Refuge. — Zèle qu'il exerce à l'égard des Repenties — Désagréments qui en résultent pour lui.   229

CHAPITRE X.

M. Plumier est nommé second aumônier à l'Hôtel-Dieu. — Soins qu'il donne aux malades, aux militaires, aux filles de mauvaise vie. — Conversions qu'il opère parmi elles et parmi les malades protestants. — Le pasteur le dénonce à l'administration des Hospices ; fermeté de M. Plumier dans cette circonstance. — Il se dévoue à la direction des femmes aliénées de l'Hospice St-Lazare et leur procure de pieuses infirmières. — Invasion du Choléra de 1835 à Marseille. — M. Plumier est obligé de quitter l'Hôtel-Dieu.

— Après six mois de repos, il est nommé aumônier de la Maternité. — Activité qu'il montre dans ce ministère. 250

CHAPITRE XI.

M. Plumier s'installe au Petit-Séminaire du Sacré-Cœur. — Pauvreté de son ameublement. — On lui confie l'aumônerie des Orphelines de la Providence. — Son esprit de foi se révèle dans la régularité qu'il porte à l'étude du plainchant, aux catéchismes, à la direction des Congrégations. — Ses pieuses industries pour répandre la dévotion au Sacré-Cœur et à St-Joseph. — Sa tendre sollicitude pour les malades, et pour les âmes des orphelines décédées. — Son amour de la liberté de conscience. — Il se dévoue aux intérêts matériels des enfants, et au bien spirituel de leurs familles. 287

CHAPITRE XII.

M. Plumier devient le fondateur d'une pieuse association de filles, dans la paroisse de Grans. — Vertus qu'on pratique dans cette réunion. — Épreuves qu'ont à subir les associées. — Correspondance de M. Plumier avec ces âmes privilégiées. — Excellence de la doctrine contenue dans ces lettres. — Dieu se sert de l'association pour améliorer le pays. — Sainte mort de la Supérieure. 325

CHAPITRE XIII.

La charité de M. Plumier le porte à favoriser l'établissement définitif du noviciat des Frères de Saint-Gabriel, aux Mées. — Il contribue puissamment à l'arrivée des Petites Sœurs des Pauvres, à Marseille. — Histoire providentielle de cette fondation. — Sollicitude de M. Plumier pour les anciennes orphelines ; il établit pour elles une réunion mensuelle.

— Les heureux résultats qu'il en obtient lui font désirer l'érection d'une maison spéciale pour les abriter. — Charitable activité avec laquelle il poursuit ce projet. — Sa confiance en la Providence. 379

CHAPITRE XIV.

M. Plumier dans ses rapports avec le clergé. — Sa science théologique. — Droiture de son jugement en fait de science et de discipline ecclésiastiques. — Sa fermeté doctrinale. — Son attachement au Saint-Siége et aux enseignements de Saint Liguori. — Sagesse et perfection de sa direction par rapport aux ecclésiastiques. — M. Plumier dans ses rapports avec les communautés religieuses, par le Saint Tribunal. — Analyse de l'un de ses discours donné dans un monastère. 421

CHAPITRE XV.

Etude sur M. Plumier considéré dans sa vie intime. — Ses vertus privées. — Sa singulière pauvreté. — Sa condescendance. — Sa constante affabilité. — Empressement de sa part à obliger, à donner, à consoler. — Charmes de sa conversation. — Sa piété ; influence qu'elle exerce souvent sur les promeneurs. — Maladie de M. Plumier. — Il reçoit les derniers sacrements. — Sa mort. — Regrets universels qu'elle occasionne. 458

FIN DE LA TABLE.

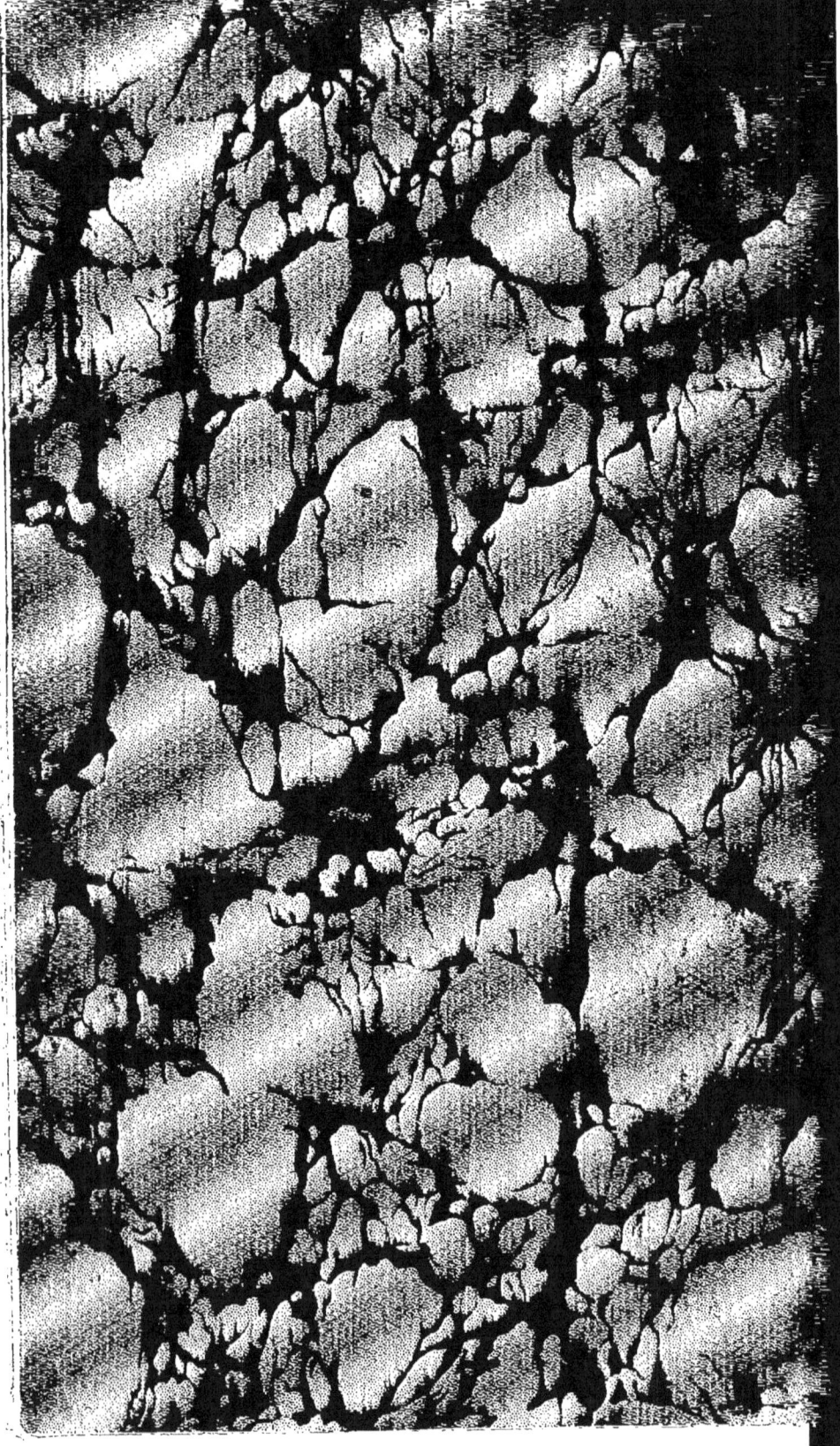

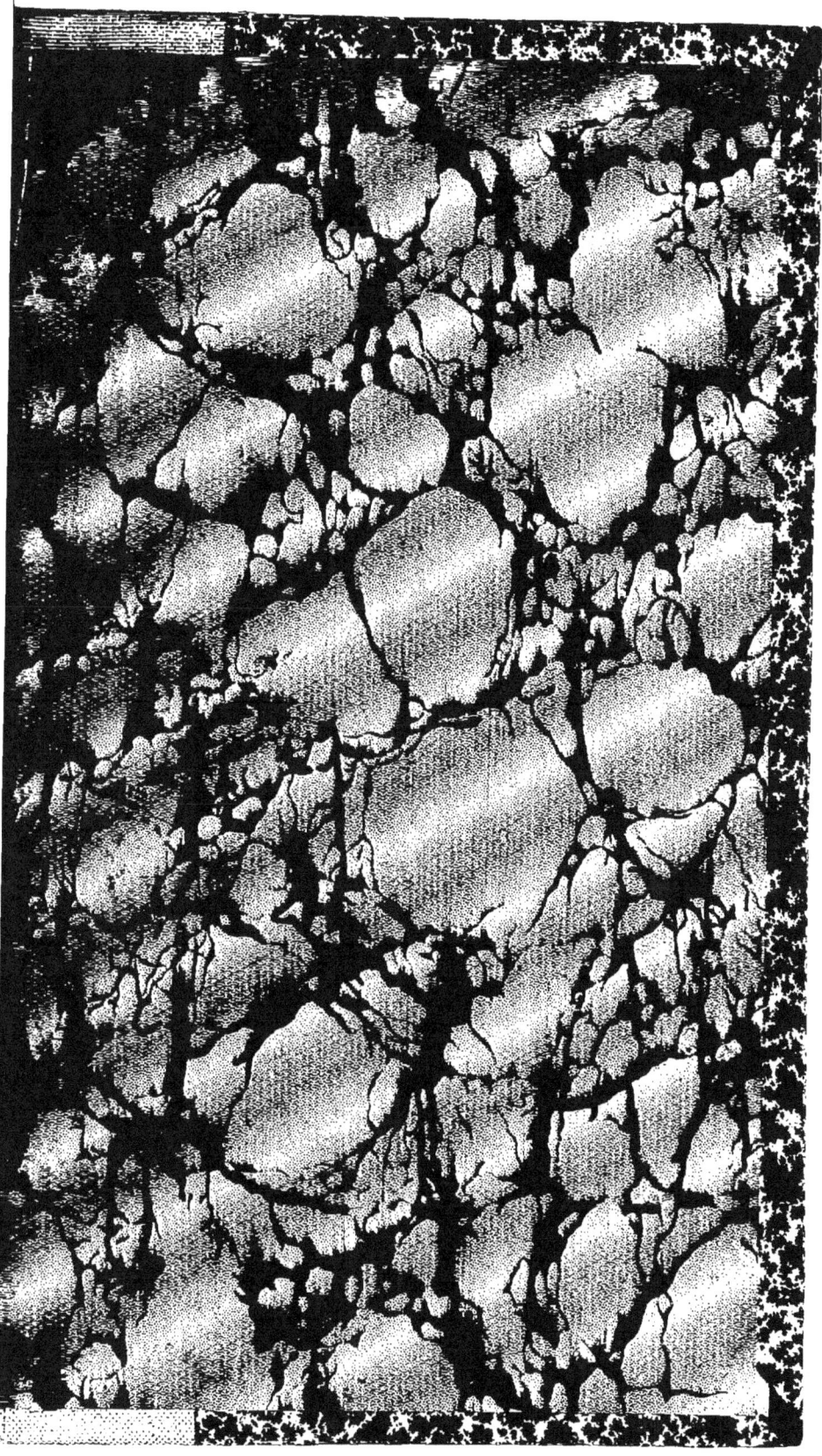

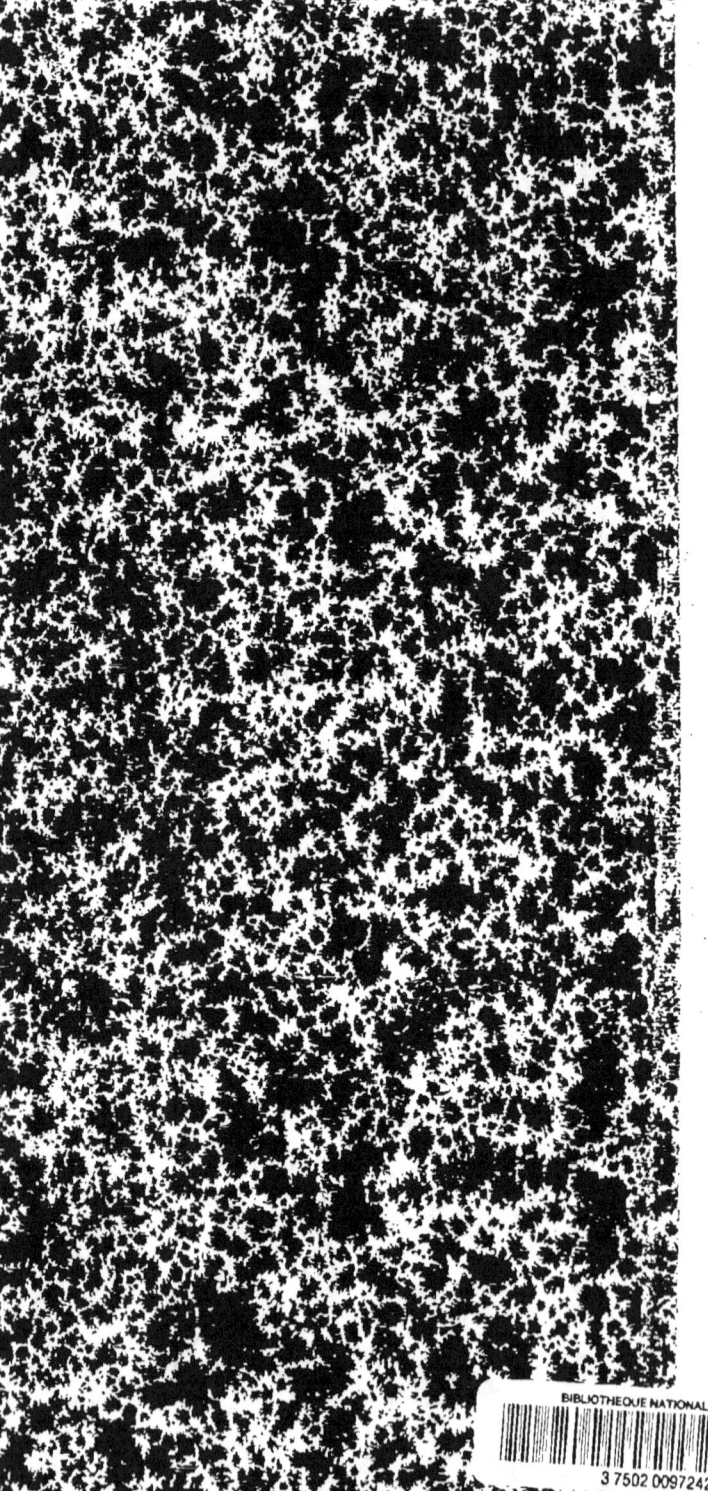

www.ingramcontent.com/pod-product-compliance
Lightning Source LLC
Chambersburg PA
CBHW071612230426
43669CB00012B/1916